古代歷史文化 研究輯刊

二十編

王明蓀 主編

第 9 冊

清季知識女性「女性觀」之研究

馮慧心 著

國家圖書館出版品預行編目資料

清季知識女性「女性觀」之研究／馮慧心 著 ── 初版 ── 新北市：
花木蘭文化事業有限公司，2018〔民 107〕
目 4+256 面；19×26 公分
（古代歷史文化研究輯刊 二十編：第 9 冊）
ISBN 978-986-485-541-4（精裝）
1. 女性 2. 知識分子 3. 清代
618   107011988

ISBN-978-986-485-541-4

9 789864 855414

古代歷史文化研究輯刊
二十編 第九冊   ISBN：978-986-485-541-4

清季知識女性「女性觀」之研究

作　　　者　馮慧心
主　　　編　王明蓀
總 編 輯　杜潔祥
副總編輯　楊嘉樂
編　　　輯　許郁翎、王筑　美術編輯　陳逸婷
出　　　版　花木蘭文化事業有限公司
發 行 人　高小娟
聯絡地址　235 新北市中和區中安街七二號十三樓
　　　　　　電話：02-2923-1455／傳眞：02-2923-1452
網　　　址　http://www.huamulan.tw 信箱 hml810518@gmail.com
印　　　刷　普羅文化出版廣告事業
初　　　版　2018 年 9 月
全書字數　254578 字
定　　　價　二十編 25 冊（精裝）台幣 66,000 元

清季知識女性「女性觀」之研究

馮慧心 著

作者簡介

馮慧心，香港人，香港中文大學中文系文學士、哲學碩士，北京師範大學歷史學博士，現爲香港恒生管理學院中文系講師。研究專業包括中國古典詩詞、古典女性文學、中國女性歷史及性別研究等。其碩士論文以明末清初女性詞選《眾香詞》爲題，自此展開對傳統中國女性文學及女性歷史的研究，至博士階段則嘗試考察女性文學與女性歷史之關係，並以傳統女性文學的素材，補充女性歷史資料散佚之缺失，帶出現代社會轉型下，傳統女性觀的承傳與革新。

提　　要

　　本文以清季知識女性爲研究對象，分析其「女性觀」的演進。「知識女性」爲清季出現的新興群體，其身份角色多樣，包括女文人、革命家、教育家、報人及醫護人員等。她們出身於傳統的書香門第，接受傳統的閨秀教育，其後受到西方思潮的洗禮，再加上留學的影響，使她們的思想有別於傳統的「閨秀才女」，可說是帶有現代思想的「新女性」。她們身處清末民初的歷史轉折，有機會掙脫傳統相夫教子的閨閣局限，得以涉足公共領域，開展個人的事業，更積極參與政治及社會事務，推動女性權益，其「女性觀」可謂對後世影響深遠。

　　清季知識女性身處社會文化的轉型階段，故論者多將討論焦點放在其如何接受新文化、新思潮之上，並將她們簡單界定爲「新女性」。此外，不少論者亦將清季以前的「傳統閨秀」及民國以後的現代「新女性」截然二分，以爲兩者的「女性觀」呈現割裂、對立的關係。因此，歷來的研究多著眼於這群知識女性對民初女性解放運動的影響，而較少分析其傳統文化的思想淵源。筆者以爲，這群處身於新舊時代交替的知識女性，她們的「女性觀」當然有「啓後」的影響與貢獻，但亦不應忽略其「承前」的思想淵源。

　　清季知識女性處身於傳統與現代的夾縫之中，她們身兼中西之學，一方面繼承前代閨秀的「性別不平」與「閨閣遺恨」，使她們得以用質疑的態度面對傳統「男尊女卑」「男外女內」的性別觀；另一方面由於受到西方文化的衝擊，使她們更著力批判傳統文化，以建立獨立自主的新時代女性典範。她們出身於傳統的書香門第，在傳統文化之中浸沉成長，此雖然是她們得以躋身知識精英階層的憑藉，但另一方面　又無可避免地成爲她們前進改革的包袱。她們努力推動女性改革，又在傳統思想的桎梏下，於擺脫由父權操控的婚姻家庭時，倍覺舉步維艱。對於挑戰根深蒂固的父權結構，她們更顯得力不從心，左支右絀，可見作爲傳統與現代之間的「過渡人」，其處境實在不易。

目

次

前　言

　　本書以清季知識女性為研究對象，分析其「女性觀」的演進。「清季」為二十世紀最初的十年，是中國婦女運動蓬勃發展的時期，它既是戊戌啟蒙運動的繼承，亦為此後女性解放運動的發展奠定了基礎。至於「知識女性」，乃清季出現的新興群體，其身份角色多樣，包括女文人、革命家、教育家、報人、醫護人員等，當中影響力較大的有單士釐（1858～1945）、燕斌（1869～？）、徐自華（1873～1935）、秋瑾（1877～1907）、林宗素（1877～1944）、張竹君（1879～1964）、呂碧城（1883～1943）、陳擷芬（1883～1923）及何震（1887～？）等。她們在二十世紀初活躍於政治舞臺，竭力鼓吹女性解放及政治革命，使女性解放運動發展到一個新階段。她們出身於傳統的書香門第，接受傳統的閨秀教育，但其後受到西方思潮的洗禮，加上留學的影響，使她們的思想有別於傳統的「閨秀才女」，可說是帶有現代思想的「新女性」。她們身處清末民初的歷史轉折，有機會掙脫傳統相夫教子的閨閣局限，得以涉足公共領域，開展個人的事業，更積極參與政治及社會事務，推動女性權益，其「女性觀」可謂對後世影響深遠。

　　清季知識女性身處社會文化的轉型階段，故論者多將討論焦點放在其如何接受新文化、新思潮之上，並將她們簡單界定為「新女性」。此外，不少論者亦將清季以前「傳統閨秀」及民國以後的現代「新女性」截然二分，使兩者的「女性觀」呈現一對立的關係。因此，歷來的研究多著眼於這群知識女性對民初女性解放運動的影響，而較少分析其傳統文化的思想淵源，致令「新女性」看似與傳統存在一「割裂」的關係。筆者以為，這群處身於新舊交替

的知識女性，她們的「女性觀」當然有「啓後」的影響與貢獻，但亦不應忽略其「承前」的思想淵源。本書擬從清季知識女性所書寫的文本及其生活經歷等切入，分析她們在國家、家庭、男女角色、教育等層面所體現的「女性觀」的演進。筆者認爲，透過回溯清季知識女性的生活經歷及思想著述，方可發掘眞正的女性聲音，並對女性彼此的文化交流得到更完整、客觀的認識；從女性自身的角度出發，才能瞭解眞正的女性生命史；從女性的歷史發展與社會文化現象切入，方能更全面地重整女性與傳統政治、社會歷史之互動，體現國變下傳統女性過度爲現代新女性的過程中，女性自身對女性角色的思考，以及其「女性觀」的變化。

清季知識女性處身於傳統與現代的夾縫之中，她們身兼中西之學，一方面繼承前代閨秀的「性別不平」與「閨閣遺恨」，使她們得以用質疑的態度面對傳統「男尊女卑」「男外女內」的性別觀，另一方面由於受到西方文化的衝擊，使她們更著力批判傳統文化，以建立獨立自主的新時代女性典範。她們出身於傳統的書香門第，在傳統文化之中浸沉成長，此雖然是她們得以擠身知識精英階層的憑藉，但傳統文化卻又無可避免地成爲她們前進改革的包袱。她們努力推動女性改革，卻又在傳統思想的桎梏下，對擺脫父權操控的婚姻家庭，只覺舉步維艱，而對於挑戰根深蒂固的父權結構，她們更顯得力不從心，可見作爲傳統與現代之間的「過度人」，其處境實在不易。

緒　論

一、選題意義

　　鴉片戰爭以後，在內憂外患的威脅下，中國的政治、社會結構及經濟發展均出現變化，再加上西方文化的大量傳入，令國人開始反思傳統文化的得失，以達富國強兵的目的。在西方女權思想的影響下，中國女性亦開始思考其性別身份，批判封建禮教，並對剝削女性的傳統思想作出反思。清季之時，中國出現了一群代表新思想、新力量的女性留學生、文人、教育家、報人、醫護人員、革命志士等。這些女性有別於傳統的閨秀才女，可說是現代的「新女性」。她們掙脫傳統相夫教子的閨閣局限，頻繁涉足公共領域，積極參與政治，推動女性權益，此實為劃時代的轉變。因此近代女性研究成為近年性別研究、歷史研究的熱門焦點。

　　回顧中國女性的歷史，晚明以後出現大量舞文弄墨的「閨秀」、「才女」。她們創作詩詞、結社唱和、出版作品，更編選女性選集、評論女性作品，帶有「為女性寫史」的理想。然而，這些閨秀才女，仍舊走不出傳統閨閣的困局，其筆下的女性生活及歷史，多為家庭生活、相思懷人、傷春悲秋的調子，當中或有涉及易代戰亂之苦，但畢竟數量不多；而對女性未能建功立業的不平之氣，亦時見於這些閨秀的筆下，可惜只屬紙上談兵。可以說，她們的「女性觀」終究不脫「為人母」、「為人妻」的傳統家庭倫理角色。不過，清中葉以後，清朝內部戰事不斷，太平軍、捻軍、革命軍等相繼出現，對外更被西方列強欺凌，展開多次戰爭。戰爭慘敗，女性面對國家淪落、戰亂流離，不能再安於閨閣中擔任賢妻良母的角色，部分女性經歷喪夫喪子之痛，更要為

家庭生計籌謀。其筆下的女性生活與思想，結合時代動盪及文化轉型等元素，與清中葉以前的女性自大相逕庭，此實爲近代女性歷史及文化研究的重要素材。及至清季，不少女性更積極參與社會事務，其時出現不少提倡女權革命的「女報人」、「女教育家」或「女革命家」。然而，由清中葉以前的「傳統閨秀文人」至清季角色多樣的「新女性」，女性的思想價值觀驟然轉變，她們的「女性觀」是怎樣轉折變化、轉型過度的呢？清季面對國家動盪的女性，如何從傳統「內在」的家走向「外在」的社會國家？她們對於國家發展的感懷與憂慮，如何體現其「女性觀」的轉變？如果民初的女性具備了「現代」的「女性觀」，她們是從何時開始產生？其後又如何發展？以上問題未能單純的以「傳統」與「現代」兩種觀念來劃分，而是體現於新舊文化交替的微妙轉折。本書乃以清季的知識女性爲研究對象，選擇具代表性與影響力的人物，包括單士釐（1858～1945）、燕斌（1869～？）、徐自華（1873～1935）、秋瑾（1877～1907）、林宗素（1877～1944）、張竹君（1879～1964）、呂碧城（1883～1943）、陳擷芬（1883～1923）及何震（1887～？）等，以重構清季知識女性的生活經歷與思想感情，分析其「女性觀」的演進。

在悠長的中國歷史中，女性的角色從來不重要。陳東原的《中國婦女生活史》曾整理二十四史記載的婦女，除后妃公主外，各朝亦不過一百數十人〔註1〕。在中國的歷史中，女性往往「缺席」。史書記錄的女性似乎只有兩類，一爲烈女節婦，另一則爲禍水紅顏，而史書中此兩類女性的數目，比之角色豐富的各類男性，仍是微不足道的。由於歷史的書寫向來著重於政治與社會，鮮有對平民生活作描述，而民間的一般文字記錄也多偏向男性觀點，因此，女性的面貌在歷史長河中，往往模糊不清。胡適有云：「我們以前從不將女子當作人：我們都以爲她是父親的女兒，以爲她是丈夫的老婆，以爲她是兒子的母親……在歷史上，只有孝女、賢妻、烈女、貞女、節婦、慈母，卻沒有一個『女人』」。〔註2〕正如伊蓮・蕭華特（Elaine Showalter）所說，女性由於發現沒有自己的歷史，所以透過書寫重新挖掘過去，編造屬於女性自己的歷史意識。她們基於一種沒有歷史的恐懼，試圖以區隔男性的觀點書寫，從而建立屬於女性的生活與歷史。〔註3〕明清時期女文人大量湧現，並

〔註1〕 陳東原：《中國婦女生活史》，北京：商務印書館，1998年。
〔註2〕 胡適：〈女子問題（二）〉，《婦女雜誌》，1922年5月。
〔註3〕 托莉・莫（Toril Moi）著：《性／文本政治：女性主義文學理論》，王奕婷譯，

期望以文字創作傳世，此實爲女性開始發聲之表現。她們嘗試以文學創作、文字紀錄等參與男性所書寫的歷史，打破女性一貫的靜默（silence）及缺席（absence）的狀態。從靜默至發聲，這些女性作品，相對男作家所書寫之文學作品及史傳著作，更能眞切地體現當時女性的社會文化、生活狀況及思想感情。誠如譚正璧所云：「女性文學史者，女性生活史之一部分也」〔註4〕。因此，明清閨秀作品實爲研究清季以前閨秀文化的重要切入。可惜的是，現時學界針對閨秀文化與清季新女性兩者關係的研究略有不足，亦未有將文學及歷史兩者不同的素材結合而作分析，以致未能從閨秀傳統追溯清季女性的思想淵源。

　　由此，本書期望藉著追溯傳統的閨秀文化，以研究清季知識女性「女性觀」的發展，並觀察國變對於女性的性別平等意識、家國觀念、生活文化等的影響。清季知識女性的思想在社會震盪中發生了顯著變化，誠如夏曉虹所言，女性走向獨立自主的過程，實爲晚清社會基礎變革最有力的印證，〔註5〕因此女性問題可作爲透視晚清社會的窗口。此外，本書擬從清季女性所書寫的文本及其生活經歷等著手，分析她們的「女性觀」，以呈現眞正的女性聲音。由於不少清季的知識女性並非詩人作家，未必有大量著作傳世，本書亦會從傳統史傳、報刊雜誌、地方志書等瞭解其生平活動、思想感情。再加上不少知識女性受其男性親屬影響尤深，本書亦會以此角度入手，就其父親、丈夫、兄弟、朋友等的材料，側面窺視她們的身影。

二、學術史回顧

（一）專題研究

1. 清季女性歷史史料及研究著作

　　就近代女性歷史、女權發展的研究專著而言，1928 年出版的陳東原《中國婦女生活史》爲中國女性史研究的開山之作〔註6〕。該書以通史的形式寫作，探討的時限從上古至近代，雖然近代所佔的篇幅有限，然而當中有關女權運動的資料卻對後世研究者甚有價值。此外，中華全國婦女聯合會 1988 年

臺北：巨流圖書公司，2005 年，第 88～94 頁。

〔註4〕 譚正璧：《中國女性文學史》，天津：百花文藝出版社，2001 年，第 6 頁。

〔註5〕 夏曉虹：《晚清女性與近代中國》，香港：香港中和出版有限公司，2011 年，第 13 頁。

〔註6〕 陳東原：《中國女性生活史》，臺北：臺灣商務印書館，1967。

編《中國婦女運動史》、劉巨才《中國近代婦女運動史》〔註7〕及陳三井主編
《近代中國婦女運動史》〔註8〕，皆以近代女性運動史爲研究對象。而鄭永福、
呂美頤《近代中國婦女生活》〔註9〕、《近代中國婦女與社會》〔註10〕、羅蘇
文《女性與中國近代社會》〔註11〕、顧秀蓮主編《20世紀中國婦女運動史》
（上卷）〔註12〕等，皆從傳統歷史敘述中找尋近代女性的身影，探討婦女生
活的各個層面，如服飾、婚姻、宗教、教育、職業、城鄉婦女的差異等。總
括來說，針對清季女性歷史的研究，學者在女權運動史、纏足史、女子教育
史、就業史、婚姻與家庭史、生活史、女性與政治關係史等各方面，已累積
不少成果〔註13〕。不過，以上近代史著作，皆從概論的角度切入，敘述近代
女性生活及思想的轉變，由於其重點多放在女權運動的發展之上，故多側重
描述參與革命及解放運動的女性，並聚焦於參與五四運動的一代人。反之，
出身傳統名門的閨秀，她們背負一定的傳統文化包袱，在清季時經歷傳統與
現代之間的文化轉型，則往往備受忽略而未有深入討論。筆者以爲這些處於
新舊交替的知識女性，作爲現代新女性的先鋒，對近代婦女史的發展影響尤
深，她們的思想及其時代意義，尚有待學者的發掘、研究。至於清季女性文
化的專題研究方面，北京大學夏曉虹教授的《晚清女性與近代中國》（2011年
出版）及《晚清女子國民常識的建構》（2016年1月出版），皆甚具學術價值
和意義。夏教授乃以精細的個案分析而非宏大敘事爲研究方式（即夏氏所指
的「女性角度」），借助報刊媒體而非主觀的編選史書爲原始資料，尋覓清季
女性在歷史上留下的印記。此研究方法實對本書甚有啓發，而《晚清女子國
民常識的建構》一書，更對本書第二章第一節談到的「女國民」問題，甚具
參考價值。

〔註7〕 劉巨才：《中國近代婦女運動史》，北京：中國婦女出版社，1989。
〔註8〕 陳三井、張玉法、鮑家麟等編：《近代中國婦女運動史》，臺北：近代中國出
版社，2000年。
〔註9〕 鄭永福，呂美頤：《近代中國婦女生活》，鄭州：河南人民出版社，1993年。
〔註10〕 鄭永福，呂美頤：《近代中國婦女與社會》，鄭州：大象出版社，2013年。
〔註11〕 羅蘇文：《女性與近代中國社會》，上海：上海人民出版社，1996年。
〔註12〕 顧秀蓮主編：《20世紀中國婦女運動史（上卷)》，北京：中國婦女出版社，2008
年。
〔註13〕 關於中國近代婦女史的研究回顧，可參閱張玉法：《近代中國婦女史研究的回
顧》，陳三井主編：《近代中國婦女運動史》，臺北：近代中國出版社，2000
年，第1～51頁。

　　至於一手的清代女性史料素材方面，1975 年臺灣的李又寧和張玉法合編
《近代中國女權運動史料》一書，搜集典藏於美國哥倫比亞大學東亞圖書館
的婦女解放史料，合編成集出版，當中蘊藏大量知識女性的著作，包括報刊
雜誌、各類文集、別集的文章、其時女性的書信、講稿等，亦有不少女性團
體如留日女生組織共愛會的資料。此外，自 1998 年始，臺灣中央研究院的近
代史研究所更以跨所、跨院的方式，與不同院校的女性史研究者一起成立「婦
女與性別史研究群」（http://proj1.sinica.edu.tw/~women/introduction01.htm），提
供近代婦女史研究的論文、數據及學界活動消息，此皆為近代婦女史研究的
重要資料。香港的劉詠聰亦參與了清代婦女傳記的國際性編撰計劃，並於 2010
年出版「Biographical Dictionary of Chinese Women：The Qing Period，1644～
1911」（《中國婦女傳記辭典：清代卷》）一書，為大型的近代中國女性生平研
究提供了豐富的素材。美國麥基爾大學教授方秀潔（Grace Fong）亦從兩岸三
地及海外大學的圖書館中，搜尋及整理所有的明清女性作品集及傳記資料，
並促成麥基爾大學與哈佛大學燕京圖書館合作籌建「明清婦女著作數據庫」，
2010 年起更將燕京圖書館所有明清女性作品數據化，供學者使用
（http://digital.library.mcgill.ca/mingqing/english/project.htm），為現今最大的中
國古代女性著作數據庫，本書所引述的不少女性文本皆為數據庫內的文集掃
描檔。此外，中國的清史編纂委員會亦整理清代女性的文學作品，並於 2014
年 12 月出版《清代閨閣詩集萃編》（共十冊）〔註14〕，收入清代八十多位閨
秀文人的詩詞作品，亦為本書提供豐富的一手素材。而夏曉虹亦將呂碧城、
秋瑾、何震三人的女性論述整理，編成《中國近代思想家文庫‧金天翮、呂
碧城、秋瑾、何震卷》〔註15〕，此皆成為研究清季知識女性的重要素材。

　　至於研究近代女性、女權發展的期刊論文方面，臺灣中央研究院近代史
研究所於 1991 年展開《近代中國婦女史研究》計劃〔註16〕，並自 1993 年起
出版《近代中國婦女史研究》期刊，成為學者發表近代婦女史研究的重要管
道，也使臺灣與其他地方的研究者有對話交流的空間。此外，日本的「中國

〔註14〕李雷主編：《清代閨閣詩集萃編》，北京：中華書局，2014 年。
〔註15〕夏曉虹：《中國近代思想家文庫‧金天翮、呂碧城、秋瑾、何震卷》，北京：
　　　　中國人民大學出版社，2015 年。
〔註16〕參與計劃的學者包括臺灣中央研究院近代史研究所員王樹槐、呂芳上、張瑞
　　　　德、游鑑明、賴惠敏、羅久蓉、以及美國學者成露西（Lucie Cheng）、曼素恩
　　　　（Susan Mann）、鮑家麟、高彥頤（Dorothy Ko）等。

女性史研究會」自 1989 年起，每年出版一期《中國女性史研究》，亦以性別史角度切入，研究中國近現代女性的生活及歷史。

由以上可見，前人已整理大量近代婦女的著作、史料及傳記，只待後人對此研究分析，故本書將參考上述史料素材，以清季知識女性爲對象，探討其「女性觀」的閨秀文化淵源及其於清季以後的發展。

2. 清季知識女性「女性觀」的研究

考查兩岸三地的博碩士論文，涉及清代知識女性群體「女性觀」的研究共有三篇。首先是喬素玲的《近代中國女子教育與知識女性的覺醒（1840～1919）》（中山大學 2000 年博士論文），文中分析了教育對女性的性別意識、知識水平及社會角色的影響，並以此引證教育對提升女性個人素質及社會地位的重要作用。此文主要從教育史及教育之影響等角度著眼，討論教育與女性覺醒的互動關係，而當中雖然略有涉及對知識女性「女性觀」的討論，但由於文章研究的時段頗長，致聚焦於清季知識女性的分析始終有限，亦未有考察知識女性思想上的傳統淵源。至於針對近代社會「女性觀」演變的研究，有谷忠玉《中國近代女性觀的演變與女子學校教育》（北京師範大學教育學2003 年博士論文）及段焯《晚清至五四時期女性身體觀念考》（華中師範大學2007 年博士論文）兩篇。谷忠玉《中國近代女性觀的演變與女子學校教育》一文，亦是從教育史的角度切入，討論不同時期（1840～1922）的學者及論者對女子教育的看法，帶出此與「女性觀」變化的互動關係。此文的研究對象爲不同時期的教育論者，並不限於知識女性，並非眞正的「女性聲音」，而且文章聚焦於教育議題，對清季知識女性在教育以外，其他層面的「女性觀」未有詳細分析。而段焯《晚清至五四時期女性身體觀念考》一文，則以身體觀念、纏足、女性氣質、女性情慾等議題爲研究重點，考察晚清至五四時期不同論者如何看待女性的身體觀念，亦如谷忠玉一文一樣，其研究對象不限於女性，故未有針對清季知識女性作分析。不過，由於以上兩文的研究時段橫跨晚清至五四時期，故對瞭解清季知識女性身處的時代氛圍、其思想淵源與往後影響，亦有重要的參考價値。

至於針對近代知識女性的期刊論文，則有郭夏雲、蘇澤龍的《近代知識女性對婦女解放運動的推動》〔註 17〕、馬方方的〈傳統與現代之間：近代知

〔註17〕郭夏雲、蘇澤龍：《近代知識女性對婦女解放運動的推動》，《山西高等學校社會科學學報》，2003 年第 5 期。

識女性獨身原因的再探討〉〔註18〕、鄭春奎的《辛亥革命時期知識女性自主意識的覺醒及評析》〔註19〕，以及郝麗媛的《晚清新型知識女性的產生和發展研究》等〔註20〕。以上文章分別從婚姻狀況、女性角色及西學影響等角度，論述晚清至民初知識女性的思想特色，當中的研究方法多以知識女性的生平活動爲依據，對其思想言論的考察卻略有不足。此外，以上文章亦多從「啓後」的角度討論其思想發展，而未有從「承前」的角度分析其思想淵源。在一眾期刊論文中，羅秀美〈從閨閣女詩人到公共啓蒙者──以近代女性報刊中的論說文爲主要視域〉〔註21〕一文，以近代知識女性的身份轉型切入，分析閨秀與女報人兩者的不同，以其著述內容及思想傳播方式的相異之處爲重點，討論知識女性的女性解放思想。此篇可謂見解獨到，尤其是指出清季知識女性身上同時體現傳統閨秀與現代新女性兩重身份，對本書的研究方向甚有啓發，惟由於篇幅所限，致文章只簡單點出其身份特色，卻未有就知識女性的傳統思想淵源多作分析。

　　至於針對個別知識女性的研究，以往的論文多集中於秋瑾、呂碧城及單士釐三人身上，除此以外，則是針對女性報刊而旁及的女報人（如陳擷芬、林宗素、燕斌等）的研究，如夏曉虹：〈晚清女報中的國族論述與女性意識──1907 年的多元呈現〉〔註22〕。縱觀目前的研究，有關秋瑾的論述最多，其生平事蹟、詩詞作品集及研究專書數量尤多〔註23〕。至於涉及其「女性觀」變化的博碩士論文，亦爲一眾清季女性之冠，如中國大陸的碩士論文，有俞曉穎《試論秋瑾民主革命思想的形成》（湖南師範大學 2007 年碩士論文）。此

〔註18〕　馬方方：〈傳統與現代之間：近代知識女性獨身原因的再探討〉，《長白學刊》，2008 年第 3 期。

〔註19〕　鄭春奎：〈辛亥革命時期知識女性自主意識的覺醒及評析〉，《寧夏社會科學》，2013 年第 2 期。

〔註20〕　郝麗媛：〈晚清新型知識女性的產生和發展研究〉，《內蒙古農業大學學報》，2012 年第 5 期。

〔註21〕　羅秀美：〈從閨閣女詩人到公共啓蒙者──以近代女性報刊中的論說文爲主要視域〉，《興大中文學報》，2007 年 12 月。

〔註22〕　夏曉虹：〈晚清女報中的國族論述與女性意識──1907 年的多元呈現〉，《北京大學學報》，2014 年 7 月。

〔註23〕　當中較重要的有中華書局的《秋瑾史蹟》（1959 年出版）及《秋瑾詩文全集》（1960 年出版）、朱耀庭《秋瑾集》（1957 年浙江人民出版社）、山石編寫的《秋瑾年譜》（初稿發於 1957 年《史學月刊》）、郭延禮的《秋瑾詩文選》（1982 年人民文學出版社）及《秋瑾文學論稿》（1987 年陝西人民出版社）。

篇從中國民主革命的角度切入，旁及其「女性觀」及女權主張。此外，金冰《從秋瑾案看晚清報刊輿論力量》（吉林大學 2009 年碩士論文）則分析秋瑾案對當時社會輿論的影響。至於臺灣的碩士論文則有三篇，分別是游芬郁《寧成飛灰，不為浮塵：秋瑾自我認同的轉化》（輔仁大學 2012 年碩士論文）、李依蓉《儼然在望此何人？——秋瑾之國族與女性意識研究》（暨南國際大學 2010 年碩士論文），以及黃詩棻《秋瑾女權思想之研究》（華梵大學東方人文思想研究所 2009 年碩士論文）等。至於期刊論文及專書，不少論者談及秋瑾的女性自覺、對女性身份的反思等，可說是清季知識女性當中最受注目的〔註24〕。總括來說，論者多從「變」之角度論秋瑾的思想，較少考究其家庭出身及傳統文化對其「女性觀」的影響。

至於另一重要的知識女性呂碧城，其研究亦不少。學位論文方面，中國大陸有姜樂軍的《從「女權」到「護生」——呂碧城思想論析》（華中師範大學 2004 年碩士論文），主要探討呂碧城女權思想形成的原因，並介紹她的女權主張和影響，以及探討她從女權轉向護生的原因。另外秦方的《呂碧城：善舊詞華，具新理想——清末民初男權社會中女性新形象的建構》（南開大學 2005 年碩士論文），以呂碧城在天津、上海等地與男性社會精英的交往為切入點，從其獨特的女性身份，剖析其「女性觀」與心理，當中亦針對呂碧城身兼傳統與現代的雙重性作闡發，對本書亦甚具參考價值。除以上兩篇外，其他論文多從文學發展及文學成就方面，討論呂碧城的貢獻，如薛瑩《近代女詞人中第一人——呂碧城詞研究》（2010 浙江工業大學碩士論文）、王慧敏《一香不與凡花同——論卓爾不群的奇女子呂碧城及其詞作》（2007 年山東大學碩士論文），以及徐新韻《淮南三呂研究》（2011 年中山大學博士論文）等。臺灣方面，蔡佳儒《新女性與舊文體——呂碧城研究》（暨南國際大學 2006 年碩士論文），則以呂碧城處於新時代卻堅持用舊文體創作為切入，探討呂碧城在新舊文化交替下之選擇，當中涉及對女性身份、家庭婚姻的反思。又潘宜芝《空間・行旅・新女性——呂碧城作品研究》（東海大學 2000 年碩士論文）

〔註24〕 關於秋瑾的期刊論文，查萬方數據所錄之歷史類別，有近七十篇，至於分析其女性教育思想、婦女解放思想、易裝打扮、家庭關係等，有約五十篇，如常彬〈從婉約閨閣到鑒俠革命：秋瑾詩文與早期女性自覺〉，《河北學刊》，2006 年 6 月；周樂詩〈秋瑾和晚清文學新女性形象的塑造〉，《杭州師範大學學報》（社會科學版），2011 年 1 月；郭輝〈思想史視野中的秋瑾〉，《蘭州大學學報》（社會科學版），2008 年 3 月等。

則討論呂碧城的海外遊記，從而帶出外遊對她的影響，以及對女性生活空間的開拓。至於期刊論文方面，不少論及其處於新舊時代轉折中的思想衝擊，因而旁及其女權、女學等主張〔註25〕。總括而言，學者多從文學成就及藝術價值的角度，討論呂碧城這位處於新舊交替的女文人，並稍微觸及其「女性觀」及女權主張，但一般論者較少將之與其他知識女性合論，亦未有深入探討其閨秀背景，如何影響其「女性觀」的演變及轉化。

　　除秋瑾、呂碧城外，另一較受注目的知識女性為單士釐。中國大陸的學位論文多就其遊記作研究，未有針對其「女性觀」〔註26〕。至於臺灣，有劉又瑄《一位近代女性啟蒙者的身影：單士釐（1858～1945）作品研究》（國立中正大學 2009 年碩士論文），以及顏麗珠《單士釐及其旅遊文學——兼論女性遊歷書寫》（國立中央大學 2003 年碩士論文），兩篇皆偏向從文學藝術的角度討論，雖有涉及其女權的啟蒙及「女性觀」的變化，但篇幅不多。至於單篇研究論文，有胡景華《單士釐——近代走向世界的女性先驅》〔註27〕，魏愛蓮（Ellen Widmer）"Shan Shili's Guimao luxing ji of 1903 in Local and Global

---

〔註25〕 關於呂碧城的期刊論文，查萬方數據所錄之歷史類別，有二十多篇。早期談論呂碧城的期刊論文多只就呂碧城的生平作概略式的敘述，當中重要的單篇論文有周邦道〈當代教育先進傳略稿——婦女之 4：呂碧城傳略（1883～1940）〉，載《東方雜誌》，1977 年 5 月；傅瑛：〈呂碧城及其研究〉，載《淮北煤炭師範學院學報》（哲學社會科學版），2004 年 4 月。到了近期，則有較多主題式深入探討的篇章，與本書相關的有侯傑、秦方：〈男女性別的雙重變奏——以陳攖寧和呂碧城為例〉，載《山西師大學報》（社會科學版），2003 年 7 月。文中涉及女性主體意識的萌生及女性自主的選擇，也談論到晚清時呂碧城的宗教參與。此外，與女性觀相關的研究，尚有谷曼：〈呂碧城與近代中國婦女解放〉，載《呼倫貝爾學院學報》，2001 年 12 月。此文則從晚清時期女性覺醒的角度，探討呂碧城如何投身婦女解放運動。其他文章尚有：陳璦婷：〈呂碧城之自我放逐與歐美遊蹤——以「曉珠詞」為中心考察〉，載《東海中文學報》，2003 年 7 月；以及黃嫣梨：〈呂碧城的思想革新與女權運動〉，載《中國社會評論》，1999 年第 2 期。

〔註26〕 有關單士釐的論文共四篇，分別為：貝淑瓊〈單士釐的旅外紀遊創作析論〉，北京師範大學比較文學及世界文學系 2006 年碩士論文；程妍《單士釐與近代中外文化交流》，北京師範大學專門史 2008 年碩士論文；汪年《單士釐域外遊記研究》，河南大學 2010 年碩士論文；以及安麗敏的《單士釐的世界之旅及其思想認識研究（1898～1912）——以撰主的兩部遊記為中心的考察》，東北師範大學 2010 年碩士論文。

〔註27〕 胡景華：〈單士釐——近代走向世界的女性先驅〉，載《遼夏師專學報》（社會科學版），1994 年 4 月。

Perspective"〔註 28〕、戴東陽〈驚醒女子魂、鑒彼媸與妍——論啓蒙女學者單士釐〉〔註 29〕。以上學者對單士釐的研究，多偏向文學研究，而對其思想的淵源及對近代女性「女性觀」的影響，則涉足不多。

除以上三人外，針對其他清季知識女性如林宗素、何震、燕斌、陳擷芬、張竹君、徐自華等的研究則不多，如學位論文只有陳靜的《論辛亥革命前期的陳擷芬》（揚州大學 2009 年碩士論文），當中提及陳擷芬對女性教育及參政的想法；杜靜施《徐自華詩歌研究》（2010 年華南師範大學碩士論文），分析徐自華詩歌的內容特色及藝術成就；宋玨嵐《教育家張竹君研究》（2015 年上海師範大學碩士論文）雖談及張竹君對教育的貢獻，但其研究方向亦是以教育史爲主；張娜娜《何震婦女解放思想研究》（中南民族大學 2013 年碩士論文），則談及何震的無政府女權主義思想，但卻未有將何震與其他知識女性作比較分析，亦未有考察其思想的傳統淵源。至於單篇期刊論文，多涉及女性的生平考察〔註 30〕，而針對她們的女權主張及「女性觀」的只有：王彥〈愛自由復女權——張竹君的故事〉〔註 31〕、夏曉虹〈何震的無政府主義「女界革命」論〉〔註 32〕，以及劉慧英〈從女權主義到無政府主義——何震的隱現與天義的變遷〉〔註 33〕。當中亦有不少針對她們的父兄或丈夫的研究，因而略有述及其女權主張，如周宇清〈陳範與辛亥革命——一個晚清紳士的人生軌跡與心路歷程〉（2007 年揚州大學碩士論文），此文在討論陳範的思想活動

〔註 28〕 魏愛蓮（Ellen Widmer）"Shan Shili's Guimao luxing ji of 1903 in Local and Global Perspective"（全球視野下的單士釐的「癸卯旅行記」（1903），胡曉眞主編：《世變與維新——晚明與晚清的文學藝術》，臺北：中央研究院中國文哲研究所籌備處出版 2001 年版。

〔註 29〕 戴東陽：〈驚醒女子魂、鑒彼媸與妍——論啓蒙女學者單士釐〉，《史學月刊》，1996 年第 3 期。

〔註 30〕 如秦亞男：〈林宗素與民國元年婦女參政運動〉，《商品與質量：理論研究》，2012 年第 10 期；趙霞：〈辛亥革命前後陳去病、徐自華的政治活動與交遊唱和〉，《南京理工大學學報：社會科學版》，2011 年第 6 期；張朋：〈近代女傑張竹君的媒介形象考察〉，《溫州大學學報（社會科學版）》，2011 年 3 月；萬仕國：〈何震年表〉，馮明珠編：《盛清社會與揚州研究》，臺北：遠流出版社，2011 年。

〔註 31〕 王彥：〈愛自由復女權——張竹君的故事〉，《神州》，2007 年第 3 期。

〔註 32〕 夏曉虹：〈何震的無政府主義「女界革命」論〉，《中華文史論叢》，2006 年 3 月。

〔註 33〕 劉慧英：〈從女權主義到無政府主義——何震的隱現與《天義》的變遷〉，《中國現代文學研究叢刊》，2006 年 2 月。

以外，間有涉及對陳擷芬的論述；此外，不少以劉師培爲研究對象的論文，
亦會旁及對何震的討論，如焦霓、郭院林：〈天義報宗旨與劉師培、何震的婦
女解放論〉〔註34〕、馬勇：《從革命到反革命：劉師培的心路歷程》〔註35〕等。
至於從清季社會文化轉變的角度作分析的論文則不多，與本書關係較大的有
湯培亮、虞文俊〈清季新女性蛻變之軌跡——以陳擷芬爲個案〉〔註36〕，以
及虞文俊〈從宣傳女權到鼓吹革命——淺議陳擷芬之女學報〉〔註37〕，前者
雖以陳擷芬爲個案討論，但對其生平事蹟、思想言論的考察卻略嫌不足，後
者則以整份《女學報》作爲研究對象，而未有針對陳擷芬的言論文章作分析。
總的來說，以上研究多爲零星的生平敘述，但針對清季知識女性群體的思想
研究則不多，更未有就這些女性的傳統文化背景作探討，以致未有帶出其「女
性觀」在新舊社會轉折中的演變。

（二）相關研究

中國大陸研究清代女性群體的博碩士論文雖然不少，但多屬文學研究，
至於涉及歷史文化角度的論文則只有六篇，分別是郭蓁的《清代女詩人研究》
（北京大學 2001 年博士論文）、段繼紅《清代女詩人研究》（蘇州大學 2005
年博士論文）、魏冰茹《近代女性社會角色的建構——以商務印書館「婦女雜
誌」爲討論中心（1915～1920）》（華中師範大學 2004 年碩士論文）、萬銀紅
《清代知識女性的教育和家庭生活》（天津師範大學 2008 年碩士論文，題目
中的「清代知識女性」所指實爲清代閨秀詩人）、江百鍊的《論戊戌維新至五
四時期的女性角色定位》（湖南師範大學 2008 年碩士論文）以及劉麗娟的《清
代女性才德觀研究——以上海爲中心》（復旦大學 2009 年博士論文）。其他論
文則多聚焦於五四一代，即民初及五四的女性解放思潮。以上六篇論文涉及
對清代清閨秀詩人及民初知識女性的論述，亦可爲本書提供參考，以補充清
代的社會背景及女性思潮，以及清季以後的女性發展。至於港臺論文，臺灣

〔註34〕焦霓、郭院林：〈天義報宗旨與劉師培、何震的婦女解放論〉，《雲夢學刊》，
2010 年 4 月。
〔註35〕馬勇：〈從革命到反革命：劉師培的心路歷程〉，《淮北師範大學學報》，2011
年第 5 期。
〔註36〕湯培亮、虞文俊：〈清季新女性蛻變之軌跡——以陳擷芬爲個案〉，《學理論》，
2010 年第 15 期。
〔註37〕虞文俊：〈從宣傳女權到鼓吹革命——淺議陳擷芬之「女學報」〉，《皖西學院
學報》，2008 年第 6 期。

有武思庭的《女性的亂離書寫——以清代鴉片戰爭、太平天國戰役爲考察範圍》（2008 年臺灣國立暨南國際大學碩士論文），其研究焦點只集中於道咸年間，並非針對光緒以後的變化，且多爲文學賞析，然而亦有一定參考價值，可藉此窺見光緒以前閨秀的家國及性別意識。另外，李曉萍的《晚清〈女子世界〉（1904～1907）中婦女知識與典範之建構》一文（臺灣東海大學 2012 年博士論文），考察《女子世界》中與女性解放及女子權益相關的文章，探討其時知識分子心目中的理想女性角色及形象，亦可作爲本書的參考。至於洪佩菁的《近代中國女性自傳研究》（臺灣師範大學 2000 年碩士論文），考查楊步偉、陳衡哲、沈亦雲等民初女性的自傳，以瞭解其思想和行爲，同時探討女性如何建構歷史。雖然此文所針對之知識女性，其年代稍晚於本書的研究對象，但亦可從後來女性發展的角度補充本書之論述。李淨昉《從女學生到五四時期天津女權運動先鋒：以女性言說與經驗爲中心的研究》（香港中文大學 2009 年博士論文），以民國初年至五四時期天津的知識女性爲研究對象，考察其女權思想及對女權運動的貢獻，其探討時代比本書略晚，但亦對本書後半部有關清季知識女性與五四一代的比較，可作一定參考。

至於專書研究，因爲傳統社會女性身份角色單一，故此針對古代女性文人的群體研究，多從文學家著眼，如黃嫣梨從女詞人入手，重塑古代女性的歷史，其著作《清代四大女詞人：轉型中的清代知識女性》〔註 38〕，對清初至清中晚期的女詞人進行深入研究，甚具參考價值。王力堅《清代才媛文學之文化考察》〔註 39〕則從詞作、戲劇、詩話、書信等方面，集中探討清代閨秀的文化及思想。此外，西方漢學家曼素恩（Susan L. Mann）的《The Talented Women of the Zhong Family》（張門才女）一書〔註 40〕，以常州張琦家內湯瑤卿等三代女性爲中心，呈現清中葉女性在文字領域及公共空間的活躍身影，當中討論其家世淵源及傳統文化對其思想之影響，其研究視角亦對本書有一定啓發。

（三）總　結

綜合以上研究可見，不少論者已開始注意到五四以前的女性解放聲音，並

〔註38〕 黃嫣梨：《清代四大女詞人：轉型中的清代知識女性》，上海：漢語大詞典出版社，2002 年。
〔註39〕 王力堅：《清代才媛文學之文化考察》，臺北：文津出版社，2006 年。
〔註40〕 Susan L. Mann, The Talented Women of the Zhong Family, University of California Press, 2007.

針對個別知名度高的女性（如秋瑾、呂碧城等）作專題研究，然而筆者以為針對清季知識女性的「女性觀」而言，尚有不少研究的空間，要而言之有三：

一、以上研究多將傳統「閨秀」（清季以前）及現代「新女性」（民國以後）截然區隔二分，未有考察兩者之間的過渡，且多著眼於她們對民初女性解放運動的影響，較少分析其傳統文化的思想淵源，致令她們看來與傳統存在一「割裂」的關係。然而，清季知識女性出生或成長於光緒年間，多在傳統文化中孕育成長。她們在清季卻受到西方男女平權思想的衝擊，開始逐步質疑傳統的想法。她們在新舊雜陳的社會中成長，雖然背負沉重的傳統文化包袱，但又努力適應新文化，為女性探索現代之路，書寫獨特而真切的女性解放歷史。她們的「女性觀」如何從傳統過度到現代，至今尚有待探討分析。

二、以往的研究多著眼於個別女性作專題探討，亦因為以文學研究為主，故偏重於女性文學家，對文學領域之外的知識女性群體研究尚欠深入探討。然而，清季的知識女性已逐步走出閨閣，並自由擇業，其職業多元，不再局限於傳統的文學創作，如當中有作家，如徐自華、單士釐；有政治革命家，如秋瑾；有教育家，如呂碧城；有報人，如燕斌、林宗素、陳擷芬、何震；亦有醫生，如張竹君。而前述的文學研究亦多從文學賞析的角度切入，史學視角不足，缺乏以知識女性為一特定群體的專題研究。筆者以為，清季知識女性因成長背景相近，有著傳統的思想淵源，加上留學日本及外遊等相類經歷，受到相似的文化衝擊，其「女性觀」的變化亦有不少共通之處。因此，借著研究清季知識女性的「女性觀」，可得見傳統閨秀轉型的步伐，並補充中國近代史、女性史新舊轉型的重要一頁。

三、上述近代女性史的研究，多建基於中外報刊及其時之歷史材料，鮮有從清季知識女性的著作本身著眼，他們研究的文本並非全由女性書寫，實未能代表真正的女性聲音。近年學界開始鼓吹多利用女性文本，從女性角度重新發現女性歷史，並運用性別視野對中國歷史作出新的思考，因此女性作品的文獻價值不在話下。而針對清代女性文本（尤其是詩詞文學）之研究，雖然近年日漸增加，卻多從文學評論、藝術價值等角度切入，少有結合歷史、社會轉變等角度作分析。總括而言，女性文學與女性歷史的研究總是各自表述，鮮有兩相結合。事實上，歷史、社會文化史的研究者多忽略女性作品及文學選集，致本書的研究對象雖有不少著述傳世（包括詩詞作品、文學著述、論說文字、演說稿等），但研究者卻不多。筆者以為，女性著述實為知識女性

自身之表述，可說是眞正的女性聲音。因此，本書擬以清季知識女性的作品（包括詩詞、散文、雜文、論文、傳記、書信等）爲依據，考察其「女性觀」的演進。當然，由於本書的研究對象亦不乏報人、社會運動家及教育家，故亦會配合其他史傳、報刊及地方史料作探討。

三、寫作思路與方法

（一）概念界定、研究思路、方法與難點

1. 概念界定

（1）時間界定

本書所指之「清季」，乃指晚清新政開始至辛亥革命成功，即 1901～1911 的十年間﹝註 41﹞。熊月之曾把晚清西學東漸進程分爲四個歷史階段：1811～1842 年、1843～1860 年、1860～1900 年、1900～1911 年﹝註 42﹞。在四個階段當中，中國輸入西學最多的便是第四階段，即是二十世紀最初的十年。﹝註 43﹞在新思潮的衝擊下，西方的女性主義及男女平權學說亦逐漸在國內傳播，當中較重要的有馬君武翻譯的斯賓塞〈女權篇〉（1902 年）、林樂知〈全地五大洲女俗通考〉（1903 年出版，原於《萬國公報》上刊載）等。此段期間，不少報刊亦登載了介紹西方婦女地位變化的文章，如〈泰西婦女近世史〉、〈論歐洲古今女人地位〉等，並刊登了介紹西方女性社會運動家的篇章，如〈貞德傳〉、〈世界十二女傑〉、〈東歐女豪傑〉等。當此之時，國內關心女性解放的有識之士，亦開始研究女性問題，並出版了〈女界鐘〉（1903 年）、〈女子新世界〉（1903 年）、〈女界淚〉（1908 年）等女性解放理論專著。可以說，清季十年對中國女性運動的發展起著重要的作用，前承戊戌維新的女性解放思想並作進一步的發展，亦下啓新文化運動中的男女平權思潮。

（2）概念界定

Ⅰ.知識女性

﹝註41﹞ 此界定乃參考以下篇章而來，如：羅志田：〈革命的形成：清季十年的轉折（上）〉，《近代史研究》，2012 年第 3 期；柯繼銘：〈理想與現實：清季十年思想中的「民」意識〉，《中國社會科學》，2007 年第 1 期；胡偉、劉萍：〈清季興辦女學動因探析〉，《忻州師範學院學報》，2013 年第 3 期等。

﹝註42﹞ 熊月之：《西學東漸與晚清社會》，上海：上海人民出版社，1994 年。

﹝註43﹞ 李帆：〈清季學術新潮流述論〉，《遼寧師範大學學報》，2000 年第 6 期。

　　根據楊國樞的界定，知識分子具有知識豐富、崇高理想、獨立精神、批判精神、分析能力、社會關懷及抗壓能力等條件。同時知識分子能發揮社會事務批評者、社會改革者、社會理想提供者的角色與功能〔註44〕。

　　清代後期尤其是光緒以後，女性教育成爲國人關注的重要議題，女子學校及女子留學的興起，令女學生成爲新興的社會階層。不少論者已注意到清季出現一新興的「知識婦女群體」〔註45〕，當中成員包括教會女學的女學生、各種中國民辦及官辦女學堂的女學生，再加上留學美國、日本等地的女留學生，以及接受傳統家庭教育的女性〔註46〕。至1910年，透過不同教育途徑接受新式女子教育的女學生，便多達兩萬多人〔註47〕。這群女性有別於傳統社會中的閨秀，她們兼擅中學及西學，建立了獨立自信的個人形象，並嘗試在傳統的性別角色以外，實踐自己的理想與人生路向。據統計，二十世紀初有影響力的知識女性，當中約有180多人〔註48〕，而當中尤以留日女學生最值得注意。據1905年《女子世界》的駐日本東京調查員稱，留日女生不僅中外語文兼擅，更有不少人專研數學、政治及音樂等學科〔註49〕。她們畢業後的職業更見多元，當中包括教師、編輯、記者、醫生、護士、實業工作者等〔註50〕。這些留日女生，在二十世紀初活躍於政治舞臺，領導清季的女性解放及政治革命，而本書的研究對象如秋瑾、陳擷芬、林宗素、燕斌等皆曾留學日本，並成爲知識女性的領導人物。留日女生再加上其他活躍的知識女性如張竹君、呂碧城等，令清季的女性解放運動發展到一個新階段。

　　有學者將「知識女性」定義爲具有一定文化水平，可以閱讀、創作，並可以參與文人群體作文化交流的女性。這些女性在古代多稱爲「閨秀」或「才女」，

〔註44〕　楊國樞：〈知識分子的過去、現在與未來〉，《中國論壇》，第265期。
〔註45〕　如劉巨才：《中國近代婦女運動史》，北京：新華書店，1989年；以及呂美頤、鄭永福：《中國婦女運動（1840～1921）》，河南人民出版社，1990年。
〔註46〕　劉巨才：《中國近代婦女運動史》，北京：新華書店1989年版，第51頁。
〔註47〕　1909年全國女學生不包括教會學校爲14054人，1910年基督教會辦女校中女學生6798人，總計超過2萬，若加上天主教學校的女學生，人數則更多。參見程謫凡：《中國現代女子教育史》，79頁；俞慶堂：《最近三十五年之中國教育》，商務印書館1931年版，182頁；呂美頤、鄭永福：《近代中國婦女與社會》，鄭州：大象出版社2013年版，第241頁。
〔註48〕　張玉法：《清季的革命團體》，臺北：中央研究院近代史研究所1975年版。
〔註49〕　日本東京調查員：〈外國特別調查〉，《女子世界》，1905年第3期。
〔註50〕　劉巨才：《中國近代婦女運動史》，北京：新華書店，1989年。

她們能詩擅詞，並懂得琴棋書畫等文化藝術。〔註51〕然而，本書以爲以上定義未免略嫌寬泛，因爲傳統的閨秀才女雖然有一定的知識文化水平，但不少人卻缺乏知識分子應有的獨立批判精神，更未有關懷社會及參與公共事務。因此，本書所指的「知識女性」，將結合上述知識分子的特質，並廣泛參考一眾學者的研究，如趙文靜〈近代知識婦女與文學革命〉〔註52〕、郝麗媛〈晚清新型知識女性的產生和發展研究〉〔註53〕、鄭春奎〈辛亥革命時期知識女性自主意識的覺醒及評析〉、〔註54〕馬方方〈傳統與現代之間：近代知識女性獨身原因的再探討〉〔註55〕、以及羅秀美《從秋瑾到蔡珠兒——近現代知識女性的文學表現》〔註56〕等篇的看法，再作整理、定義。綜合而言，本書所指的「知識女性」，即接受良好教育與教養（包括私塾、家庭、學校等教育），具有獨立、富批判性的思想，能透過文字、公開演說等，參與知識群體文化交流，對政治、社會及文化等問題作評論及批判，並對社會發展發揮一定影響力的女性。

II．女性觀

「女性觀」是指社會中對於女性的意識、想法、價值等觀念的整合，是對女性價值、女性本質，以及其生活狀況等，一種本質上的評價及瞭解，是屬於觀念層面的價值判斷。〔註57〕在現實社會的生活中，普遍的社會人士會對女性產生種種的要求及規範，透過法制、道德教條及風俗等不同形式，約束女性的行爲，指導女性的生活方向，此皆爲某一時期「女性觀」的具體反映。本書討論的正是基於此一意義的「女性觀」，主要體現爲知識女性對男女

〔註51〕 柳素平：〈晚明非家庭知識女性的生存空間探析〉，《井岡山大學學報》2011年5月。

〔註52〕 趙文靜：〈近代知識婦女與文學革命〉，《煙台師範學院學報》1996年第4期。

〔註53〕 郝麗媛：〈晚清新型知識女性的產生和發展研究〉，《內蒙古農業大學學報》（哲學社會科學版）2012年第5期。

〔註54〕 鄭春奎：〈辛亥革命時期知識女性自主意識的覺醒及評析〉，《寧夏社會科學》2013年第2期。

〔註55〕 馬方方：〈傳統與現代之間：近代知識女性獨身原因的再探討〉，《長白學刊》2008年第3期。

〔註56〕 羅秀美：《從秋瑾到蔡珠兒——近現代知識女性的文學表現》，臺北：臺灣學生書局，2010年。

〔註57〕 此對女性觀的闡釋，乃參考以下書籍之定義，包括：魏國英：《女性學概論》，北京，北京大學出版社，2000年；中華全國婦女聯合會編：《馬克思主義婦女觀簡要讀本》，北京：中國婦女出版社，1992年；林吉玲：《二十世紀中國女性發展史論》，濟南：山東人民出版社，2001年；以及谷忠玉：《中國近代女性觀的演變與女子學校教育》，合肥：安徽教育出版社，2006年。

地位、社會角色、自身價值、婚姻戀愛、政治參與、教育就業、女性權利等的具體看法。〔註58〕

2. 研究思路及方法

本書選擇了九位具代表性的清季知識女性作群體研究，她們的身份多樣，包括文人、政治革命家、報刊編輯、教育家及醫護人員等。她們的人生軌跡及思想淵源或許有些微差別，但其「女性觀」卻頗有相類之處，故本文將嘗試歸納其思想上的貫通之處。然而，她們的不少想法又同中有異，故文中亦在交代其共通點以外，指出其中的特例及差異。例如本書大部分的知識女性，由於受到當時性別觀念的限制，在批評其時女子的愚昧無知時，有時會不經意的將矛頭指向女性本身，而未能從社會文化、深層結構等角度反思，考慮到女性亦為傳統男權體制的受害者。然而，在一眾研究對象中，何震的思想卻比其他人走得更前，她開始從男權社會體制的角度思考女性的處境，指出女性的落後無知，乃由男權的傳統體制所造成。因此，何震主張從社會文化、政治經濟等體制上改革，徹底消除後天建構的性別階級，更進而消除所有政治、種族、經濟等階級，建立一絕對平等的無政府主義的理想社會。由於何震對兩性權利的反思比其他知識女性更豐富、更深刻，亦更有前瞻性，故本書將另開一節，以何震為特例作探討。不過，除此項以外，何震不少的「女性觀」，尤其是對戀愛婚姻自由的看法，卻比其他無政府主義者來得保守，明顯帶有傳統思想的影響〔註59〕。而何震出身於傳統書香門第，受傳統文化薰陶成長，故在論述中國的女權時，著意追溯中國女性歷史的源頭及發展，如《天義》創刊號的首頁登載了何震親筆所繪的女媧像，而《天義》中

<hr>

〔註58〕 以上各項對「女性觀」之歸納，乃參考以下專書及論文而來，當中包括：谷忠玉：《中國近代女性觀的演變與女子學校教育》，合肥：安徽教育出版社，2006年；喬素玲、劉正剛：〈清末留日女生的女性觀〉，《淮南師範學院學報》2001年第1期；羅萍：〈中國女性觀念文化變革趨勢〉，《武漢大學學報》1996年第5期；以及孫玉榮、胡輝：〈唐代女性觀念探析〉，《黑龍江史志》2012年15期等。

〔註59〕 何震在《天義》一邊提倡無政府女權主義階級改革、追求兩性平等、批評儒家歧視女性、力主婚姻自由的同時，另一邊又批評當時的留日女學生自由戀愛，多次離合而不告父母，有違傳統道德規範，可見其戀愛婚姻觀畢竟未有掙脫舊道德的束縛。此外，何震強調男女戀愛婚姻必須絕對專一及平等，因而要求再婚之男必須配再婚之女，此亦比其他講求自由戀愛的無政府主義者保守得多。詳見本書第二章第六節。

又登載了不少文章，引述明末至清中葉開明文人如李贄、唐甄等有關男女平等的言論，並以傳統的傑出女性為當時的女性楷模，這些卻又與其他知識女性追溯中國女性文化傳統的想法相類。因此，在本書其他章節的討論當中，何震又會與其他知識女性一併論述。

清季知識女性既處身於傳統與現代之間的時代轉折，要瞭解其「女性觀」的傳承及演變，自當從「傳承」及「開拓」兩方面探究，先重溯其思想淵源，再分析其發展。所謂「傳承」，是指承傳明末清初以來的閨秀文化。明清女性文學興起，閨秀透過文學創作、出版，建立以女性為中心的閨秀圈子，當中已見相當的性別覺醒意識；至清中葉以後，國家動盪更令道咸年間的女詩人走出閨閣，寫作不少家國感懷的篇章，她們以國民的身份抒發其對國家前途的感慨、對傳統文化失落的憂慮，實為清季「女國民」形象之肇端。至於兩性平等意識，清代女作家亦有「易裝」、「擬男」的寫作傳統，以此表達不輸男性的自信豪情，已初步在思想上挑戰「男外女內」的傳統規範。這些皆為清季知識女性所吸納、轉化，並結合西方女權思想，鎔鑄成其「女性觀」的重要部分。因此，新女性與傳統閨秀之間，實存有一定的傳承關係，故本書將先析論傳統的閨秀文化，特別是清代興盛的女性文化圈子，以及道咸年間「女性觀」的發展，以重溯清季女性的思想文化淵源。至於「開拓」方面，清季知識女性比五四一代的生活時代稍早，傳統文化包袱較重，且西方男女平權思想傳入不久，國人對此瞭解未深，故其時知識女性的「女性觀」實較保守，不比五四之先進開放，對傳統性別觀的反思亦有欠徹底。不過，斯時提倡的身體自主（反纏足）、女子教育、兩性平等、女子權益、國民責任等概念，已逐漸成形，實已為日後女性運動奠下基礎，故本書亦將從「開拓」之角度，帶出她們如何突破傳統的性別觀念，以及對日後女性解放思想的影響，以見清季知識女性作為「過渡」期人物的思想特色。

此外，本書第三章將以不同身份的人物作比較，以見這群知識女性的獨特視角。首先，本書將以知識女性與清季的男性女權先驅如梁啟超及金天翮等作比較，以見這群女性從自身真切的女性處境及經驗出發，如何建立與男性不同的獨特「女性觀」。其二，本書亦將選擇其時看法較保守的維新女性作比較。當時謹守儒家傳統及階級秩序的傳統閨秀，如「戊戌賢媛」的代表薛紹徽等，對男女平等、女權自由等思想大加排斥，她們雖然也提倡女學，但其賢妻良母的教育及人生目標，畢竟未有脫離傳統的性別規範，實與知識女

性所提倡的多元女性角色相異。最後，本書會將清季知識女性與五四一代作比較。由於清季知識女性背負的傳統包袱較重，再加上時代的限制，使其對傳統儒家的封建禮教、階級秩序，以及婚姻家庭等的看法，存在一種若即若離的關係。她們未能灑脫的告別傳統，反而時時遊走於傳統與現代之間，顯得進退維艱。反之，五四一代更刻意的挑戰及擺脫傳統，並將性別壓迫的源頭指向儒家父權體系，強調女性的自我解放，以建立自足的獨立人格。本書將以以上三類人物與清季閨秀出身的知識女性作比較，以見其「女性觀」的獨特特色。

　　本書將綜合運用歷史學、性別學、文化學、傳播學等學科理論與方法，將清季知識女性與前代及後代的「女性觀」作比較，以見其「女性觀」之特色。受西方女性主義的影響，中國的女性研究已開始超越傳統的「婦女史」而走向「性別史」，如杜芳琴將社會性別（gender）概念引入歷史研究中，指出女性史乃以女性作爲特定的研究對象，應就兩性的生活、社會地位、兩者的關係及思想價值觀等，結合而作分析。她認爲女性史的分析實離不開兩個重要切入，一爲「階級與性別」，另一則爲「時代與社會」。〔註 60〕此論對本書的性別學分析甚具參考價值。至於西方學者的女性史研究，則多以西方女性主義及性別理論爲研究框架，致力重現眞正的女性聲音及重塑女性的生活與歷史，當中提供新的視野及研究方法，雖不乏引起爭議的看法，但當中的不少想法亦對本書甚有啓發〔註 61〕。西方漢學家的看法對傳統中國女性史研究帶來衝擊，一方面能在傳統看法以外提供新的視角，重新評估女性歷史及其研究價值，另一方面他們亦對以往的歷史研究範圍有所開拓，令學界開始關注湮沒無聞的古代女作家。惟部分西方學者因參考史籍素材不足，致偶有缺失，故本書將參考西方性別學及女性主義的思想框架，並透過近代女性史傳、著作、方志及報刊等素材的考察整理，以追尋清季知識女性「女性觀」發展的軌跡，以期重現處於傳統與現代之間的女性聲音。

〔註60〕　杜芳琴：〈三十年回眸：婦女/性別史研究和學科建設在中國大陸的發展〉，《山西師大學報》第 35 卷第 6 期。
〔註61〕　例如高彥頤（Dorothy Ko）《閨塾師：晚明至盛清時的中國婦女》一書，批判以陳東原等「五四式」中國女性史研究取向（女性被受摧殘壓迫），認爲他們一再將傳統與現代兩者置於對立面，只將傳統女性塑造成爲被壓迫、被剝削的一群，而未能考慮到傳統社會中亦有部分女性曾建立自信的形象，故未能眞切地反映女性的感受。詳見高彥頤著：《閨塾師：明末清初江南的才女文化》，李志生譯，南京：江蘇人民出版社，2005 年。

3. 研究難點及不足之處

本書研究的難點及不足有四：其一爲清季知識女性的資料多散見於不同文集及報刊，除 1975 年李又寧和張玉法所編《近代中國女權運動史料》有較豐富的史料整理外，其他知識女性的著述及生平資料，則需從各類報刊、文集、地方志書、其他文人別集及零星的史傳素材中搜集，尤其是除秋瑾、呂碧城等個別較知名的女性外，其他知識女性的資料卻是零星落索，要廣泛搜集資料，所需工夫著實不小，當中亦恐怕掛一漏萬。其二，本書既以「傳承」及「開拓」兩種視角，分析知識女性的「女性觀」演進，當中「傳承」部分，須考究中國古代的閨秀傳統。由於閨秀傳統牽涉的時間幅度及資料素材不少，故處理分析時亦有一定難度，亦恐有所不足。其三，本書乃以群體研究的方式作分析，而知識女性的「女性觀」不少是同中有異，或異中有同，要梳理其「女性觀」的脈絡，整合及歸納當中的異同，亦恐防有所不足。其四，本書第三章將以清季知識女性與不同身份的人物作比較，除與同代的男性及維新女性兩者作比較外，第三節亦將與時代較後的五四一代作比。由於此部分有意從時代背景及其時的思潮氛圍等切入作縱向的比較分析，故所論的五四一代並未有刻意的區分男性與女性論者，此實有待作進一步的性別對話與分析解讀。

第一章　清季知識女性興起的背景

第一節　中國傳統的「女性觀」及清代的閨秀文化

　　本書所述的「傳統閨秀」，乃根據中國傳統對「閨秀」的定義，指出身傳統書香門第、官宦世家、受過教育的女性。《世說新語・賢媛》云：「顧家婦清心玉映，自是閨房之秀。」當中乃以閨秀指處身閨房內室之秀拔者，而後世則多以「閨秀」稱大戶人家有才德的女兒〔註1〕。此外，有論者以「婦女之有才者」定義閨秀〔註2〕，然此定義未算清晰，因歌妓亦為婦女之有才者，傳統卻不會與「閨秀」混同〔註3〕。考《明史・藝文志》有「閨秀」一欄，所題錄的女性著作共三十四種，當中全為生於官宦人家的女性〔註4〕，《清史・藝

〔註1〕　漢語大辭典編輯委員會編：《漢語大辭典》，上海：漢語大辭典出版社，1994年，第101頁。

〔註2〕　張瑞芬曾以「閨秀」為「婦女之有才者」，詳見張瑞芬：〈秋韆外的天空——學院閨秀散文的特質與演變〉，《逢甲人文社會學報》2001年5月。

〔註3〕　如清道光年間惲珠編《閨秀正始集》，其「凡例」云：「青樓失行婦人，每多風雲月露之作，前人諸選，津津樂道，茲集不錄。」見惲珠：《閨秀正始集》，道光辛卯（1831年）紅香館刊本，第5頁。《閨秀正始集》為清代女作家的選集，今存香港大學圖書館，共收清初至道光年間女詩人933家、作品1736首。如「凡例」所言，所選詩人皆為清代出身官宦人家的女性，以生卒定其排序，並以賢德貞烈為本，定其先後。至於惲珠所謂選有歌妓作品的「前人諸選」，如清初的女性選集《眾香詞》、《林下詞選》等，雖錄有歌妓作品，但卻以「香」、「林下」等命名，未有沿用「閨秀」一語。此外，民國初年，單士釐輯《清閨秀正始再續集初編》、施淑儀編《清代閨閣詩人徵略》，皆以出身書香門第、讀書識字的女子為「閨秀」之義，未有收錄歌妓的作品。

〔註4〕　張廷玉等撰：《明史》，臺北：鼎文書局，1975年。

文志》所錄女性作品數量更多，當中亦只將士族女性列為「閨秀」〔註5〕。至
1922年施淑儀《清代閨閣詩人徵略》、1927年單士釐《清閨秀藝文略》等書，
其所錄亦為出身書香門第、受過教育的女性。至於現代學者，他們多以「閨
秀派」形容五四新文化運動時，出身簪纓世家、書香門第的女作家，如冰心、
蘇雪林等〔註6〕。因此，本書乃以出身官宦文人家庭、知書識禮的女性為「閨
秀」之定義。古代女子雖未有機會上學，然士族女性卻於家庭中接受女學教
育，她們一般靠父母家長傳授，也有家庭會聘請女塾師為女子授業。閨秀的
「女學」又稱「婦學」，乃以儒家禮教為基礎，當中包涵「三從」、「四德」等
道德規範〔註7〕，亦包括詩詞文學、文化藝術等文化教育。本書所研究的清季
女性，皆出身於傳統官宦家庭，她們的家庭教育與文化背景，使其受到傳統
文化的薰陶，其中不少人更以傳統的詩詞文章名揚於世，於晚清時期可被歸
類為傳統定義的「閨秀」〔註8〕。其後，她們受到西方文化思潮的洗禮，不少

〔註5〕 如「經部‧小學類」列閨秀葉蕙心撰《爾雅古注斟三卷》；「史部‧傳記類」
收閨秀王照圓撰《列女傳補注八卷，附錄一卷，校正一卷》、閨秀梁端撰《列
女傳校注八卷》、閨秀蕭道管撰《列女傳集注八卷》；「子部‧術數類」列閨秀
王照圓撰《夢書一卷》；「子部‧藝術類」收閨秀湯漱玉撰《玉臺畫史五卷》；
「子部‧道家類」收閨秀王照圓撰《列仙傳校正二卷，附列仙贊一卷》；「集
部‧總集類」列閨秀汪端編《明三十家詩選二集十六卷》、閨秀惲珠編《國朝
閨秀正始集》、閨秀鮑之蘭等撰《鮑氏三女子詩鈔三卷》。見趙爾巽等：《新校
本清史稿》，臺北：鼎文書局，1975年。

〔註6〕 如王曉夢：〈論20世紀二三十年代閨秀派作家〉，《東北師大學報》第253期；
周海波：〈憑欄唱晚：閨秀派作家的文學世界〉，《山東師範大學》第111期；
以及李翠芳《二十世紀閨秀創作論》，山東大學2007年碩士論文。

〔註7〕 「三從」即「在家從父、出嫁從夫、老來從子」，以此確立女性對男性的從屬
關係；「四德」乃《周禮‧天官‧九嬪》所云之「九嬪掌婦學之法，以教九御：
婦德、婦言、婦容、婦功。各率其屬，而以時御敘於王所。」見《周禮》，《十
三經注疏》，上海：世界書局1935年，第687頁。鄭玄注曰「婦德，貞順也。
婦言，辭令也。婦容，婉娩也。婦功，絲麻也。」見鄭玄注：《禮記》，《十三
經注疏》，上海：世界書局，1935年，第1681頁。而班昭於《女誡》中對四德
作進一步說明：「婦德，不必才明絕異也。幽閒貞靜，守節整齊，行己有恥，
動靜有法。婦言，不必辯口利辭也。擇辭而說，不道惡語，時然後言，不厭於
人。婦容，不必顏色美麗也。盥院塵穢，服飾鮮絜，沐浴以時，身不垢辱。婦
功，不必工巧過人也。專心紡織，不好戲笑，絜齊酒食，以奉賓客。」見班昭：
《女誡‧婦行篇》，范曄：《後漢書》，北京：中華書局，1965年，第2789頁。

〔註8〕 如單士釐、徐自華、呂碧城、秋瑾等皆以詩詞聞名於世，其中秋瑾雖為革命
家，但因其出身官宦人家，民初亦有人將之歸類為「閨秀」，如1922年出版
施淑儀編的《清代閨閣詩人徵略》，亦收錄秋瑾之小傳，並於「例言」謂：「是
編……殿以秋瑾，所以寓崇拜女豪傑之意。」誠然，秋瑾的角色較複雜，她

人更得到出國留學及外遊的機會，使她們逐漸認識到傳統文化對女性的束縛
與壓迫，因而積極爭取女性的權益及自由，逐步蛻變成現代「新女性」。

一、中國傳統的「女性觀」

　　陰陽乾坤說是中國傳統性別文化的基礎，也是中國傳統佔主導地位的「女
性觀」的核心。《周易》將陰陽、乾坤二元與男女對應，並相應地表示兩者具
有相反的特點：「天尊地卑，乾坤定矣。卑高以陳，貴賤位矣。」〔註9〕又「乾
道成男，坤道成女。乾知大始，坤作成物。」〔註10〕「乾天也，故稱乎父。
坤地也，故稱乎母。」〔註11〕即將乾坤與男女對應，乾為父、為男子；坤為
母、為女子，並進一步將乾坤與陰陽對應，云：「子曰：乾坤，其易之門邪。
乾，陽物也。坤，陰物也。」〔註12〕至於乾坤之性質及表現，則有：「乾以君
之，坤以藏之」〔註13〕、「乾健也，坤順也」等〔註14〕。

　　從以上可見乾代表陽、男性、父親、天、君、健等概念，而坤則代表陰、
女性、母親、地、藏、順等概念，而乾坤即象徵自然萬物的秩序及運作關係。
傳統儒家思想以家族倫理為中心，以此訂定各種倫理身份及角色，體現各種
尊卑從屬的關係。儒家將男女置於倫理系統中，並定立男尊女卑的秩序，男
性為統治者、帶領者、統領在「外」的一切事務，而女性則為從屬者、依從
者、其活動被限制於「內」的範圍，故以「閨」為名。《禮記·曲禮》云：「外
言不入於閫，內言不出於閫」〔註15〕，此所謂「男女有別」。女性之活動空間
僅限於家庭閨門之內，女性不可參與公共事務，如著述、政事等。否則，女

　　雖然出身閨秀，但很快便轉型為「女俠」、「女英雄」等「新女性」的形象。
　　本書既以知識女性的女性觀為題，當中涉及傳統「閨秀」到「新女性」的身
　　份認同問題，秋瑾以傳統出身而論，的確可視之為「閨秀」，但此身份只針對
　　其出身，未能概括其生命型態及思想特色。除以上四人外，燕斌、陳擷芬等
　　皆曾寫作傳統詩詞，並刊於報刊。至於何震、林宗素等亦自幼誦讀詩書，浸
　　沉於傳統文化之中，詳情將於第二章第一節作分析。

〔註 9〕　《周易·繫辭上》，王弼、韓康伯注；孔穎達疏：《周易正義》，臺北：藝文印
　　　　　書館，1955 年，第 143 頁。
〔註 10〕　《周易·繫辭上》，《周易正義》，第 144 頁。
〔註 11〕　《周易·說卦》，《周易正義》，第 185 頁。
〔註 12〕　《周易·繫辭下》，《周易正義》，第 172 頁。
〔註 13〕　《周易·說卦》，《周易正義》，第 183 頁。
〔註 14〕　《周易·說卦》，《周易正義》，第 184 頁。
〔註 15〕　鄭玄注、孔穎達疏：《禮記注疏》，臺北：藝文出版社，1955 年，第 37 頁。

性若將名聲顯露於外，即被視爲逾越身份。古人更有女子才德相妨之說，如班昭《女誡》云：「婦德，不必才明絕異也」〔註16〕，明末以後更流行「女子無才便是德」〔註17〕一說。而古代一眾女學教材亦多將女子之「才」與「德」置於對立位置，因而得出女子不宜讀書、不宜寫作的結論。〔註18〕這些反對女子讀書、才名外露的言論，造成女性對創作立說、參與公共事務（如出版）的創作焦慮〔註19〕，如宋代女詩人朱淑眞有「女子弄文誠可罪」之句〔註20〕，元代女詩人孫蕙蘭毀其詩稿，並云：「女子當治織紝組紃，以致其孝敬，詞翰非所事也。」〔註21〕及至明末，不少女文人更以詩非女子事，甚而自焚其作，使之不傳於世，如清初女詩人紀映淮〔註22〕、沈佩等〔註23〕。至於兩性的品

〔註16〕 班昭：《女誡》，《後漢書》，北京：中華書局，1965 年，第 2780 頁。

〔註17〕 此語未知其源，然晚明陳繼儒《安得長者言》中曾引錄此語謂：「男子有德便是才，女子無才便是德」，見陳繼儒：《安得長者言》，臺北：臺灣商務印書館，1965 年，第一百四十七冊，第 1 頁。陳氏之書既爲輯錄四方名儒老宿之言，則可知此語非出自陳繼儒之口，反之乃當時社會的流行諺語，如馮夢龍《智囊全集》亦云：「語有之，男子有德便是才，婦人無才便是德」。馮夢龍：《智囊全集・閨智部・總敍》北京：民主與建設出版社，2000 年，第 1233 頁。

〔註18〕 如《溫氏母訓》云：「婦女只許粗識柴米魚肉數百字，多識字無益而有損也。」溫璜述：《溫氏母訓》，載《四庫全書・子部儒家類（717）》，上海：上海古籍出版社，1987 年，第 523 頁。

〔註19〕 西方女性主義學者以爲女作家多有「創作焦慮」（anxiety of authorship），如 Sandra M. Gilbert and Susan Gubar 以爲女作家於寫作時有「創作焦慮」，那是一種激烈的恐懼，害怕自己不能創造，因爲女作家永不能成爲傳統之一部分，而女作家寫作將會使她被隔離或被摧毀。以上見 Sandra M. Gilbert and Susan Gubar，『Infection in the Sentence：The Woman Writer and the Anxiety of Authorship』，in『Feminisms：an anthology of literary theory and criticism』，edited by Robyn R. Warhol and Diane Price Herndl，New Brunswick，New Jersey：Rutgers University Press，1997，pp.21～32.中國傳統女文人多有類似的創作焦慮，許麗芳〈女子弄文誠可罪——試析女性書寫意識中之自覺與矛盾〉一文，對明清女文人書寫時之憂慮與矛盾有深入分析，見淡江大學中文系主編：《中國女性書寫——國際學術研討會論文集》，臺北：學生書店，1999 年，第 219 ～241 頁。

〔註20〕 此爲朱淑貞〈自責・其一〉，詩云：「女子弄文誠可罪，那堪咏月更吟風。磨穿鐵硯非吾事，繡折金針卻有功。」見張顯成等編注：《李清照朱淑眞詩詞合注》，成都：巴蜀書社，1999 年，第 211 頁。

〔註21〕 鍾惺：《名媛詩歸》，《四庫書存目叢書集部・總集》，臺南：莊嚴文化出版社，1997 年，第 339 冊，第 269 頁。

〔註22〕 紀映淮小傳謂其：「詩詞係少時作，稱未亡，曰：此非婦人事也。少作誤爲人傳，悔不及，遂絕筆不作。」徐樹敏、錢岳編：《眾香詞》，癸酉（1933 年）昆陵董氏誦芬室重校康熙錦樹堂刊本，上海大東書局刻本，第 8 頁。

性氣質，陽爲剛強，陰爲柔弱，亦反映古人對男女兩性本質的看法。如班昭《女誡》云：「陰陽殊性，男女異行。陽以剛爲德，陰以柔爲用。男以強爲貴，女以弱爲美。」〔註24〕皆將女性視爲柔弱、順從的一方。

以上所述男尊女卑、男外女內、男剛女柔，以及女性才德相妨的「女性觀」，並非只屬男性的看法，而是傳統社會中普遍的觀念，更藉著女教書籍的傳播，植根於閨秀的思想之中。班昭《女誡》爲第一本專門用於教育閨秀的閨訓，當中總結了她身爲人妻、人媳的經驗，結合過去男尊女卑、夫爲妻綱、三從四德等原則，整理爲系統的一套完整論述，如：「古者生女三日，臥之床下，弄之瓦磚，而齋告焉。臥之床下，明其卑弱，主下人也。」〔註25〕又有云：「女有四行，一曰婦德，二曰婦言，三曰婦容，四曰婦功。夫云婦德，不必才明絕異也；婦言，不必辯口利辭也；婦容，不必顏色美麗也；婦功，不必工巧過人也。」〔註26〕班昭以後，由女性所著的女教書籍還有許多，如唐太宗長孫皇后的《女則》、唐鄭氏的《女孝經》、唐代宋若華、宋若昭姐妹所作的《女論語》、明代仁孝文皇后的《內訓》，清代王相母親的《女範捷錄》等，後三部書更與《女誡》合稱爲「女四書」。這些女教書籍的內容大同小異，均旨在強化男尊女卑的傳統觀念，強調男女有別的倫理角色。

二、明末清初以後興起的閨秀文化

（一）質疑「內言不出於閫」的傳統「女性觀」

上文所述「男外女內」、抑壓女性才華外露的想法，至明中葉以後，因人性解放思想的盛行而逐步得以釋放。明末泰州學派承王陽明「心學」，否定「存天理、去人欲」的道德教條，並由此而推至兩性關係的論述中，因而出現挑戰傳統「女性觀」的思想，如李贄云：「謂人有男女則可，謂見有男女豈可乎？謂見有長短則可，謂男子之見盡長，女子之見盡短，又豈可乎？」〔註27〕他以爲男女在學識、才情上乃平等無差異的，甚而從女性所處的困境著眼，以

〔註23〕 沈佩小傳謂其「忽自悔曰：才非女子所宜，遂自焚其稿，絕口不談者屢月。」見《眾香詞》，第10頁。
〔註24〕 班昭：《女誡》，《後漢書》，北京：中華書局，1965年，第2788頁。
〔註25〕 班昭：《女誡》，《後漢書》，第2787頁。
〔註26〕 班昭：《女誡》，《後漢書》，第2789頁。
〔註27〕 李贄：〈答以女人學道爲見短書〉，《焚書》，西安：青海人民出版社，1998年，第723頁。

爲女性的成就識見不若男性，乃社會制約所造成。〔註28〕此種對傳統「女性觀」之反動，有助鼓勵女性執筆創作，而閨秀才女亦成爲當時社會之新興階層。才子才女配往往爲時人所稱賞，如明末祁彪佳與商景蘭夫婦：「祁公美風采，夫人商亦有令儀，閨門唱隨，鄉黨有金童玉女之目。」〔註29〕而士人又往往以家中出現閨秀才女爲榮，如葉紹袁以家中女眷（包括其妻子及三個女兒）的創作才華爲榮，甚至爲她們出版詩集，名爲《午夢堂詩鈔》，其《午夢堂集·序》云：「丈夫有三不朽：立德、立功、立言；而婦人亦有三焉：德也、才與色也。」〔註30〕葉氏將立言（女才）置於立德之上，〔註31〕可見時人對閨秀立言傳世的支持。〔註32〕

事實上，女性創作及出版業自明中葉以後越趨繁盛，「良媛以筆禮垂世者多矣」〔註33〕，嘉靖萬曆以來，「七子之徒大變文體，而婦人作者亦眾。」〔註34〕清初錢謙益《列朝詩集小傳》「香奩」列入明代女詩人共一百二十三人，當中以士人妻女佔多，〔註35〕《明史·藝文志》「閨秀」一欄所題錄的女性著作

〔註28〕 李贄云：「設使女人其身而男子其見，樂聞正論而知俗語之不足聽，樂學出世而知浮世之不足戀，則恐當世男子視之，皆當羞愧流汗，不敢出聲矣。此蓋孔聖人所以周流天下，欲庶幾一遇而不可得者，今反視之爲短見之人，不亦冤乎！冤與不冤與何人何與？但恐傍觀者醜耳。」李贄：《答以女人學道爲見短書》，《焚書》，西安：青海人民出版社，1998 年，第 723 頁。李氏之性別論述，與法國女性主義先行者西蒙波娃（Simone de Beauvoir）所謂「人非生而爲女人，乃因社會孕育而成女人」之想法不謀而合。

〔註29〕 朱彝尊：《靜志居詩話》卷二十，北京：人民文學出版社，1990 年，第 623 頁。

〔註30〕 葉紹袁：《午夢堂集·序》，《午夢堂集》，北京：中華書局，1998 年，第 1 頁。

〔註31〕 葉紹袁云：「才既不易言，而色欲又諱於言，士大夫又不肯泯泯其家之婦人女子，則不得不舉二者以盡歸之於德，於是閨傳青史，壺列彤碑，湘東之管，靡可勝書矣……蓋其名彌茂，斯其飾彌工，家本臙華，必陳害瀚之誦，質弛脂黛，虆著無非之儀……低徊聽聞之餘，幾有無微不信之慨，則考德故弗若衡才實矣。」葉紹袁：《午夢堂集·序》，《午夢堂集》，北京：中華書局，1998 年，第 1 頁。

〔註32〕 除葉紹袁外，《擷芳集》引康熙文人張叔珽序其妻江蘭《倚雲樓集》亦云：「況婦人而識字塗鴉，亦足以洗鉛華之陋，乃能纘柳絮之餘風，步織錦之芳軌，豈不稱巾幗中女士也哉！」《擷芳集》卷二十八，轉引自鍾慧玲：《清代女詩人研究》，臺北：里仁書局，2000 年 12 月，第 102 頁。

〔註33〕 錢仲聯編：《清詩紀事》卷二十二，南京：江蘇古籍出版社，1989 年，第 15952 頁。

〔註34〕 謝无量：《中國婦女文學史》，上海：中華書局，1926 年，第三編下，第 18 頁。

〔註35〕 列入「香奩」之女詩人，其中有宮女、女官六人、士人妻女八十餘人、詩妓三十餘人。錢謙益：《列朝詩集小傳》，上海：中華書局，1961 年，第 724～774 頁。

共三十四種，〔註 36〕比之《宋史‧藝文志》所列之女文人別集約八種可謂增長甚大。〔註37〕而入清以後，女性文壇更為繁盛，《清史‧藝文志》所見的女性作品，種類更多，數量更繁，〔註 38〕而女文人的著作不只見於集部，亦見於經、史、子三部，女性著述已從文學創作擴展至哲學、宗教、史傳、藝術、文學選集等。從《歷代婦女著作考》所見，清代的女性作家共三千六百多人，遠超前代。〔註 39〕閨秀詩詞及著述的大量問世，實與女性的創作自覺與對文學的態度轉變有密切關係。她們不但打消了詩名外揚的擔憂，而且有志於揚名後世；不只在閨中雅集，還進一步爭取社會的承認。明末梁小玉著《古今女史》，其序云：「夫無才是德，似矯枉之言，有德不妨才，真平等之論。」〔註 40〕實隱含對「女子無才便是德」一語之駁斥；明末女詩人陸卿子亦宣言道：「詩固非大丈夫職業，實我輩分內物也。」〔註 41〕與前代相比，明末以後的閨秀、其家人，以至其他文人，都更為重視整理、選編和刊行女性作品；清代的男

〔註36〕　張廷玉等：《明史》，臺北：鼎文書局，1975 年，第 2493 頁。

〔註37〕　《宋史‧藝文志》「集部‧別集類」當中所列之女性作品，有「魚玄機詩集一卷」、「李季蘭詩集一卷」、「謝希孟詩二卷」、「采蘋詩一卷」、「曹希蘊歌詩後集二卷」、「蒲氏玉清編一卷」、「吳氏南宮詩二卷」、「王尚恭詩一卷」、「徐氏閨秀集一卷」、「王氏詩一卷」、「許氏詩一卷」共十一種，然而魚玄機、謝季蘭、采蘋（即江采蘋）三人顯非宋代女文人，其餘所列之女文人，除謝希孟、曹希蘊、徐氏三人確考為宋代女文人，其他則已難考，姑列其為宋代女文人。如上所述，《宋史‧藝文七‧集類‧別集類》所列之女性作品別集，實不多於八種。以上資料見脫脫等：《新校本宋史》，臺北：鼎文書局，1975 年，第 5388 頁。《元史》未修《藝文志》，因而未能對其女性文人及作品作推論。

〔註38〕　如「經部‧小學類」列閨秀葉蕙心撰《爾雅古注斠三卷》；「史部‧傳記類」收閨秀王照圓撰《列女傳補注八卷，附錄一卷，校正一卷》、閨秀梁端撰《列女傳校注八卷》、閨秀蕭道管撰《列女傳集注八卷》；「子部‧術數類」列閨秀王照圓撰《夢書一卷》；「子部‧藝術類」收閨秀湯漱玉撰《玉臺畫史五卷》；「子部‧道家類」收閨秀王照圓撰《列仙傳校正二卷，附列仙贊一卷》；「集部‧總集類」列閨秀汪端編《明三十家詩選二集十六卷》、閨秀惲珠編《國朝閨秀正始集二十卷，附錄一卷，補遺一卷》、閨秀鮑之蘭等撰《鮑氏三女子詩鈔三卷》。見趙爾巽等：《新校本清史稿》，臺北：鼎文書局，1975 年。

〔註39〕　胡文楷：《歷代婦女著作考‧序》，《歷代婦女著作考》，上海：上海古籍出版社，1985，第 1 頁。

〔註40〕　梁氏：《古今女史‧序》，周壽昌編：《宮閨文選》，北京：西苑出版社，2003 年，第 73 頁。《宮閨文選》中附有「宮閨姓氏小錄」，當中「梁小玉」一條云：「梁小玉，武林人……著《古今女史》。」可知此梁氏即梁小玉。見《宮閨文選》，第 242 頁。

〔註41〕　胡文楷：《歷代婦女創作考》，上海：商務印書館，1957 年，第 176 頁。

文人更大力支持女性寫作，如毛奇齡、尤侗、王士禎、袁枚等人，都大力提倡女性寫作，甚至收納女弟子加以扶植。〔註 42〕閨秀專集和選集既是女性創作繁榮的表現，同時也加強閨秀之間的文化交流，使閨秀圈子得以形成，亦令閨秀建立較明確的女性團體意識。而明代以後，出版事業興盛，當時的文人對女性歷史及文化甚有興趣，使女性書籍如女性詩文集、叢輯、雜品、類書與圖錄等相繼出版。如當時的著名文學家李漁，本身亦為書坊主及編輯家，即據陳百峰《女史》增刪而成《千古奇聞》，歷述「古今名媛，為聖為賢，為慷慨節烈」之事，使為「香閨儀範」，成為針對女性讀者的通俗讀物。〔註 43〕又因出版事業繁榮，其時出現甚多書肆託名文人，編集女性文選，如《詩女史》〔註 44〕、《名媛詩歸》〔註 45〕等。女性作品選集的流行，打破自古以來女性作品流傳不廣的局面，亦有助閨秀建立女性團體的意識。

（二）清代的閨秀圈子與「閨秀文化」的傳承

女性能結集出版，實有賴於讀者的支持，而當中又以名門閨秀為主，故形成清代特有的「閨秀文化圈子」。清代女性讀者群的出現，使閨秀擺脫傳統的男性中心寫作，而以女性審美及價值觀為重心。〔註 46〕清代流行的俗文學

〔註 42〕 梁乙真：《清代婦女文學史》，臺北：臺灣中華書局，1958 年，第 407 頁。

〔註 43〕 鍾明奇：〈李漁：一個有作為的書坊主與編輯家〉，《復旦學報》（社會科學版）1995 年第 4 期，第 94 頁。

〔註 44〕 《詩女史》刊行於明嘉靖年間，乃上古至明代女詩人的選集，編者題為田藝蘅，然《四庫總目》論及此書時，以為「採摭頗富，而考證太疏⋯⋯藝蘅未必至此。毋乃書肆所託名耶？」永瑢等撰：《四庫全書總目》，北京：中華書局，1981 年，第 1753 頁。

〔註 45〕 此書輯錄古今女文人詩作，卷一卷二為古逸、漢，卷三至卷七為魏晉，卷八為回文，卷九至十五為唐，卷十六、十七為蜀，卷十八至二十二為宋，卷二十三、二十四為元，卷二十五至三十六為明，前有鍾惺之序。一直以來甚多學者懷疑此書非鍾氏所作，《四庫全書總目》云：「舊本題明鍾惺編，取古今宮閨篇什，裒輯成書，與所撰《古唐詩歸》並行。其間真偽雜出，尤足炫惑學者。王士禎《居易錄》亦以為坊賈所託名。今觀書首有書坊識語，稱《名媛詩》未經刊行，特覓秘本精刻詳訂云云。覈其所言，其不出惺手明甚。」因現已無從查證其作者之真偽，故姑且以鍾氏為其編者。永瑢等撰：《四庫全書總目》，北京：中華書局，1981 年，第 1759 頁。

〔註 46〕 Maureen Robertson, "Voicing the Feminine: Constructions Of the Gendered Subject In Lyric Poetry By Women Of Medieval And Late Imperial China", *Late Imperial China*, Vol 13, 1992, pp.74～80.文中亦提到，中國女性文學傳統實由「閨秀」與「青樓文人」兩者組成，清代以前的女文人不少為青樓女子，她們為取悅男性文人，其寫作的詩詞亦以男性欲望、愛惡為中心（如多以愛情

彈詞正反映這種女性中心的寫作傾向，彈詞作者多爲女性，而讀者又多爲女性，當中表現了女性獨有的思想與視角。〔註 47〕除彈詞外，閨秀又多以詩詞寫作女性題材，包括家族親情、女性友情（或姊妹情誼），以及性別壓抑的不平等。她們以家族範圍的群體形式出現，諸如姊妹、母女、婆媳等，同一地域的閨秀之間，吟詩唱和，蔚爲風氣，更有仿傚當時男文人結社，以文會友的風習，如錢塘女詩人顧玉蕊組織了「蕉園詩社」，其後有「蕉園五子」、「蕉園七子」等稱號，可說是後世女性團體的雛型。

　　清代的閨秀文人除從事創作外，亦開始追溯閨秀的文化傳統及歷史，開始從事編輯、整理、評論女性作品的工作，現今存世的已有王端淑《名媛詩緯初編》、季嫻《閨秀集》、惲珠《國朝閨秀正始集》等二十多種，〔註 48〕可見閨秀對女性身份，以及承傳女性歷史的自覺。閨秀群體意識的建立，更令她們肯定女性的文化成就，勇於反駁「內言不出於閫」的攻擊，如乾嘉年間焦循反對女性作詩，以爲「婦女僞取詩名，尤爲可笑」〔註 49〕；嘉慶年間章學誠抨擊袁枚爲隨園女弟子刊刻詩集謂：「此等閨娃，婦學不修，豈有眞才可取？而爲邪人播弄，浸成風俗。人心世道，大可憂也。」〔註 50〕其時的閨秀駱綺蘭即在《聽秋館閨中同人集‧序》中反駁：「毀譽之來，頗澹然於胸中，深悔向者好名太過，適以自招口實。」〔註 51〕她表面上謂自己因「好名太過」而後悔，但實則上她卻以自己的能文擅詩自豪，並期盼女性能以立言傳世：「時於遠近閨秀投贈之什，猶記憶不能忘……因裒而輯之，以付梓人。使蚩蚩者知巾幗中未嘗無才子，而其傳則倍難焉。彼輕量人者，得無少所見多所怪也。」〔註 52〕閨秀圈子的建

閨怨爲題材），始終不脫男性取向的寫作策略，故清代的閨秀文化方能體現眞正的女性聲音。

〔註 47〕　有關彈詞所表現之女性敘事與女性視角一點，詳情請參閱鮑培震：《清代女作家彈詞小說論稿》，天津：天津社會科學出版社，2001 年 1 月。鮑氏所言之女性敘事與視角，包括女性之生活經驗、感受、倫理角色等，而女性敘事乃比較零碎、散亂之敘述，比起男性作家，較少家國大事之大歷史觀，反之則較多生活瑣事、實感等。本書其中一個研究對象秋瑾，亦曾寫作彈詞《精衛石》，以表達其對女性解放的主張。

〔註 48〕　鍾慧玲：《清代女詩人研究》，臺北：里仁書局，2000 年，第頁 143～147。

〔註 49〕　焦循：《里堂家訓》，《傳硯齋叢書》，臺北：文史哲出版社，1971 年，第 385 頁。

〔註 50〕　章學誠：《婦學》，《章學誠遺書》，北京：文物出版社，1985 年，第 49 頁。

〔註 51〕　轉引自胡文楷：《歷代婦女創作考》，臺北：鼎文書局，1973 年，第 91 頁。

〔註 52〕　轉引自胡文楷：《歷代婦女創作考》，臺北：鼎文書局，1973 年，第 91 頁。

立，使女性有一定的讀者群及唱酬對象，形成足以抗衡反對女才的男性保守勢力，質疑「內言不出於閫」的傳統性別觀。

閨秀文人的思想價值觀雖與男性一樣，皆受到儒家文化體系的影響，但基於女性獨特的性別身份，她們在思想文化上，秉持一種特別的女性視角及思想脈絡，此可稱爲「閨秀傳統」。例如明清閨秀多著意追尋女性的歷史及創作傳統，並學習古代閨秀的寫作風格。她們往往自比班昭、謝道韞等才女，班昭代表的是女性道德傳統，以守禮自重的形象傳世；謝道韞代表的則是自信、才思敏捷的女名士風度，而兩者之中又以謝道韞最爲清代閨秀所認同及景仰。《世說新語》所收之謝道韞事蹟有三：一爲謝道韞詠雪之句，〔註53〕後人多以詠絮之才比喻才女的敏捷文思，其才華亦飽受男性認同。其二爲《賢媛》所載：「王夫人神情散朗，故有林下風氣」〔註54〕，後人乃以林下風喻閨秀文人之氣度才華，此氣度才華與男文人筆下的柔弱、順從有異，而是嫻雅灑脫、風韻高邁。其三則爲謝道韞嫌棄丈夫平庸無才，〔註55〕謝氏明言對丈夫之厭惡，更超越傳統女性的性別角色，打破女性卑下、順從的傳統規範。謝道韞出身書香世家，是典型的名家閨秀，正符合清代閨秀的身份認同，而她的「女名士」風度，亦表現清代閨秀的女性典範與自我塑造，當中隱含對傳統「內言不出於閫」、「男尊女卑」、「男主女從」等「女性觀」的不認同。

近年來，不少研究明清女性史與文學史的學者，開始重塑閨秀的形象，他們以爲「受害者」或者「受壓迫者」，均不能準確描述閨秀的生命形態，因爲她們曾借由文藝的追求，建立了自我，發抒了情志，甚至在某些層面上實現了理想，因而體現了一定程度的主體意識。〔註56〕考查清代的女性文學選本，不少

〔註53〕 《世說新語·言語二》載「謝太傅寒雪日內集，與兒女講論文義，俄而雪驟，公欣然曰：『白雪紛紛何所似？』兄子胡兒曰：『撒鹽空中差可擬。』兄女曰：『未若柳絮因風起。』公大笑樂。」劉義慶：《世說新語》，上海：上海古籍出版社，1982 年，第 84 頁。

〔註54〕 劉義慶：《世說新語》，上海：上海古籍出版社，1982 年，第 366 頁。

〔註55〕 《世說新語·賢媛》云：「王凝之謝夫人既往王氏，大薄凝之，既還謝家，意大不悅。太傅慰釋之曰：『王郎逸少之子，人身亦不惡，汝何以恨乃爾？』答曰：『一門叔父，則有阿大、中郎，群從兄弟，則有封、胡、遏、末。不意天壤之中，乃有王郎。』」劉義慶：《世說新語》，上海：上海古籍出版社，1982 年，第 151 頁。

〔註56〕 胡曉眞：〈文苑、多羅與華鬘──王蘊章主編時期（1915～1920）婦女雜誌中「女性文學」的觀念與實踐〉，載《近代中國婦女史研究》2004 年 12 月。此外，鍾慧玲《清代女詩人研究》亦有類似看法，參見鍾慧玲：《清代女詩人研

閨秀已不再是只懂吟風弄月的弱女子，其筆下亦突破閨婦的視角，不乏家國感懷及述志詠懷的詩篇，當中更有部分閨秀，透過作品表達對女性身份的約束與無奈。〔註57〕乾隆以後，部分閨秀已開始抒發其性別身份的社會局限與不平待遇，至道咸以後，國家多故，更令傳統待在閨中的女性不得不走出家門，正如梁乙眞論當時的女詩人云：「士大夫有志之輩……而風氣所趨，即瓊閨之姝，繡閣之彥，亦往往以紅粉英雄自命。」〔註58〕其時閨秀筆下的戰亂紀事詩及詠史詩，已跳脫女兒態的既定形象，探討過往男性較爲關注的國家及政治議題，更有不少閨秀關注時局發展、對國家捐輸物資，嘗試打破「男外女內」的傳統界限，部分女性逐步由「私」走入「公」的領域。不少閨秀面臨戰爭中的經濟困窘，更要負擔家庭的開支，由家中婦職「僭越」至家外尋求收入，身兼主內及主外的雙重身份。而且，她們逐步擴闊其社交圈子，在親屬以外亦結交不少文化朋友，如吳藻、沈善寶等均超越父家、夫家，建立自己的社交圈子。至於日常起居，其時之女性已逐漸建立以自己爲中心的生活，而不是圍繞著父親、丈夫、兒女身邊的輔助角色，不少女性上學讀書、擁有個人的生活情趣、享受藝術生活（如跳舞）、出遊遠行，與傳統大異其趣。以上種種現象皆顯示道咸以後社會、文化面臨急劇轉變，閨秀開始由「內」而「外」，洗脫傳統的弱女子形象，此皆爲清季知識女性「女性觀」的發展奠下重要基礎。

考察清季知識女性的思想，可以發現當中實有清代閨秀文化的淵源。本書其中一位研究對象單士釐，就曾整理清代二千三百多位閨秀文人的三千多種文學作品，於 1927 年出版《清閨秀藝文略》，可見她對閨秀傳統的繼承與參與。其他如秋瑾、徐自華、呂碧城、燕斌、陳擷芬等，均曾以傳統詩詞唱酬、抒情、述志，其作品亦見閨秀傳統的痕跡。〔註59〕清代閨秀對「內言不出」傳統規範的挑戰、對女性身份及群體的自覺、對女性歷史及文化的承傳等，皆由清季知識女性所承襲，並作進一步發展。

第二節　鴉片戰爭以後的西學及女性解放思潮

鴉片戰爭以後，國家積弱，對外戰爭連連失敗，加上西學東漸，不少知

究》，臺北：里仁書局，2001 年。
〔註57〕詳見本書第二章第二、三節。
〔註58〕梁乙眞：《清代婦女文學史》，臺北：臺灣中華書局，1979 年，第45頁。
〔註59〕詳見本書第二章第一節。

識分子認為中國傳統文化的積弊是阻礙國家自強的阻力，因而致力向西方學習富國強兵之道，並以質疑的態度和批判精神，重新省視中國歷史上婦女、政治、社會、經濟、文學等範疇，以建構全新的現代化理想社會，男女平等思想因而逐漸興起。事實上，女性解放思想自明朝末年已見端倪，如李贄、唐甄等已提出相關言論，但具現代意義的女性解放思想，實始於清代鴉片戰爭以後。至後來維新人士的廣泛宣傳，在不同程度上起了除舊布新的作用，為清季知識女性的女權思想奠下基礎。

一、西方傳教士建立在宗教基礎上的男女平等思想

鴉片戰爭後，大批傳教士來華，當中不少人信奉男女平等的原則，決心為中國女性爭取平等的權利。來華傳教士主要透過講解教義及著書立說，傳揚男女平等的觀念，他們又多於《萬國公報》、《北華捷報》等報紙撰文以推廣其主張。他們對中國傳統的「女性觀」及女性權利，提出不少質疑，要而言之有四。

首先，他們批判了傳統不平等的婚姻制度。如林樂知對照西方社會情況，對女性片面守貞、男子三妻四妾提出質疑：「幸有大維新之路得，出而改立新教，於是巴巴利諸國，始大變其民俗，既復其婚姻之大禮，復責其男女之忠心，凡著書演說之人，皆以男女同守清節為主，一洗從前厚責女人、薄責男人之積習矣。考新教中人，創復夫婦同節之說，有二意焉，男女平等，當無輕重厚薄之殊。」〔註60〕花之安〈自西徂東〉亦謂：「古人云：『妻者齊也。』思其義，察其理，則男之不當有二色，亦猶女子不當有二夫，其義本自昭然矣。」〔註61〕西方傳教士又批評了男子納妾的制度：「夫夫婦和而後家道成，有妾則相爭相妒。爭妒之至必致相害。」〔註62〕他們又批判了包辦婚姻，指出此為中國婚制弊端的罪魁禍首：「中國婚嫁全憑父母主持，又每多出童年定聘，而男女兩人素不謀面，難免家道之乖者。」〔註63〕可見傳教士從男女平等的思想出發，批評傳統婚姻制度對女性的不公。第二，傳教士對女性纏足、溺女嬰等殘害女性身體的行為作出嚴厲的批判，如林樂知著有〈衛足論〉、〈勸釋纏足論〉、〈勸誡纏

〔註60〕 林樂知：〈論歐洲古今女人地位〉，《萬國公報》，光緒三十年九月號（1904）。
〔註61〕 〈自西徂東〉為花之安寫於 1879 年 10 月至 1883 年於廣東宣教期間，並在《萬國公報》上連載，後於 1884 年在香港正式出版。花之安：《自西徂東》，上海：上海書店出版社，2002 年，第 128 頁。
〔註62〕 香港杕國老人：〈聖數問答〉，《萬國公報》，光緒五年十月二日（1879）。
〔註63〕 花之安：〈自西徂東〉，上海：上海書店出版社 2002 年，第 174 頁。

足〉等文章，刊登於《萬國公報》，又卜舫濟的〈去惡俗說〉云：「既纏其足，必累其腦，兩足纖削，終身不越閨門，亦何能仰觀俯察，遠矚高瞻……婦女之知識，每多淺陋，坐此弊也。」〔註64〕文中批評了傳統社會對中國女性的摧殘。第三，傳教士提出興辦女學：「女子居萬民之半，男女各半，均應受學。」〔註65〕他們又多援引西方女學發展的情況，以對照中國的問題：「歐洲古時，女學無聞，婦教不講，與今日東方諸國情況無異。基督教男女並重，女孩入塾讀書與男孩同。泰西最華美之大學堂，即為女子讀書之所。」〔註66〕他們一再批評傳統「女子無才便是德」的觀念，鼓吹女子入學讀書。第四，傳教士更向國人介紹西方女性的地位及處境：「不但女子出門無禁，即赴宴聚會，皆得與焉。且凡有女子同在者，其男子皆肅然起敬，不敢偶涉笑言。」〔註67〕對中國傳統「男外女內」的觀念表示質疑。此外，他們又批判了傳統重男輕女的觀念：「上帝創造人，男女並重，猶慈父母愛憐親生之兒女，決無厚薄之意也。後世之人，創為重男輕女之說，以男重於女，以女輕於男，並引乾坤、陰陽、剛柔、內外之義以證之，皆於男人之私見，而不知其背道實甚也。」〔註68〕總括來說，傳教士對傳統「男剛女柔」、「男外女內」等觀念提出深刻批判與質疑，並強調婚姻制度、教育制度上的男女平等，此皆成為日後女性解放思想的根據。

二、早期維新派的男女平等思想

在西方傳教士以後，又有維新派致力宣揚女性解放的言論。早期維新派脫胎自洋務派，如宋恕、鄭觀應等人，均對西方有直接或間接的瞭解，如不少人曾出任西方各國公使，曾隨訪或遊歷過歐美國家，又或曾留居過港、澳等地。他們著眼於西方社會的各種事物，當中亦包括女性地位及生活情況等。他們向國人介紹西方女性的現況，從而提出對中國女性問題的思考。他們的主張主要分為三方面。其一是對女學的關注，如1892年，宋恕提出清廷應參考日本，改革現存的教育制度：「民男女六歲至十三歲皆須入學」〔註69〕，他

〔註64〕卜舫濟：〈去惡俗說〉，《萬國公報》，光緒二十五年十一月號（1899）。

〔註65〕〈中國女學〉，《萬國公報》，光緒四年八月號（1878年）。

〔註66〕林樂知：〈基督教有益於歐洲說〉，《萬國公報》，光緒二十一年十月號（1895）。

〔註67〕林樂知：〈論中國變法之本務〉，《萬國公報》，光緒二十九年正月號（1903）。

〔註68〕林樂知：〈論女俗為教化之標誌〉，《萬國公報》，光緒二十九年四月號（1903）。

〔註69〕朱有瓛編：《中國近代學制史料（下）》，上海：華東師範大學出版社，1989年，第865頁。

指出無論男女皆擁有受教育的權利。鄭觀應亦於同年發布〈女教〉一文，以西方女子教育對比中國，思考中國女性缺乏教育的緣由：「朝野上下間，拘於『無才便是德』之俗諺，女子獨不就學，婦工亦無專師。其賢者稍講求女紅、中饋之間而已。」〔註70〕他又指出女學不振為國家衰敗的根由：「女學衰，母教失，愚民多，智民少，如是國之所存者幸矣……如廣育人才，必自蒙養始；蒙養之本，必自母教始。」〔註71〕鄭觀應乃將女學與國家興亡聯繫起來，成為日後維新派「強國保種」論的基礎。其二，早期維新派反對纏足，如鄭觀應痛斥其「酷虐殘忍，殆無人理」，並使女性出現「迫束筋骸，血肉淋漓」的慘狀，以及落入難以操持家務的窘境，〔註72〕因此他主張通過法制廢除纏足之陋俗。其三，他們主張改革婚姻制度，如王韜提倡學習西方的一夫一妻制：「一夫一婦，實天之經也，地之義也，無論貧富悉當如是。」〔註73〕宋恕更進而對童養媳、娼妓、奴婢、妾等四類人表示同情，認為她們是「極苦之民」，建議以嚴刑峻法來制止蓄養童養媳和盜賣逼娼，違者判以極刑，若公婆、丈夫逼為娼，「許本婦格殺無罪」。〔註74〕

早期維新派對於女性問題的思考，尚處於初步認知的階段，故不免流於零碎，未有系統地從社會體制的角度推翻男女不平等的根源。不過，他們以上的言論，如興女學以救國、反纏足，對婚俗的批判等，皆成為戊戌時期女性解放的先聲。

三、戊戌時期女性解放思潮的興起

1894 年甲午戰敗，激起維新運動的波瀾。維新人士積極倡議變法，紛紛援引西方經驗以求富國強種，女性作為國家的重要資源，因而受到維新派的關注。誠如梁啟超所言：「今之有識之士憂天下者，則有三大事，曰保國、曰保種、曰保教，國烏乎保？必使其國強，而後能保種也。種烏乎保？必使其

〔註70〕 鄭觀應：〈女教〉，《鄭觀應集》，上海：上海人民出版社，1982 年，第 287 頁。
〔註71〕 鄭觀應：〈女教〉，《鄭觀應集》，上海：上海人民出版社，1982 年，第 264 頁。
〔註72〕 鄭觀應：〈女教〉，《鄭觀應集》，上海：上海人民出版社，1982 年，第 288 頁。
〔註73〕 王韜：〈原人〉，《弢園文錄外編》，《續修四庫全書》，上海：上海古籍出版社，，第 1558 冊，第 41 頁。
〔註74〕 宋恕：《六字課齋卑議‧救慘章》，《宋恕集》，北京：中華書局，1993 年，第 152 頁。

種進，而後能保也。」〔註75〕其憂心的保國、保種與保教三個難題，解決的關鍵正在於女性身上：「教男子居其半，教婦人居其半，而男子之半，其導源亦出於婦人，故婦學爲保種之權輿也。」〔註76〕維新派借鑒西方的進化論與民權學說，提出了「男女平等」的主張，康有爲《實理公法全書》提到「人類平等是何等公理」，「人有自主之權」、「男女各有自主之權」；梁啓超亦謂：「男女平權之論，大倡於美，而漸行於日本」，此爲大勢所趨；〔註77〕譚嗣同亦云：「男女同爲天地之菁英，同有無量之盛德大業」〔註78〕，以上皆爲日後男女平等之論奠下基礎。

　　維新人士對女性解放的具體主張，其焦點主要集中於反纏足及興女學兩項。反纏足的主張與來華傳教士所提倡的天足觀念有密切關係，不同的是，維新人士主張改革纏足陋習是基於富國強種的考慮，他們強調爲了養育健康的後代，必須由重視婦女健康開始。康有爲謂：「試聽歐美之人，體直氣壯，爲其母不裹足，傳種易強也；回觀國之民，尪弱纖傴，爲其母裹足，傳種益弱也。」〔註79〕1882年，康有爲及其弟康廣仁在廣東成立了中國第一個反對女子纏足的「不纏足會」。其後，上海等地也陸續出現了「不纏足會」，至1903年上海的「中國天足會」還出版《不纏足報》。維新派又認爲纏足不利於女性自立，使女性「深居閨閣，足不出戶，終身未嘗見一通人，履一都會，獨學無友，孤陋寡聞」〔註80〕，而此正造成中國母教不振的嚴重問題。維新派另一項重要主張爲興女學。梁啓超指出：「孩提之童，母親於父，其性情嗜好，惟婦人能因勢而利導之。」〔註81〕他又認爲興女學方能振興母教：「故治天下之本二，曰正人心，廣人才；而二者之本，必自蒙養始；蒙養之本，必自母教始；母教之本，必自婦學始，故婦學是天下存亡強弱之大原也。」〔註82〕其後他又提出了理想中的新女性，

〔註75〕 梁啓超：〈倡設女學堂啓〉，《飲冰室文集之二》，臺北：臺灣中華書局，1978年版，第19頁。

〔註76〕 梁啓超：〈倡設女學堂啓〉，《飲冰室文集之二》，臺北：臺灣中華書局，1978年版，第19頁。

〔註77〕 梁啓超：〈變化通議·論女學〉，《飲冰室文集之二》，第43頁。

〔註78〕 譚嗣同：〈仁學一〉，《譚嗣同全集》，北京：中華書局，1981年，第304頁。

〔註79〕 康有爲：〈請禁婦裹足摺〉，中國史學會編：《戊戌變法》（第二冊），上海：神洲國光社，1953年，第243頁。

〔註80〕 梁啓超：〈論女學〉，《飲冰室文集之二》，第33頁。

〔註81〕 梁啓超：〈論女學〉，《飲冰室文集之二》，第32頁。

〔註82〕 梁啓超：〈論女學〉，《飲冰室文集之二》，第32頁。

應以相夫教子、宜家善種爲內涵，此爲新時代「賢」「良」的標準。〔註83〕由此可見，康梁等維新派承襲早期維新派的思想，認爲改善女性國民的素質，是國家富強的基礎。維新派的賢妻良母，雖已跳出了三從四德的舊套，不僅是丈夫的賢內助，更負有強國善種的社會責任，然而，其女性解放的主張，畢竟是從建立民族國家的目標出發，而非眞切地關切女性的處境，爲女性爭取權益。維新派的女性解放主張，與清季知識女性的出發點迥異，本書將於第三章作詳細比較。不過，維新派所倡導的廢纏足與興女學的主張，不論其出發點爲何，卻已打開清季女性解放的先聲。

第三節　女子教育的發展與知識女性群的出現

一、清末教會女學的設立

　　中國現代女子教育的出現，與西方傳教士息息相關。一直以來，中國女性在傳統「三從四德」「男外女內」的規範下，都是以順從男子、處理家事爲主。一般女子所學習的知識，均來自日常家庭生活，而非學校教育。她們所學習的，也無非是烹飪、縫紉、編結、絲麻等家庭中的日常瑣事。鴉片戰爭以後，隨著清廷開放五口通商，外國教會勢力與日俱增，西方傳教士發現中國女子地位低微，知識水平嚴重低落。因此，他們希望透過興辦女學，提升女子知識水平，以便向她們傳播福音。1844 年，東方女子教育協進社（Society for Promoting Female Education in the East）社員愛德西女士（Miss Aldersey）在寧波創設了中國第一所女子學校，可以說是教會女學的始祖〔註84〕。此後，不少來華的傳教士也在各地紛紛設立女學，形成「教會所至，女塾接軌」的局面。〔註85〕如北京有貝滿女學堂（1864）、上海有聖瑪利亞女學（1881）、中西女塾（1891），鎮江則有寶蓋山的鎮江女塾（1884）等〔註86〕。據統計，在 1847 至 1860 年的十三年間，外國傳教士在五口通商口岸就建立了十二所教會女學。到了 1876 年，

〔註83〕梁啓超：〈論女學〉，《飲冰室文集之二》，第 32 頁。
〔註84〕程謫凡：《中國現代女子教育史》，上海：中華書局，1936 年，第 46 頁。
〔註85〕俞慶棠：〈三十五年來中國之女子教育〉，蔡元培等：《晚清三十五年來（1897～1931）之中國教育》，香港：龍門書店，1969 年，第 162 頁。
〔註86〕陳三井主編：《近代中國婦女運動史》，臺北：近代中國出版社，2000 年，第 102 頁。

教會在華開辦的女校更達 121 所，學生逾 2100 餘人〔註87〕。

　　至於教育理念及目標方面，早期教會女學較貼近中國傳統婦德的觀念，學校課程以女紅爲主。如上海的聖瑪利亞女學，所設課堂除基督教教義外，亦強調繡花、針線等傳統女功之學，而讀寫中文之課程反屬次要。到了十九世紀末，隨著西方女性權利的提升，教會女學也比初期更側重培養女子的獨立人格，如上海中西女塾的創辦人林樂知（Young John Allen）便曾於《萬國公報》撰文指出，東方國家常以「愚女之術，保護男子之權力」，故他提出：「莫若興女學、勸女學，使女子而皆有學問，具完全之人格也，將與男子同出而擔任人類之義務，則國其庶幾乎。」〔註88〕他認爲只有興女學，才能使女性具備獨立人格，與男性於社會並立。因此，當時的中西女塾尤其重視引進西學，以「中西並重」爲教學方針。至於實際的教學內容，隨著教會女學的不斷發展，女學的教學內容已不再限於女紅等「女子學科」，改而逐步擺脫性別規限，與男子教育看齊，如中西女塾會教授英語、算學、聖道等科目，更設有西洋音樂等選修科。〔註89〕與男子教育相比，女子教育的課程只是加設了女紅針黹的科目。不過，這種男女教育均同的趨向，卻於較晚時期，方見於國人自辦的女子教育中。

　　雖然教會在中國創辦女學的初期，並未爲當時中國人所接納，更難以突破傳統保守的性別觀念，未見移風易俗之效。但不能否定的是，教會女學的確爲中國重男輕女的傳統思想與教育發展，帶來極大衝擊，也令部分社會人士漸漸瞭解到女子接受教育的重要。

二、國人自辦女子學校

　　如上文所述，早期出現的女學，均由西方教會興辦。及至清廷經歷甲午戰敗，國內志士開始檢討過去洋務運動的得失。如前節所述，維新派力倡女性就學，使女子出嫁後可「相夫佐子」，以達致「強國善種」的目標。雖然其時的女子教育思想，其辦學目的仍不脫保守的「相夫教子」理念〔註90〕，絕非從女子本身應有的權利出發，但卻無形中提高了女子教育在社會的重要

〔註87〕　譚雙泉：《教會大學在近現代中國》，長沙：湖南教育出版社，1995年，第194頁。

〔註88〕　林樂知：〈中國振興女學之亟〉，《萬國公報》，光緒三十一年八月（1905年）。

〔註89〕　〈中西書院課程規條〉，《萬國公報》，光緒七年十一月（1881年）。

〔註90〕　在清末時期，以女子教育爲培養賢妻良母，進而強國保種的觀點，可謂十分普遍。如經元善〈中國女學堂緣起〉、林紓〈興女學〉、沈頤〈論女子之普通教育〉等，均有提出相近看法，不一而足。

性，為女子接受教育提供相當理據，並反駁了部分保守人士的攻擊，為往後更專門、更高等的女子教育奠下基礎〔註 91〕。1897 年，一些受維新思想影響的女性，如李閏（譚嗣同之妻）、黃謹娛（康廣仁之妻）等，為提升婦女的文化水平，成立了女學會。1898 年 6 月，經元善等於上海成立第一個國人自辦女學堂，通稱經正女塾或經氏女學〔註 92〕，並得到當時不少知識分子認同，如梁啟超曾特意為經元善撰寫〈倡設女學堂啟〉，並為該校親自擬定〈章程〉。不過，經正女學的教育宗旨始終不脫傳統，其教育宗旨，始終以造就將來的賢妻良母為目的。在教學內容上，經正女學明顯參考了教會女學中西學並重的主張〔註 93〕，試圖擺脫女子教育只重家事女紅的舊有模式。

經正學堂的開辦，引起當時相當大的轟動，中外報紙都爭相報導，《萬國公報》也特別刊登〈女學堂開塾吟〉及〈中國上海女學堂落成開塾歌〉，以報導學堂的開辦。不少有識之士如嚴復等，皆曾讚賞經正女學對中國女性發展的幫助。〔註 94〕但經正學堂在開辦兩年後，由於籌措經費困難，加上經元善因戊戌變法失敗而避走澳門，學堂乃告停辦。雖然這所國人首辦女學堂歷時不長，但已對當時的社會產生相當影響。受經正女學影響，有識之士深明女學對富國強兵的重要，如吳馨認為「女子為國民之母，欲陶冶健全之國民，根本須提倡女教」〔註 95〕。經正女學以後，國人自辦女學相繼出現，如 1902

〔註 91〕 事實上清末雖有不少人贊成設立女學，但其中也有一些反對聲音，如張之洞〈奏定家庭教育法章程〉中提出：「中國男女之辨甚謹，少年女子斷不宜結隊入學，遊行街市。」王先謙也提出：「湘省女學並無實用，徒為傷風敗俗之原因。」甚至在當時報章，也可以發現一些反對女學，指女學敗壞社會風俗的言論。這種爭論，到 1907 年清廷頒佈〈女子師範學堂章程〉及〈女子小學堂章程〉，將女學的設立成為既定政策，才慢慢告終。杜學元：《中國女子教育通史》，貴陽：貴州教育出版社，1996 年，第 301 頁。

〔註 92〕 經元善認為當時中國所以積弱不振，當歸咎於二千年來女學不興。女性不讀書，就不能明白天下的事情，不管是言論或事功，都只能依靠男子，國家自然無法強盛，因而興辦經正女塾。經元善：〈女學堂答杭桓友人書〉，《經元善集》，上海：華中師範大學出版社，1988 年，第 207 頁。

〔註 93〕 據學堂在 1897 年制定的〈中國女學堂章程〉所示：「堂中功課，中文西文各半，皆先識字，次文法，次讀各門學問啟蒙粗淺之書，次讀史志、藝術、治法、性理之書」、「堂中設專門之學三科，一算學，二醫學，三法學，學生每人必自占一門」。經元善：〈上海新設中國女學堂章程〉，《經元善集》，上海：華中師範大學出版社，1988 年，第 226 頁。

〔註 94〕 嚴復：〈論滬上創興女學堂〉，《中國近代學制史料》，上海：華東師範大學出版社，1989 年，第 880 頁。

〔註 95〕 雷良波、陳陽鳳、熊賢君：《中國女子教育史》，武漢：武漢出版社，1993 年，第 243 頁。

年楊白民設立的城東女學〔註96〕、吳馨設立的上海務本女塾〔註97〕等,都是相當成功的例子。這些中國自辦的女學,可以說是中國自辦女子師範學校的先驅。〔註98〕蔡元培、陳範、蔣維喬等人亦於1902年在上海成立愛國女學,其時正值清季革命活動期間,故蔡元培認為女學的成立,亦須帶有革命性質,因此將此校命名為愛國女學,並在教學內容上,鼓吹革命排滿的思想,又講授法國革命黨史和俄國革命黨史等課程,對後來大量女性投入革命事業有一定影響。其後由於「蘇報案」,愛國學社備受牽連,被迫解散,連帶愛國女學的性質也漸漸轉變,改為普通的女子中學,一直維持至1908年。

在女學堂的熱潮中,值得注意的是不少知識女性亦積極參與創辦女學堂,並在學堂內任教,如陳擷芬於1901～02年間,曾追隨其父陳範,參與蔡元培等人籌辦愛國女學的會議,其後又於校內任教,1903年她更在《女學報》館內創辦自立女學塾;林宗素亦積極參與愛國女學的興辦,並曾出任教職;張竹君於1902年與杜清池等創辦廣東私立公益女學,其後她又於1904～05年在上海創辦育賢女學校;呂碧城於1904年創辦天津女學堂;徐自華曾於1900年擔任潯溪女學校長,秋瑾亦曾於1906年於此校任教。清季知識女性積極參與女子教育,可說是她們「興女學」主張的現實實踐,同時也強化了女性的獨立意識。

自1898年經元善創辦經正女學起,興辦女學的風氣日趨盛行,女學遍佈全國各省,至1907年,全國除甘肅、新疆和吉林外,各省都設有女學堂〔註99〕。隨著國人自辦女學堂的成功,也迫使清廷正視女子教育,並促使之後女

〔註96〕　楊白民捐資創辦的城東女學,最初性質類似家塾。由楊白民身兼校長及教師,起初的學生則為他的女兒如楊雪瑤、楊雪玖等人。其後學校不斷經營、發展,陸續收取不同學生。雷良波、陳陽風、熊賢君:《中國女子教育史》,武漢:武漢出版社1993年版,第242頁。

〔註97〕　務本女塾是由上海士紳吳馨將其家塾擴大規模而成,故將女塾名為「務本」。務本女塾創辦之初,以養成賢妻良母為主要宗旨,故課程也偏重家政、女紅。開始招生時,全校僅有七名學生。但不到一年,已增至40人。到了1907年,學生更多達207人。務本女塾於1903年設立師範班,分甲乙兩級,並在女塾裏附設幼稚舍供師範生實習。在課程方面,務本女塾依據《務本女學校第二次改良規則》所示,師範科的課程有倫理、教育、國文、和文、理科、算數、地理、歷史、圖畫及唱歌等十個科目,主要以培養幼兒教師為目標。雷良波、陳陽風、熊賢君:《中國女子教育史》,武漢:武漢出版社,1993年,第243頁。

〔註98〕　雷良波、陳陽風、熊賢君《中國女子教育史》,第243頁。

〔註99〕　喬素玲:《教育與女性——近代中國女子教育與知識女性覺醒(1840～1921)》,第28～29頁。

學得到政府承認，納入正式學制之中。據《女子小學堂章程》及《女子師範學堂章程》所述，學部為女子教育明定規章，其原因在於：「近來京外官商士民創立女學堂所在多有，臣等職任攸關，若不預定章程，則實事求是者，既苦於無所率循，而徒鶩虛名者，或不免轉滋流弊。」〔註100〕由此可見，其時民間女學的興辦已趨蓬勃。

三、清廷《女子小學堂章程》與《女子師範學堂章程》的頒行

　　甲午戰爭後，清政府意識到必須從根本處推行改革，而教育制度的改革更被視為一切改革的基礎。有見日本明治維新甚為成功，清政府便開始學習日本的制度，並屢次派員赴日作教育考察〔註101〕。清政府於 1904 年頒佈〈奏定學堂章程〉（俗稱〈癸卯學制〉），其中無論是學制規定，還是課程規劃，都明顯深受日本影響。在〈癸卯學制〉中，清政府首次明文提及女子教育，將其置於蒙養院及家庭教育章程之中。此舉雖然沒有授予女子教育獨立的地位，但其後官方女學制度的正式確立，也可說是肇端於此。1907 年，清廷頒佈〈女子小學堂章程〉及〈女子師範學堂章程〉，由此終於正式確立女子教育的合法性與認受性。女學規章正式訂定後，女學堂更見昌盛。以女子小學校為例，據 1907 年的統計，當時的女校有三百九十一所，女學生數目達一萬一千九百三十六人，男學生人數則有八十八萬人，男女學生比例為 1：88。從1903 到 1908 年，全國女校增加了 58.5 倍，女子教育之受重視由此可見一斑。〔註102〕至 1912 年，女學生數目激增至十四萬一千一百三十人，男女學生人數比為 1：20。可見在清政府的鼓吹下，女子教育發展迅速。

　　根據〈女子小學堂章程〉的第一章〈立學總義〉，女學的目的在於「養成女子之德操與必須之知識技能，並留意使身體發育為宗旨。」因此，在課程設定上，其性質與男子教育明顯不同，〔註103〕乃以培養傳統女德、賢妻良母為主要

〔註100〕〈學部奏詳議女子師範學堂及女子小學堂章程摺〉，《東方雜誌》，第四卷第四期（1907 年），見重印東方雜誌全部舊刊，臺北：臺北商務印書館，第 9277～9300 頁。
〔註101〕如甲午戰爭後，奉張之洞委派者有姚錫光（1898 年）、羅振玉（1901 年）以及繆荃孫（1903 年）；奉袁世凱委派者有胡景桂、王景禧、楊澧（1903 年）等。呂順長：《教育考察記》，《晚清中國人日本考察集成》，杭州：杭州大學出版社，1999 年，第 1～13 頁。
〔註102〕杜學元：《中國女子教育通史》，第 333 頁。
〔註103〕例如女子小學堂的科目不多，程度亦較淺顯，更特別設立修身科，以培養女

目標。至於〈女子師範學堂章程〉，也開宗明義點出女子師範學堂的教育目標在於：「一、養成女子小學堂教習；二、講習保育幼兒方法以有益於家庭教育。」而在章程的第二章「教育總要」則補充：「女子師範學堂，首宜注重於此務，時勉以貞靜、順良、慈淑、端儉諸美德，總期不背中國向來之禮教與懿媺之風俗。」〔註104〕其方向與〈女子小學堂章程〉相類，反映清廷對女學仍帶有根深柢固的傳統「女性觀」，終究以培養女德為辦學的首要目的。其時之學堂並不鼓勵女子學習西法，她們只須通曉傳統美德、織紝縫紉，以及知曉養育幼兒方法等事，以達到相夫佐子，「啓發知識，保存禮教兩不相妨」的目標。至於〈女子師範學堂章程〉首章提及的「養成女子小學堂教習」，則只是以女子師範學堂培育女子小學堂的老師，從而延續傳統女子教育的觀念而已。

　　雖然清廷以培育「賢妻良母」，以達致「強國保種」為女子教育理念，終究不脫傳統「女性觀」，始終認為女子應依附於家庭之下，而不是獨立的個體。但這與傳統「女子無才便是德」的想法相比，已有相當的進步。而清末發展迅速的女子教育，亦在一定程度上打破傳統，令女性能達至一定的知識水平，更為年青女性提供走出家庭，進入學校與社會的契機。

四、留日女生的出現及其活動

　　在中國國內興起女學熱的同時，社會上還興起留學的熱潮。女子留學最初是由西方傳教士帶個別的孤女出國學習，如 1887 年的金雅妹赴美、1892 年石美玉、康愛德等赴美。然而，清季留美女學生畢竟人數有限，對社會影響力亦不若留日女學生。1900 年以後，留日女學生逐漸出現，〔註105〕她們大部

子道德。此外，女子初等小學堂的課時亦較短，尤其是減少國文的課時，而加大史地、格致及女紅科的比重。〈學部奏詳議女子師範學堂及女子小學堂章程摺〉，《東方雜誌》第四卷第四期（1907 年），見重印東方雜誌全部舊刊，臺北：臺北商務印書館，第 9287～9288 頁。

〔註104〕 〈學部奏詳議女子師範學堂及女子小學堂章程摺〉，《東方雜誌》第四卷第四期（1907 年），見重印東方雜誌全部舊刊，臺北：臺北商務印書館，第 9278 頁。

〔註105〕 關於中國第一位女子留日的時間，學界尚有爭議。實藤惠秀認為中國女留學生最早出現於東京，時間是 1901 年。見實藤惠秀著：《中國人留學日本史》，譚汝謙、林啓彥譯，北京：三聯書店，1983 年，第 34 頁。黃福慶則認為其時間應是 1900 年，見黃福慶：《清末留日學生》，臺北：中研院近史所 1975 年，第 58 頁。謝長法及日本石井洋子則根據《浙江潮》上所刊登的〈浙江同鄉會留學東京提名錄〉，認為 1899 年浙江九歲少女夏循蘭是第一位到日本留學的中國女學生，見謝長法：〈清末的留日女學生〉，《近代史研究》第 2 卷第

分是在國內已受過一定教育的名門閨秀，也有隨丈夫赴日伴讀。〔註106〕1901年〈日本留學生調查錄〉曾作統計，在日本的中國留學生共有二百七十二人，其中僅有三人為女子，一年以後，留日女學生已增至十餘名，及至1907年更增至一百三十九名。〔註107〕據1905年《女子世界》的駐東京調查員稱，當時留日女生除擅長中文及外文以外，更精通數學、政治及音樂等〔註108〕。這些留日女生不像過去的閨秀般，因隻身離鄉而感歎身世飄零，她們接受了自由平權思想的啓蒙教育，開始反思傳統性別觀念的不平，致力掙脫封建禮教的羈絆，並從個人的解放擴展至全體女性的解放。因此，不少人在赴日期間積極投入女性解放運動中，更成為其中的骨幹力量，她們組織女子團體、創辦女子報刊等，以各種方式領導女性解放運動。

1903年4月，留日女生「憤女權之衰敗，慨無權之摧折」，她們以「拯救吾二萬萬同胞於塗炭之中」〔註109〕為宗旨，成立了首個女學生團體，名為「共愛會」，並共同發布了〈日本留學女學生共愛會章程〉，鼓勵女性接受教育，鼓吹女權及男女平等。繼共愛會之後，秋瑾則於1905年在東京組成「女子雄辯會」，不斷組織女學生的集會，並多次發表文章及演講，呼籲女生投入革命的行列。其後，燕斌、唐群英等，又於1906年在東京組織「中國留日女學生會」，創辦刊物《留日女學生會雜誌》，宣揚留日女學生應互利互助，團結起來追求女性解放。1907年何震又在東京籌建了「女子復權會」，並創辦會報《天義》，以期革除數千年重男輕女之風氣，爭取女子權利。除組織女性團體外，為傳播民主革命思想，鼓吹女權，留日女生亦在日本創辦報刊，從現存情況所見，與留日女性相關的報刊至少有九種。〔註110〕而本書的研究對象，如陳

86期（1995年），第272頁。周一川認為早在1870年左右，浙江人金雅妹即隨傳教士麥加地（Mccartee）赴日求學，而其時年約六歲。周一川：《清末留日學生中的女性》，《歷史研究》第6卷第102期（1989年），第50頁。本書以為除周一川外，其餘資料皆顯示留日女生約在1900年左右出現，而周一川所指之第一位留日女生金雅妹（1870年左右）則只屬個別例子，故本書乃以1900年左右為留日女生出現的時間界線。

〔註106〕 周一川：《清末留日學生中的女性》，第51頁。

〔註107〕 實藤惠秀著：《中國人留學日本史》，譚汝謙、林啓彥譯，北京：三聯書店，1983年，第54頁。

〔註108〕 日本東京調查員：《外國特別調查》，《女子世界》1905年第3期。

〔註109〕 胡彬夏：《祝共愛會之前途》，《江蘇》1903年6月，第29頁。

〔註110〕 王奇生：《中國留學生的歷史軌跡（1872～1949）》，武漢：湖北教育出版社，1992年，第338頁。

擷芬的《女學報》、燕斌的《中國新女界雜誌》、何震的《天義》等，均先後於東京創刊，以宣傳女性解放為宗旨。其他留日女學生創辦的刊物，以宣揚女權為宗旨的，還包括《女子魂》、《二十世紀之中國女子》、《留日女學會雜誌》等。總括來說，留日女生在二十世紀初活躍於社會運動，本書的研究對象如秋瑾、陳擷芬、林宗素、何震、燕斌等，皆竭力鼓吹女性解放及政治革命。與其時國內女子學校的教育理念相比，留日女生不滿足於限制於家庭之內的賢妻良母角色，她們力倡女子自立，擺脫男性的控制，試圖為女性尋覓立足社會、具獨立人格的個人價值，她們對推動傳統「女性觀」的現代轉型，有著舉足輕重的作用。

五、知識女性群體及女性社群意識的興起

　　清季之時，女性作為社會群體的最大變化，為知識女性群體的出現。承如上文所言，清中葉以後的教會女子教育、清末興起的民辦及官辦女學，以及早期的女子留學教育，皆造就了新興的知識女性階層，至 1910 年其人數已超過 2 萬人。﹝註 111﹞她們與傳統閨秀有別，具有新知識和新思想，是女性中最早產生國家民族意識與女性自主意識的人群。由於擁有新的知識及文化，使她們可以投身社會，發展一己的事業。她們遊走於城市之中，擔任幼兒園、大中小學的教師以至專上學院的教授、圖書館職員、醫生、護士、編輯、記者、翻譯、會計師、銀行公司職員、機關工作人員等，使具現代色彩的職業女性階層得以興起。加上城市化及文化教育組織的湧現，使上述職業女性的經濟收入與社會地位逐步提升。她們在視野與文化水平上比一般的女性更有優勢，因而成為女性解放運動的領導人物，並自覺地為其他女性爭取權益，如張竹君於 1904 年於上海創辦女子興學保險會，其後又成立女子手工傳習所與衛生講習所，向女性傳授手工藝及各種技術，讓她們可以自立謀生。

　　事實上，清代閨秀的女性群體意識已漸萌芽，至清季知識女性之時更趨於成熟。清季知識女性更超越文學創作的領域，進入公共社會的論述中，自覺地帶領女性解放運動，啓蒙其他女性同胞。她們不再聚焦於文學創作，而是透過辦報、演講、興女學、結團體等，參與各種社會議題的討論，並面向普遍的女性大眾，為女性社群爭取權益。本書的研究對象，如單士釐、秋瑾、

﹝註 111﹞ 程謫凡：《中國現代女子教育史》，北京：中華書局 1936 年版，79 頁。

張竹君、呂碧城、燕斌、陳擷芬等均為當時的女性代表人物，她們的寫作題材亦從傳統的個人感懷轉向社會議論，體現傳統閨秀文人轉型至現代女性政論家、社會革命家的趨向。清季知識女性比前代閨秀擁有更強烈的女性群體及權益的意識，她們熱烈地參與公共論述，從中確立對女性的身份認同。此時，重視抒情的傳統詩詞因未能有效地表達議論的內容，故不少知識女性多以議論文表達其女權主張，如在報刊上發表文章，或在公眾之中作演講。由於現代化的媒體發展迅速，她們的社會議論及政論主張，得以傳播到普羅大眾的階層中，尤其是日漸興起的女性群體，更成為她們的特定受眾，此實與傳統閨秀的個人創作有本質上的區別。清季知識女性的議論文章，多開門見山地指向讀者，即其時的女性大眾，如林宗素《女界鐘・敘》云：「喪失我權利者，僅我二萬萬之女子」〔註112〕、「鞭策我二萬萬女子」，〔註113〕她一再以「我二萬萬女子」稱呼女性大眾，充分表現其性別群體意識。此外，秋瑾〈敬告中國二萬萬女同胞〉〔註114〕，當中亦以「二萬萬女同胞」作稱呼。還有，陳擷芬〈獨立篇〉、〈女界之可危〉、〈中國女子之前途〉等文章，一再使用「吾中國女子」「我女子」「吾同胞」等語，明確指向其時的女性大眾。

此外，知識女性更擁有強烈的性別自覺，認為女權運動不應由男性帶領，而應由女性自己參與、爭取。例如林宗素一方面十分欣賞金天翮《女界鐘》中強調女性權利的想法，但另一方面卻一再強調「雖然權也者乃奪得也，非讓與也」〔註115〕，指出女性必須通過自己的努力獲得權利，而非倚仗男性，更提出「特欲以自鞭策我二萬萬之女子，使之由學問競爭進而為權利競爭。」〔註116〕可見林宗素明確地將男女二分，強調女性權益必須由女性自己爭取。留日女生龔圓常亦在〈男女平權說〉中謂：「朝聞倡平權，視其人，則曰偉丈夫；夕聞言平權，問其人，則曰非巾幗。」她以為由先進男性「賜與」的女性「平權」並不可靠：「男子倡女權，因女子不知權利而欲以權相贈也。夫既有待於贈，則女

〔註112〕 林宗素：〈侯官林女士序〉，《女界鐘》，第 2 頁。同文以《林女士宗素「女界鐘」敘》為題，刊載於《江蘇》1903 年第 5 期。

〔註113〕 林宗素：〈侯官林女士序〉，《女界鐘》，第 2 頁。同文以《林女士宗素「女界鐘」敘》為題，刊載於《江蘇》1903 年第 5 期。

〔註114〕 秋瑾：〈敬告中國二萬萬女同胞〉，《秋瑾集》，第 4～7 頁。此文原載於《白話》第 2 期，1904 年 10 月。

〔註115〕 林宗素：〈侯官林女士序〉，見《女界鐘》，2 頁。同文以〈林女士宗素「女界鐘」敘〉為題，刊載於《江蘇》1903 年第 5 期。

〔註116〕 林宗素：〈侯官林女士序〉，見《女界鐘》，2 頁。

子已任失自由民之資格，而長戴此提倡女權者爲恩人，其身家則仍屬於男子。」
〔註117〕而何震〈女子解放問題〉〔註118〕、陳擷芬〈獨立篇〉等亦採取類似觀
點，表示女性解放應由知識女性而非由男性帶領〔註119〕。知識女性一再強調女
性獨特的性別身份，以突出女性群體的共性。她們指出，女性長期以來受到男
權的壓迫剝削，致女性未能自立，基本權利亦不受保障，只能依附男性生活，
故女性解放並非個別女性的問題，而是所有女性即是「二萬萬女同胞」共同面
對的問題，而知識女性作爲女性精英，更自覺地擔當女性解放運動的領袖。

第四節　清季女性團體的出現與女性報刊的興起

一、近代經濟及社會結構的轉型與女工群體的出現

　　縱觀中國近代的政治、社會及經濟發展等，各方面均出現「轉型」的情
況，社會形態開始從傳統農業宗法社會走向近代工業社會。經濟結構逐漸改
變，城市因而興起，資本主義商業的發展，使農產品商品化，更使中國許多
依靠紡織維持生活的女性進入工廠工作，促成大量的女性就業，社會上因而
興起了產業女工此一群體。自 1860 年以後，繰絲、棉紡等輕工業，聘用女工
更見普及。1894 年以前，全國女工便多達三萬五千人，爲全國產業工人總數
的百分之三十五，而發展至五四時期，更高達三十五萬人。〔註120〕產業女工

〔註117〕龔圓常：〈男女平權說〉，全國婦聯婦女運動歷史研究室編：《中國近代婦女運
　　　　動歷史資料（1840～1918）》，第 191 頁。
〔註118〕對於創辦《天義》報及署名「震述」的文章，學界一直懷疑實爲何震丈夫劉
　　　　師培捉刀之作，亦有謂實爲夫婦合作。不過，近年有學者爲何震翻案，確認
　　　　《天義》所刊文章的著作權及編輯權當爲何震，有關討論詳見夏曉虹：〈何震
　　　　的無政府主義「女界革命論」〉，《中華文史論叢》2006 年第 3 期，第 311～312
　　　　頁。筆者以爲夏曉虹之論較為合理可取。夏教授以爲雖然現在還沒有充分的
　　　　史料足以下斷案，但考察《天義》起始數期的文章，可以知道何震確有重要
　　　　的參與。她除了發表文章外（以「震述」署名），不少來稿在刊登以後，亦會
　　　　有題爲「震附記」的文字。不過，後來「震附記」全改爲「記者識」，可見何
　　　　震角色的淡化。因此，夏教授以爲《天義》創辦初期的「震述」文章，皆爲
　　　　何震所作，本書也採取此觀點。
〔註119〕本書將於第三章第一節就知識女性與其他男性論者的女性觀作比較，並將詳
　　　　細分析以上論點，此處不贅。
〔註120〕鄭永福、呂美頤：《近代中國婦女生活》，鄭州：河南人民出版社 1993 年版，
　　　　391～392 頁。

可說是中國近代出現的新女性群體,對傳統男外女內的性別制度產生衝擊。
此外,經濟轉型亦導致城市化的出現。與傳統城市相比,此時的城市組織及
功能亦有很大變化。城市人口密集,逐漸成爲全國的經濟及文化重心,銀行、
工廠、輪船公司等新興的經濟組織紛紛成立,報刊、學校、新聞出版等文教
機構亦在城市創辦,更爲女性創造了大量的就業機會。1894 年以前,城市女
工人數的分佈大約是廣東二萬,上海約二萬,加上天津等其他地區的女工,
總人數或超過四萬人〔註121〕。

　　產業女工和前文所述的知識女性群體的誕生,意味著這些從家庭步入社會
的女性,已逐步從私人領域進入公共領域,從單一的家庭角色變爲家庭與社會
的雙重角色。此使幾千年來的「男主外,女主內」的社會分工模式及傳統「女
性觀」,被打開了重大的缺口。同時,誠如李達在〈女子解放論〉說「女子的地
位,常隨經濟的變化爲轉移」,〔註122〕他更指出若然女性能經濟獨立,則男女
不平等「也可以無形消滅了」〔註123〕。職業女性群體結構的變化,更使女性在
家庭經濟中的作用增加,並因爲經濟的獨立,使她們開始自主自覺地選擇個人
的生活方式及婚姻方式,也成爲清季知識女性「女性觀」演變的重要基礎。

二、清季女性團體的興起

　　誠如前文所述,清季知識女性具有強烈的女性群體意識以及帶領女性解
放的自覺,加上知識女性群體及女工群體於當時社會相繼出現,爲促進女性
解放,並爲女性群體爭取更多權益,清季知識女性均不約而同地提出「女子
宜結團體」的集結主張。秋瑾曾謂:「欲脫男子之範圍,非自立不可;欲自立,
非求學藝不可,非合群不可。」〔註124〕呂碧城亦謂:「急結成一安備堅固之大
團體,一人倡而千百人附,如栽花然,一粒種發爲千丈樹果。」〔註125〕張竹
君更表明:「欲言救國,必先於女子。而女子所宜先者,則首自立自愛,次則
肆力學問,厚結團體。」〔註126〕從以上可見,知識女性借著女性處境的相似,

〔註121〕孫毓棠編:《中國近代工業史資料》,北京:中華書局 1962 年版,972～1178
　　　　頁。
〔註122〕李達:〈女子解放論〉,《解放與改造》1919 年 3 月。
〔註123〕李達:〈女子解放論〉,《解放與改造》1919 年 3 月。
〔註124〕秋瑾:〈敬告姊妹們〉,《秋瑾集》,第 15 頁。
〔註125〕呂碧城:〈女子宜急結團體論〉,《中國女報》第 2 期。
〔註126〕張竹君:〈張君竹在愛國女學校歡迎會上的學說詞〉,全國婦聯婦女運動歷史

強調女性群體的共通點，並力倡組織女性團體，深化女性的群體認同，以幫助女性爭取權益。她們以為女性為中國傳統社會被壓迫、被剝削的一方，因此，她們自覺地以女性領袖及啓蒙者的身份，帶領其他「女同胞」「姊妹們」自立，爭取應有的權利。

這種女性宜結團體，爭取女權的主張，導致清季出現眾多的女性團體。中國最早的女權團體，為 1897 年維新派倡議建立的「中國女學會」〔註 127〕。1900 年以後的十年間，女子團體數量迅速增加，除不纏足團體以外，約有 40 多個〔註 128〕。女性團體的性質與活動內容趨向多元化，大多數女性團體以振興女權為目標，如女子興學保險會、留日女學生會，女界自立會等；有些側重於改良社會風俗或興辦慈善事業，如中國婦人會、衛生講習會、中國女子禁煙會、各種不纏足會等；有些政治性較強，更投身反清鬥爭，如共愛會、拒俄女同志會、國恥會等。

女性社團的發展，為女性爭取自身權益開闢了重要的陣地。雖然女子結成社團，並非始於清末，但清末以前的女性團體通常是詩社或文社，為純粹的文學唱酬團體，與清末女子因獨立意識而自覺結合的團體，兩者本質有別。清季女性團體的成員不再局限於某一地域範圍，亦非如傳統般以家族為中心，成員之間不一定互相認識及相熟，只因彼此有著共同的思想和理念。而女性團體發言時每每運用「我二萬萬女子」、「我女同胞」這種具有性別意識的話語，一再突出女性的群體意識，既拉近了與女性大眾的距離，突顯女性之間擁有共同的想法，亦借助「姊妹」的親和力，有助啓蒙與教育女性群體。女性的自我獨立的意識日增，加上女性群體日漸成熟，致使清季知識女性在社會空間中，更多以女性群體代表的身份，就社會及公共事務發言。同時，女性團體亦賦予女性在家庭以外、處身公共空間的另一種團體身份及社會身份，使女性能更勇敢地走出家門，自由地遊走於公共空間，擺脫傳統女性只可擔任「家中婦」的束縛。

研究室編：《中國近代婦女運動資料歷史資料（1840～1918）》，北京：中國婦女出版社，1991 年，第 303 頁。

〔註 127〕 中國女學會為配合維新改革而創立，雖然其組織不太健全，如始終未見章程，會員人數亦不明，但卻是清末女性參與社會活動的先聲，並對其後創辦女學堂與《女學報》等發揮了積極作用。呂美頤、鄭永福：《近代中國婦女與社會》，鄭州：大象出版社，2013 年，第 240 頁。

〔註 128〕 呂美頤、鄭永福：《中國婦女運動（1840～1921）》，鄭州：河南人民出版社，1990 年，第 170～173 頁。

三、女性報刊的湧現

「女性報刊」是指由女性創辦、主理，擔任編輯，內容以反映女性生活，探討女性問題，爭取女權爲主的出版刊物。〔註 129〕在定位上，女性報刊以倡導女性解放爲宗旨，內容上則以研究、討論女性問題爲主。這些女性報刊由當時的知識分子創辦或參與編輯，與前節所述中國女子教育的發展關係密切。誠如前節所言，清季以後，不少女性接受新式教育後，重新審視傳統社會對女性的種種不公，她們致力爲女性爭取權益，尤其是留日女學生如陳擷芬、秋瑾、燕斌、何震等，紛紛創辦女報，宣揚女性解放的主張。加上此時女性群體相繼出現，女性的社群意識日增，使知識女性更自覺地開發女性發言的陣地，以面向「二萬萬女同胞」，「啓蒙姊妹」爲目的。她們皆不約而同認爲，欲開通社會，發達女界，非辦報不可，而且爭取女性權益不可依靠男性，而當由女性領導，故她們相繼創辦報刊，如煉石（燕斌）曾指出雜誌可以「開通女界」、「發明新理、提倡精神、聯絡感情」，〔註 130〕秋瑾亦謂「具左右輿論之勢力，擔監督國民之責任，非報紙而何？」〔註 131〕這些女性報刊的讀者，主要集中於上海、廣州、北京等大城市，開始時主要是中上層的女性，其知識水平較高，其後則更爲普及，推展至女學生和女工，其知識水平則一般。由此可見，女性報刊的興起，實與知識女性群體的出現與女性社群意識關係密切。

中國最早的女性報人當爲《無錫白話報》的裘毓芳〔註 132〕，然而該報以報導時事新聞、譯載西書西報，以及介紹西方歷史地理及海外風情爲主，並非面向女性讀者，探討女性解放等問題，故本書將不對此作討論。而符合上文對「女性報刊」的定義，最早的女性報刊當爲 1898 年 7 月 24 日創辦的《女

〔註 129〕 北京婦女聯合會：《北京婦女報刊考：1905～1949》，北京：光明日報出版社，1990 年版，第 3 頁。不過一般學界對女性報刊的定義，並不限於由知識女性主辦或冠以婦女之名的報刊，一些由男性主持或編輯的報刊，只要符合上述標準，也都在女性報刊之列。

〔註 130〕 煉石：〈中國新女界雜誌發刊詞〉，《中國新女界雜誌》1907 年第 1 期。

〔註 131〕 秋瑾：〈中國女報發刊詞〉，《中國女報》1907 年第 1 期。

〔註 132〕 有謂最早期由婦女參與辦報的是裘毓芳於 1898 年 5 月在無錫創辦的《錫金官音白話報》（又稱《無錫白話報》）。她與叔父裘廷梁合作，爲中國最早的白話文報紙之一。而裘毓芳也被稱爲：「我國報界之有女子，當以裘（毓芳）女士爲第一人矣。」見戈公振：《中國報學史》，上海：上海古籍出版社，2003 年，第 131 頁。

學報》。《女學報》為上海中國女學會會刊和中國女學堂的校刊,由女性擔任
主筆,並明確的以女性為讀者對象,其主筆包括康同薇、裘毓芳、李蕙仙、
薛紹徽、潘璿等。《女學報》的編輯、主筆多為維新派的家眷,如康同薇為康
有為的女兒,李蕙仙為梁啟超的妻子,因此深受戊戌維新變法思想的影響,
乃以提倡女學、爭取女權為宗旨,主張婦女平等、婚姻自主、婦女參政等,
把女性解放與國家興亡聯繫起來。1898 年 8 月王春林於《女學報》上發表了
〈男女平等論〉,強調男女平等為天理所在,為近代女性解放及男女平權的先
聲。〔註133〕其後由於維新失敗,中國女學會被迫解散,《女學報》亦於 9 月停
刊。然而,《女學報》作為中國首份「女性報刊」,對推動女性解放,啟蒙女
性實在意義重大。

《女學報》停刊後,伴隨著革命思潮的高漲,1901～1905 年期間,中國
出現了前所未有的辦報熱潮,在國內及海外發行的報刊達 200 多種〔註134〕,
同時,亦有數百種關於近代東西方社會、政治、歷史、文化學說的革命宣傳
品及譯作刊行〔註135〕,而女性刊物亦如雨後春筍般湧現。據統計,清季女報
在短短十年間便多達三十多種〔註136〕。當中較重要的有 1899 年陳擷芬創辦的
《女報》(其後於 1903 年改名《女學報》於東京復刊)、1904 年秋瑾主編的《白
話報》、1904 年丁初我主編的《女子世界》、1907 年秋瑾主辦的《中國女報》、
1907 年由燕斌創辦的《中國新女界雜誌》、1907 年由何震主辦的《天義》、1911
年唐群英創辦的《留日女學會雜誌》等,當中不少正是由知識女性創辦,並
擔任主筆。1902 年馬君武翻譯約翰‧彌勒著作及斯賓塞《社會平權論》的其
中一章《女權篇》,引發國內對女性權利的討論,其後更引起女性報刊不少針
對女權的討論,而許多有關女權的譯作亦於 1902 年後相繼問世,論者多在女
性報刊中撰文討論,可見女性報刊對於女權思想的傳佈實有重大影響。

值得注意的是,不少知識女性在編輯報刊及選採資料時,以破除傳統狹
隘的「女性觀」為考慮,以達致啟蒙女性的目的,如不少女性報刊刻意另闢
欄目,刊登不少世界各地與女性有關的大事,引導女性發展家庭以外的社會

〔註133〕 劉巨才:《中國近代婦女運動史》,北京:中國婦女出版社,1989 年,第 101
頁。

〔註134〕 桑兵:《晚清學堂學生與社會變遷》,上海:學林出版社,1995 年,第 112 頁。

〔註135〕 張靜廬輯:《中國近代出版史料》,上海:上海書店 2011 年版,第 173～176 頁。

〔註136〕 史和、姚福申、葉翠娣:《中國近代報刊名錄》,福州:福建人民出版社,1991
年。

關懷，打破傳統「內」「外」的界限。新媒體與新思潮的興起，以及社會結構的變化，使女性在轉變的社會秩序中，建立新的身份與定位。知識女性在傳統的妻母倫理角色以外，開始擁有其他職業身份，並透過報刊於公共社會中發聲。這些擔任刊物編輯、評論家及記者的知識女性，以「女報人」的身份自由遊走於公共空間，參與國家與社會的事務，發揮與男性知識分子一樣的社會影響力。一群關心社會、批判社會的女報人脫穎而出，如秋瑾、陳擷芬、燕斌、林宗素、何震等，均透過報刊宣揚革命思想、鼓吹男女平權。她們發表演說、散發傳單，運用各種宣傳手段和輿論工具，以啟蒙女性，對女性社群體具有深遠的影響力，對中國社會「女性觀」的演進起著重大的作用。

第二章　知識女性「女性觀」的傳統傳承與現代開拓

第一節　處身於「傳統」與「現代」之間的清季知識女性

　　正如本書在「概念定義」一節中提到，知識分子並非單指知識水平高，更包括其對國家、社會事務的參與及影響，故嚴格來說，清代閨秀只可算是識字的女性，而未可稱爲「知識女性」。至於清末以後興起的「知識女性」，有學者將她們分爲三大世代，清季知識女性正屬於「第一代知識女性」〔註1〕，她們一方面傳承傳統文化，另一方面亦體現了現代社會轉變的痕跡，她們處身於「新」「舊」文化之間，反映其「過度人」的特殊身份與思想特徵。

　　清季知識女性出身於傳統閨秀家庭，處身於文化急速轉型的社會，可以說是「承淵源家學，值過度時代，擅舊詞華，具新理想」〔註2〕的女性，她們正經歷「傳統閨秀」到現代「新女性」的身份角色轉型。「第一代知識女性」與傳統「閨秀」的分別，正在於她們能自由出入於公共空間，並在接受新思

〔註1〕 羅秀美未有詳細說明「第一代知識女性」的成員，只談及單士釐與秋瑾兩人，而此兩人皆爲本書的研究對象。至於本書的其他研究對象，竊以爲其生平及思想特色與羅氏所論相似，故可將之視作第一代知識女性。詳見羅秀美：《從秋瑾到蔡珠兒——近現代知識女性的文學表現》，臺北：臺灣學生書局，2010年，第2頁。

〔註2〕 此爲英斂之對呂碧城的形容，筆者以爲亦可套用於其他清季知識女性身上。見英斂之：《跋呂氏三姊妹集》，《大公報》，1905年4月13日。

潮的洗禮後，慢慢建立獨立自主的人生道路，打破傳統家庭的限制。她們可以實現個人理想，自由擇業，其職業身份可謂豐富多元，不再局限於傳統的文學創作（文人身份），如當中有作家，如徐自華、單士釐；有政治革命家，如秋瑾；有教育家，如呂碧城；有報人，如燕斌、林宗素、陳擷芬、何震；以及醫生如張竹君。而且，她們又多身兼多職，如呂碧城既爲作家，以遊記聞名於世，又同時致力興辦女學，成爲著名的女教育家；張竹君既爲醫生，亦積極投入革命行列。她們的經濟收入與社會地位與女工相比要優越得多，更有可能爲自己創造「解放」的條件，同時，她們在視野與學識方面的優勢，也使她們成爲日後女性解放運動的中堅，並自覺擔任「女性啓蒙者」的角色，於報刊上發表文章、出版個人著作、對公眾演講等，令她們能體現「知識分子」作爲社會事務批評者、社會改革者的角色。此外，她們皆曾出國外遊及留學（以留學日本爲主），在對比中西的政治社會及思想文化後，開始反思女性的角色，並探索作爲「人」的價值與權利。因此，她們雖然出身自傳統的閨秀家庭，但對當時社會的傳統陋習、男女不平等之現象，卻能加以批判，亦透過提倡女學、女權解放、政治革命等，改革社會，故已從傳統閨秀的「識字人」轉變爲現代的「知識分子」。清季知識女性作爲一個特殊的群體，對中國「女性觀」的演變、女權運動的推動，可謂貢獻良多。她們改變中國女性解放運動中，只由男性擔當領導，女性流於被動的角色，使女權運動進入自覺、自救的階段。而且，她們能從女性自身的切身處境與眞實感受出發，思考女性的角色及定位，把女性解放運動從家庭拓展到社會，在社會上更起著楷模及榜樣的作用。

傳統閨秀文人大多爲專擅詩詞的「女詩人」，鮮少寫作散文，尤其是論說文及小說。而清季卻是女散文家及小說家當道的時代〔註3〕，尤其是清季出現了大量由女性寫作，針對社會時政，刊登於女性報刊的論說文，反映女性對社會政治的參與。然而，在由女詩人走向女政論家的道路上，她們的身份分野並非截然斷裂的，而是身兼兩重身份的。本書的研究對象，多在賦詩填詞的同時，又撰文暢論時政，一方面未有捨棄抒情的舊文體，另一方面又擅長以新文體宣揚新思潮。若考察當時女性報刊的欄目，可以發現刊載傳統詩詞的「文苑」，與刊載新式論說文的欄目乃同時並存的，而其時的知識女性亦多

〔註3〕 羅秀美：〈從閨閣女詩人到公共啓蒙者——以近代女性報刊中的論說文爲主要視域〉，《興大中文學報》2007 年 12 月，第 1 頁。

兼擅兩者。如陳擷芬的《女學報》有「同聲集」、「詞翰」欄；秋瑾的《中國女報》亦有「文苑」欄、燕斌的《中國新女界雜誌》有「文藝」欄、張默君的《神州女報》有「文藝」、「雜俎」欄等，這些欄目均是以舊體詩詞韻文爲主的文藝專欄，知識女性亦一再創作、投稿。與此同時，以上女性報刊亦刊載眾多針對女權、女性問題的議論文章。由此可見，第一代知識女性對傳統閨秀文化，尤其是詩詞文學自有一定的繼承，她們仍會透過詩詞歌賦等舊體文學抒情述志，另一方面亦意味著舊體詩詞實爲女性政論文以外，研究知識女性思想的另一個重要的線索。

承上所說，「第一代知識女性」正反映「新」「舊」文化交雜的特色。她們皆出身於傳統官宦家庭，其家庭教育與文化背景，使其受到傳統文化的薰陶，其中不少人更以傳統的詩詞文章名揚於世，獲時人譽爲「才女」，被歸類爲傳統定義的「閨秀」。如單士釐、徐自華、呂碧城、秋瑾等皆以詩詞聞名，曾出版詩詞專集，並多在報刊中刊登其舊體文學作品〔註4〕。尤其值得注意者爲秋瑾，秋瑾雖爲革命家，後人亦將之視爲「烈士」，但因其出身官宦人家，加上她早期亦如傳統閨秀般寫作舊體詩詞，故至民初時，仍有不少人將之歸類爲「閨秀」，如1922年出版施淑儀編的《清代閨閣詩人徵略》，亦收錄秋瑾之小傳，並於「例言」謂：「是編……殿以秋瑾，所以寓崇拜女豪傑之意。」〔註5〕此外，單士釐曾編寫清代婦女著作的彙集《清閨秀正始再續集初編》，共收309名女詩人及其詩作1281首，於1918年由歸安錢氏印行，她又編輯《清閨秀藝文略》，廣收清末閨秀共2760人，可見其對閨秀身份的認同。徐自華爲著名南社詩人，能詩擅詞，其《懺慧詞》於當世廣爲人稱頌，如著名

〔註4〕 單士釐有《受玆室詩鈔》傳世；徐自華爲著名南社女詩人，著有《聽竹樓詩稿》及《懺慧詞》，其餘詩文則散見於《南社叢刊》各集及報刊中；呂碧城有《信芳集》、《曉珠詞》、《雪繪詞》等傳世，其詩詞文章亦常見於報刊；秋瑾詩詞著作輯錄則有《秋瑾詩詞》、《秋女士遺稿》、《秋女烈士遺稿》、《秋瑾遺集》、《秋瑾女俠遺集》、《秋瑾史蹟》、《秋瑾集》等，亦撰有彈詞小說《精衛石》。

〔註5〕 施淑儀：《清代閨閣詩人詩人徵略》，臺北：鼎文書局，1972年，第6頁。誠然，秋瑾的角色較複雜，她雖然出身閨秀，但從生命型態而言，秋瑾很快便轉型爲「女俠」、「女英雄」等「新女性」的形象。本書既以知識女性的女性觀爲題，當中涉及傳統「閨秀」到「新女性」的身份認同問題，秋瑾以傳統出身而論，的確可視之爲「閨秀」，但此身份只針對其出身，未能概括其生命型態及思想特色。

詩人諸宗元謂：「我讀近人詞，今慕徐懺慧」〔註6〕，徐自華更與其時著名文人如柳亞子等唱酬來往。呂碧城為當世著名的女詞人，其作品於當世廣泛流傳，潘伯鷹譽其詞「足與易安俯仰千秋，相視而笑」〔註7〕，錢仲聯稱讚她為「近代女詞人中第一」〔註8〕，詞學大家龍榆生許之為「近三百年來詞家的殿軍」〔註9〕，更見其詞學造詣之深。由此可見，單士釐、秋瑾、呂碧城、徐自華四人，可說是清季聞名的「閨秀」「才女」。

至於未有詩詞別集行世的其他知識女性，她們雖非以詩詞名世，但亦曾寫作傳統詩詞，並刊於報刊，如燕斌曾寫有〈輯新女界雜誌夜深口占二絕〉、〈哀思（楚辭體）〉、〈大舞臺歌〉、〈東瀛攬勝賦〉、〈送競雄女士歸國〉等舊體韻文〔註10〕，當中亦體現其對國事、女權的看法；陳擷芬曾在其父陳範主編的《蘇報》上發表詩詞小品，又曾為〈桃溪雪傳奇〉作題〔註11〕，可見其對傳統文學的涉獵；何震生於書香世家，父何承霖以縣學生員中丁卯科舉人，補授八旗官學教習，其後再授知縣〔註12〕。據劉師培外甥梅拭所述，何震「幼年在家，秉承閨訓甚嚴，不見生人。」〔註13〕她亦寫有〈贈侯官林宗素女士〉詩，刊於《警鐘日報》，林宗素在此詩後附注謂：「何女士為劉申叔先生夫人，結婚才逾月。先生為吾國學界有數之人物，其夫人學問宗旨足以稱之。」〔註14〕當中或有溢美之辭，但亦反映何震應有一定的國學根柢。何震的著名文章〈女子復仇論〉亦大量引用傳統典籍，如《易經》、《禮記》、《荀子》等，可見其舊學素養〔註15〕。至於張竹君，雖然未能找到其傳統詩詞的創作，但張

〔註6〕 諸宗元：〈五言二截句奉題寄塵女士詞卷〉，郭延禮注：《徐自華詩文集》，北京：中華書局，1990年，第6頁。

〔註7〕 李保民注：《呂碧城詞箋注》，上海：上海古籍出版社，2002年，第1頁。

〔註8〕 錢仲聯：《清詞三百首》，長沙：嶽麓書社，1992年，第446頁。

〔註9〕 龍榆生：《近三百年名家詞選》，上海：上海古籍出版社，1979年，第229頁。

〔註10〕〈輯新女界雜誌夜深口占二絕〉、〈大舞臺歌〉、〈東瀛攬勝賦〉等，載《中國新女界雜誌》第4期，〈送競雄女士歸國〉、〈哀思（楚辭體）〉則載於《中國女報》第1期。

〔註11〕 其事見鄭逸梅：《藝林散葉》，北京：中華書局，2005年，第176頁。

〔註12〕 萬仕國：〈何震年表〉，馮明珠編：《盛清社會與揚州研究》，臺北：遠流出版社，2011年，第491頁。

〔註13〕 梅鶴孫：《青溪舊屋儀徵劉氏五世小記》，上海：古籍出版社，2004年，第36頁。

〔註14〕 其詩云：「獻身甘作蘇菲亞，，愛國群推瑪利儂。言念神州諸女傑，何時杯酒飲黃龍？」見《警鐘日報》1904年7月26日。

〔註15〕 震述：〈女子復仇論〉，《天義》，1907年7月10日。

竹君「父曾任顯宦」〔註16〕,「本是讀書人家」〔註17〕,更曾集千字文寄予友人〔註18〕。至於林宗素,她為著名報人林白水之妹,二人「生於福建閩縣青圃鄉的一個書香門第,自幼受到良好的中國傳統文化的家庭教育」〔註19〕。《福建省志‧人物志》「林宗素」條亦云:「父林劍泉,有文才;母黃夫人出自書香門第,能作詩填詞,並善女紅。林宗素與兄林白水幼受良好家教」〔註20〕,故可見林宗素亦有一定的傳統文化素養,而秋瑾死後林宗素亦曾作傳統輓聯紀念〔註21〕,當中韻律、用詞,皆見工整,可見其舊學素養。

　　尤其值得注意的是,清季知識女性在寫作抒情及議論文章時,皆喜歡追溯中國女性的歷史傳統,如以木蘭為國民模範,又或表現對傳統才女如謝道韞的仰慕〔註22〕,其筆法與傳統閨秀頗有相類之處,此正反映她們對閨秀文化的承襲。梁啓超等男性論者對前代閨秀才女曾嚴詞抨擊:「古之號稱才女者,則批風抹月,拈花弄草,能為傷春惜別之語,成詩詞集數卷,斯為至矣。若此等事,本不能目之為學」。〔註23〕梁啓超認為古代的才女如梁端與王照圓等,「能為花草風月之言」,「稍讀古書,能著述」〔註24〕,但其學問卻無益於國運,只是無用的舊學,其著述亦只是無病呻吟的傷春悲秋而已。梁啓超此言或出於提倡「學習西方」女學的目的,故刻意將古代才女文化貶為「風花雪月」之學,以突顯新文化、新學的好處〔註25〕。不過,梁啓超這種對傳統閨秀文化的理解,未免有以偏概全之弊,間接否定了中國傳統女性曾有過的

〔註16〕 〈女醫士張竹君〉,《革命逸史》,第二集,轉引自《近代中國女權運動史料》,第1375頁。

〔註17〕 〈張竹君女士歷史〉,《順天時報》1905年11月16日。

〔註18〕 張竹君所撰千字文至今未見,但《女學報》1903年第二期曾刊有題為〈復閩張竹君女士去歲寄書集千字文代答並問近狀〉的五言排律一首,可知張竹君曾集千字文寄予友人。

〔註19〕 見「林白水」條,王植倫、潘群編:《福州新聞志‧報業志》,福州:福建人民出版社,1997年,第6頁。

〔註20〕 福建省婦女聯合會編:《福建女名人》,北京:方志出版社,1996年。

〔註21〕 其輓聯云:「數開國五千年,幾輩供革命犧牲?女界大有人,君是先登健者。問同胞二百兆,何時得參政權利?壯志殊未竟,吾儕後死勉旃。」〈林宗素挽秋瑾女士〉,《社會世界》1912年第2期。

〔註22〕 詳見本章第二節。

〔註23〕 梁啓超:〈論女學〉,《飲冰室文集》第一集,第39頁。

〔註24〕 梁啓超:〈記江西康女士〉,《飲冰室文集》第一集,第119頁。

〔註25〕 胡纓:〈歷史書寫與新女性形象的初立——從梁啓超「記江西康女士」一文談起〉,《近代中國婦女史研究》2001年8月,第10頁。

文學成就，亦未能瞭解傳統閨秀曾建立獨立的人格與思想。相對而言，清季知識女性則對前代閨秀文化有更深的理解，明白到閨秀亦曾透過著述，表達個人的家國之思，甚而抒發了對性別不公的反思，對人生理想的寄望等。因此，在單士釐、秋瑾、呂碧城、徐自華、燕斌、陳擷芬等的筆下，時見其對女性先賢的仰慕之情，其筆法、思想亦反映其對前代閨秀文化的承襲。

傳統文化為這些知識女性帶來一定的文化資本，然而，另一方面，亦成為她們思想上的包袱，以致其思想與後一代的知識女性相比，往往不夠「前」、不夠「新」，如單士釐、徐自華等，雖然一方面肯定女性的國民身份，指出女性受教育、獨立於男性的重要，但又未能掙脫傳統婦德及婦職的規範；又陳擷芬、燕斌等雖批判傳統婚姻對女性的不公，但卻對婚姻自由的議題避而不談。這些問題，本書將於其後各節作詳細討論。

第二節 從「家中婦」到「女國民」：傳統女英雄與國民意識

一、清代閨秀「女性觀」的發展：對「男外女內」的質疑與挑戰

傳統閨秀身處閨中，以家為本，正體現「男外女內」的性別分工，套用社會學的概念，其活動空間限於「內在」（inner space）的「私域」（private sphere），故傳統「女性觀」多將女性角色限於「家」中的母親、妻子或女兒，而非一「國」的人民。明末清初的閨秀文人，經歷明清易代的戰亂流離，其筆下多從「家亡」寫到「國破」，可見其身份認同亦是從家庭出發，以「閨中婦」的視角抒發對國家的感受。如明末黃媛介《離隱歌自序》云：「予產自清門，歸於素士。……乃自乙酉逢亂被劫，轉徙吳閶，羈遲白下，後入金沙，閉跡牆東。」〔註26〕其〈一翦梅·書懷〉有「無故輕為百里遊。不住桃源，卻棹漁舟。故園桐子正堪收。……思親憶子忽登樓。山是離愁。水是離愁。」的句子，可見明末動亂使閨秀文人家園被毀，流離轉徙，且與親人分隔，孤

〔註26〕徐樹敏、錢岳編：《眾香詞》，癸酉（1933 年）昆陵董氏誦芬室重校康熙錦樹堂刊本，上海大東書局刻本，第 21 頁。當中「乙酉逢亂」之乙酉，即 1645 年，其時清廷命豫親王多鐸由河南督師南下，四月渡淮後，多鐸即對反抗薙髮令的江南民眾進行鎮壓，如松山、崑山、蘇州、嘉定、紹興等地，當中即包括黃媛介的家鄉浙江秀水。

苦無依。而黃氏以追憶「故園桐子」及「思親憶子」等寫社會動盪、國破家亡的歷史巨變，亦是透過「家亡」書寫「國破」，其國家意識仍從「家」的意識出發。而這種以「家亡」書寫「國破」的寫法，在明末清初的閨秀文人筆下並非罕見〔註27〕。可以說，明末清初之時，閨秀的身份定位仍為一家之婦，而非一國之民。

　　然而，這種將女性定位為「家中婦」的「女性觀」，至清中葉以後，逐漸出現變化。清中葉以後，不少閨秀受「經世致用」觀的影響，開始超越傳統「家庭」的寫作範圍，涉足「國家社會」的層面。她們的筆下時見對國計民生及民間疾苦的關切，體現「憂時傷國」的憂患意識。不過，受傳統「男外女內」角色分工的影響，女性的身份始終成為閨秀關心國事、投身社會的限制，故她們不時流露對此種性別規限的無奈，反映清中葉以後閨秀的性別自覺及國家意識。若說傳統士大夫在作品中往往抒發懷才不遇的情緒，而閨秀生為女兒身，其壯志難酬的「閨閣遺恨」則只有更甚。如乾隆後期閨秀詩人沈蕙孫〔註28〕〈題二喬觀兵書圖〉云：「舳艫焚盡仗東風，應借奇謀閨閣中。曾把韜鈐問夫婿，誰言兒女不英雄？」〔註29〕其關注的視角已非從家中出發，而是從個人身份抒發其對國事用兵等看法，當中借赤壁之史事談論用兵之道，並流露出巾幗報國無門的悲哀與憤懣。

　　至道咸年間，閨秀面對戰爭與隨之而來的生活劇變，因戰亂流離使她們

〔註27〕 明末清初的閨秀，多從家庭出發，書寫對國家動亂的感受，不限於黃媛介一人，現今傳世作品眾多，多見於康熙年間編集的女性詞集《眾香詞》。尤其是生長於明臣及遺民家庭的女詞人，由於其家族中不乏殉明烈士，使其筆下有關明清鼎革的「國愁」，多結合家破人亡的「家恨」，如明末陳璘之家翁瞿式耜以身殉明，其〈滿庭芳‧丁巳端陽過春暉閣述懷〉即云：「傷心事，沉湘殉粵，今古恨難平」。又另一明末閨秀商景蘭，其夫祁彪佳殉明守節，商氏〈燭影搖紅‧憶舊園〉即云：「遊賞亭臺，滄桑頃刻風雲換」，「風雲換」既指時局動盪、政權易手，亦指其夫殉節，商氏家破人亡。此外，另一閨秀湯茱〈憶舊遊〉詞的小引謂：「先大人節越隴汧，……更河山頓易，昔日重樓畫閣，今成烏巷東陵。予也遠適邗江，家鄉徒夢，每逢宗戚備道，興衰回首，雲山祇增悲悼。」其「興衰回首」一語，既指涉其家園繁盛的不復再，亦蘊含「河山頓易」的歷史滄桑之感。

〔註28〕 沈蕙孫與吳門張滋蘭、張紫繁、陸素窗等成立「清溪吟社」，世號「吳中十子」，活躍於清中葉乾隆年間，其事見惲珠：《閨秀正始集》卷十六，道光辛卯（1831年）紅香館刊本，第1頁。

〔註29〕 沈善寶：《名媛詩話》卷八，清光緒鴻雪樓刻本，《續修四庫全書》，上海：上海古籍出版社，2002年。

不得不走出閨閣，寫作不少戰亂紀事詩及詠史詩，逐漸改變拘守閨中的形象。她們探討既往男性較爲關注的「國家」、「政治」議題，打破傳統建構的「男外女內」「女性觀」，不只關注「家」事，更明言閨秀亦有國家社會的關懷。如錢守璞（1801～1869）《繡佛樓詩稿》〔註30〕充滿感時憂世的思想，當中以道光年間鴉片戰爭期間所寫的一系列〈即事感懷〉組詩感受最深，如〈其一〉云：

> 樂土從來少是非，酒香米賤更魚肥。門忘鎖鑰悲鄰壑，毒蘊芙蓉釀殺機。誰識康成勞戰守，忽亡和靖共欷歔。閨中亦有憂時感，蒿目瘡痍淚暗揮。〔註31〕

從詩中可見，錢守璞已跨越傳統閨秀所關注的範圍，尤其是「閨中亦有憂時感，蒿目瘡痍淚暗揮」兩句，強調女性不只關注家內事物，對於國家時局亦有一定的想法，「憂時」二字，在傳統規範中乃男性專用之語，錢守璞卻指出「閨中」亦可憂時，反映出晚清閨秀「女性觀」的轉變。此外，錢守璞又在詩下注云：

> 粵西向稱樂土，自道光二十年查辦鴉片煙，欲禁絕售賣，卒未能禁。英夷滋事，所雇壯勇皆游手無賴之徒，英夷就撫後，壯勇無業可以糊口，漸爲盜賊。粵西守土文武，格於例案，往往希圖省事，懲治不力，致東省匪徒，攔入西省，勾結土民行劫，官不能禁。鄭中丞據實上聞，以致督撫不和，先後更動。林少穆制軍先聲，足寒賊膽，道卒於潮州，賊肆無忌憚矣。而永安之失，則由所雇鄉勇不用命，故防守不嚴。〔註32〕

注文中提到清廷因掃蕩鴉片而滋生盜賊，由於官府查辦不力，造成盜賊數量日增，更令其勢力擴大。錢氏點評時政，甚而直接指出朝廷官員苟且偷安的心態，其對國事的憂心，結合詩中「閨中亦有憂時感」的想法，可見她已不再只以「家中之婦」自視，而以「國家」的一份子自居。

〔註30〕《繡佛樓詩稿》共上、下兩卷，清同治八年刻本，南京圖書館藏有此刊本，另美國麥基爾大學與哈佛大學燕京圖書館之「明清婦女著作數據庫」亦收錄此集之書影掃描。詳見 http://digital.library.mcgill.ca/mingqing/english/project.htm。錢守璞，字藕香，又字蓮因，亦字蓮緣。浙江錢塘人，爲碧城女弟子之一，陳文述評其「能詩善畫，精音律，亭亭淨植，花中之蓮。」施淑儀：《清代閨閣詩人徵略》，臺北：鼎文書局，1971年，第447頁。
〔註31〕錢守璞：《繡佛樓詩稿》卷二，清同治八年刻本，第39頁。
〔註32〕錢守璞：《繡佛樓詩稿》卷二，第39頁。

　　除錢守璞外，當時的閨秀文壇領袖沈善寶〔註 33〕，亦曾一再就鴉片戰爭抒發其憂國之情，如她寫有〈念奴嬌〉一詞，並曾說明這闋詞的創作經過：

　　　　壬寅，荷花生日，余過淡菊軒，時孟緹初病起，因論夷務未平，
　　養癰成患，相對扼腕。出其近作〈念奴嬌〉半闋云：後半未成，屬
　　余足之。〔註 34〕

　　這闋詞寫於 1842 年農曆六月廿四日（「荷花生日」），鴉片戰爭爆發以後，至此時英軍攻陷吳淞口，江南提督陳化成更因而戰死。國勢危急，寶山、上海也相繼為英軍攻陷。文中謂自己與孟緹（即張孟緹，另一閨秀詩人）「因論夷務未平，養癰成患，相對扼腕。」可見二人關心時局，更如一般男性文人般議論時政，未有將國事視為女性份外之事。其〈念奴嬌〉詞云：「聞說照海妖氛，沿江毒霧，戰艦橫瓜步。銅炮鐵輪雖猛捷，豈少水犀強弩。壯士衝冠，書生投筆，談笑擒夷虜。妙高臺畔，蛾眉曾佐神武。」〔註 35〕當中正充分體現她對國事的關心。此外，沈善寶又在《名媛詩話》中一再記述鴉片戰爭之事，表現其對社會現實的關懷，如：「道光壬寅五月，英夷寢寶山，分道陷上海鎮江」〔註 36〕。她更從戰事頻仍聯想到百姓流離失所之苦：「余聞英夷入寇大江南北，盜賊因之蜂起，百姓流離其中，死節死難者甚眾，湮沒無聞亦可慨矣。」〔註 37〕由以上可見，道光年間不少閨秀文人已開始關心時局，議論時政。

　　不過，儘管道咸年間閨秀的「女性觀」有些微轉變，不再將女性視為「家中之婦」，而開始從「一國之民」的身份議論時政，但傳統拘守閨中的性別身份，卻成為她們參與政治、涉足國事的阻礙。因此，閨秀詩人開始流露對「男外女內」的性別觀念的不滿，這種壯志難酬的「閨閣遺恨」，時見於閨秀的筆墨之中，如錢守璞〈偶成〉：「霜毫一擲請長纓，絕塞龍沙萬里行。未具鬚眉

〔註 33〕施淑儀：《清代閨閣詩人徵略》：「沈善寶，字湘佩，錢塘人，江西義寧州判學琳女，山西朔平知府安徽武凌雲室，有鴻雪樓集、名媛詩話。」施淑儀：《清代閨閣詩人徵略》卷八，第 14 頁。沈善寶（1808～1862）為「閨秀詩壇盟主」、「吟壇宗主」，見王力堅：《清代才媛文學之文化考察》，臺北：文津出版社，2006 年，第 133 頁；沈善寶：《名媛詩話》，清光緒鴻雪樓刻本，載《續修四庫全書》，上海：上海古籍出版社，2002 年。
〔註 34〕沈善寶：《名媛詩話》卷八，第 14 頁。
〔註 35〕沈善寶：《名媛詩話》卷八，第 14 頁。
〔註 36〕沈善寶：《名媛詩語》卷八，第 15 頁。
〔註 37〕沈善寶：《名媛詩語》卷八，第 15 頁。

好身手,壯懷空作不平鳴。」〔註38〕當中流露女性不能涉足國事,只可空懷壯志的不平之氣。此外,沈善寶的筆下亦一再出現此種「閨閣遺恨」,如:「投筆請纓空有願,安能巾幗覓封侯。」〔註39〕「一腔熱血半消滅,姓名不上黃金臺。」〔註40〕「數古來、巾幗幾英雄?愁難說。」「問蒼蒼,生我欲何為?空磨折。」〔註41〕此皆表現對傳統閨秀拘守閨中,未能參與政事的不滿及無奈,因此沈善寶只可以空羨慕虛構小說《鏡花緣》中的諸位閨秀才女:「羨娥眉,有志俱伸。千古蘭閨吐氣,一枝筠管通神。」〔註42〕而同期的另一閨秀詩人陳蘊蓮(約1810~約1860)〔註43〕,其〈津門剿賊紀事·其一〉亦云:「賊勢鴟張逼郡城,自憐閨閣枉談兵。蚩尤妖霧如延及,便擬懷沙效屈平。」〔註44〕陳氏另一作品〈題程夫人從軍圖〉又云:「男兒生世間,功業封王侯。女兒處閨閣,有志不得酬。讀書空是破萬卷,焉能簪筆登瀛洲。胸懷韜略復何用,焉能帷幄參軍謀。」〔註45〕以上皆見閨秀熱切盼望能和男性一樣建功立業,報效國家,亦表達了女性拘限於閨閣之中,有志難伸的「閨閣遺恨」。

　　總括而言,道咸年間閨秀對社會政治的關懷,以及其對傳統「男外女內」性別限制的不滿,正標示其邁向近代「女性觀」的變革,從傳統「家中之婦」的「女性觀」逐步走向「一國之民」的社會關懷。道咸年間的閨秀並不避談國家大事、用兵之道,她們雖不若清末民初的女性般興辦女學、鼓吹女性獨立,以具體行動真實地涉足公共領域,然而她們卻透過文字創作,企圖扭轉當時社會對女性的觀感,並寄託女性有朝一日亦可衝出家門、建功立業的理

〔註38〕錢守璞:《繡佛樓詩稿》卷一,第31頁。

〔註39〕沈善寶:〈李雲舫先生在清江見拙集,題詩寄贈,依韻奉答〉,《鴻雪樓詩詞集校注》,第39頁。

〔註40〕沈善寶:〈送窮〉,《鴻雪樓詩詞集校注》,第73頁。

〔註41〕沈善寶:〈滿江紅·渡揚子江感成〉,《鴻雪樓詩詞集校注》,第113頁。

〔註42〕沈善寶:〈風入松·讀鏡花緣後一首〉,載沈善寶:《鴻雪樓詩詞集校注》,北京:中國社會科學出版社2012年版,第102頁。

〔註43〕沈善寶:〈風入松·讀鏡花緣後一首〉,《鴻雪樓詩詞集校注》,第102頁。第515頁。又《名媛詩話》云:「慕青集中,傑作頗多,詩書畫皆臻神妙。史學甚深。伉儷情篤,宦隱津門。」沈善寶:《名媛詩話》卷十一,第685頁。

〔註44〕陳蘊蓮:《信芳閣詩草》,卷五,第2頁。本書所據之《信芳閣詩草》為清咸豐九年(1859)刻本,現藏哈佛燕京大學圖書館,美國麥基爾大學與哈佛大學燕京圖書館之「明清婦女著作數據庫」亦收錄此集之書影掃描。詳見 http://digital.library.mcgill.ca/mingqing/english/project.htm。

〔註45〕陳蘊蓮:《信芳閣詩草》,卷二,第1頁。

想。其筆下對深處閨閣的苦悶與不憤，可說是清季知識女性從「家庭」走到「國家」的思想基礎。

二、清季知識女性「女國民」觀念的形成

晚清社會由於內外交困，知識分子力求救國圖強，民族國家的意識亦因而產生，而何謂「國民」，乃成爲晚清學界的討論重點。所謂「國民」，強調的是「國家」的意識，即是從屬於國家的人民，因此國民須負上國家的責任與義務。此外，國民亦強調個體在國家中的公民身份，由此亦當享有公民的各種權利。戊戌以後，「國民」成爲先進人士嚮往的新社會角色，與此同時，在戊戌女性解放思潮的啓蒙，以及二十世紀初民主思潮的激蕩下，有識之士不僅主張「國家興亡，匹夫有責」，而且更將國民的責任擴及「匹夫」以外的女性身上。由此，清季之時，「女國民」概念逐漸成型，它是在國民概念的基礎上發展，並由早期維新派的「國民之母」的概念延伸出來的。當中既反映其時女性對國家意識〔註46〕的覺醒，亦揭示了男女平等及女權意識的覺醒。這種具有一定義務與權利的「女國民」形象，隨著清季救亡圖強的呼聲下，成爲當時理想的女性典範。

清季興起的「女國民」概念，可說是女性思想發展史的重要里程碑，使女性突破家庭倫理的身份定位，不再以某一男性的母親或妻子的面目示人；而在生物性別的「女」之上，刻意標示的「國民」身份，更肯定了女性與國家的關係，使女性得以與男性並列，同享國民的權利，同時亦透過強調國民的責任與義務，肯定女性亦有爲國出力的才能。從現存文獻所見，「女國民」一詞最早當出現於 1903 年。1903 年 4 月，胡彬夏等留日女生，於日本發起成立留日女生組織「共愛會」，並強調自己的「女國民」身份，如〈共愛會章程〉有云：「本會以拯救二萬萬之女子，復其固有之特權，使之各具國家之思想、以行自盡女國民之天職爲宗旨。」〔註47〕

〔註46〕　所謂國家意識，乃從戊戌時期開始形成的，此爲一個明確的、不同於古代的近代國家概念。1902 年梁啓超發表了《新民說》，表示：「國家思想者何？一曰對於一身而知有國家，二曰對於朝廷而知有國家，三曰對於外族而知有國家，四曰對於世界而知有國家。」「必人人爲知吾一身之上，更有大而要者存」梁啓超：《飲冰室文集》第四集，臺北：臺灣中華書局，1978 年版，第 28 頁。

〔註47〕　〈日本留學女學生共愛會章程〉，原載《浙江潮》第三期，轉引自李又寧、張玉法編：《近代中國女權運動史料》，臺北：龍文出版社，1996 年，第 190 頁。

　　留日女生不只在言論上提出女性應「盡女國民之天職」，她們更坐言起行，在行動上實踐女國民的責任。1903 年拒俄運動開始後，留日女生成立的共愛會，響應男學生所組成的拒俄義勇隊，積極協助義勇隊的工作，胡彬夏、林宗素、方懋、華桂、龔圓常、錢豐保、曹汝錦、王蓮等核心分子更「含淚演說，呼誓死以報國」，簽名加入軍隊〔註48〕。胡彬夏在會上演說，宣稱女子亦為國民：「中國之安樂既當受之，中國之患難豈不當共之耶？」〔註49〕號召其他女性加入拒俄運動。其時，報刊上登載的女子言論亦以拒俄事件為出發，提出愛國覺醒的呼號，如「我輩自問，亦宜有所盡，寧以女子非人，自棄責任耶？」〔註 50〕由此可見，留日女生在拒俄運動中，已明確指出女性應盡國民的責任，成為日後「女國民」思想的雛型。據時人楊績蓀（1891～1965）所憶述，當時留日女生即以「女國民」的身份自居：「那時號稱新婦女，大都在日留學，身著短衣、長裙、革履，梳東洋高髻，每經過途中，莫不竊竊私議，投以驚奇眼光，呼之為洋學生、女國民。」〔註51〕可見留日女學生與「女國民」概念之形成關係密切。

　　後來，東京的拒俄義勇隊雖然被迫解散，但「女國民」之概念卻為留日女生及其他知識女性一再發揮，大力宣揚，如留日女生的領導人物陳擷芬在〈女界之可危〉謂：

> 吾中國之人數也，共四萬萬，男女各居其半，國為公共，地土為公共，財產為公共，患難為公共，權利為公共。國既為公共，寧能讓彼男子獨盡義務，而我女子漠不問耶？既不盡義務，即有權利，以他人與我之權利，非吾輩自爭之權利也。吾輩既欲與之爭，須先爭盡我輩之義務，則權利自平矣！〔註52〕

　　陳擷芬嘗試從國家權利及義務兩方面，指出男女兩性皆為平等，強調女性不應只限於傳統的家庭角色，其「女性觀」已由傳統的家中之婦轉變為「一國之民」。這種強調女性為國家一份子，應盡社會義務的想法，亦為其他曾留學日本的知識女性所認同。如另一留日女生燕斌，於東京創辦《中國新女界雜誌》，

〔註48〕　〈留學記錄〉，《湖北學生界》第 4 期（1903 年 4 月 15 日），第 125 頁。
〔註49〕　〈胡彬夏在共愛會集議拒俄會上的演說〉，《江蘇》第 2 期（1903 年 4 月 1 日），第 149 頁。
〔註50〕　〈拒俄事件〉，《浙江潮》第 4 期，第 136 頁。
〔註51〕　楊績蓀：《中國婦女活動紀》，臺北：正中書局，1965 年版，第 336 頁。
〔註52〕　陳擷芬：〈女界之可危〉，《中國日報》，1904 年 3 月 11 及 12 日。

亦是從國族主義出發，以塑造具有「新道德」的救國女性爲宗旨，充分體現留日女學界的憂國之情。燕斌（以「煉石」爲筆名）的《中國新女界雜誌》，便指出它的創刊目的正是培育「女子國民」：「本社最崇拜的就是『女子國民』四個大字。本社創辦雜誌的宗旨，雖有五條，其實也只是這四個大字，本社新女界雜誌從第一期以後，無論出多少期，辦多少年，做多少文字，也只是反覆解說這四個大字。」〔註53〕燕斌回顧過去數千年的中國歷史，批評傳統女性被困在家庭中，未能建立國民意識，盡國民之義務。因此培育「女子國民」的首要任務，便是重新定義「女德」，而「新女德」的內涵中又以「國民意識」最爲重要：

> 第一件是女子的新道德，若果然發達了，便可與男子同具有國
> 民的資格，盡一分國民的義務，國家便可實在得著女國民的益處了。
> 這是甚麼原故呢？原來從前女界的位置，是與國家毫無關係的，這
> 卻眞算錯了。試問女界人數佔了舉國戶口的一半，能說他不是國民
> 麼？……從來中國婦女，都被三從四德禁錮住了，看著他的丈夫，
> 比天還大，簡直不曉得國是個甚麼東西。〔註54〕

燕斌對傳統「女性觀」將女性隔絕於國家社會等公共領域，深表不滿，其想法可謂與前引的清代閨秀暗合。囿於傳統性別觀念的束縛，燕斌指出大部分中國女性「雖有多數女國民之形質，而無多數女國民之精神，則有民等於無民」〔註55〕。因此，教育女子成爲「女國民」，改變女性的想法至爲重要：

> 斯教育一女子，即國家眞得一女國民，由此類推，教育之範圍
> 日以廣，社會之魔害日以消，國民之精神即日以發達。十年以後，
> 如謂中國女界不足與歐美爭衡者，吾不信也。〔註56〕

至於「女國民」的具體意涵，燕斌在〈中國新女界雜誌發刊詞〉中，乃透過對比歐美諸國的情況，說明其理想的「女國民」圖景：「其（按：即歐美諸國）女國民，惟日孜孜，以國事爲己責；至於個人私利，雖犧牲亦不之惜。斯其國始得爲有民，宜其國勢發達，日益強盛，而莫之能侮。」〔註57〕所謂「以國事爲己責」，正與陳擷芬所強調女性應與男性一樣「盡國家之義務」一

〔註53〕 煉石：〈本報對於女子國民捐之演說〉，《中國新女界雜誌》第 1 期（1907 年），第 42 頁。
〔註54〕 煉石：〈本報五大主義演說〉，《中國新女界雜誌》，第 4 期（1907 年）。
〔註55〕 煉石：〈中國新女界雜誌發刊詞〉，《中國新女界雜誌》第 1 期（1907 年）。
〔註56〕 煉石：〈中國新女界雜誌發刊詞〉，《中國新女界雜誌》第 1 期（1907 年）。
〔註57〕 煉石：〈中國新女界雜誌發刊詞〉，《中國新女界雜誌》，第 1 期（1907 年）。

樣，兩者用詞雖有不同，但本質上是一致的。兩者唯一的分別，是陳擷芬同時談及國家的權利及義務兩者，而燕斌則只談及義務而已。不過，陳擷芬儘管在概念層面肯定了女性國民的權利及義務，但其論述中卻將女性的權利與義務兩者分離開來，只是反覆強調女性的國民義務，卻未有就女性權利問題加以討論，故可以說陳燕二人的「女國民」論均以盡國家義務為著眼點，即所謂的「女國民」，實則上是具有國家意識，須肩負國家義務的女性。

除陳擷芬與燕斌以外，秋瑾在寫於 1905 年的彈詞作品《精衛石‧序》中也強調女性的國民責任：

> 余日頂香拜祝女子之脫奴隸之範圍，作自由舞臺之女傑、女英雄、女豪傑，（脫離奴隸範圍，作自由舞臺之女英雄、女豪傑）其速繼羅蘭（繼羅蘭）、馬尼他、蘇菲亞、批茶、如安而興起焉。余願嘔心滴血以拜求之，祈余二萬萬女同胞無負此國民責任也。〔註58〕

秋瑾以西方女英雄為例，說明女性應擺脫傳統屈從於男性的奴隸角色，並負擔起國民責任，此正與前文的「女國民」意涵一致。秋瑾其後參與革命，最終以身殉國，其生命軌跡正是「女國民」身份責任的具體實踐。

至於其他知識女性，其筆下雖未有明確使用「女國民」此語，但其思想意涵卻與「女國民」相通。如徐自華〈贈秋璿卿女士二章〉詩云：

> 每疑仙子隔雲端，何幸相逢握手歡。其志鬚眉咸莫及，此才巾幗見尤難。扶持祖國徵同愛，遍歷東瀛壯大觀。多少蛾眉雌伏久，仗君收復自由權。

> 萍蹤吹聚忽逢君，所見居然勝所聞。崇蝦奇才原易服，木蘭壯志可從軍。光明女界開生面，組織平權好合群。笑我強顏思附驥，國民義務與平分。〔註59〕

詩中強調不少女性因性別身份而未能實踐報國抱負，因而力倡女性應收復自由及權利，最後一句「國民義務與平分」，正與其他知識女性強調的「女國民」應與男性共同分擔國家義務同一出轍。此外，徐自華亦在〈弔蔣韞華女士〉詩中明確提到女性的「國民責任」：

> 沉埋女輩千年久，廿紀爭存難袖手。鐘聲響起自由魂，國民責

〔註58〕 秋瑾：《精衛石‧序》，《秋瑾集》，第 122 頁。
〔註59〕 郭延禮注：《徐自華詩文集》，北京：中華書局 1990 年版。108 頁。

　　任人人有。奮然求學來春申，舊俗排除智識新。人權天賦原平等，

　　莫道蛾眉不及人。〔註60〕

　　詩中強調女性應與男性一樣，負擔起國民責任，努力學習，以求報國，此說法與「女國民」論的本質一致。

　　另一知識女性單士釐，其年歲雖比秋瑾、燕斌、陳擷芬等稍長，但她對女性的國民身份與責任，其想法卻與她們相似。單士釐雖未有明確提出「女國民」一詞，但她卻在《癸卯旅行記》中向中國女性介紹日本女性的國民意識，並以此對比中國女性：

　　　　中國婦女閉籠一室，本不知有國。予從日本來，習聞彼婦女每
　　　　以國民自任，且以爲國本鞏固，尤關婦女。予亦不禁勃然發愛國心，
　　　　故於經越國界，不勝慨乎言之。〔註61〕

文中批評了中國女性「不知有國」的傳統「男外女內」觀，並對女性應盡國民責任一說予以肯定，可說是與其他知識女性的想法一脈相承。其後，單士釐透過讚揚西方女性參與「赤十字會」，到前線治療傷兵，帶出女性應發揮細心慈祥等特點，報效國家：

　　　　昔在俄國克雷木地方觀俄英法戰爭遺跡，尚存俄后親手治療傷
　　　　病用品，如藥瓶藥布等。蓋各國君后無非此會中人，日本皇后亦此
　　　　會領袖，甲午之役，親駐廣島，治療病兵。此會多婦女，緣女子心
　　　　細而慈祥，故於治療尤宜。〔註62〕

　　雖然單士釐以爲女性爲國效力，並非如其他知識女性般，以從軍殺敵、傳揚革命學說爲務，而是應擔任符合傳統女性形象的治療、照顧傷病的職務，但其想法背後，亦爲強調爲國盡力、以國民自任的理想，此卻與其他知識女性無異。由於此時單士釐的政治啓蒙尚處於「感性階段」〔註63〕，故其女性國民意識多零星地投射於生活中的所見所感，而非如其他知識女性般作有系統的論述。但在辛亥革命爆發以後，她明確提倡女性參與革命，推翻專制，盡國民的責任：

〔註60〕　郭延禮注：《徐自華詩文集》，北京：中華書局1990年版。137頁。
〔註61〕　單士釐：《癸卯旅行記》，載於鍾叔河：《走向世界叢書》，長沙：嶽麓書社，
　　　　　1985年，733頁。
〔註62〕　單士釐：《癸卯旅行記》，鍾叔河：《走向世界叢書》，第755頁。
〔註63〕　戴東陽：〈驚醒女子魂，鑒彼媸與妍——論啓蒙女學者單士釐〉，《史學月刊》
　　　　　1996年第3期，第102頁。

> 夫吾民之苦專制久矣，因政體專制，而官吏腐敗，民智閉塞，
> 內政不修，外患日迫。近年滿虜更假立憲之名，行壓迫之實，如水
> 益深，如火益熱。倘再不圖改革之，牛馬奴隸之辱，亡國滅種之憂，
> 禍豈在遠？〔註64〕

由此可見，單士釐對國家的憂慮，已超越一家之婦的角色。她一再強調國家興亡，女性亦有責：「吾輩女子，同處國民之列，將來同食共和之利，茲豈可袖手旁觀，一聽其成敗，而不稍盡其責任耶？」並指出女性應積極參與革命：「各竭其力，各盡其能，多固有裨，少亦無妨。」〔註65〕從以上推測，單士釐的「女國民」觀念早於《癸卯旅行記》之時已萌芽，只是未有系統的具體論述而已。待辛亥革命以後，她更力倡女性投入革命，履行國民義務，可見其想法與其他知識女性實際上是一脈相承的。

除單士釐以外，呂碧城亦在其舊體詩詞中，表達女性須承擔國民責任的想法，其〈書懷〉云：

> 眼看滄海竟成塵，寂鎖荒陬百感頻。流俗待看除舊弊，深閨有
> 願做新民。江湖以外留餘興，脂粉叢中惜此身。誰起平權倡獨立，
> 普天尺蠖待同伸。〔註66〕

呂碧城認爲，必須剷除舊弊，才能成爲「新民」，即使是一介女子，也要有所作爲，承擔拯救國家的責任，要有喚醒千萬人民，追求平權獨立的理想，此種想法正與「女國民」論不謀而合。此外，呂碧城又曾在寫於1909年的〈北洋女子公學同學錄〉云：

> 予第慨夫吾國女界之騎騕，數千年於茲矣。外患已深，國勢已
> 變，至是而女學已興，始踏吾輩於文明之域，美人香草晏勝遲暮之
> 悲，諸生其積學儲能，將來各出所得以閫教育而回景遠，此則人人
> 所當爲己任，不容一隙自寬者也。〔註67〕

呂碧城認爲，國家內憂外患當前，女學應當培養人才，積學儲能以回饋

〔註64〕 《民立報》，1911年11月30日。
〔註65〕 《民立報》，1911年11月30日。
〔註66〕 據李保民注：「本詩錄自光緒乙巳（1905）三月英斂之所刊《呂氏三姊妹集碧城詩稿》。按，是詩復刊於光緒乙巳三月版之《之罘報》及八月版《大陸》雜誌第十四號，其餘各本均失收。」見呂碧城著、李保民箋注：《呂碧城詩文箋注》，上海：上海古籍出版社，2007年，第1頁。
〔註67〕 呂碧城：〈北洋女子公學同學錄〉，《呂碧城詩文箋注》，第207頁。

國家，此正屬國民之責，不應有男女之分，人人亦當克盡己責，當中正蘊含
「女國民」的思想。

正如前章所述，其時的女子教育乃以培養賢妻良母爲主要目的，如以梁
啓超爲首的維新派即以女學「興母教」，以求「保種」「保家」、「救國圖強」，
可見男性心目中的女性亦有其「國民責任」，只是這種國民責任始終以「賢妻
良母」「相夫教子」爲依歸，並非著眼於女性獨立於家庭以外的國民身份。可
以說，這種觀念始終不脫傳統「男外女內」的角色定型。而知識女性力倡之
「女國民」，則是女性投身國家社會的獨立國民身份，嘗試擺脫傳統家中婦的
角色。從呂碧城反駁維新派的賢妻良母教育論中，正可見兩者分歧所在。正
如呂碧城在〈論某督箚幼稚園公文〉中說：

> 今之興女學者，每以立母教、助夫訓子爲義務。雖然，女子者，
> 國民之母也，安敢辭教子之責任？若謂除此之外，則女子之義務爲
> 已盡，則失之過甚矣。……殊不知女子亦國家之一分子，即當盡國
> 民義務，擔國家之責任，具政治之思想，享公共之權利。〔註68〕

呂碧城注意到賢妻良母說的限制，故在闡釋女性對國家的責任時，強調
女性不應只將自身限定於家庭內的角色，更應面向社會。她一再指出女性不
能僅滿足於做一個賢妻良母，而是應該如男性一樣盡國民義務，成爲國家的
公民。由此可見，知識女性的「女國民」論，乃擺脫傳統將女性定位於「私
領域」的家庭以內的角色，而是逐步步向國家社會等「公共領域」的「新女
性」形象。

留日女生自 1903 年提出「女國民」論後，此說逐漸成爲清季輿論的焦點，
不少報刊紛紛刊登以「女國民」爲主題的文章，例如：

刊登日期	文章作者	文章篇名	登載刊物
1904 年 5 月	莫雄飛	〈女中華〉	《女子世界》
1904 年 6 月	亞特	〈論鑄造國民母〉	
1904 年 10 月	初我	〈新年之感〉	
1905 年 6 月 17 日	不詳	〈女子爲國民之母〉	《順天時報》
1906 年 4 月 17 日	不詳	〈論女子教育宜定宗旨〉	
1907 年 2 月	煉石	〈發刊詞〉	《中國新女界雜誌》

〔註68〕　呂碧城：〈論某督箚幼稚園公文〉，《女子世界》第 9 期，1904 年 9 月 10 日。

1907 年 2 月	巾俠	〈女德論〉	
1907 年 5 月	陳鑅	〈論中國大恥之一班〉	
1907 年 5 月	煉石	〈本報五大主義演說〉	
1907 年 11 月 30 日	不詳	〈論文明先女子〉	《東方雜誌》

除以上報刊外,上海群學社於 1906 年刊行的《最新女子教科書》,亦向女學生宣揚「女子同為女國民」的意識,〔註 69〕指出女性不應只拘限於家庭,而應具有公共、國民的意識,可見「女國民」論已引起社會的廣泛關注及認同。其時女性對「女國民」之觀念,並非只停留在理論層面,而是在現實中實踐「女國民」之義務。1907 年,蘇州女界保路會為拒外債集股,集會時有女學生當場脫簪珥、典質財物以買股〔註 70〕;常州女界保路會亦舉行集會,赴會女性共二百餘人,更立刻認購一千五百股〔註 71〕。同年,西江女界舉行集會,以爭取緝捕權不落入外國人之手,與會者數百人,多位女性熱烈發言,聲言:「西江緝捕與各省內河均是我國主權,外部以兵柄授人,於兩粵前途大有關係,主權一失,亡可立待,亡國之慘,女界比男界尤甚,我女界亦國民一分子,當聯絡團體合力堅拒。」〔註 72〕演說當中提及的「我女界亦國民一分子」,再加上保路會中女界的熱烈參與,均為知識女性「女國民」論的具體實踐。清季「女國民」論將女性定位為「一國之民」,突破「一家之婦」的女性倫理角色,可說是對「男外女內」「女性觀」的一大突破。

三、清季知識女性「女國民」觀念溯源

有論者以為,知識女性的「女國民」論,乃受馬君武〈女權篇〉及金天翮《女界鐘》所啓發而發展的。馬君武在 1902 至 1903 年,分別翻譯了斯賓塞的《女權篇》及穆勒(即馬君武所稱的「彌勒約翰」)的《女人壓制論》,並介紹了當中男女平等的思想。馬君武認為任何人皆有不可剝奪的天賦人權(馬君武稱之為「第一感情」),不論男女亦應有權利參與國家事務。社會上對男女兩性的「內外之分」,只是後天社會制度建構的產物(即「第二感情」),

---

〔註 69〕 羅蘇文:《女性與近代中國社會》,上海:上海人民出版社,1996 年,第 148 頁。
〔註 70〕 《中國日報》,丁未年(1907 年)十月二十三日。
〔註 71〕 《中國日報》,丁未年(1907 年)十月二十日。
〔註 72〕 《中國日報》,丁未年(1907 年)十月二十二日。

卻不合乎天理人情。因此他提倡給予女性參政權,「人生當依平等自由之天則,以獲人類之最大幸福。」〔註73〕馬君武理想中的西方民主共和國,正是要肯定、保障人民天賦之權,使無論男女及君民,皆享有平等的權利,因此,「君民間之革命」與「男女間之革命」正應雙軌並行。〔註74〕在馬君武以後,金天翮(以金一為署名)亦在斯賓塞及穆勒的「天賦人權」論的基礎上,進一步發揮馬君武「男女平權」的思想,並在 1903 年 8 月出版《女界鐘》,對中國女權發展可謂影響深遠。〔註75〕他指出女性不只是家中的一員,更是「國民之母」,身負培養國民品格的重責;同時女子亦當負起「愛國與救世」的「公德」責任,而非拘守傳統道德如守身如玉、相夫教子等「私德」〔註76〕。

　　不少論者如喬以鋼、劉堃、劉永福、呂美頤等均以為馬君武及金天翮的女權思想為清季盛行的「女國民」論的基礎。如喬以鋼、劉堃以為馬君武及金天翮的男女平權的思想,對「女國民」論具有「奠基性作用」,使之成為清季流行的說法。〔註77〕此外,劉永福、呂美頤亦表示,金天翮於《女界鐘》中最早提出「國民之母」的稱謂,實為「女國民」概念的重要基礎,因為《女界鐘》的「國民之母」,已具有相應的義務和權利觀念,此為其他女權主義者

〔註73〕　馬君武:〈斯賓塞女權篇〉,莫世祥編:《馬君武集》,武漢:華中師範大學出版社,1991 年,第 26 頁。

〔註74〕　馬君武:〈彌勒約翰之學說〉,莫世祥編:《馬君武集》,武漢:華中師範大學出版社,1991 年,第 142～145 頁。

〔註75〕　金天翮(1873～1947),又名天羽,初名懋基;字松軍,一字和專、松琴;號壯遊,鶴望;別署金城、金一;室名紅鶴山房、天鶴樓主人。江蘇吳江人,為清末民初著名的革命分子。早歲於家鄉興辦教育。甲午戰爭後,1898 年與陳去病組織「雪恥學會」,維新救國,洗雪國恥。後來到上海參加愛國學社。民國後任吳江教育局長、上海光華大學教授等。著有《天放樓詩集》、《鶴望中年政論》、《院外列傳》、《詞林擺雋》、《自由血》等。金天翮是提倡女權、女學的中堅份子,1903 年以署名「愛自由者金一」出版《女界鐘》,宣傳婦女解放,提倡男女平等,該書一出大受歡迎,數月內即告售罄,後在日本重版,被柳亞子譽為「其女界黑暗獄之光線乎?其女界革命軍之先驅乎?其女界爆烈丸之引電乎?」金天翮更因此被喻為「中國女界之盧騷」。林宗素:《女界鐘·序》,金天翮:《女界鐘》,上海:上海古籍出版社,2003 年,第 3 頁。

〔註76〕　金天翮:《女界鐘》第二節,上海:上海古籍出版社,2003 年,第 6～12 頁。有關金天翮的女權主張,以及其與知識女性思想的異同,本書將於第三章第一節作詳細討論,此處不贅。

〔註77〕　喬以鋼、劉堃:〈「女國民」的興起:近代中國女性主體身份與文學實踐〉,《南開大學學報(哲學社會科學版)》2008 年第 4 期,第 43 頁。

所發揮，使「女國民論」得以逐步形成。〔註78〕

　　不過，若追溯晚清「女國民」說的始源及發展，以上兩種說法或有商榷的餘地。考查「女國民」一語的最早起源，當見於留日女生組織共愛會於1903年4月發表的《共愛會章程》，其後此語亦屢見於前文所引述的留日女生所撰寫的文章之中。若說這是受馬天武翻譯《女權篇》（1902年11月出版）的影響或可成理，若謂其受金天翮《女界鐘》（1903年8月出版）的影響則不太合理。〔註79〕事實上，從《共愛會章程》到上文所引多位知識女性的論說（陳擷芬、燕斌、秋瑾等均為留日女生及共愛會的成員），可見「女國民」論的提出及其後之討論，均由留日女生群體所引起。而值得注意的是，在這群知識女性明確提出「女國民」論之前，清代閨秀筆下的「閨閣遺恨」實已有相近的想法，只是其作品未有明確標示「女國民」的字眼而已。

（一）繼承前代閨秀「巾幗遺恨」的書寫筆法

　　清季知識女性的「女國民論」實際上是上承清代閨秀的「閨閣遺恨」，並結合戊戌以後的「國民意識」〔註80〕發展而成。《中國新女界雜誌》主編燕斌即強調該刊以塑造「女國民」為宗旨，此實緣於她對歷史上女性的不平待遇感到不憤：「每披閱史鑒，同慨人事之不平。讀大家《女誡》，尤竊相議之，以為女子亦人類，何卑弱乃爾，無或謬乎？」〔註81〕燕斌創辦女報，宣揚女權，正緣於「披閱史鑒，同慨人事之不平」，她在回顧過往歷史中女性的不平處境，感慨女性雖有才華，卻未能涉足國事，只可以卑弱的角色留名史冊，而這正與前節所引清代閨秀詩詞中的「閨閣遺恨」一致。前文所述道光年間閨秀如沈善寶、陳蘊蓮等，皆曾回顧女性歷史，對女性的處境表示憤憤不平，

〔註78〕 鄭永福、呂美頤：〈關於近代中國「女國民」觀念的歷史考察〉，《山西師大學報》2005年7月，第59頁。

〔註79〕 鄭永福、呂美頤：〈關於近代中國「女國民」觀念的歷史考察〉一文，將《東方雜誌》一篇發表於1907年的文章《論文明先女子》視為「女國民」概念的源頭，而未有提及共愛會1903年4月之章程，或因此而使其論略有誤差，見鄭永福、呂美頤：〈關於近代中國「女國民」觀念的歷史考察〉，《山西師大學報》2005年7月。至於喬以鋼、劉堃：〈「女國民」的興起：近代中國女性主體身份與文學實踐〉一文，則未有提及「女國民論」的最早起源。喬以鋼、劉堃：〈「女國民」的興起：近代中國女性主體身份與文學實踐〉，《南開大學學報（哲學社會科學版）》2008年第4期。

〔註80〕 詳參前節「二、清季知識女性『女國民』觀念的形成」。

〔註81〕 煉石：〈羅瑛女士傳〉，《中國新女界雜誌》第5期（1907年），第54頁。

她們的用詞或不一，其意則一。這種對清代閨秀「閨閣遺恨」繼承的痕跡，尤見於清季知識女性所寫作的舊體詩詞中。事實上，清季知識女性在 1903 年明確提出「女國民」論以前，已曾寫作不少詩詞作品，抒發其對傳統「男外女內」「女性觀」的不滿。如秋瑾對於女性無法涉足國事之慨歎，其實早見於其少女時代的〈題芝龕記〉（寫於 1895 年之前）：

> 今古爭傳女狀頭，紅顏誰說不封侯。
>
> 馬家婦共沈家女，曾有威名震九州。（其一）
>
> 執掌乾坤女土司，將軍才調絕塵姿。
>
> 靴刀帕首桃花馬，不愧名稱娘子師。（其二）
>
> 莫重男兒薄女兒，平臺詩句賜蛾眉。
>
> 吾儕得此添生色，始信英雄亦有雌。（其三）〔註82〕

所謂「紅顏誰說不封侯」、「莫重男兒薄女兒」、「始信英雄亦有雌」等句子，正說明秋瑾對於女性的期許。在她看來，歷史上亦有不少女狀元、女將軍，女性不應因性別身份而被困在閨中，應該如男性一樣可以報國立業。而在寫於 1900 年的《杞人憂》中，秋瑾更明確表達身為女子而無法報國的遺恨：

> 幽燕烽火幾時收，聞道中洋戰未休，
>
> 漆室空懷憂國恨，難將巾幗易兜鍪。〔註83〕

此篇的思想內容，與前文所引清代閨秀的作品甚為相類，所謂「空懷憂國恨」、「難將巾幗易兜鍪」，正與道咸年間閨秀的「壯懷空作不平鳴」（錢守璞〈偶成〉）、「投筆請纓空有願，安能巾幗覓封侯。」（沈善寶〈李雲舫先生在清江見拙集，題詩寄贈，依韻奉答〉）等一脈相承，可見其「女性觀」承襲的痕跡。

除秋瑾外，在舊體詩文中承襲清代閨秀「閨閣遺恨」的還有呂碧城。呂碧城寫於 1904 年的〈法曲獻仙音·題女郎看劍引杯圖〉云：

> 綠蟻浮春，玉龍回雪，誰識隱娘微旨。夜雨談兵，春風說劍，
>
> 衝天美人虹起。把無限憂時恨，都消酒樽裏。君知未，是天生粉荊
>
> 脂轟，試凌波微步，寒生易水。漫把木蘭花，錯認作等閒紅紫。遶

〔註82〕　秋瑾：〈題芝龕記〉，《秋瑾集》，第 55 頁。此作寫於 1895 年以前的說法，乃根據注者郭延禮的說法。

〔註83〕　秋瑾：〈杞人憂〉，《秋瑾集》，第 60 頁。

海功名，恨不到青閨兒女。剩一腔豪興，寫入了丹青閒寄。〔註84〕

呂碧城在此篇中借一眾歷史人物表達自己有志難伸的悵恨，她引用聶隱娘、荊軻、聶政等人物，表達憂時傷國的情緒。尤其值得注意的是，「漫把木蘭花，錯認作等閒紅紫。遼海功名，恨不到青閨兒女」幾句，當中引用木蘭事蹟，抒發的正是與前代閨秀相同的性別遺恨：明明是可以建功立業的花木蘭，卻被世俗視為弱質女子（等閒紅紫），而此種性別桎梏，乃緣於「男外女內」的傳統「女性觀」。詞中句云「遼海功名，恨不到青閨兒女」，表現的正是女性由於性別身份的局限，未能考取功名、建立事業的不憤及無奈。呂碧城筆下的這種怨憤之情，亦與清代閨秀的「閨閣遺恨」相近。

由以上可見，清季知識女性的「女國民」論，實承襲自前代閨秀文人的「閨閣遺恨」。不過，清季以前的閨秀文人，只可在詩詞作品中表達個人的不平之鳴，以及寄寓現實中永難成就的盼望；又或夢想如彈詞小說的女主角般，透過虛構情節成為建功立業的女狀元。因此，清代閨秀的「閨閣遺恨」，只流於對「男外女內」「女性觀」紙上談兵式的質疑。而清季的知識女性，因社會、文化、經濟等各方面的變化，則可將這種對「男外女內」性別觀的挑戰付諸實行。清季知識女性的「女性觀」已由對傳統性別限制的不平之鳴，發展至提倡女性走出家庭、步入社會的女性解放的具體論述。如秋瑾寫於 1904 年的〈鷓鴣天〉，與其前作（寫於 1895 年前）〈題芝龕記〉相比，正明確地反映這種轉變：

祖國沉淪感不禁，閒來海外覓知音。金甌已缺總須補，為國犧牲敢惜身。嗟險阻，歎飄零，關山萬里作雄行。休言女子非英物，夜夜龍泉壁上鳴！〔註85〕

從「休言女子非英物」一句可知，傳統的性別定型，此時已不能再束縛其行動。而詩裏對國家沉淪的傷痛，使她「關山萬里作雄行」，正與「女國民」論要求女性為國貢獻的想法暗合。秋瑾其後參與革命、力爭女權，正是身體力行地實踐「女國民」的具體內容。

（二）繼承前代閨秀筆下的木蘭「女國民」形象

晚清以來，西方文化大量傳入中國，在清季「女國民」的論述之下，傳統儒家強調賢妻良母的理想女性形象，已未能適應時代的需要。不少知識分

〔註84〕 呂碧城：〈法曲獻仙音‧題虛白女士看劍引杯圖〉，呂碧城著、李保民箋注：《呂碧城詞箋注》，上海：上海古籍出版社，2001 年，第 504 頁。

〔註85〕 秋瑾：〈鷓鴣天〉，《秋瑾集》，第 112 頁。

子取法西方，引入西方女英雄的傳記，以此作爲中國新女性的模範，以供國人學習、仿傚。此時，各類中國及西方的偉大女性的傳記紛紛出版，女性報刊的專欄亦刊載了中西女傑的事蹟，經常出現的典範人物，包括中國的緹縈、木蘭、梁紅玉、秦良玉等，亦包括西方的羅蘭夫人、貞德、批茶等，其時更出現了一批新造用語，如「英雌」、「巾幗人豪」、「金閨國士」、「英雄巾幗」等。這些「新女性」的模範，成爲當時「女國民」的榜樣及清季「女國民」論的宣傳工具，並體現「女國民」的理想人格內涵。

　　晚清先進份子往往將中、外女傑相提並論，不少知識女性如陳擷芬、秋瑾、燕斌、呂碧城等，亦不忘以傳統女傑的英勇事蹟自勉，以證明中國女性不輸歐美女性的才能，以示中國女性「苟能人人讀書，知大體，愛國愛種，辦事之手段，必勝於彼男子也，必優於彼歐美女子」〔註86〕的信心。在一眾傳統女英雄當中，花木蘭爲清季最常出現的一位。木蘭易裝爲男、代父從軍之事，正史雖未有記載，但民間卻確信眞有其事，可謂深入民心。〔註87〕清季出版的刊物，包括女子教科書、《列女傳》增廣版、百美圖、女性刊物及各類日報等，都有刊載她的故事。如1904年出版的楊千里《女子新讀本》，其〈導言〉便指出爲達到女性「愛國救世」的目的，女性教育應有新的典範。因此楊氏回顧中西歷史，整理成一份中西「英雌」的名單，以擔當中國「新女國民已去之導師」〔註88〕，其中便用了三課來描寫木蘭，強調其從軍殺敵的英姿，可見她在中西女傑中的重要地位。1904年的〈女學生入學歌〉，亦結合中外女英雄以作爲女學生的期

〔註86〕陳擷芬：《中國女子之前途》，《女學報》第2年第4期（1903年11月）。
〔註87〕考木蘭事蹟，正史未有記載，惟《古今圖書集成・明倫彙編・閨媛典》「閨奇部」云：「按《鳳陽府志》：隋木蘭魏氏亳城東魏村人。隋恭帝時，北方可汗多事，朝廷募兵，策書十二道，且坐以名。木蘭以父當往而老底，弟妹俱稚，即市鞍馬，整甲宵，請於父代戍。歷十二年，身接十有八陣，樹殊勳，人終不知其女子。後凱還，天子嘉其功，除尚書不受，懇奏省覲。及還，釋戎服，衣舊裳，同行者駭之，遂以享聞於朝，召赴闕，欲納之官中，曰：『臣無媿君之禮』，以死拒之，帝驚憫，贈將軍，諡孝烈，昔鄉人歲以四月八日致祭，蓋孝烈生辰云。」《河南通志》、《嘉靖歸德府志》、《商丘縣志》、新編《虞城縣志》等諸多方志均可與之相參證。又明代焦竑《焦氏筆乘》謂：「木蘭，朱氏女子，代父從征。詞中有『可汗點兵』語，非晉即隋唐也。湖北黃州黃陂縣北七十里，即隋木蘭縣，有木蘭山將軍冢、忠烈廟，足以補《樂府補題》之缺。」見焦竑：《焦氏筆乘》，北京：中華書局，2013年，第148頁。據地方志所載，現今安徽亳縣、河南商丘、河北完縣等地，都立廟奉祀木蘭。
〔註88〕楊千里：〈女子新讀本〉，《女子世界》1904年8月。

許:「緹縈木蘭眞可兒,班昭我所師。羅蘭若安夢見之,批茶相與期,東西女傑並駕馳,願巾幗,凌鬚眉。」〔註89〕當中亦見木蘭的蹤跡。柳亞子亦在 1904年於《女子世界》發表了〈中國第一女豪傑女軍人家花木蘭傳〉,藉木蘭的故事宣傳女子的「尙武精神」、「軍國民資格」,如柳亞子透過木蘭之口慷慨陳辭:

> 執干戈以衛社稷,國民之義務也。今日之事,其何敢辭?雖然,
> 我父老矣,安能馳驅塞外,與強胡角逐,爲同胞出死力?我弟方幼,
> 我又無長兄,誰代我父行者?我雖女子,亦國民一分子也。〔註90〕

文中透過建構木蘭勇武衛國的形象,宣言「我雖女子,亦國民一分子也」,正好呼應其時流行的「女國民」論,可見木蘭作爲其時「女國民」的榜樣,正在於她能突破傳統家庭的框框,投身國家、保家衛國。不過値得注意的是,柳亞子所描述的木蘭從軍,與傳統的敘述一樣,乃緣於父老弟幼,始終不脫傳統以秉持家庭層面的「孝」「悌」之德的形象示人。而此種突出「孝女」形象的木蘭故事,亦常見於男性文人的筆下,如魏息園《繡像古今賢女傳》對木蘭推崇備至,但仍將之編入「孝父母」的章節中〔註91〕。1906 年高鳳謙、蔡元培、張元濟所編的《最新修身教科書》,其中一篇談孝順的文章亦以木蘭爲典範。〔註92〕由於男文人多將木蘭從軍出征的動機及焦點放在「代父」、「孝順」之上,故在尋覓中國「女國民」典範之時,當時不少人均認爲木蘭等傳統女英雄,不若西方女傑之獨立自主、具備民族意識,如金天翮認爲拯救法國的聖女貞德、俄國之虛無黨女傑蘇菲亞等,「即班昭、龐娥、緹縈、木蘭、馮繚等,亦不許望肩背也。」〔註93〕金天翮所以認爲木蘭等中國傳統女英雄比不上西方女英雄,乃由於西方女傑的人格理想、思想境界與現代品格、現代民族國家意識等似乎更爲相近。蔣智由更明言木蘭代父從軍,「未嘗日吾爲國則然也」,「據其知識言之,固只知有身家者」,此與貞德相比,木蘭的國民意識及貢獻終究有所不如。〔註94〕由此可見,當時大部分的男性論者均將木蘭視爲孝女,更因而認爲其民族意識、愛國熱誠比不上西方女英雄。綜觀現

〔註89〕 〈女學生入學歌〉,《女子世界》1904 年 9 月。

〔註90〕 柳亞子:〈中國第一女豪傑女軍人家花木蘭傳〉,《女子世界》1904 年 3 月。

〔註91〕 魏息園:《繡像古今賢女傳》,據光緒 34 年(1908 年)刊本重印,北京:中國書店,1998 年。

〔註92〕 高鳳謙、蔡元培、張元濟:《最新修身教科書》,上海:商務印書館,1906 年。

〔註93〕 金一:《女界鐘》,上海:上海古籍出版社,2003 年,第 33 頁。

〔註94〕 蔣智由:〈愛國女學校開學演講〉,《女報》,1902 年 9 月。

存資料，似乎只有日本留學生許定一〔註95〕的《祖國女界偉人傳》是例外的。此書在 1906 年 10 月由日本橫濱新民社印行，文中並不將木蘭視爲「孝女」，而是爲國出力的「女軍民」〔註96〕。

　　不過，與一眾男性筆下的「孝女」木蘭相比，清季知識女性則著眼於木蘭的「女國民」身份，而此實承襲自清代閨秀對木蘭故事的詮釋。事實上，清代閨秀在追溯女性的歷史時，每喜引用木蘭等救國女英雄的事蹟，以表達對女性困守閨中的不滿，以及對女性參與國事的期盼。她們筆下的木蘭，並非因其孝行而受推崇，而是著眼於木蘭從軍殺敵的能力，以及女性突破閨閣、走向國家、建功立業的寄望，可見閨秀對「男外女內」性別桎梏的反抗。〈木蘭詩〉所敘述的「木蘭從軍」故事，可說是女性從軍報國、涉足公共領域的理想化身，如嘉慶時期女詩人孫蓀意〈孝烈將軍歌〉：

　　　　戎裝結束慷慨行，萬里馳驅入沙漠。黃河東去黑水西，愁雲慘慘黑山低。故鄉一片深閨月，夜夜沙場照鐵衣。狡兔雌雄那可辨，火伴同行空習見。不畫蛾眉十三年，歸來依舊芙蓉面。吁嗟！英雄何必皆男兒，鬚眉紛紛徒爾爲，君不見孝烈雙兼古莫比，乃在區區一女子。〔註97〕

　　詩中「英雄何必皆男兒，鬚眉紛紛徒爾爲，君不見孝烈雙兼古莫比，乃在區區一女子。」即表示巾幗不讓鬚眉的豪情壯志。此外，王采蘋（1826～1893）〔註98〕亦曾引用木蘭的事蹟，表達個人的心志：「魯女憂時悲漆室，木

〔註95〕許定一爲湖南善化人，光緒二十八年（1902 年）到日本留學，入清華學校，時年十四至十五歲，見〈日本留學中國學生題名錄〉，房兆楹輯：《清末民初洋學學生題名錄初輯》，臺北：中央研究院近代史研究所，1962 年，第 35 頁。
〔註96〕許定一云：「木蘭之名，至今婦孺莫不知而贊之，不必待余表彰。若復嘖嘖不休，是蛇足也。雖然世俗僅以爲孝女，而余則以爲實祖國之女軍國民也，其追殺胡人不遺餘力，愛國之誠迫於眉睫，非種族主義刺激者，余豈肯信哉。閱者勿徒嘉其孝且勇也可。」許定一：《祖國女界偉人傳》，（橫濱）新民社，1906 年。轉引自季家珍（Joan Judge）著：《歷史寶筏：過去、西方與中國婦女問題》，楊可譯，南京：江蘇人民出版社，2011 年，第 161 頁。
〔註97〕孫蓀意：〈孝烈將軍歌〉，徐世昌編：《清詩匯》卷一百八十六，臺北：世界書局，1982 年，第 75 頁。孫氏生平不詳，只知其爲嘉慶時人。
〔註98〕王采蘋，字潤香，太倉人（今江蘇太倉），程培元妻。能詩，工隸書，善翎毛花卉。年七十餘，河督許振褘聘爲女師，著有《讀選樓詩稿》，其事蹟詳見曼素恩（Susan L. Mann）著：《張門才女》，羅曉翔譯，北京：北京大學出版社，2015 年，第 115～144 頁。

蘭代父爲戍卒。古來女子負奇才，不獨閨幃著芳烈。」〔註99〕以上作品均見清代後期的閨秀詩人對木蘭的推崇。透過歌頌木蘭，閨秀寄寓了衝出家庭、面向國家社會的個人理想。除木蘭外，閨秀亦引用了其他古代女英雄的事蹟，以帶出巾幗從軍、報效國家的理想。如沈善寶在《名媛詩話》中歌頌明末的奇女子，包括善用兵者如明末抗清的女將畢著〔註100〕、鎮平將軍徐都治夫人許氏等〔註101〕。而由女性創作，並在清代閨閣間廣爲流傳的彈詞《再生緣》、《筆生花》、《榴花夢》等，亦塑造了一大批反抗舊禮教、走出深閨、建立奇功的女性形象，當中亦多以木蘭爲女性楷模〔註102〕。王筠（1784～1854）的傳奇《繁華夢》虛構了女主人在夢中變身男兒，考中狀元的故事，其自題〈鷓鴣天〉一詞云：「閨閣沉埋十數年，不能身貴不能仙。讀書每羨班超志，把酒長吟太白篇。懷壯志、欲衝天，木蘭崇嘏事無緣。玉堂金馬生無份，好把心情付夢銓。」〔註103〕詞中表露了她雖有男子一樣建功立業的壯志，但囿於傳統「男外女內」觀的限制，女性往往有志難伸、報國無從，反映清代閨秀以木蘭故事寄託的「閨閣遺恨」。總括來說，木蘭在清代閨秀的書寫傳統中，乃以「一國之民」而非「一家之女」（孝女）的形象示人。透過歌頌木蘭，清代閨秀寄寓了她們企圖衝出家庭、面向國家社會的理想。

至於清季的知識女性，她們承襲前代閨秀的筆法，並作發揮引申，以宣揚她們的「女國民」論。她們的詩文中常以木蘭爲理想女性模範，如秋瑾喜以木

〔註99〕 王采蘋：〈讀秦良玉傳〉，《讀選樓詩稿》卷三，光緒甲午年（1894）吳縣朱氏槐盧翻刻本，第 8 頁。

〔註100〕 畢著，崇禎末人，其父鎮守薊邱，戰死，畢著率精兵，夜襲敵營，手刃首領，奪父屍還。督師曾上書崇禎，建議授予畢著官職。錢仲聯：《清詩紀事》，江蘇古籍出版社，1989 年，第 15504 頁。

〔註101〕 徐珂：《清稗類鈔》：「許氏，奉天鐵嶺人，爲鎮平將軍一等男、諡襄毅徐治都夫人。精韜鈐，善騎射。偕襄毅出兵，每自結一隊，相爲犄角，以故戰功居最。康熙甲寅，吳三桂犯湖南，襄毅往援彝陵，夫人駐防江口。丙辰，鎮將楊來嘉叛應譚洪，夫人脫簪珥犒師，曉以大義，沿江剿殺，屢卻之。八月，猝犯鎮署，夫人中炮殞。將軍蔡毓榮等具狀以聞，特旨優恤，予雲騎尉世職，以次子永年襲。陰襲自母氏得之，殊僅見。」徐珂：《清稗類鈔》：北京：中華書局，2010 年，第 204 頁。

〔註102〕 鮑培震：《清代女作家彈詞小說論稿》，天津：天津社會科學院出版社，2002 年，第 16 頁。

〔註103〕 本書所引用的《繁華夢》原文，乃採自華瑋《明清婦女戲曲集》，集中據北京圖書館藏乾隆四十三年槐慶堂原刻本校點，華瑋：《明清婦女戲曲集》，臺北：中央研究院文哲研究所，2003 年。

蘭自寓，如：「道韞清芬憐作女，木蘭豪俠未終男」〔註104〕；「肉食朝臣盡素餐，精忠報國賴紅顏。壯哉奇女談軍事，鼎足當年花木蘭」〔註105〕；「可憐女界無光彩，祇懨懨待斃，恨海愁城。湮沒木蘭壯膽，紅玉雄心」〔註106〕等，均通過對木蘭的讚揚，表達女子肩負國家責任，不讓鬚眉的想法。此外，呂碧城「漫把木蘭花，錯認作等閒紅紫」〔註107〕，亦將自己比況成憂時傷世、盡忠報國的木蘭，而非拘守閨閣的弱質女子。徐自華〈贈秋璇卿女士二章〉謂「崇嘏奇才原易服，木蘭壯志可從軍。……笑我強顏思附驥，國民義務與平分」〔註108〕，詩中既以木蘭比況秋瑾，亦透過木蘭從軍，帶出女性當與男性一樣，盡其國民義務。署名「媧魂」、疑似燕斌所作的〈補天石卷之一〉〔註109〕，其楔子部分亦敘述木蘭的事蹟，描述木蘭獲天神封爲武毅司〔註110〕。陳擷芬（筆名楚南女子）〈中國女子之前途〉更開宗明義，表揚木蘭爲中國女界「放異彩者」：

> 或問曰，吾中國十九世紀以前之歷史，曾有於吾女界放異彩者
> 乎？曰，有之。不觀木蘭從軍乎？以一弱女子隻身萬里，立勳烈戰
> 功於塞外，奏凱而旋，雖其夥伴亦五驚異而相謂曰，同行十二年，
> 不知木蘭是女郎。偉哉！以此一言，可知其在軍中之日，無一毫兒
> 女子氣矣！綜其十二年中，始而出征，終而奏凱，不知有多多少少，
> 奇奇怪怪，可謂吾女界生異彩，可謂吾女界歌舞，可謂吾女界繪摹
> 之事也。〔註111〕

陳擷芬雖然與前述幾位知識女性所運用的體裁有別，並非如前代閨秀般以舊體詩詞歌頌木蘭，但她描述的木蘭特點卻是一致的。她強調木蘭的偉大

〔註104〕秋瑾：〈偶有所感用魚玄機步光威哀三女子韻〉，《秋瑾集》，第71頁。
〔註105〕秋瑾：〈題芝龕記〉，《秋瑾集》，第53頁。
〔註106〕秋瑾：〈精衛石・序〉，《秋瑾集》，第122頁。
〔註107〕呂碧城：〈法曲獻仙音・題虛白女士看劍引杯圖〉，呂碧城著、李保民箋注：《呂碧城詞箋注》，上海：上海古籍出版社，2001年，第504頁。
〔註108〕郭延禮注：《徐自華詩文集》，北京：中華書局，1990年，第108頁。
〔註109〕燕斌在《中國新女界雜誌》主要使用「煉石」爲筆名，其室名署「補天齋」，顯然以女媧補天的功業自期，而《中國新女界雜誌》的其他文章作者皆喜以「女媧」「靈媧」等稱呼燕斌。小說〈補天石〉的作者署名媧魂，據夏曉虹所言，很可能爲燕斌的筆名，夏曉虹：〈晚清女報中的國族論述與女性意識——1907年的多元呈現〉，《北京大學學報》2014年7月，第123頁。《補天石》爲小說，載《中國新女界雜誌》第二、三期，但卻未有刊完，只刊有卷一「楔子」，其他各期未有續刊。
〔註110〕媧魂：〈補天石〉，《中國新女界雜誌》第2期。
〔註111〕楚南女子：〈中國女子之前途〉，《女學報》第4期（1903年）。

在於其顯赫軍功，以及其不輸男子的氣慨，而非代父從軍的孝行。其後，陳擷芬更藉此帶出中國歷史上女性因困於家庭，雖有才華卻未能顯露的悲哀，反映其與前代閨秀同樣的悲憤：

> 木蘭者，可謂十九世紀以前吾女界之英傑矣！可謂十九世紀以後吾女界之高抬貴手矣！我同胞能則傚之否？我同胞能更越過之否？夫木蘭者，生男尊女卑之時代，故其當日出征時，仍不能不改換面目，凱旋之際，尚不能明言女子。嗚呼！有木蘭之才與志，尚不能不託名男子以從軍，茫茫數千年，除木蘭幸露頭角外，豈遂無一人有特別思想耶？不過束縛於風俗，受制於家庭，雖有異才奇志，亦不能越此範圍而展其才、達其志也。嗚呼！〔註112〕

明顯可見，陳擷芬引用木蘭事蹟，乃有意帶出中國女性處身男尊女卑之社會環境，受傳統風俗及家庭因素的限制，以致有志難伸、有才難展。陳擷芬的論點與前代閨秀相類，皆透過木蘭事蹟，表達對傳統「男外女內」「女性觀」的不滿與質疑，並論證女性不輸男性的才華抱負。她未有如其他男性般聚焦於其「孝女」形象，正反映清季知識女性對前代閨秀思想的繼承。除上述知名的幾位知識女性外，其他知識女性的筆下亦時見木蘭之跡，如1904年吳弱男發表的〈告幼年諸姊妹〉：

> 我們中國從前有一女子名木蘭，她也是替她的父親出去打仗，木蘭豈不是中國女子麼？諸位想想看，她們也是人，我們也是人，顱都是圓的，趾都是方的，一切都沒有什麼分別，何以她們能做，我們不能做的呢？我敢講是你們不想去做，不想去學瑪利依，倘然要去做，是沒有不成功的。俗話說，世界無難事，就怕一心做。這句話實在是不錯。〔註113〕

文中雖有提及木蘭「替父親出去打仗」，但其論述重點卻與「孝」無關，而是放在木蘭身為女性，亦可為國出力一事之上，以此勉勵當時的女性效法木蘭，成為保家衛國的「女國民」。

此外，燕斌主編的《中國新女界雜誌》，其「文藝」欄刊登了不少歌詠歷代著名女性的詩詞作品，當中的執筆者亦有不少女性，而木蘭即為其中最常見的人物，如第一期亞華〈讀史詠女士〉、第二期競群〈春閨雜詠（其二）〉、

〔註112〕楚南女子：〈中國女子之前途〉，《女學報》第4期（1903年）。
〔註113〕吳弱男：〈告幼年諸姊妹〉，《中國白話報》第12期，1904年5月29日。

第三期保素〈詠史詩〉及麼鳳〈詠史（八首其三）〉等，均以木蘭爲歌頌的對象，並藉此呼籲其他女性走出家庭、貢獻國家。1904 年《警鐘日報》刊有署名「東甌女子鑄任」的〈書憤〉詩，有句云「束縛束縛不自由，坐看陸沉此神州。……報仇殺敵尋常事，木蘭謝娥皆女流」〔註114〕，當中亦以木蘭自喻。

男性知識分子所建構的女性典範，多爲西方女英雄如貞德、羅蘭夫人等，清季知識女性則在援引西方女傑以外，一再追溯中國傳統女英雄的事蹟，〔註115〕並沿襲傳統閨秀以木蘭自許的寫作筆法，重申中國女性本質上具備愛國、英勇、善戰、不讓鬚眉等特質，以此鼓勵女界同胞、啓蒙姊妹。總括來說，清季知識女性在回顧女性自身的歷史中，多自覺地追尋女性文化、女性典範的根源，此一方面是承傳自閨秀文化的傳統，使「女國民」的典範不假外求，另一方面亦爲自身的生命軌跡找到憑藉與依據。

四、「女國民」論的實踐：吳孟班「爲人母」與「女國民」的矛盾與抉擇

清季以前的傳統閨秀，雖然時有表達其對「一國之民」身份的期盼、對「男外女內」觀的不滿，以及其衝出家庭、貢獻國家的願望，可惜這些想法終究只屬紙上談兵。清季知識女性則處身於劇變的社會時局之中，在救亡圖強的國族話語之下，她們卻能將「女國民」論付諸實行，眞正地打破「男外女內」的傳統限制，履行國家義務，積極參與各種公共事務，如就業、辦報、到處演講，甚而參與革命。當中尤以秋瑾及吳孟班之案例，最能體現清季知識女性「女國民」論及自我身份認同。她們不再將女性定位爲「一家之婦」，企圖掙脫爲人妻、爲人母的家庭束縛，嘗試以「個人」的面目步入社會，與男性一樣肩承國民義務，擔當「女國民」的角色。

吳孟班（1883～1902），名長姬，以字行世，浙江湖州歸安（今湖州）人。吳孟班曾就讀於中西女塾，並嫁予邱震（1879～1902，字公恪）爲妻。〔註116〕邱震和吳孟班夫婦在晚清頗有文名，二人於 1902 年相繼病逝，吳孟班卒時僅十八歲。吳孟班曾爲求學成才，不惜擺脫「爲人母」身份，自墜胎兒。1902

〔註114〕　《警鐘日報》，1904 年 11 月 27 日。
〔註115〕　有關男性知識分子與知識女性兩者之別，本書將於第三章第一節作分析。
〔註116〕　〈追悼志士〉，《大公報》，1902 年 7 月 2 日。有關吳孟班的生平事蹟，夏曉虹教授有非常詳盡的考究及整理，詳見夏曉虹：〈吳孟班：過早謝世的女權先驅〉，《文史哲》2007 年第 2 期。

年 3 月的《新民叢報》(在橫濱出版) 曾記載此事：

> 聞孟班嘗有身自墜之，公恪大駭。孟班曰：「養此子須二十年後
> 乃成一人才，若我則五年後可以成一人才。君何厚於二十年外之人
> 才，而薄於五年內之人才？且君與我皆非能盡父母之責任者，不如
> 已也。」公恪語塞。〔註 117〕

吳孟班因潛心向學，希望自身早日成才以救國，因而毅然墜胎，在當時
引起極大爭議。其行為或為個人選擇，但值得留意的是當時各界的討論及取
向。知識女性陳擷芬主編的《女報》曾在「新聞」欄中有「嗜學墮妊」一條，
介紹了吳孟班的事蹟，使之在國內廣為流傳〔註 118〕。對於此事是否屬實，以
及其行是否恰當，在當時亦引起甚多爭議。〔註 119〕不過，姑勿論此事是否屬
實，在事件中各方的評論卻足以反映時人的價值觀及「女性觀」。不少抱持傳
統價值觀的論者，大力抨擊吳孟班辜負天賦的母親天職，扼殺生命，〔註 120〕
而當中最值得留意的是，《女報》編者對於吳孟班一事的回應與取態。《女報》
編者雖未有署名，未知是否由主編陳擷芬執筆，不過無論如何，這位編者的
回應卻是肯定吳孟班的好學向上，而避談其殺害生命的問題：

> 若謂孟班不應為此，且責以何必嫁，何必孕，則未免措辭過當
> 矣。夫孟班此舉，原不過取其好學之篤耳，姑本報表其題曰「嗜學
> 墮妊」。若必責以絕情窒欲，是以聖人責孟班也。……方今女學萌芽，
> 嗜學篤志者少。孟班死矣，其尚有肯嗜學墮妊者乎？〔註 121〕

吳孟班墜胎一事，所反映的並不止於墜胎是否扼殺生命的道德問題，而在

〔註 117〕〈道聽塗說〉，《新民叢報》第 3 號（1902 年 3 月 10 日）。
〔註 118〕〈嗜學墮妊〉，《女報》1902 年 5 月 8 日。
〔註 119〕如《女學報》「嗜學墮妊」一條以下，亦引錄吳保初〈哭吳孟班女士〉詩三首，
當中有數句說明云：「孟班秉賦厚，精力兼人，讀書連日夜不知倦。去年秋冬
忽嬰病。或言孟班有妊，恐廢學，以藥墮之，因以致此。然孟班於儕輩間絕
不承認。嗚呼，其志可悲矣。」〈嗜學墮妊〉，《女報》，1902 年 5 月 8 日。此
外，《女報》其後收到一篇署名「真中國之新民」的讀者來信，認定此事不合
情理，斷言其情節全屬虛構：「此事想孟班決不出此，諸志士欲揚孟班，故作
此志耳，其實誣孟班實甚。」不過，《女報》編輯雖然承認「嘗詢之孟班，孟
班則並不承認也。」但接下來卻透過分析《新民叢報》與孟班丈夫邱公恪的
關係，肯定其消息的真確。有關討論詳情見夏曉虹：〈吳孟班：過早謝世的女
權先驅〉，《文史哲》2007 年第 2 期，第 86 頁。
〔註 120〕如署名「真中國之新民」的讀者致函《女報》，以為吳孟班「用猛烈手段殺未
生之國民，其罪大矣！」真中國之新民：〈原函〉，《女報》，1902 年第 4 期。
〔註 121〕〈覆真中國之新民函〉，《女報》，1902 年第 4 期。

於知識女性在「賢妻良母」與「女國民」兩種角色的矛盾衝突中如何取捨。而《女報》的編者對「眞中國之新民」的回應，足見她對吳孟班的理解與支持。事實上，吳孟班之「嗜學」，乃在於急於成才以救國，此正是知識女性「女國民」論的具體實踐，而此又無可避免地與其家庭中的妻母角色及責任產生衝突。吳孟班寫於 1901 年的〈致汪康年書〉曾表示：「震旦積困，強敵外壓，生靈有倒懸之厄，種族抱淪亡之痛」〔註122〕，可見其對國事的憂心，正與前節所述的知識女性相同。因此，她立志創立女學會，提倡女學，以爲國家培育更多可造之才。其〈擬上海女學會說〉，正是鼓吹一眾女學生努力向上，以求報國：

> 僉謂吾等同處此二萬里區域之內，同爲四萬萬人民之一例，有改革之責，發言之權。及此顛沛，寧能坐視！故不辭嫠婦恤緯之愚，用申漆室悲吟之志，發爲公言，以風中國。〔註123〕

文中提及的「吾等」，乃指「同學諸女」，可見她明顯指向女性群體，而「同爲四萬萬人民之一例」，更反映其與前述「女國民」論相類的觀念，即是男女同爲國民，故女性亦當擔當國民義務之意。對吳孟班而言，國民責任即「改革之責，發言之權」，故女性之求學受教，其目的正在於擔起國民義務、救國圖強。吳孟班丈夫的好友王文濡曾撰〈吳孟班傳〉，當中提到吳孟班談及庚子之亂後：

> 夫人慨然曰：『此皆不學以誤之也。我國自甲午戰爭後，莘莘學子，求學他邦，而女界缺如。天下興亡，孰不有責，男女一也，謂非我輩之羞耶？』以此意達諸舅姑，以風氣未開，事屬創始，重洋遠涉，物議易滋，且因其有身也，力止之。夫人於邑不自得，退而私與公恪議曰：『一國之與一家，其輕重緩急爲何如，我籌之爛熟矣。爾我均在青年，嗣續之計，俟之學成之日，尚未爲晚。忍此一塊肉之爲累乎？』公恪是其言。夫人以抑鬱致疾，胎氣大傷，家庭之間，因是齟齬，乃促公恪東渡。未逾月，病小產，終卒。〔註124〕

雖然王文濡所述吳孟班並非自行墮胎，而是因病流產，但她曾與丈夫商量，明言「一國之與一家，其輕重緩急爲何如」，便可見她在家庭身份與國民責任之間的考慮及取捨。而吳孟班所言：「天下興亡，孰不有責，男女一也，

〔註122〕 吳長姬：〈致汪康年書〉，上海圖書館編：《汪康年師友書札》（一），上海：上海古籍出版社，1986 年，第 333～334 頁。本書以 1901 年爲此篇的寫作時代，乃根據夏曉虹之考定。

〔註123〕 吳長姬：〈擬上海女學會說〉，《中外日報》，1901 年 4 月 7 日。

〔註124〕 王文濡：〈新彤史‧吳孟班傳〉，《香豔雜誌》，1914 年第 1 期。

謂非我輩之羞耶?」更見她對「女國民」責任之自覺承擔。由此可見,姑勿論吳孟班曾否「有身自墮之」,在家庭的「賢妻良母」與國家的「女國民」兩者之間,她顯然取後者而捨前者。

綜合以上資料所見,吳孟班之「好學墜妊」,其真正的原因並不在於滿足其求知欲,而在於其自覺的國民身份,強調女性應如男性一樣,當力學成才,貢獻國家。《女報》一眾編輯的評論,亦反映如陳擷芬等知識女性對其行為的認同,從中反映了在救亡圖強的呼聲中,當時部分知識女性的想法。在傳統的「女性觀」中,「為人妻」、「為人母」自屬當然之責,但吳孟班遇到「為人母」與「女國民」的衝突時,卻選擇了實踐個人身份的「女國民」之責,暫時放棄生兒育女的家庭責任,此正是清季知識女性「女國民」論的現實實踐,亦反映了知識女性不再服膺於傳統的家庭女性崗位,嘗試以個人身份投身社會,為國效力,其時代意義可謂深遠。

第三節 從傳統的「從男」、「擬男」到建立「新女德」的嘗試

陰陽乾坤說象徵自然萬物的秩序及運作關係,是中國傳統性別文化的基礎,也是傳統「女性觀」的核心所在。傳統文化以「乾」、「陽」等象徵男性,以「坤」、「陰」等代表女性,當中反映古人對男女兩性本質的看法。如班昭《女誡》云:「陰陽殊性,男女異行。陽以剛為德,陰以柔為用。男以強為貴,女以弱為美。」〔註125〕《女誡》中提倡的女性品格,不外乎敬順、卑下、柔弱、曲從,自漢以後便成為女性重要的品質。及至清末,國家積弱,有識之士力倡救亡圖存,加上受西學影響,維新派、革命派紛紛將女性問題納入救國方案之中,傳統以敬順柔弱為女性品質的想法,成為救亡圖強的阻礙,因此不得不面臨轉變。辛亥革命前的十年間,強勁的尚武精神籠罩著女界,中國傳統的花木蘭、秦良玉等,以及法國的貞德、羅蘭夫人、俄國虛無黨女傑蘇菲亞等中外女英雄,成為時人提倡的女性典範與楷模。〔註126〕其時的知識女性,亦開始反思傳統的女性特質,嘗試掙脫「男剛女柔」、「男主女從」的傳統「女性觀」,重新定義「女德」,並為女性氣質尋找新的定位。

〔註125〕班昭:《女誡》,《後漢書》,北京:中華書局,1965 年,第 2788 頁。
〔註126〕本章第二節已詳細分析中外女英雄與女國民楷模之問題,此處不贅。

　　傳統社會強調「陰陽殊性，男女異行」，因此女性無論在外貌打扮、行為
舉止、性格特徵、以至思想事業上，皆與男性存在一對反的關係，以從屬於
男性的「他者」身份出現，〔註127〕當中強調的是男女之「異」。然而，清季知
識女性在爭取女權之時，致力打破傳統的性別定型，強調的是男女之「同」、
兩性本質之無別。如前節所述，知識女性所提倡的「女國民」論，正正突出
男女兩性在國家中的位置角色相同，而且男女兩者的本質、才能亦一致，故
女性亦可如男性般從軍救國。知識女性為顛覆及反抗傳統男強女弱的性別
觀，每每透過否定柔弱的傳統女性特質，並模倣男性的剛強氣質來增強自信，
尋找認同。她們的「擬男」心態及「男性化」的新女性形象，體現在外貌打
扮、行為舉止、性格思想等各方面。正如秋瑾所言：「在中國通行著男子強女
子弱的觀念來壓迫婦女，我實在想具有男子那樣堅強意志，為此，我想首先
把外形扮成男子，然後直到心靈都變成男子。」〔註128〕不過，這種「擬男」
傾向的「女性觀」，並非在清末十年間方才出現，而是早在清季以前的閨秀身
上，亦可找到其思想痕跡，當中尤以閨秀的「易裝」傳統最值得注意。

一、前代閨秀的「易裝」傳統與男性認同

　　「易裝為男」在中國古代由來已久，當中蘊含重要的社會文化及性別自
覺的意義，往往帶有打破「男外女內」性別框框的意味，並非只屬個人的衣
著愛好。〔註129〕木蘭是中國歷史上最知名的易裝女性，其後又有五代的黃崇

〔註127〕「他者」（the other）為女性主義之概念，西蒙波娃（Simone de Beauvoir）《第
　　　　二性》曾指出在男女兩性的關係中，男女兩性處於二元對立的狀況，男性為
　　　　「主體」、女性為「客體」，男性乃從自身出發，觀察女性與自己相異之處（如
　　　　男性為剛強，女性則為柔弱），並以此定義何謂女性以及女性特質。見 Simone
　　　　de Beauvoir, *The Second Sex*, translated and edited by H. M Parshley, Penguin:
　　　　Harmondsworth, 1972.另一法國女性主義者西蘇（Hélène Cixous）在《突圍》
　　　　（Sorties）中亦提出西方文化乃以性別為基礎的二元對立模式，她列舉了一
　　　　系列的二元對立元素，包括「主動／被動」、「太陽／月亮」、「父親／母親」、
　　　　「理性／情緒」、「理智的／感性的」等。在以上一系列的二元對立中，男性
　　　　屬前者，帶著正面意義，而女性屬後者，傾向負面意義，男性以自己為中心，
　　　　以與自己相反的概念定義女性。見 Pam Morris *"Literature and Feminism： An
　　　　Introduction"*, Cambridge: Blackwell, 1993, P.118.
〔註128〕小野和子著：《中國女性史（1851～1958）》，高大倫譯，成都：四川大學出版
　　　　社，1987年，第63頁。
〔註129〕女性易裝為男最早的記載為夏朝的妹喜，春秋時在齊國甚為流行，至唐代時
　　　　更盛行於世。及至明清時，閨秀才女更喜以「易裝」為題創作詩詞及小說。

娥易裝爲男、高中狀元的故事。〔註130〕明代徐渭劇作《女狀元辭凰得鳳》（簡稱《女狀元》，《也是園書目》作《黃崇娥女狀元》），正是由黃崇娥故事改編而成，〔註131〕並在閨秀圈子中廣泛流傳，反映閨秀對易裝爲男、展現個人抱負的期望。閨秀雖有才能，但礙於性別身份的限制，卻未能一展抱負，因此易裝的木蘭與黃崇娥，便成爲閨秀理想的寄託對象。

易裝爲男故事的背後，實在是滲雜著古代女性對傳統性別觀的消極反抗。《晉書‧禮樂志》曾引傅玄云：「夫衣裳之制，所以定上下，殊內外也。」〔註132〕男主外，女主內，在傳統「女性觀」之下，男女必須各守本分，不得僭越，服裝定制背後正是性別分工及空間分隔的象徵。而且，傳統女性素以柔順卑弱的特質示人，女裝正是「男剛女柔」觀念的外在呈現。女性身穿男裝，意味著揮別傳統的女性世界，以剛強、勇敢、英氣的形象出現，摒棄傳統「男以強爲貴，女以弱爲美」〔註133〕的「女性觀」。傳統社會的女性，往往透過「易裝」而「擬男」，企圖掙脫生理性別的限制，以「換裝」的方式模倣

不過，妹喜的易裝爲男只屬一己愛好，未有涉及性別議題。然而，至魏晉以後，女性「易裝爲男」漸漸帶有跨越女性「主內」的身份，涉足社會國家等公共領域，掌握如男性般的權力的意味，如顏之推《顏氏家訓》及李延壽《南史》均有類似的記載。唐代的太平公主亦愛穿男裝，強調自己能力如男性一樣。由此可見，古代女性易裝爲男，帶有打破男外女內性別框框的意味，並非只屬個人的衣著愛好。

〔註130〕黃崇娥故事自五代以後流傳，其後出現多個不同版本，並經過文人的潤飾加工，成爲民間廣泛流傳的戲劇故事。其事蹟的最早記錄是在五代的《玉溪編事》：「王蜀相周癢者，初在邛南幕中，當司府事。時臨邛縣送失火人黃崇娥，緻下獄便貢詩一章曰：『偶離幽隱住臨邛，行上堅貞比澗松。何事政清如水鏡，絆他野鶴向深籠。』周覽詩，遂召見。……遂欲以女妻之。崇娥又袖封狀謝，仍貢詩一篇曰：『一辭拾翠碧江涯，貧守蓬茅但賦詩。自服藍衫居郡掾，永抛鸞鏡畫蛾眉。立身卓爾青松操，挺志鏗然白璧姿。慕府若容爲坦腹，願天速變作男兒。』周覽詩，驚駭不已。遂召見詰問，乃黃使君之女。……旋乞罷，歸臨邛之舊隱。竟莫知之焉。」宋代李昉《太平廣記》也記載了黃崇娥之事，清代吳任臣的《十國春秋‧前蜀》中也有相關的一段記載。

〔註131〕劇情主要描述五代時的才女黃崇娥女扮男裝，考中狀元。周丞相欣賞她想招之爲婿，黃崇娥道出身爲女兒身之實情，恰恰周丞相之子也中了狀元，周便決定娶她爲兒媳婦。黃氏於是改爲女裝，奉旨完婚。徐渭著力描寫其在文事武功、精神氣概上「巾幗不讓鬚眉」，正如他所言：「世間好事屬何人？不在男兒在女子。」徐渭：《女狀元辭凰得鳳》，徐渭：《四聲猿》，上海：上海古籍出版社，1984年，第62～106頁。

〔註132〕《晉書》，《新校本晉書並附編六種》，臺北：鼎文書局，1980年，第822頁。

〔註133〕班昭：《女誡》，《後漢書》，北京：中華書局，1965年，第2788頁。

男性，做與男性一樣的事，以實現家庭以外的個人價值。

　　清代閨秀文壇繁盛，閨秀詩人在表達懷才不遇、有志難伸的「閨閣遺恨」時，每每透過易裝爲男，幻想自己能爲國效力、發揮才華。清代戲曲、小說、彈詞等通俗文學作品中，不斷出現以木蘭、黃崇嘏故事爲藍本的「擬男」「女狀元」故事，如李汝珍《鏡花緣》裏的女子，「反穿鞋帽，作爲男人，以治外事。」〔註134〕後來，更有不少閨秀作家寫作「擬男」故事，使「易裝」成爲女性實現夢想的另類方法，如順治時陶貞懷的彈詞《天雨花》、乾隆年間王筠的傳奇《繁華夢》、乾嘉年間陳端生的彈詞《再生緣》、嘉慶道光年間吳藻的《飲酒讀騷》（又名《喬影》）、道咸年間邱心如的彈詞《筆生花》、光緒年間程蕙英的彈詞《鳳雙飛》等，均有相類的情節。這些有才幹而變裝的女性角色，成爲清代閨秀的共同理想及女性典範。正如陳寅恪論陳端生《再生緣》謂：「當日女子無論其才學如何卓越，均無與男性競爭之機會，即應試中第，作官當國之可能。此固爲具有才學之女子心中所最不平者。」〔註135〕值得注意的是，易裝爲男的女性角色，並非只在外貌打扮上仿傚男性，而是從性格、氣質、思維模式等方面，均全面摒棄傳統的女性特質，成爲由內而外的「擬男」，以達至男女無別的中性化形象。

　　清代閨秀的「擬男」、「易裝」，並非只限於虛構的文藝創作，更有不少女性在現實生活中實踐。據《清代閨閣詩人徵略》記載，不少閨秀曾以男裝示人，如顧英：「少慧，父安愛之，常被以男子服出揖親友」〔註136〕；徐德音：「嘗飾男子裝對客」〔註137〕；陳蘭君：「幼聰慧，年十四五即有詩名。……風雅自矜。好作男子裝，無兒女態」〔註138〕；更有女詩人的父親希望自己的女兒像男子一樣，參加科舉考試獲取功名，如聞璞「（按：女詩人之父）令女效男子裝從師授課學藝，父欲令應試，或勸之曰『與爲黃崇嘏何如，爲曹大家乎』，乃止。」〔註139〕此外，嘉慶道光年間的著名閨秀吳藻（約1799～約1862）〔註140〕，便喜歡易裝爲男。她曾有「英雄兒女原無別」（《金縷曲》）、〔註141〕

〔註134〕李汝珍：《鏡花緣》，北京：人民文學出版社，1982年。
〔註135〕陳寅恪：《論再生緣》，《中華文史論叢》第八輯，第305頁。
〔註136〕施淑儀：《清代閨閣詩人徵略》，173頁。
〔註137〕施淑儀：《清代閨閣詩人徵略》，182頁。
〔註138〕施淑儀：《清代閨閣詩人徵略》，509頁。
〔註139〕惲珠：《國朝閨秀正始集》卷七，清道光十一年（1831）紅香館刻本，第13頁。
〔註140〕吳藻，字蘋香，號玉岑子，仁和人。黃嫣梨將之與徐燦、顧春、呂碧城並稱

「東閣引杯看寶劍，西園聯袂控花驄。兒女亦英雄」(《憶江南·寄懷雲裳》)
〔註 142〕、「願掬銀河三千丈，一洗女兒故態。收拾起斷脂零黛。莫學蘭臺悲秋語，但大言、打破乾坤隘。」((《金縷曲》)〔註 143〕等詞句，可見吳藻以擺脫「女兒故態」、「打破乾坤隘」，破除男女兩性的性別定型為志。陳文述曾敘述吳藻有易裝為男的習慣：「嘗寫《飲酒讀騷》，小影作男子裝。」〔註 144〕《兩般秋雨盦隨筆》亦謂吳氏：「嘗作《飲酒讀騷》長曲一套，因繪為圖，已作文士妝束，蓋寓『速變男兒』之意。」〔註 145〕當中「速變男兒」正是引用黃崇嘏「願天速變作男兒」的典故，可見吳藻在創作與現實生活的易裝為男，乃秉承前代閨秀以「易裝」「擬男」建功立業的傳統。在現實生活上，吳藻更時以男性打扮與女校書遊山玩水，徹底地實踐「擬男」的生活方式。吳藻著名劇作《喬影》(即以上引文中之《飲酒讀騷》)，劇中主角謝絮才可謂其自身理想的投射。其筆下的謝絮才(「絮才」一名明顯引用謝道韞的典故，可見其對閨秀文化的承傳)，生為名門閨秀，但卻喜易裝為男，而且「性耽書史」、「不愛鉛華」、「卻喜黃衫說劍」，反映她對傳統女性特質的厭惡與摒棄。傳統閨秀要投身社會、參與國事，得到男性世界的認同，就只有從外到內的改變性別面貌，切合男性的標準，模倣男性，故易裝可說是不甘雌伏的表達形式。不過，女性雖可在外表易裝為男，但要成為真正的男性，畢竟只屬空中樓閣，故吳藻乃透過主角謝絮才的說話，慨歎「若論襟懷可放，何殊雲表之飛鵬。無奈身世不諧，竟似閉樊籠之病鶴。」「你道女書生甚無聊……真個是命如紙薄，再休題心比天高。」〔註 146〕

　　除吳藻外，不少清代閨秀亦時以「易裝」「擬男」的形象，表現其個人志向，幻想能實踐抱負，如乾嘉詩人孫蓀意〈孝烈將軍歌〉：「戎裝結束慷慨行，世裏馳驅入沙漠。黃河東去黑水西，愁雲慘慘陰山低。……吁嗟乎！英雄何

　　　「清代四大女詞人」。吳藻於音樂、繪畫、詩、詞創作無所不工，猶善詞曲，作品有《花簾詞》、《香南雪北詞》、雜劇《喬影》等。黃嫣梨：《清代四大女詞人——轉型中的清代知識女性》，上海：漢語大詞典出版社，2002 年版，第 67～69 頁。
〔註 141〕吳藻：《花簾詞》，謝秋萍編：《吳藻詞》，上海：教育書店，1947 年，第 25 頁。
〔註 142〕吳藻：《花簾詞》，第 41 頁。
〔註 143〕吳藻：《花簾詞》，第 50 頁。
〔註 144〕陳文述：《畫林新詠》卷三，臺北：明文書局，1985 年，第 16 頁。
〔註 145〕梁紹壬：《兩般秋雨盦隨筆》卷二，上海：上海古籍出版社，1982 年，第 62 頁。
〔註 146〕吳藻：《喬影》，上海：上海古籍出版社，1995 年，第 48 頁。

必皆男兒，鬚眉紛紛徒爾爲。」〔註147〕閨秀詩人幻想自身易裝成男，遠赴邊
塞殺敵，其才能亦不比男子遜色。值得注意的是，孫蓀意的易裝敘述，乃以
木蘭的形象作自我投射，故其筆下的易裝女性並非如黃崇嘏般投考科舉、高
中狀元、議論朝政，而是以鐵血將軍、勇敢殺敵的形象示人。當中所表現的
剛強勇猛的男性氣質，實推翻傳統女性柔弱的角色定型。不過，不論是吳藻
還是孫蓀意，都是透過易裝擬男，使閨秀可以在幻想中跨越原有的性別限制，
使之有力與男性爭雄。

　　這些易裝爲男的清代閨秀，在受到傳統「男外女內」「男強女弱」性別觀
的約束下，一方面透過易裝，企圖跨過性別界限，表現反抗傳統「女性觀」
的女性自覺；另一方面，她們又未能跳出傳統觀念的框框，以柔弱、無主見、
順從、視野狹隘等負面特質定義女性，故她們理想的形象便是摒棄女性特質、
仿傚男性的名士風範、英雄氣度。從謝道韞、木蘭、黃崇嘏等閨秀楷模身上，
均可見閨秀對女性特質的否定、以及對男性特質的頌揚。如明末清初閨秀詩
人顧貞立自謂「墜馬啼妝，學不就、閨中模樣。疏慵慣、嚼花吹葉，粉拋脂
漾」、「掠鬢梳鬟，弓鞋窄袖，不慣從來」、「向怕神針稱弟子」，〔註148〕皆可見
她對傳統溫柔嫻熟、善事女紅、梳妝愛美的女性特質的否定。王貞儀（1768
～1797）曾向蒙古阿將軍夫人學騎射，並以木蘭、聶隱娘等爲題材，寫下〈題
女中丈夫圖〉，抒發自己「足行萬里書萬卷，常擬雄心似丈夫」〔註149〕的情懷，
皆見閨秀對男性雄豪、剛強氣質的仿傚。由於傳統女性以依從、柔弱的特質
示人，故閨秀筆下時見對這種女性身份的否定，如「每恨身屬女流」（朱若樸
〈寄妹〉）、「自恨作女身」（張昊〈與五妹玉霄〉）、「弗爲女子身，願作無情物」
（周文寶〈寄母書〉）、「堪嗟儂不是男兒」（袁棠〈寄二兄香亭〉）、「此身恨不
爲男」（周慧娟〈萬葉林草堂詩鈔〉）、「（按：即閨秀汪端）每歎身非男子」（管
筠《自然好學齋詩序》）等〔註150〕。當中既緣於對性別限制的不滿，以致閨秀

〔註147〕惲珠：《國朝閨秀正始集》卷十七，清道光十一年（1831）紅香館刻本，第
　　　　12 頁。據《國朝閨秀正始集》載：「孫蓀意，字秀芬，一字苕玉，仁和人，
　　　　貢生高第室。」

〔註148〕顧貞立：《棲香閣詞》，徐乃昌：《小檀欒室匯刻閨秀詞》第三集，道光二十四
　　　　年（1898 年）刻本，第 13 頁。

〔註149〕段繼紅：《清代閨閣文學研究》，天津：南開大學出版社，2007 年，第 105 頁。
　　　　王貞儀，字德卿，江寧人（今江蘇南京），有《德風亭初集》傳世，其事見《國
　　　　朝閨秀正始續集》。

〔註150〕以上均見惲珠：《國朝閨秀正始集》，清道光十一年（1831）紅香館刻本。

對女性身份產生遺恨，而與此同時，亦體現閨秀對男性文化、男性身份特質的羨慕與崇拜。這些「擬男」的閨秀，處身於父權體制之中，其思想與價值觀亦只有循著父權思想而行。縱使她們的「易裝」「擬男」，可說是對父權體制壓迫女性的反抗，但此種反抗卻是透過貶抑與否定女性身份而來，而非直接挑戰壓迫女性、不合理地定義女性的父權體制。而她們追求的理想，亦不脫父權中心的男性標準，最終造成女性身份的失落。

二、清季知識女性的「易裝」及「擬男」

清季知識女性承襲前代閨秀的「易裝」傳統，她們亦通過仿擬男性，重新定義女性的氣質，以擺脫女弱於男的傳統成見。她們對男性的仿擬，可從兩個層面體現，一為外表裝扮上的「擬男」（即「易裝為男」），此實較為少見，其代表人物為秋瑾及張竹君；其二則更為普及，乃思維模式、行為價值上的「擬男」。

（一）秋瑾的「易裝為男」

秋瑾（1877～1907），原名秋閨瑾，乳名玉姑，字璿卿，後改字競雄，又署漢俠女兒。秋瑾易名改字，包括刪去名字中的「閨」字，以及改字「競雄」，正反映其不願屈從女性卑弱的角色。早在旅居北京時，日本女子教育家下田歌子的弟媳服部繁子就曾稱她為「男裝的美人」。呂碧城曾記述 1903 年秋瑾探訪她時，「秋作男裝而仍擁髻」〔註151〕，馮自由亦謂秋瑾「居恆衣和服，不事修飾，慷慨瀟灑，絕無脂粉習氣。」〔註152〕秋燦芝更表示她「一九零六年歸國後，便棄和服，著月白色竹布衫……，梳辮著革履，蓋儼然若鬚眉焉。此種裝束，直至就義之日，迄未更易。」〔註153〕秋瑾穿著男裝的背後，並非只屬個人的衣著愛好，而是有意從外在改變其性別身份，秋瑾便曾對服部繁子明言「我實在想具有男子那樣堅強的意志。為此，我想首先把外形扮做男子，然後直到心靈都變成男子。」〔註154〕由此可見，秋瑾穿著男裝的背後，

〔註151〕呂碧城：〈予之宗教觀〉，李又寧編：《近代中華婦女自敘詩文選》，臺北：聯經出版社，1980 年，第 218 頁。

〔註152〕馮自由：《革命逸史》，重慶：商務印書館，1943 年，第 177 頁。

〔註153〕秋燦芝：〈鑒湖女俠秋瑾慟事〉，李又寧編：《近代中華婦女自敘詩文選》，臺北：傳記文學社，1975 年，第 389 頁。

〔註154〕小野和子著：《中國女性史 1851～1958》，高大倫譯，成都：四川大學出版社，1987 年，第 63 頁。

並非純屬時裝審美觀使然，而是透過外表打扮，走出傳統的女性世界，建構其如同男子一樣的「堅強意志」及身份形象。這種透過易裝所建構的英雄形象，可說是前代閨秀「易裝」「擬男」的延續與現實實踐。

秋瑾的易裝為男，不僅限於外表裝扮上，更是從內而外的扮作男子，如主持大通學堂期間，秋瑾常著男裝騎馬，帶女學生到野外從事男性化的打靶活動，又被女性晚輩稱為「秋伯伯」〔註155〕。秋瑾的思想行為亦帶有強烈的男性認同，好友徐自華謂其「慷慨雄談意氣高，抉流熱血為同胞」（〈哭鑑湖女俠十二章〉）〔註156〕、「不拘小節，放縱自豪，喜酒善劍」〔註157〕。酒酣之時，「盤旋起舞，光耀一室，有王郎酒酣，拔劍斫第之氣概」〔註158〕。打靶、飲酒、舞劍等，皆為傳統男性之活動，「雄談」、「放縱自豪」亦為男性的性格氣質，可見其有意與傳統的女性身份抗衡。秋瑾的作品中更多次反抗女性既定的角色，表現其對男性身份的認同，如「身不得，男兒列，心卻比，男兒烈」（〈滿江紅〉）、「儼然在望此何人？俠骨前生悔寄身」（〈自題小照‧男裝〉）等〔註159〕。徐自華於秋瑾逝世以後，寫有〈哭鑑湖女俠十二章〉，當中有句云：「易釵而弁作奇男，照影青銅忽戲談。」提及秋瑾喜歡易裝成男子，並在句下注云：「晨起余代櫛髮戲曰：『女子何為是妝束？』君曰：『我豈尚女子耶？乃烈士耳！』」〔註160〕秋瑾強烈否定其女子身份，並強調自己富有「烈士」氣質，反映其鄙棄女性角色，在外貌打扮、行為動作上致力模仿剛烈、勇武的男性氣質，並以男性為標準建立理想的新女性形象。

（二）張竹君之「擬男」

除秋瑾在外貌打扮、思維行動上皆以男性為楷模外，另一重要的知識女性張竹君亦有明顯的「擬男」傾向。張竹君（1879～1964）為清季著名的女醫生，在當時學界聲名鵲起，馮自由更曾表示：「凡言清季之女志士，不能不推廣東女醫士張竹君為首屈一指」〔註161〕。張竹君曾留學美國，為清季少數

〔註155〕 王時澤：〈回憶秋瑾〉，載《辛亥革命回憶錄（4）》，北京：文史資料出版社，
　　　　 1981年，第230頁。

〔註156〕 郭延禮注：《徐自華詩文集》，北京：中華書局，1990年，第118頁。

〔註157〕 徐自華：〈鑑湖女俠秋君墓表〉，《秋瑾集》，第185頁。

〔註158〕 徐自華：〈秋瑾逸事〉，《小說林》，1907年第7期。

〔註159〕 《秋瑾集》，第101頁及78頁。

〔註160〕 郭延禮注：《徐自華詩文集》，第118頁。

〔註161〕 馮自由：《革命逸史》（第二集），北京：中華書局，1981年，第37頁。據馮

的女醫生，當時報刊多有報導她的事蹟，並刊載其演說及言論，突出她以新女性的理想形象示人，並藉此啟蒙其他女性。如馬君武寫於 1902 年的〈女士張竹君傳〉所言：「竹君者，誠中國之女豪傑，不可不記錄其言論行事，以喚起中國二萬萬睡死腐敗婦女之柔魂也。」〔註162〕當時張竹君更有「女界梁啓超」的稱號。〔註163〕張竹君辦醫院、興女學，並鼓勵女子尋求經濟自立，對推動女權可謂不遺餘力。值得注意的是，張竹君雖然致力為女性爭取權益，其外表打扮及身份認同，卻有明顯的男性化傾向。據〈女醫士張竹君〉一文所載，張竹君的日常生活為：「恆西服革履，乘四人肩扛之西式藤製肩輿，前呼後擁，意態凜然，路人為之側目。」〔註164〕所謂「西服革履」，可見張竹君以男性化或中性化的打扮示人，而「意態凜然」更見她沒有女兒嬌態。對張竹君打扮舉止上的「擬男」，張竹君的朋友陸丹林〈婦女運動先鋒張竹君〉一文有更詳細的記述：

> 她出外，常坐著三人抬走沒有轎簾的藤兜，頭上梳了一條「大鬆辮」，腳上穿了一雙黑鍛面學士裝鞋，有時並把兩腳向前踏在轎槓上，人身和腳差不多成了一字形。這樣的姿態，本來很不雅觀，尤其在熱鬧的市街，往來穿插，前呼後擁，一般人見著，多逆目而送，或者加以蔑視的不良批評。她是滿不在乎，處之泰然。她說：「人生要求自由，男子可以梳大鬆辮，穿學士裝鞋，婦女為什麼不可以！男子坐藤兜（轎子），可以把雙腳提高，踏在槓上，婦女為什麼做不得！做了，就要譏評她是「男人婆，招搖過市」。我要做男女平權的運動，一切以身作則，要打破幾千年來禁錮婦女的封建枷鎖，把不平等的舊思想，惡習慣，澈底掃除。那些頭腦冬烘，思想陳腐的禮教奴隸，我要和他們搏鬥，替女同胞殺開一條新路。」……這一番

自由所記，張竹君曾留學美國，歸國後為著名的女醫生。她關心社會公益，致力在國內辦醫院、興女學，又創辦女子興學保險會、女子手工傳習所。辛亥革命時，張竹君又在上海組織中國赤十字會，參與救護革命黨人的工作。

〔註162〕馬君武：〈女士張竹君傳〉，莫世祥編：《馬君武集：1900～1919》，武漢：華中師範大學出版社，1991 年，第 1 頁。〈女士張竹君傳〉最初刊於日本橫濱《新民叢報》（1902 年 5 月 8 日）之上，後來經元善大力推舉張竹君的新女性形象，自此張竹君在上海聲名鵲起。張朋：〈近代女傑張竹君的媒介形象考察〉，《溫州大學學報》2011 年 3 月。

〔註163〕馮自由：《革命逸史》（第二集），第 37 頁。

〔註164〕馮自由：《革命逸史》（第二集），第 38 頁。

話，十七年前，我們有一次無意中談天，她向我追述的。我們把她的話想想，便可以知道一般志士叫她爲「婦女界的梁啟超」的所由來了。〔註165〕

由此可見，張竹君對自己外表裝扮、行爲舉止上的「擬男」實在頗爲自得，二十多年後憶述（從文中「十七年前」一語推算，當爲 1930 年左右的追述），仍以此自豪。她穿著男裝、舉止粗豪，在當時受到蔑視非議，但她卻以「男性可以做的，婦女爲什麼不可以」回應，更不以「男人婆」爲恥（按：粵語之「男人婆」乃對男性化女性的貶稱，有粗魯橫蠻、不倫不類之意），可見她正是透過外表打扮及行爲舉止的「擬男」，表達男女平權的思想，因此她在思想行爲上亦傾向男性化，以破除傳統社會對女性的角色定型。

此外，張竹君更以男性身份自視，如馮自由曾記述辛亥革命前張竹君之佚事：

> 又富紳巨賈內眷與竹君作通家好者，尤不乏人。凡年齡相類者稱曰乾姊妹（粵語謂之契姊妹），年齡高者稱曰乾爸爸、乾媽媽（粵語謂之契爺、契娘），年齡幼稚者稱曰乾兒子、乾女兒（粵語謂之契子、契女），由是契爺、契子、契女之聲，洋洋盈耳。蓋竹君以體弱多病，欲持不嫁主義，故喜人呼之爲父，而不願人呼之爲母也。在諸友好中，以住居河南躍龍里之李二少奶最爲相善。二少奶名徐佩萱，即豪紳李慶春之孀媳也。性豪俠，好施與，其子李強，女利瓦伊均稱竹君爲契爺。〔註166〕

文中表示張竹君「持不嫁主義」乃因「體弱多病」，從前文後理推測，其事未必屬實，〔註167〕不過她既要晚輩呼之爲父，而不願人呼之爲母，卻甚爲奇怪。馮自由一再記述張竹君喜人稱之爲誼父，〔註168〕並將之簡單地歸因於竹君所抱不婚主義，而未有細加分析。對此，張竹君朋友陸丹林之記述或可作補充

〔註165〕 陸丹林：《婦女運動先鋒張竹君》，《茶話》1947 年第 9 期。

〔註166〕 馮自由：《革命逸史》（第二集），第 38 頁。

〔註167〕 馮自由《革命逸史》在記述張竹君生平事蹟之時，謂張竹君曾與盧少岐訂婚，後因與盧氏家人生嫌隙，婚約乃罷，自此以後未有婚姻之念，故竹君是否因體弱而不婚，實在可疑。

〔註168〕 馮自由在另一篇文章《徐宗漢女士事略》中，亦云：「宗漢（按：即上文所引之徐佩萱）與竹君爲手帕交，嘗由竹君介紹洗禮入教，信仰彌篤，其子女咸稱竹君爲誼父（竹君持不嫁主義，故喜人稱之爲誼父）。」馮自由：《革命逸史》（第二集），第 67 頁。

及參考：

> 她雖然七十多歲還沒有結婚，但是在她的家裏，尤其是星期日
> 或公共假期，一班男女少年，喊她「爸爸」的，總有二十人左右，
> 不知的必估量她兒女繞膝，敍天倫之樂事，詎知事實不是如此。原
> 來她的兒女們，都是領來撫養的孤兒，或是在醫院生產遺棄的嬰孩，
> 或是朋友們家道中落無法養育的孩提送給她的。……所以她要這一
> 批男女少年叫她做「爸爸」，是因爲只有撫養教養的責任，沒有經過
> 生產的劬勞。〔註169〕

此處所載的張竹君已七十多歲（當爲 1950 年以後），不過她要求晚輩呼
之爲父的習慣卻沒有改變。陸丹林對張竹君抱不婚主義的想法有更詳細的敍
述，所謂「持不嫁主義，故喜人呼之爲父」，乃因張竹君無意結婚，意即無意
生育，故不以具生育責任的「母親」身份自居。由此可見，張竹君乃以「生
育」的角色看待母親身份，而以「教養」的角色看待父親身份。若然如此，
她豈非將母職視爲純粹生物層面之事，而將文化教育等人文層面歸之於男性
角色？歸根究柢，張竹君喜歡晚輩呼之爲父，實爲男性認同的表現，在她的
心中，「父親」（男性）乃象徵文化、學識、教養，再配合其「西服革履」的
打扮，可見其男性化的認同及傾向。

清季知識女性的男性化打扮，除秋瑾及張竹君二人外，亦大不乏人。據
英國女作家羅安逸所記，其於清末到浙江旅行所見，不少曾到外國留學的女
學生：「有的剪短髮，穿男裝，在女子國民軍裏爲國而戰」，〔註170〕可見當時
知識女性穿著男裝實非個別例子，而此又與當時社會女性身份多象徵柔弱、
卑微、順從等氣質有密切關係。在封建思想和男權社會的壓迫下，這些「擬
男」的知識女性，並未能理解到女性被受壓迫的根源，而只是迫切地渴望擺
脫象徵柔弱卑下的女性身份，以跟男性相同的外貌、生活、思想來取得跟他
們平等的地位和權利。她們不知不覺地走進「擬男」的性別錯位之中，身爲
女性卻否定了女性自身。事實上，這並沒有眞正達到「男女平等」，亦未能尋
找到女性獨特的角色及定位，反而加深了「男尊女卑」「男強女弱」的觀念，
未免違背了女性解放的本質。

〔註169〕陸丹林：〈婦女運動先鋒張竹君〉，《茶話》1947 年第 9 期。
〔註170〕沈弘：〈辛亥革命前後的浙江社會思潮和變革：英國女作家羅安逸眼中的杭州
　　　　和蘭溪〉，《文化藝術研究》，2010 年第 5 期。

三、其他知識女性的「擬男」：剛烈、勇武的女豪傑形象

　　除外型打扮及身份認同外，清末的女性教育方面亦有明顯的男性化傾向。革命派創辦的女校，其教學目的基本上與男校一致，即把學生培育成具有愛國精神、豐富知識、懷抱理想的新型國民。這些理想的「女國民」，正如金天翮《女界鐘》所言是「思想發達具有男性特質之人」，皆是以男性爲原型而塑造的，以適應當時強調男女兩性無異的新思潮。其時有志之士爲救亡圖強，乃積極引介外國事物及傳記，作爲中國女性學習的榜樣。這些中外女傑身上多散發巾幗不讓鬚眉的革命氣息，清季報刊上出現的女傑範式主要有兩類：其一是中國傳統中特立獨行、行俠仗義的女子，以勇武、俠義見稱的女豪傑，〔註171〕如緹縈、木蘭、秦良玉等，本書上一節已作分析，此處不贅；第二類則是來自海外，包含各國革命運動中，勇於自我犧牲、獻身國家的女子，如羅蘭夫人、若安、蘇菲亞等。這些外國女性的政治主張、身份及生平軌跡雖然有別，但在中國卻全以相類似的「女英雄」、「女豪傑」的形象示人。綜觀這些中外女傑的論述，當中一再強調她們「不讓鬚眉」、「英雄」、「鐵血」、「勇武」等形象，論者亦在敘事時刻意抹去其女性特質，藉此推翻傳統女子卑微柔弱的形象，在性別認同上其實包含模倣男性「剛強」、「勇武」的氣質。此外，清季女性小說家筆下時常出現一些「新女性」，她們可說是當時理想女性的投影，當中亦多以「凜凜氣慨」、「帶著三分丈夫氣象」、「氣宇軒昂」等形容其女角。〔註172〕小說中刻意模糊化傳統男女的特徵，爲這些「新女性」摻入了中性化或陽剛化的面貌。

　　這種否定傳統「男剛女柔」的理想形象，並在思維情感、行爲價值上的「擬男」論述，在清季知識女性筆下時有出現，如當時的女性詩詞充滿了鐵血豪情，一再強調女性應「報仇殺敵」、爲國捐軀。如唐群英〈絕句八章〉有云：「熟煮黃粱夢未醒，九重恩重許朝角。願身化作豐城劍，斬盡奴根死也瞑。」〔註173〕秋瑾的詩詞亦致力塑造視死如歸的女英雄形象：「寶刀之歌壯肝膽，死

〔註171〕金一〈女子世界發刊詞〉謂，標舉中國歷史上特立獨行的女子乃「足以表馨逸於陳編，播榮譽於彤史，鬚眉卻步冠劍不此之崇拜」。金一：〈女子世界發刊詞〉，《女子世界》第 1 期，第 2 頁。

〔註172〕黃錦珠：《晚清小說中的新女性研究》，臺北：文津出版社，2005 年，第 37 頁。

〔註173〕原詩載於《洞庭波》，1906 年第 1 期。轉引自王緋：《空前之跡——1851～1930：中國婦女思想與文學發展史論》，北京：商務印書館，2004 年，第 343 頁。

國靈魂喚起多」（〈寶刀歌〉）、「死生一事付鴻毛，人生到此方英傑」（〈寶劍歌〉）
〔註174〕。陳擷芬〈題美人倚劍圖〉亦云：

> 海飛立分山飛拔，亞東美女有奇骨。
>
> 腰懸寶劍光輝芒，胸抱雄才氣豪勃。
>
> 女界沉淪數千載，顙風壓人賤奴族。
>
> 奪我天權殺我身，終夜思之痛心裂。
>
> 修我戈矛誓我師，洗盡蠻風驅我敵。
>
> 一聲唱起泰西東，百萬裙釵齊奮力。
>
> 勖我神州好姊妹，女界飛渡即此日。〔註175〕

這些表現女子英雄氣概、豪俠之風的詩作，正是在配合清季流行的「女
國民」、「女英雄」的論述下，試圖一洗傳統女性的柔弱形象、重新定義女性
特質的表現。值得注意的是，清季知識女性與前代閨秀一樣，其著作多引用
歷史上女英雄的典故，似乎有意借著援引傳統，重新定義何謂真正的女性特
質。在追溯中國女性歷史的過程中，她們刻意標舉具有剛強、勇武等男性氣
質的女英雄，如木蘭、梁紅玉、秦良玉等為女性典範，以論證女性並非天性
柔弱的論點。正如秋瑾《精衛石・序》的〈改造漢宮春〉詞云：

> 可憐女界無光彩，只憫憫待斃，恨海愁城。湮沒木蘭壯膽，紅
>
> 玉雄心。驀地馳來，歐風美雨返精魂。脫範圍奮然自拔，都成女傑
>
> 雌英。飛上舞臺新世界，天教紅粉定神京。〔註176〕

秋瑾以為，「木蘭壯膽」、「紅玉雄心」之湮沒，正因女界甘於卑弱，坐以
待斃，未能奮起振作。而在西方思想影響日深的情況下，此時正是女性回歸
英勇剛強本質的大好時機。女性若能奮發，便能成為女傑、英雌。秋瑾借著
追溯傳統女英雄剛烈、勇武的事蹟，帶出中國女性並非天性柔弱的論點，而
從詞中「返精魂」一句，可知她認為中國女性的本質，正是如木蘭、梁紅玉
般的勇武剛強。

辛亥革命前十年間，出現了大量勇武剛強的鐵血女英雄形象，而知識女
性在參加革命活動時，亦強調女性可擔任與男性一樣勇武的崗位，她們除從
事宣傳、教育、募捐、勤務及聯絡等「文職」工作外，其他傳統由男性出任

〔註174〕《秋瑾集》，第91、78頁。

〔註175〕陳擷芬：〈題美人倚劍圖〉，《女子世界》，1904年第10期。

〔註176〕《秋瑾集》，第122頁。

的工作如作戰、偵查與暗殺等，都不乏知識女性的參與，如 1905 年秋瑾、陳擷芬、林宗素等便曾於橫濱加入黃興的反清組織，學習製造炸彈，爲武裝起義作準備。清季更有不少女子組成軍事隊伍，包括女子國民軍、女子決死隊、女子暗殺隊、女子北伐光復軍、女子軍事團、女子尚武會、同盟女子經武練習隊等〔註 177〕。女性從軍參與戰役，正是表示自己可以從事與男性同樣的軍事行動，以此證明男女兩性是無分軒輊的。1911 年，女子軍事團於報上刊登傳單，向其他女性發出呼籲：「願我姊妹，掃除脂粉，共事鐵血。興亡之責，曹已簽遺巾幗；光復之功，今寧獨讓鬚眉？」〔註 178〕正是明言女性應掃除傳統柔弱、婉順的女性氣質，如男性一樣表現鐵血、剛強。其時所謂的新時代女性，就是革命、男性化的女性。她們以雄豪勇武、視死如歸的形象示人，實則上卻是摒棄女性身份，擁護男權中心的意識形態。她們雖然否定傳統卑弱柔順的女性特質，卻無力建立、定義新的女性特質，因此，只有向男性學習模倣，以此反抗傳統，尋找女性自身的價值。

四、批判傳統「卑弱柔順」的女性特質與建立「新女德」

正如前文提到，西方的人權、平等學說自十九世紀末開始傳入中國，至二十世紀初，約翰‧穆勒、斯賓塞、孟德斯鳩等的著作譯本相繼出版，不少有識之士受西方學說之影響，開始引用「天賦人權」說質疑傳統卑弱順從的「女性觀」。如維新派領袖康有爲將「卑弱柔順」的女德觀視爲「人道之至苦」，指出其有違「人權天賦之義」〔註 179〕。其後，馬君武〈女權篇〉、金天翮《女界鐘》相繼於 1902 年及 1903 年出版，西方女權理論成爲先進分子反思傳統性別倫理的重要根據。在西方學說的影響下，再加上閨秀傳統奉行的女英雄典範，使知識女性開始從男女平權的角度批判傳統「卑弱柔順」的女德，如呂碧城認爲傳統婦德，使女性「卑屈凌辱」，導致「男子得享人類權利，女子則否，只爲男子之附庸」〔註 180〕。

其時不少知識女性，致力推翻傳統重視卑弱、柔順的「女性觀」，如張竹

〔註 177〕 林維紅：〈同盟會時代女革命同志士的活動〉，李又寧、張玉法編：《中國婦女史論文集（第一輯）》，臺北：臺灣商務印書館，1981 年，第 129～163 頁。
〔註 178〕 〈女子軍事團傳單〉，《民立報》，1911 年 11 月 19 日。
〔註 179〕 康有爲：《大同書》，鄭州：中州古籍出版社，1998 年，第 143 頁。
〔註 180〕 呂碧城：〈敬告中國女同胞〉，《大公報》，1904 年 5 月 21 日。

君〈女子興學保險會序〉謂數千年來中國女性:「捨順從之外無思想,捨中饋之外無義務,不學無術,以淺陋相誇尚」〔註181〕,藉此表達對傳統重視「順從」的「女性觀」的不滿。何震〈女子復仇論(其一)〉亦引用眾多儒家典籍,如引毛詩鄭玄箋:「婦女之行,尚柔順,自潔清」,又引周禮鄭玄注:「婦德謂貞順」等,批判其對傳統女德、女性特質之界定:

> 案此乃女子服從於男子之證也。既以屈服為女德,故古教女子僅教以事人之道,豈非以僕隸視女子乎?柔順者,屈服之異名也。敬也者,柔順之異名也。婉娩者,又形容柔順之詞也。蓋男子惡女子之抗己,由是立柔順為美名,於女子之實行柔順者,若宋共姬、漢桓光君、孟光之流,均稱為賢女,而於男子之行柔順者,則斥為妾婦之道。既知柔順非善德,而又責女子以柔順,豈非屏女子於人道之外乎?〔註182〕

何震以為傳統「女性觀」強調的女性柔順之德,實則上是男性對女性之控制,要求女性屈從男性,使之不能獨立自主。尤其重要的是,傳統觀念強調男女兩性的差異,男性不可如女子般「行柔順」,否則便被排斥,由此可見柔順並非人所共有的美德,只是男性操控女性的手段。這種從男女兩性的天賦稟性出發,思考兩者之同異,並帶出所謂女性特質只屬後天建構,而非自然使然的說法,何震於〈女子宣佈書〉有更詳盡的分析:

> 凡所謂男性女性者,均習慣使然,教育使然。若不於男女生異視之心,鞠養相同,教育相同,則男女所盡職務亦必可以相同。而男性女性之名詞,直可廢滅,此誠所謂男女平等也。〔註183〕

何震從男女兩者的社會角色及定位切入,分析男女不平等的根本原因,她認為男女兩者的特質沒有必然的區別,只是經過後天人為的建構後,才有了男女之別。這些否定男女本質有異的言論,既緣於對傳統講求「柔順」、「服從」、「卑弱」等「女性觀」的不滿,也反映了強調男女兩者品性氣質無異的新時代「女性觀」。值得注意的是,何震與前文引述的知識女性一樣,在嘗試推翻傳統女性柔弱、順從的形象時,每每走向另一帶有男性化色彩的極端,其筆下女性特質的論述充滿暴力、剛烈的氣質,如〈女子復權會簡章〉中「辦

〔註181〕張竹君:〈女子興學保險會序〉,《中國新女界雜誌》1907年第4期。
〔註182〕震述:〈女子復仇論(其一)〉,《天義》,1907年7月10日。
〔註183〕震述:〈女子宣佈書〉,《天義》,1907年6月10日。

法」一項謂：「對於女界之辦法有二：一曰以暴力強制男子，二曰干涉甘受壓抑之女子。對於世界之辦法有二：一曰以暴力破壞社會，二曰反對主治者及資本家。」〔註184〕又〈女子宣佈書〉云：「不知女界欲求平等，非徒用抵制之策已也，必以暴力強制男子，使彼不得不與己平。」〔註185〕這些言論，一方面說明了女界革命必然逃不過暴力的手段，另一方面亦突出了女性剛烈、尚武、鐵血的形象，與前文所見知識女性強調的「雄豪」、「鐵血」、「報仇殺敵」的女英雄形象如出一轍，可以說是從傳統柔順女性走向剛烈自主的另一端。

對男女兩性稟性無異的論述，除何震外，燕斌（以煉石爲筆名）在〈女權評議〉中亦有類近看法：

> 況男女兩字者，非天生的徽號，乃人定之代名詞也。……夫男女之名既能更易，復可推行，則凡夫婦之名，嫁娶之制，男剛女柔，男尊女卑，男外女内，一切不公平、不道德人爲之習慣，使於最初制定之時，皆反是而行之。〔註186〕

燕斌指出傳統男剛女柔、男尊女卑等性別差異，並非自然如此的，而是人爲制定、約定俗成的。她又在〈本報五大主義演說〉中批評了傳統重視「柔順」、「服從」的女德：

> 前我們中國所說的女子的道德，只算得是個服從主義，務必要把女子的人格抑制到盡頭，強迫著許多女國民，去矯揉造作、戕性賊情，作那極不堪的奴隸生活，反說道：這方是淑女，這方算是良妻呢。相傳良久，全社會上都把他成了風俗，認爲至當不易的大道理。不但男子樂得利用這個習慣，便是我們女界，也盡被愚弄住了，迷卻本來面目，竟能甘心順受，說道這正是作婦女的本分，萬難違背的。〔註187〕

燕斌對傳統講求柔順的女子天性提出質疑，並指出這是「矯揉造作」、「戕性賊情」、「迷卻本來面目」，意即女性特質並非自然而然的柔順，其後她又進

〔註184〕〈女子復權會簡章〉原載於《天義》的創刊號，但很少被人提及，甚至在1908年重印的《天義》第一、二卷合冊上不知因何緣故被刪去。本書所引〈女子復權會簡章〉乃轉引自劉慧英：《從女權主義到無政府主義——何震的隱現與「天義」的變遷》，《中國現代文學研究叢刊》2006年第2期。

〔註185〕震述：〈女子宣佈書〉，《天義》，1907年6月10日。

〔註186〕煉石：〈女權平議〉，載《中國新女界雜誌》，第1期（1907年）。

〔註187〕煉石：〈本報五大主義演說〉，載《中國新女界雜誌》，第4期（1907年）。

一步闡釋這個看法：

> 即如天生女子，本來是與男子同爲萬物的靈長，合力把世界組織
> 起來的。雖說生理上的構造不同，那心性腦力，終無大差異，自然就
> 該立於同等地步，無如舊道德的學說，務以卑下順從爲主。〔註188〕

　　由此可見，對傳統以爲天經地義的男女稟賦有異的說法，何震與燕斌皆
予以質疑及否定，其看法與法國女性主義先行者西蒙波娃（Simone de
Beauvoir）謂「人非生而爲女人，乃因社會體制孕育而成女人」〔註189〕的想
法不謀而合。她們均以爲傳統文化所定義的女性氣質，實爲社會體制、教育、
思想文化等後天建構的產物，而非如古人所言的天經地義之理。此外，二人
藉此帶出的男女天性無別的說法，又與波娃所言暗合。波娃以爲世上並不存
在先驗的「女性氣質」，從生物學和心理學意義上看，兩性之間的差異，並不
比兩個個體之間的差異更大。〔註190〕燕斌指出男女只是「生理上的構造不同，
那心性腦力，終無大差異」，實與女性主義所言的「生理性別」（Sex）與「社
會性別」（Gender）的理論相似〔註191〕。

〔註188〕煉石：〈本報五大主義演說〉，載《中國新女界雜誌》，第 4 期（1907 年）。

〔註189〕法國哲學家兼女性主義者西蒙波娃（Simone de Beauvoir）於 1949 年出版的
　　　　名著《第二性》（*The Second Sex*）中指出，一個人之爲女人，與其說是「天
　　　　生」的，不如說是「形成」的。女人在社會中的地位及情況，並非由任何生
　　　　理、心理或經濟的因素而定的，而是由人類文化之整體決定的，並產生出這
　　　　處身於「男性」與「無性別」中的所謂「女性」，「女性」在社會中被打壓爲
　　　　次等的性別。其中一種支持男尊女卑社會制度（父權制度）的觀念，是以爲
　　　　男女兩者的生理差異，是足以決定性別的高低優劣的重要元素，並透過教育、
　　　　傳媒、法律及宗教等，令這種男性有權支配女性的想法，變得看似合理和自
　　　　然。西蒙‧波娃著：《第二性》，桑竹影譯，長沙：湖南文藝出版社，1986 年，
　　　　第 23 頁。

〔註190〕西蒙‧波娃著：《第二性》，桑竹影譯，長沙：湖南文藝出版社，1986 年，第
　　　　70 頁。

〔註191〕生理性別（Sex）是從生物學的角度區分兩性間先天的生理差異，它是以第一
　　　　和第二生理特徵如生殖器官、表面毛髮等，來界定一個人在生物上屬於男性
　　　　或女性。社會性別（Gender）則指後天的、由文化體制影響而成的性別特質，
　　　　多將男性視作陽剛氣質（masculinity），而女性則視爲陰柔的氣質
　　　　（femininity）。所謂的「男性氣質」及「女性氣質」，爲一種二元對立的性別
　　　　觀念，例如溫柔、膽小、軟弱、內向、情緒化等性格特徵會被看成「女性氣
　　　　質」；而與之相反的剛烈、勇敢、強壯、外向、理性等性格特徵，則被定義爲
　　　　「男性氣質」。在傳統社會中，男性氣質多被視爲正面的、上等的，女性氣質
　　　　則被視爲次等的、負面的。

　　清季部分知識女性一方面意識到傳統主張柔弱、順從的女性特質，實爲壓迫女性、剝奪女權的根源，故對此大加批判、抨擊；另一方面又受到男權思想的影響，故以男性氣質、男性標準重新塑造一種剛強、鐵血的理想「新女性」形象，以強調男女稟賦無別的想法。這種從模倣男性出發、帶有「中性」意味的新女性氣質，實則上是將男女差異磨平，令女性失去獨特性、主體性。由此，亦有部分知識女性意識到「擬男」、模倣男性的問題所在。因此，她們在重新定義女性特質時，雖然強調男女大體無別，並以剛強、自主、勇武等爲理想女性形象，但亦開始察覺到男女之間的輕微差異，嘗試分析新時代女性應有的獨特氣質。如燕斌在〈本報五大主義演說〉中，提出的第三條主義「提倡道德，鼓吹教育」，正是重新定義新女性道德、新女性氣質的嘗試：

> 　　從前我們中國所說女子的道德，只算得是個服從主義……新道德的作用，是以慈惠博愛爲第一要旨，而又持己要高尚，應事要謙和。凡一切交際，總須保護自己的人格，亦須敬重他人的人權，就是對於親族骨肉，也是一個樣子，這樣方算是二十世紀的女子新道德呢。〔註192〕

燕斌所謂的女性新道德，包括慈惠博愛、持己高尚、謙和、自重等，實爲時人對國民的普遍要求。不過，燕斌對「慈惠博愛」最爲看重，並一再強調此爲女性獨有的特色：

> 　　況且慈善本質，本是女界固有的特色。當痼閉時代，尚能施些小恩小惠，以致被男界看輕了，譏爲婦人之仁，須知這個性根，是極好的，不過因爲沒有把範圍大大的擴充罷了。假如新道德能以發達起來，那慈惠博愛的熱度，便可澎漲到極點。到那時候，全國女同胞們，同心協力，把社會上一切寃抑困苦，荼毒殘忍的事情，漸漸都掃除了，不使人類再受損害，造出一個光明世界來，令大家享受，這女界的功德，有多大罷。〔註193〕

燕斌以「慈惠博愛」爲女性固有的特色，乃據日常觀察所得，從普遍中國婦女的行徑歸納而來：「整天焚香拜佛，施僧齋道」。她又將傳統帶貶意的「婦人之仁」，視爲女性獨有的富同情心的仁德表現。燕斌對女性特質的說

〔註192〕煉石（燕斌）：〈本報五大主義演說〉，《中國新女界雜誌》，第 4 期（1907 年）。
〔註193〕煉石（燕斌）：〈本報五大主義演說〉，《中國新女界雜誌》，第 4 期（1907 年）。

法，雖然只是聊聊數語，且未有於其他著作論述中再深入探討，但已反映她未有停留在男女稟賦完全相同的看法上。巧合的是，另一知識女性陳擷芬（以楚南女子爲筆名）在〈中國女子之前途〉中，亦提出中國女子有三大特色，包括堅執心、慈愛心及報復心，其中「慈愛心」的論述正與燕斌相似：

> 吾中國女子有三特色，請舉以質於吾同胞。一曰吾女子有堅執心，請試觀自古至今，爲孝女烈婦者，可爲車載斗量，雖爲家族思想所限制，然非愛情堅執者能致此乎？吾中國人心散亂，皆因無愛情耳！苟女子一旦幡然而明，知國爲至寶，彼豈不以其愛父母，與夫從一而終之愛情，移愛於國，移愛於同胞乎？其結團體也，必致永久不散，死生相共矣！一曰吾女子有慈愛心，一身雖安享，而若見貧苦人，則覺惻然，必設法而施給之，至寒暑兩季，多有制寒衣藥食而施結者，此雖爲小仁小義，然其平等心、憐恤心，即此可見矣！吾中國之壓貧趨富，祇圖一身之安逸，除我而外，人奴我同胞，人殺我同胞，我無事也。吾女子倘成就學業，得參預政治外務，必有平等、公和、自愛種族之心。一曰吾女子有報復心，中國向有謗女子之言曰，最毒婦人心。吾知此毒性，亦爲吾女子之特美性也。中國人之無恨心也，日受外人之塗毒，而不知恨，尚有趨奉之者，即今之滿州異族，食吾之毛，踐吾之土，二百六十年矣！不明白者，尚不足怪，有心內了然，一身稍受利祿，雖其日殺我同胞，日殘我土地，我一身安而已，何論其何者爲異類，何者爲同胞乎？苟有益於我之利祿，則且助異族而殺同胞不恤也。嗚呼！慘矣！悲矣！我女子若能一旦明白滿州之爲我異族也，殘酷我同胞，斷送我土地，則其仇恨心必堅決，不顧一身之利害，必輾轉設計而對敵之，所謂最毒婦人心，既知其非，必與其始終反對，無忽而仇敵，忽而和好之病矣！吾女子有此三等特性，苟能人人讀書，知大體，愛國愛種，辦事之手段，必勝於彼男子也，必優於彼歐美女子也。〔註194〕

陳擷芬從歷史所見的女性事蹟，以及日常生活的觀察，歸納中國女性的特點。但她所分析中國女性特質的目的，乃爲勉勵女性發揮優勢，以期

〔註194〕楚南女子：〈中國女子之前途〉，《女學報》（東京），第4期（1903年）。

貢獻國家。無論堅執心、慈愛心，還是報復心，其最終指向仍是以突破傳統「男外女內」的「女性觀」，以女性走出家庭，肩負國民義務爲言論的中心，而此論述背後，則是「女國民」論背後「盡與男子一樣的義務」的想法。不過，值得注意的是，陳擷芬與燕斌回顧中國歷史及傳統社會的情況，不約而同地皆以「慈惠博愛」或「慈愛心」爲女性的獨特氣質，並嘗試爲傳統負面的女性特質「婦人之仁」翻案。二人在「女國民」論的前提下，嘗試突破傳統女性只具有柔弱、順從、依附特質的「女性觀」，探索新女性的女性特質。她們的論述雖然流於簡單表面，論證亦欠嚴謹，但可以說是清季女性在男女無異的觀念以外的一個初步嘗試。而與前代女性相比，清季女性在慈善公益事業中，不論是她們擔任的角色、經營的規模及手段等，亦有更多的變化，如 1890 年女性自發於浙江組織成立「閨閣賑捐局」，1906年京師女學衛生醫院院長邱彬忻在北京發起成立「中國婦人會」等〔註195〕。在其時社會「女國民」論日漸流行的情況下，不少女性把參與社會公益事業看成是應盡之天職，更有不少女性認爲慈善事業爲女性特有的報國之途，如「中國婦人會」即以「欲提倡女界公益，以實行自立立人，慈善博愛之美德」爲宗旨〔註196〕，可以說是燕陳二人「慈惠博愛」女性論的反映與實踐。

　　總括來說，清季知識女性一再否定傳統卑弱柔順的女性特質，透過男女生而平等、天賦無別的說法，突出女性的才能和價值。她們繼承前代閨秀的女英雄典範，建構勇武、剛毅、鐵血的新時代女性的理想形象。不過，部分知識女性如陳擷芬、燕斌等，亦開始注意到泯滅兩性差異、強調兩性本質無別的說法，實未能突出女性獨特的特質，亦與她們所強調女性群體具有共通點此一說法相違。因此，她們嘗試在傳統的女德以外，摸索、建構新的女德品質。可惜的是，她們所述如「慈善博愛」等新女德，往往流於表面觀察，其探討有限，論述亦欠深度、具體，以致未能在「擬男」以外，建構新的女性典範。不過，若從歷史發展的脈絡來看，在女性解放的初期，知識女性能質疑傳統卑順柔弱的女德，對後來的女性逐漸擺脫男性的主導與控制，實在影響深遠。而她們致力建立新女德的努力與嘗試，亦是值得肯定的。

〔註195〕趙曉華：〈清末民初女性的賑災實踐及角色變遷〉，《婦女研究論叢》，2008 年第 3 期。
〔註196〕《大公報》，1906 年 7 月 3 日。

第四節　傳統倫理的桎梏與婚姻家庭以外的獨身選擇

一、傳統的婚姻觀念與清代閨秀

　　自古以來，夫尊妻卑、父母之命、男外女內、傳宗接代等觀念就制約著傳統婚姻，且貫徹於歷代律法之中。傳統社會將女性定位為家庭中的賢妻良母，女性必須以「為人妻」、「為人母」的身份履行「相夫教子」的天職，婚姻家庭便成為閨秀生命的依歸。所謂「女大當嫁」，嫁人生子為女性生命必經的階段，女性只有將終身託付於丈夫及夫家。而締結婚約乃由父母之命、媒妁之言而成，按清律規定：「嫁娶皆由祖父母、父母主婚，祖父母、父母俱無者，從餘親主婚」〔註197〕，男女雙方均沒有擇偶的自由。

　　清代閨秀在面對婚姻大事時，並沒有個人選擇的餘地。大部分的閨秀處身於傳統宗法社會中，受傳統綱常觀念薰陶，皆抱持傳統的「從一而終」的婚姻觀，婚後以相夫教子為一生職志，對丈夫是「壹與之齊，終身不改」〔註198〕，對不公的婚姻制度自然未有想過反抗。縱然面對丈夫的無理行為，閨秀不會亦不可選擇離異，以致未能逃離黑暗婚姻的樊籠。其中乾隆年間著名文人袁枚之妹袁機的案例即為明證。袁機父親曾與高氏指腹為婚，〔註199〕然而，「高氏子長而有惡疾，其父請離婚，機曰：『女從一者也，疾，我侍之，死，我守之。』卒歸於高。高氏子暴戾佻蕩，游狹邪，傾其奩具，不足，挟之，且灼以火。姑救，則毆母折齒。既，欲鬻機以償博負，乃大歸，齋素奉母。高氏子死，哭之慟，越一年卒。」〔註200〕袁機受盡虐待，終於離開高家，並經由官府斷離，但她仍秉持女子「從一而終」之志，其後更因悲痛傷夫而死，

〔註197〕馬建石、楊育棠：《大清律例通考校注》，北京：中國政法大學出版社，1992年，第443頁。

〔註198〕《禮記・郊特性》，載《斷句十三經經文》，臺北：開明書店，1991年，第53頁。

〔註199〕袁機（1720～1759），字素文，別號青琳居士，浙江仁和（今杭州市）人，為袁枚三妹，「晰而長，端麗為女兄弟之冠，年幼好讀書，既長，益習於誦。」父親袁濱，曾為衡陽令高清之幕客，高清卒後，其妻卻不幸落難，袁濱因念舊恩，乃「為平其事，是以高清胞弟，感激尤甚，自當倆人將要臨別之際，竟涕泣曰：『無以報，聞先生第三女未婚，某妻方妊，幸而男也，願為公婿。』」因此袁機便與高八之子以「金鎖為禮」訂有婚約。《素文女子遺稿・袁枚・女弟素文傳》，《袁家三妹合稿》，清嘉慶戊辰（1808年）刻本，第1頁。

〔註200〕《清史稿・列女傳》，趙爾巽等：《清史稿》卷509，北京：中華書局，1998年，第14089頁。

可見其對丈夫的念念不忘。袁枚在〈祭妹文〉中便曾表示，其妹之悲劇乃因盲從三從四德的規範而致，〔註201〕袁機堂弟袁樹亦在〈哭素文三姊〉中謂：「少守三從太認真，讀書誤盡一生春」〔註202〕，可其二人對袁機因受傳統典籍影響，死守三從的道德規範之不以為然。此外，時人合肥閨秀許燕珍讀罷《素文女子遺稿》後，為其婚配深感不平，故云：「彩鳳隨鴉已自慚，終風且暴更何堪？不須更道參軍好，得嫁王郎死亦甘。」〔註203〕可見她對於袁機死抱從一而終的觀念，亦不表認同。尤其值得注意的是，當時著名經學家汪中曾就袁機「終身不二」的想法表示異議，其引傳斥曰：「好仁不好學，其蔽也愚。」其後又援引經傳謂：「一與之齊，終身不二，不謂一受其聘，終身不二也。」〔註204〕汪中引用《禮記》，分析「與之齊」與「受其聘」的分別，指出袁機一昧守志，其實甚為愚昧，可說是對傳統女性死守貞節、盲目順從丈夫此一想法的反思。從袁機一例可見，出身書香門第的閨秀，思想上受傳統三從的觀念影響甚深，對棄夫離異之事，是絕不認同的。不過，當時不少文人，如袁枚、汪中等亦對其行為表示不認同，此亦反映當時的社會在傳統「從一而終」觀念以外，亦有不少較開明的聲音。

　　相對袁機之盲從「從一而終」，清代亦有部分閨秀對婚姻有較強的主見。部分閨秀由於能詩擅文，故得以建立一定的自信與個性，相對之下，她們的丈夫反顯得平庸無能，因此，部分閨秀不由得心生「天壤王郎」之感，並形諸於文學創作之中。「天壤王郎」之典故出自謝道韞，以此表達其對丈夫的鄙夷不屑與對婚姻的極度失望。〔註205〕正如前節所言，謝道韞為閨秀文人的典範，以其自信、富有個性的女名士形象示人。後世不少閨秀詩人，既以謝道韞之文才自許，亦借用此典故表現個人對婚姻不偕的怨恨。如清初的閨秀詩人顧貞立，她出身名門（貞立為顧憲成的曾孫女），才華橫溢，卻嫁給資質平

〔註201〕　袁枚：《小倉山房詩文集》，上海：上海古籍出版社，1988 年，第 143 頁。

〔註202〕　袁樹：《紅豆村人詩稿・卷四》，王英志編：《袁枚全集》，第 7 冊，江蘇：江蘇古籍出版社，1997 年，第 21 頁。

〔註203〕　袁枚：《隨園詩話》，北京：人民文學出版社，1960 年，第 456 頁。

〔註204〕　汪中：《女子許嫁而婿死從及守志議》，《文宗合雜記・文集》，揚州：廣陵書社，2005 年，第 376～377 頁。

〔註205〕　《世說新語・賢媛》云：「王凝之謝夫人既往王氏，大薄凝之，既還謝家，意大不悅。太傅慰釋之曰：『王郎逸少之子，人身亦不惡，汝何以恨乃爾？』答曰：『一門叔父，則有阿大、中郎，群從兄弟，則有封、胡、遏、末。不意天壤之中，乃有王郎。』」見劉義慶：《世說新語》，上海：上海古籍出版社，1982 年，第 151 頁。

庸的丈夫侯晉，〔註206〕因而在她筆下，不乏對女性婚姻生活的不滿、所嫁非匹的憤懣，如〈滿江紅〉云：「墮馬啼妝，學不就、閨中模樣。疏慵慣，嚼花吹葉，粉拋脂漾。多病不堪操井臼，無才敢去嫌天壤。」〔註207〕「無才」一句正引用謝道韞「天壤王郎」的典故，以反語表示對丈夫的不屑。從顧貞立詞中所見，她並不僅限於抒發一般的閨怨情懷，而是開始重新思考女性在婚姻中的角色。她已不再滿足於輔佐男性、以男性為生活中心的賢妻良母角色，而是積極的突破現況，追求自我價值。她不在意「家中婦」的角色，反而關心政局，為明清易代悲痛，並帶出女性不輸於男性的豪情壯志：「江上空憐商女曲，閨中漫灑神州淚。算縞綦，何必讓男兒，天應忌」（〈滿江紅〉）〔註208〕。

從清代閨秀詩人的選集和別集所見，婚姻不幸者比比皆是，正如袁枚所言：「近日閨秀能詩者，往往嫁無佳偶，有天壤王郎之歎。」〔註209〕例如袁枚的隨園女弟子孫雲鳳與其妹孫雲鶴，均遇人不淑，稱為「閨閣二難」〔註210〕。部分所嫁非匹的閨秀，對丈夫平庸無才的不滿，更溢於言表，並未有遵從傳統強調卑弱、順從的婦德標準，而是如謝道韞一樣，明言對丈夫的鄙棄，以及對婚姻生活的不滿。如道光年間的吳藻，曾著有劇作《喬影》，透過主角謝絮才的經歷，表達其對閨閣婚姻生活的不滿。《西泠閨詠》謂：「嘗寫飲酒讀騷小影，作男子裝，自題南北調樂府，極感慨淋漓之致，託名謝絮才，殆不無天壤王郎之感邪？」〔註211〕吳藻丈夫黃某為商賈，其為人如何，無從考得。然而，吳藻的《花簾詞》

〔註206〕顧貞立（1623～1699），原名文婉，字碧汾，號避秦人，江蘇無錫人，清初詞壇名家顧貞觀之姊，州佐同邑侯晉之妻，著有《餐霞子集》及《棲香閣詞》。顧貞立的曾祖顧憲成是晚明東林黨人的領袖。祖父與淳，明朝戶部郎，晚年之四川夔州府，死於任上。父樞，明朝天啟元年（1621）舉人，為東林黨領袖之一高攀龍的門生。與侯晉結褵後，以其夫平庸無才，又未考中科第，家境貧苦，賴顧貞立刺繡做女紅度日。裴大中等修、秦緗業等纂、錢穆勘正：《無錫金匱縣志》，光緒七年（1881年），卷二十一，第362頁；鄧之誠：《清詩紀事初編》，香港：中華書局，1976年，第36頁。

〔註207〕顧貞立：《棲香閣詞》，徐乃昌：《小檀欒室匯刻閨秀詞》，道光二十四年（1898年）刻本，第三集，第13頁。

〔註208〕顧貞立：《棲香閣詞》，徐乃昌：《小檀欒室匯刻閨秀詞》，道光二十四年（1898年）刻本，第三集，第20頁。

〔註209〕袁枚：《隨園詩話補遺》，《袁枚全集》，南京：江蘇古籍出版社，1991年，第647頁。

〔註210〕沈善寶：《名媛詩話》卷四，第10頁。

〔註211〕陳文述編：《西泠閨詠》，光緒十三年（1887年），西泠翠螺閣重刊本，第14頁。

與《香南雪北詞》中，夫婦之間無任何寄贈、唱和之作，則其夫之缺乏文才，自可想見，而且吳藻的集中亦從無提及丈夫，則夫婦感情之不投契亦可預見。吳藻劇作女主角以謝絮才爲名，描述女性建功立業，折服一眾平庸無才的男性，結合陳文述《西泠閨詠》的描述，可見她刻意引用謝道韞典故，表達其對丈夫無能的不滿，並對女性只可死守於婚姻家庭的困境中，表示反抗〔註212〕。

　　除吳藻外，清中葉著名彈詞《再生緣》的作者陳端生（1751～1796），其丈夫曾因科舉考試作弊而被發配邊疆，而陳氏一門，則自祖父句山以下，「女之不劣於男，情事昭然」，故「端生處此兩兩相形之環境中，其不平之感，非有他人所能共喻者。」〔註213〕由此，陳端生創作《再生緣》，以女主角易裝爲男、高中狀元的故事，表現女性不甘雌服的心理，從中亦滲雜著她對丈夫的輕視與不滿。這些對丈夫、對傳統婚姻不滿的想法，雖然只停留在個人創作的層面，但可謂對傳統「夫爲妻綱」的初步反抗。不過，總括來說，清代閨秀縱然對丈夫有所不滿，在行動上仍服膺於傳統的婚姻制度，當中雖然有個別反抗婚姻的例子，如順治閨秀黃垹本聘與陸釴爲妻，但卻堅決要出家剃度，躲避劫難；〔註214〕乾隆年間，松江閨秀張宛玉嫁予俗商，因相處不合，私自逃脫，爲山陽縣令拘捕，其在審判過程中即席賦詩明志，得到身爲江寧知縣袁枚及山陽縣令的同情，以「才女嫁俗商，不稱」，故免卻其背逃之罪將之釋放，張宛玉最終擺脫不幸的婚姻。〔註215〕又如道咸年間廣東有一許姓女子，藉口慕清而拒絕出嫁；〔註216〕

〔註212〕有關吳藻以《自題飲酒賦騷圖》一劇，表達對閨閣身份之不滿，以及女性被困家中，無法涉足公共領域的憤恨之情，本章第一及第二節已作討論，此處不贅。

〔註213〕陳寅恪：《論再生緣》，《中華文史論叢》第八輯，第 305 頁。

〔註214〕施淑儀：《清代閨閣詩人徵略》，第 43～44 頁。

〔註215〕袁枚：《隨園詩話》，北京：人民文學出版社，1960 年，第 115 頁。

〔註216〕俞樾《右臺仙館筆記》：「粵俗，未婚夫死不嫁，曰守清；原未許嫁而締婚於已死之男子，往而守節，曰慕清。有許氏女，年逾摽梅，言於母，求慕清。母謀之父，父不可。女曰：『姊以遇人不淑，貽父母憂。倘女亦然，不重有憂乎？且女弱，亦不任中饋事。苟或遁跡空門，是廢大倫，誠不可也。若女蘿喬木，得托清門，無廢大倫而克成素志，父母何病焉？』乃許之。適有陳氏子將婚而夭，所聘之婦不能守清。陳氏寡母止此一子，乃訪求慕清者。媒妁以許女告，遂成二姓之好，迎娶如禮。許女既往，每日略循定省盧文，此外無一事。窗明几淨，焚香靜坐而已。有小姑已許嫁葉氏，與嫂極相得。每至嫂所共話，輒歎曰：『嫂幾生修此清福？』許女曰：『止憑此一念之堅耳。』小姑曰：『嫂幸而未許嫁，不然，亦無如何矣。』許女曰：『未入其門，事猶在我也。』小姑乃日聒其母，亦求慕清。母溺愛，曲從之，言於葉氏。初不

還有咸豐年間廣東女性組織「金蘭會」,「結爲姊妹,相爲依戀,不肯適人」〔註217〕。然而,以上例子多屬個別案例,又多集中在普通的下層百姓,〔註218〕對於出身於書香門第的名門閨秀,由於所受的道德教育及生活背景的不同,棄夫他嫁或拒絕出嫁之事,絕大多數是想也不敢想的。

二、清季知識分子的婚姻改革主張

　　如第一章所述,道光以後,來華傳教士逐漸將西方的婚姻觀輸入中國。其後,西風東漸,早期維新派代表人物王韜、鄭觀應等,亦對照西方的婚姻制度,提出改革中國傳統婚姻制度的主張,著力批判傳統的一夫多妻制和守節禮俗。戊戌變法期間,康有爲、梁啓超、譚嗣同等人撰文立說,提倡婚俗改革,又反對蓄婢納妾、買賣婚姻和童養媳等,並對男可休妻,女不可棄夫提出質疑。受維新派影響,戊戌期間,少數女性亦開始在《女學報》上發表批評傳統婚姻制度的言論,如王春林《男女平等論》:「夫飲食男女,生人之大欲也;乃男可廣置姬妾,而女則以再醮爲恥。合則留,不合則去,天下之通義也;而律文云:『夫可聽其離婦,婦不得聽其離夫。』七尺之軀,其撫字於父母者不異也;而夫殺妻則止杖徒,妻殺夫則必凌遲。」〔註219〕不過,康有爲等雖在婚姻上提出男女平等的主張,但其自身卻未能實踐其理念,如康有爲一方面批判一夫多妻制,但他自己卻有妻妾六人。此外,維新派提出的婚姻改革,其目標旨在使女性成爲「上可相夫,下可教子,近可宜家,遠可善種」的「賢妻良母」,〔註220〕他們的婚姻改革主張,只是達致「強國保種」的工具,並非以解放女性爲目的,更未有深入思考女性在家庭角色以外的獨立人格,對傳統婚姻文化還未有做到系統、全面的批判。

　　戊戌以後,在西方人權、平等、自由的廣泛傳播下,中國的知識分子開始進一步思考女性的價值、人格和權利。二十世紀初,隨著革命運動和女性

可,既而曰:『彼女既絕意於歸,強之亦恐非福。』索還聘禮而已。於是二女同居,至於白首,親族中或頗稱焉。眞所謂非禮之禮矣。」俞樾:《右臺仙館筆記》,濟南:齊魯書社,1986 年,第 4 頁。

〔註217〕郭汝誠等:《(咸豐)順德縣志》,咸豐六年(1856 年)刻本,卷三,第 40 頁。

〔註218〕郭松義:《倫理與生活——清代的婚姻關係》,北京:商務印書館,2000 年,第 499 頁。

〔註219〕王春林:〈男女平等論〉,《女學報》,1898 年 8 月 27 日。

〔註220〕梁啓超:〈倡設女學堂啓〉,《梁啓超選集》,北京:中國文聯出版社 2006 年版。51 頁。

解放運動的高漲，婚姻家庭變革的浪潮跌宕而起。不少先進份子更將婚姻制度的改革與女性的權利及平等自由等聯繫起來，如 1903 年金天翮的《女界鐘》謂：「婚姻之自由，我中國無此生產之自由花也。男女皆然。然而男子猶有愛好別擇之權利，若女子則非獨禁制於言，抑言防杜於色也。」「夫婦之道苦，無權利之謂耶」，因而主張「四百兆同胞齊享幸福，則必自婚姻自由始。」〔註221〕此外，陳王 1902 年在《覺民》雜誌上發表的〈論婚禮之弊〉，亦著力批判舊式婚制，指斥中國婚禮有六大弊端，包括「男女不相見」、「父母專婚」、「媒約」、「聘儀奮贈」、「早聘早婚」、「繁文褥節」等問題，致令中國人種積弱，有礙社會發展。〔註222〕此外，柳亞子、蔡元培等也相繼發表了主張婚姻自由，反對封建買賣、包辦婚姻的論著。1902 年《中外日報》更有以〈世界最文明之求婚廣告〉為題，刊出了「南洋志士某君」的徵婚廣告，當中包括了三條擇偶條件：「一、要天足。二、要通曉中西學術門徑。三、聘娶儀節悉照文明通例，盡除中國舊有之陋俗。」〔註223〕當中反映當時先進份子最新的擇偶條件，更揭示了「婚姻自主」下婚姻觀念的新趨向。其後，留日學生王建善也在 1905 年的《時報》上徵婚，他詳列了自己的個人資料，更以〈通信結婚法・敬告女同志〉為題，推廣這種「通信結婚」的婚戀模式，〔註224〕即男方透過報紙自我介紹並留下地址，讓有意的女性聯繫，以增進雙方的瞭解，若雙方瞭解後情投意合，方才締結婚約。這些婚姻主張，多針對婚姻制度本身，而非從女性的處境出發，既未有重新思考女性在婚姻中的困境，更未有提出女性在「賢妻良母」以外，是否存在其他的獨立人格及個人身份。不過，值得注意的是，雖然清季「自由結婚」的呼聲此起彼落，但一般人的婚姻觀仍受制於種種局限，真正實行婚姻自主、自由結婚的並不多。

三、清季知識女性婚姻觀的理想與現實——新與舊之間

　　傳統將女性定位為家庭倫理中的妻子、母親，女性必須託付與丈夫，以相夫教子為終生志業，因此傳統女性欠缺個體的自由與自主的人格。如前節所述，清季知識女性承襲前代閨秀的想法，力倡女性在家庭以外，亦該涉足

〔註221〕金天翮：《女界鐘》，24 頁。
〔註222〕陳王：〈論婚禮之弊〉，載張枬、王忍之編：《辛亥革命前十年間時論選集》（第一卷下冊），北京：三聯書店，1963 年，第 857 頁。
〔註223〕《中外日報》，1902 年 7 月 27 日。
〔註224〕《時報》，1905 年 7 月 5 日。

公共空間，成為與男性一樣報效國家的「女國民」，此可說是走出家庭的第一步。然而，「女國民」與「賢妻良母」兩者時見衝突，如何取捨正反映知識女性對女性身份的思考，前文所引吳孟班一例即為明證。此外，婚姻家庭既然是傳統女性人生的全部，知識女性明白到女性要獨立自主，首要任務是改革舊有不合理的婚姻制度，並將女性從家庭中釋放出來，不再只以家中婦的角色自居，而是嘗試以獨立的個人身份，投身社會，成為與男性平起平坐的「女國民」。然而，審視清季知識女性對於女性自主婚姻、自由戀愛，以及是否以結婚生子為人生歸屬等問題的思考，當中不少人的主張實比其他男性知識分子來得保守，甚而往往選擇避而不談。

（一）婚姻與擇偶——對婚姻自主的保留

論及婚配擇偶的問題，燕斌在《中國女新界雜誌》中亦有不少討論文章。綜合而言，其想法有超越傳統的一面，卻又有服膺傳統的另一面。她在 1907年以筆名煉石在《中國新女界雜誌》發表的〈中國婚俗五大弊說〉，列舉了傳統婚制的五大弊病：「媒妁之弊」、「早聘早婚之弊」、「迷信術數之弊」、「聘儀奩贈之弊」等〔註225〕。以上四者皆從婚俗角度切入，而論及「早聘早婚之弊」時，燕斌只略略帶出父母主婚、子女不能作主之弊：

> 吾中國父母專婚（不問子女之志願相宜與否，惟憑父母之意見，而強合之，是謂專婚，與請命於父母，要求承諾為之婚者大異，蓋專婚則父母為絕對的主體，請命於父母，則以請命者為主體矣，閱者幸勿誤會），已為數千年來獨有之特色。〔註226〕

燕斌特意指出「父母專婚」與「請命於父母」之別，但她卻未有就此批評傳統「父母專婚」制度的問題，其批判只針對「早聘早婚」這些特殊的婚姻關係，而未有批判更普及的「父母專婚」的現象。其後，燕斌又針對早聘的問題，批評傳統「父母之命」背後的心態：

> 蓋父母之於子女，視如己之財產，己之附屬耳！夫既為財產，

〔註225〕 煉石：〈中國婚俗五大弊說〉，《中國新女界雜誌》，第 3 期（1907 年）。文中謂中國婚俗有五大弊病，但文章卻在論述第四弊病以後，突然中斷，甚而最後一句「若夫文明之國，則其社會間」句末亦缺字，而下期亦未有再刊載類似內容，故不知第五弊病為何。不過，燕斌於《中國新女界雜誌》撰文，往往無疾而終，亦不止於此篇，如〈女權平議〉、〈本報對於女子國民捐之演說〉〈女界與國家之關係〉〈本報五大主義演說〉等，均未完篇。
〔註226〕 煉石：〈中國婚俗五大弊說〉，《中國新女界雜誌》，第 3 期（1907 年）。

　　則產主自不得不專其權；既爲附屬，物主自不得不處其事。於是子
　　女之婚姻則主之，職業則主之，習之既久，以爲可專之於生後，何
　　不可主之於生前，由是早聘之風起矣！〔註227〕

　　燕斌提及父母將子女視爲財產，操控子女的人生大事，包括婚姻，因而
造成傳統社會婚俗的各種弊病，「鉗制人類，荼毒社會」。值得注意的是，與
上文一樣，燕斌雖有觸及父母之命的扭曲心態，但亦是將矛頭指向「早聘」
的婚姻，而非其他更普遍可見的「父母主婚」問題，未有批判父母剝奪子女
個人選擇的問題。而且，燕斌反對以「父母爲絕對的主體」之「父母專婚」，
只因這種種婚俗弊端，會「養成依賴之性根，損失家庭之幸福，消耗社會之
資材，演成種裔之悲劇，而國民之生殖力、發展力，亦以俱形其薄弱也，其
害可勝言哉！」〔註228〕由此可見，燕斌對中國婚姻禮俗的批評，乃從國族
主義出發，背後仍是「強國保種」的考慮。她實無意從女性擁有獨立人格的
角度出發，鼓勵女性擺脫父母之命，爲女性在傳統父母主婚以外另覓出路，
甚而更避談婚姻制度的改革以及擇偶的自由，其主張與同代人相比，未免略
嫌保守。正如前文所言，自1903年以後，金天翮《女界鐘》和丁初我的《女
子世界》都開始討論廢除父母主婚的制度，1907年《神州女報》更明確提出
「自由結婚主義」：女性自主擇偶、與丈夫不合可離婚再嫁，謂「如此則自
由平等之風普及矣。」〔註229〕與此相比，燕斌的文章仍只就部分婚俗現象
作討論，雖然她曾在〈女權平議〉中羨慕歐美女子享有「婚姻之自由，學問
之自由，生業之自由」，〔註230〕但她卻未有藉此對照中國的處境，批判整體
的婚姻制度。燕斌之避談婚姻自由與個人自主，正反映她對婚姻觀念的保守
主張。

　　清末的社會風氣，南北有別，南方城市尤其是上海，由於與西方文化接
觸較多，其社會風氣可說是較開放的，女學的發展亦更爲興盛，而北方如北
京等地，相對而言則更爲保守。燕斌及《中國新女界雜誌》的一眾編採人員
多活躍於北京，其對婚姻自主的看法較爲保守，亦屬合理。〔註231〕燕斌對男
女相處、婚姻自由的保守立場，在「杜成淑拒屈疆函」一事中，更有明確的

〔註227〕煉石：〈中國婚俗五大弊說〉，《中國新女界雜誌》，第3期（1907年）。
〔註228〕煉石：〈中國婚俗五大弊說〉，《中國新女界雜誌》，第3期（1907年）。
〔註229〕亞盧：〈女子家庭革命論〉，《神州女報》，第2號（1907年12月）。
〔註230〕煉石：〈女權平議〉，《中國新女界雜誌》，第1期（1907年）。
〔註231〕夏曉虹：《晚清女性與近代中國》，第68頁。

反映。〔註232〕一九〇七年初，中國江北發生嚴重水災，「中國婦人會」發動募捐，在北京琉璃廠販賣《難民圖》，此活動由其時的女子教育家黃銘訓發起，並吸引一眾女學生參與，包括她就讀於四川女學堂的兩個女兒杜成玉與杜成淑。後來杜成淑收到一封署名京師大學堂譯學館學生屈疆的信函，屈疆在信中對杜成淑表達愛慕之情，杜成淑卻覺得受到輕薄羞辱，憤而將此信刊登在《順天時報》，而屈疆亦不甘示弱，也將覆信刊於該報上，並認為男女兩情相悅，進而交往有何不可。此事在國內引起軒然大波，各大報刊均有報導，《中國新女界雜誌》也有記載及評論，對杜成淑是否中國婦人會的成員更引起甚多爭議。〔註233〕此事中，最值得注意的是作為《中國新女界雜誌》主編的燕斌，她對屈疆主動求愛的看法。燕斌刊登了屈疆原函，並在其上細緻評點，指責其行為不當及用心卑劣，至於對杜成淑的嚴辭拒絕，她則大力表揚，並認為杜成淑潔身自愛，正反映女學堂的良好校風。〔註234〕由此可知，燕斌對於其時先進份子力倡的「自由結婚」主張，其看法仍是相當保守、偏向負面的。對於男女學生的交往，燕斌一再提出女性謹守自重的重要：「道德者，女子立身之要素，提倡女學者，所尤當注重者也。」〔註235〕相較之下，《女子世界》在載刊杜成淑的覆信時，則刻意隱沒原文嘲諷屈疆的語句，暗中反映編輯不認同其保守的戀愛婚姻觀，更顯得《女子世界》之開放，《中國新女界雜誌》的保守。在此事上，秋瑾亦曾對《中國新女界雜誌》的保守立場表示不滿，雖然她刻意以糊名的形式表達，但從上文下理推斷，可知秋瑾所指乃《中國新女界雜誌》，更批評雜誌「閉塞中國女界」〔註236〕。當然，燕斌及《中國

〔註232〕 夏曉虹教授對此事有詳細考證，詳見夏曉虹：《晚清女性與近代中國》，第66～69頁。
〔註233〕 《中國新女界雜誌》第二期「時評」欄轉載有留學日本明治大學杜成鋆（杜成淑之姊）寄來的《杜成淑女士答屈某函》及屈疆回覆杜成淑之函，主編燕斌將所有文章的標題訂為「可敬哉京師四川女學堂之學生，可敬哉中國婦人會之書記」，文中也以「京師四川女學堂學生中國婦人會書記」稱杜成淑。此說引起「中國婦人會」的不滿，因此，中國婦人會南洋分會致函《中國新女界雜誌》，指明杜成淑並非該會會員，只是由其父母力保，「暫」充該會賣團處臨時義務書記而已，不論她或其母皆未見於「中國婦人會」的會籍，該函亦在《中國新女界雜誌》第三期刊登。
〔註234〕 燕斌謂杜成淑「詞旨嚴屬，議論正大」，「京師四川女學堂有如此之學生，其教育之完善可知。」《中國新女界雜誌》第2期（1907年3月）。
〔註235〕 《中國新女界雜誌》第2期（1907年3月）。
〔註236〕 秋瑾謂：「□□之雜誌，直可謂之無意識之出版，在東尚不敢放言耶！文明之界中乃出此奴隸卑劣之報，不足以進化中國女界，實足以閉塞中國女界耳，

新女界雜誌》等論者的保守婚姻觀，或暗藏「維護女界前途的良苦用心」〔註
237〕，因爲其時正當清廷承認北京女學（由杜成淑母親主辦）的合法性前夕，
其保守言論或爲了令新式女子教育留下可立足與成長的必要空間，但結合前
文所述燕斌的婚俗主張來看，燕斌對於改變父母主婚的婚姻制度，乃至提倡
自由戀愛等先進主張，仍是甚有保留的。

　　另一知識女性呂碧城，對當時先進志士提倡的女性婚姻自主，亦表示質
疑及保留。如 1908 年嚴復曾在信中記述他與呂碧城談及自由婚姻的議題，呂
碧城曾表示父母主婚比自由結婚更佳：

> 父母主婚雖有錯時，然畢竟尚少；即使錯配子女，到此尚有一
> 命可以推委。至今日自由結婚之人，往往皆少年無學問、無知識之
> 男女。當其相親相愛，切訂婚嫁之時，雖旁人冷眼明明見其不對，
> 然如此之事何人敢相參預，於是苟合，謂之只有結婚。轉眼不出三
> 年，情景畢現，此時無可委過，連命字亦不許言。至於此時，其悔
> 恨煩惱，比之父兄主婚者尤深，並且無人爲之憐憫，此時除自殺之
> 外，幾無路可走。〔註 238〕

　　從呂碧城對於「自由結婚」的懷疑，可見她對男女雙方自主能力的不信
任。因此，她提出「父母主婚」的好處，某程度上可說是向傳統靠攏的婚姻
觀。不過值得注意的是，若總結呂碧城的生平經歷及思想性格後，便可知她
對婚姻自主的不信任，並非如陳擷芬般的服膺父權傳統，當中亦滲雜她因幼
失怙恃，對人際關係欠缺信心的憂慮。而且，從上文所見，呂碧城所論並非
針對所有自由結婚的人，而只是針對欠缺學問見識的少年男女，以及這些「無
知」青年擇偶不愼的深遠影響，而非就社會整體的婚姻制度、自主結婚等議
題發表己見，而她對自己的婚姻擇偶更有強烈的自主意識與個人意見。〔註 239〕

　　　　可勝歎息哉！」秋瑾：《「女子世界」記者書・其二》，《秋瑾集》，第 48 頁。
〔註 237〕　夏曉虹：《晚清女性與近代中國》，第 87 頁。
〔註 238〕　王栻編：《嚴復集》，第 3 冊，上海：中華書局，1986 年，第 838～9 頁。
〔註 239〕　呂碧城一生未有婚嫁，並曾就保持獨身謂：「生平可稱許的男子不多……我之
　　　　目的，不在資產及門第，而在於文學上之地位。因此難得相當伴侶，東不成，
　　　　西不合，有失機緣。」王栻編：《嚴復集》，第 3 冊，上海：中華書局，1986
　　　　年，第 838～9 頁。由此可見，呂碧城對於自己的婚配有強烈的自主意識，而
　　　　且希望覓得志向相近、才華相當的伴侶，而非只由父母作主。前文所謂「父
　　　　母主婚」比「自由結婚」爲佳的說法，明顯只是針對當日所見無學問、無知
　　　　識的年青男女擇偶不當而言。

不過,無論如何,對於當時流行的「自由結婚」的新思想,呂碧城始終表示一定的保留。相對於其他力倡改革婚姻制度,擺脫父母之命的先進份子,她無疑是較保守的。而且,她雖然就女權、女學等議題發表了大量的論說文章,卻始終未有就婚姻制度提出改革意見,這種情況可說是與燕斌等人頗為相類。

與燕斌等不同的是,呂碧城個人的人生歸宿,卻著實表現了知識女性在結婚生子以外的其他選擇,可說是嘗試突破家庭中的妻子、母親角色,建立女性獨立於家庭、非以男性為中心的身份。作為獨立的知識女性,她積極開展個人的事業,並不以婚姻為人生的必然歸宿。她的獨身選擇,在當時看來,極富時代意義。嚴復〈與甥女何紉蘭書〉曾記云:「(按:指呂碧城)心高意傲,舉所見男女,無一當其意者。極喜學問,尤愛筆墨,若以現時所就而論,自是難得……吾常勸其不必用功,早覓佳對,渠意深不謂然,大有立志不嫁以終其身之意,其可歎也」。〔註240〕呂碧城以鑽研學問、文學創作及教育等為其人生歸屬,並對女性必須出嫁的傳統觀念「深不謂然」,其保持獨身的個人選擇,可謂對其他知識女性的重要啟發:宣示女性可以在傳統婚姻以外,自主自己的人生,作出其他個人的選擇。可惜的是,儘管其自身選擇如此,她卻未有於言論或著述上,發表任何批判傳統婚姻制度的說法,亦未有鼓勵其他女性走出傳統婚姻的樊籠。

在婚姻觀上,另一值得注意的知識女性為何震。何震多次批評傳統婚姻制度對女性的壓迫,並提倡「無政府主義」的「解放家庭」論,〔註241〕但她也曾在〈震致留日女學生書〉上表示:「近歲以來,女界同胞,以婚姻自由、男女平等為恆語,竊以為過矣。……(按:指留日女學生)不過以婚姻自專,不告於父母,不宣於賓朋,甚至於數載之間,離合之事,已遭再三矣」。〔註242〕由此可見,在當時先進份子提倡自由結婚、自由戀愛的風氣之下,何震與呂碧城一樣,對不少青年男女因感情欠穩定,致離合不斷之事,予以否定及批判。事實上,何震並非反對自由結婚,她亦曾撰文否定傳統父母主婚的婚制,並憧憬男女情投意合的自由結合,可見她反對的只是「數載之間,離合之事,已遭再三矣」的問題。可以說,呂碧城與何震等對婚姻自由所採取的

〔註240〕王栻編:《嚴復集》,第5冊,第1493頁。
〔註241〕何震的思想深受「無政府主義」所影響,其思想比較複雜,本書將於第六節作詳細討論,此處不贅。此外,有關何震對婚姻家庭的看法,亦會在本章第六節作分析,此處只指出部分問題,與其他知識女性略作比較。
〔註242〕〈震致留日女學生書〉,《天義》,1907年6月。

保留態度，並非針對其想法本身，而是針對其不良後果，即因提倡婚姻自由而導致男女多次離合、婚姻失敗的後果。不過，無論如何，這些知識女性對婚姻自由、自主結婚的思想，其取向實比其他男性知識分子更爲保守。

總括來說，燕斌、呂碧城與何震三人，均對婚姻自主的問題採取保留與質疑的態度，從燕斌對「杜成淑拒屈疆函」一事的回應，可見她對女性守禮自重、嚴守男女之防的重視，當然更不會鼓吹女性爭取戀愛自由、自主結婚；呂碧城雖然能自主個人的婚姻大事，擺脫女性必須回歸家庭的傳統限制，以獨身的姿態遊走於公共空間，但她對其時青年男女的自由戀愛、自主婚姻卻表示質疑與憂慮；至於何震，儘管她一再批判父權體制，但她與呂碧城一樣，對女學生自由戀愛之事卻大肆批評。可以說，與當時一再挑戰「父母之命」、鼓吹自由戀愛的新思潮相比，這些知識女性的婚姻觀無疑來得更爲保守。儘管她們對自由戀愛的保留態度或基於不同的原因與考慮，但她們不約而同的保守立場，卻著實反映傳統思想的影響。

（二）對「賢妻良母」角色的思考：知識女性的不同選擇

不少清季的知識女性與日本淵源頗深，如秋瑾、陳擷芬、林宗素、何震、燕斌等皆曾留學日本；單士釐曾隨夫旅居日本四年，更與日本教育家下田歌子交好，〔註243〕而何震亦曾隨夫東渡日本。這些旅居日本的知識女性，在日組織團體、創辦報刊，更與日本文化界有頻繁的接觸與交流。因此，日本的教育與文化，對她們的思想有一定的影響。日本教育家下田歌子爲日本從事中國女性教育的第一人，其創建的實踐女學校，爲清末中國留日女學生的教育中心，〔註244〕其教育目的爲啓發學生「固有之女德」，授以留學生「女子教

〔註243〕 單士釐在《癸卯旅行記》的自序中云：「回憶歲在己亥（按：即1899年），外子駐日本，予率兩子繼往，是爲予出疆之始。嗣是庚子、辛丑、壬寅間，無歲不行，或一航，或再航，往復既頻，寄居又久，視東國如鄉井。」單士釐：《癸卯旅行記》，鍾叔河主編：《走向世界叢書》第一輯第十冊，長沙：嶽麓書社，1985年，第684頁。單士釐留日期間，與日本的知識女性多有來往，當中即包括下田歌子。1906年單士釐從日本返國，並曾賦詩贈別下田歌子：「六載交情幾瀰洄，一家幸福荷栽培。扶持世教垂名作，傳播徽音愧譯才。全國精神甚女學，鄰邦風氣賴君開。驪歌又唱陽關曲，海上三山首重回。」見單士釐著、陳鴻祥校點：《受茲室詩稿》，長沙：湖南文藝出版社，1986年，第45頁。

〔註244〕 周一川：《近代中國女性日本留學史（1872～1945年）》，北京：社會科學文獻出版社，2007年，第16頁。

養之道」、「使得慈母與教師之教養」，讓學校成爲「養成賢妻良母之場所」。〔註
245〕下田歌子的女子教育觀，始終不脫儒家傳統「女德」的規範，她心目中的
理想女性，只是服膺於傳統「男外女內」、「男主女從」「男剛女柔」觀，以「相
夫教子」爲終身事業的女性。對於下田歌子對清季知識女性思想上的影響，
周一川曾指出：

> 與下田歌子爲了男人的教育理論相悖，下田從事的培養「東洋
> 女德之美」的教育，卻促成了中國女性個性的覺醒，培育了一批辛
> 亥革命時期活躍的婦女運動家。……下田歌子不曾想到，留日學生
> 王昌國、林宗素、張漢英等都未曾學到她所倡導的東洋女德的溫順
> 與服從，而成爲活躍在中國政府舞臺上的爭取女性平等權利的代表
> 人物。〔註246〕

周氏此說或有其根據，但仔細分析下，當中亦有可斟酌之處。清季接受
日本教育、受日本文化影響的知識女性，確實未有如下田歌子心目中的理想
女性般以「溫順」的面貌示人，但此說只適用於她們的政治主張與革命事業
上。尤其值得注意的是，對於「賢妻良母」的家庭角色，不少知識女性如單
士釐、徐自華、陳擷芬等，仍是傾向溫順的服從傳統。對於婚姻家庭的定位，
這些知識女性雖有開展家庭以外的個人事業，但她們卻未有拋棄傳統「賢妻
良母」的角色，仍然履行著順從男性、以家中男性爲中心的妻母之職，甚而
更因此與自己的女權主張產生矛盾。不過，當中亦有其他知識女性開始摸索
婚姻以外的人生出路。本書研究的清季知識女性，單士釐、徐自華、陳擷芬
等爲傳統的賢妻良母；秋瑾離開夫家；張竹君與呂碧城則終身不嫁，〔註247〕
她們對婚姻的取態各異，正反映清季知識女性對現代婚姻與家庭角色的摸索
與思考。

〔註245〕〈寄書〉，《大陸報》，上海：作新社，第 1 號（1902 年）。
〔註246〕周一川：《近代中國女性日本留學史（1872～1945 年）》，北京：社會科學文
　　　　獻出版社 2007 年版。24 頁。
〔註247〕本書的研究對象除上文所述的六位外，尚有燕斌、林宗素及何震三人。燕斌
　　　　生平及婚姻狀況均未可考，只知其爲留日女學生，並爲《中國新女界雜誌》
　　　　主編。林宗素據《閩侯縣志》所載，曾於 1905 年嫁予其兄陳白水之友湯忠，
　　　　其後於 1913 年離婚，再與張客公結婚，見〈林宗素〉，載《閩侯縣志》，北京：
　　　　方志出版社，2001 年。不過，其離婚再嫁已超越本書的研究時段，而且其資
　　　　料亦只有《閩侯縣志》的聊聊數語，故本書將不作討論。至於何震，自嫁予
　　　　劉師培爲妻後，其婚姻狀況未有足以討論之處，至於其婚姻主張，本書將在
　　　　第六節作分析，此處不贅。

1. 服膺於傳統賢妻良母的角色：單士釐與徐自華

單士釐自二十六歲嫁予錢恂爲繼室後，[註 248]其思想受丈夫影響甚深。作爲外交官的錢恂，積極提倡維新，並批評傳統守舊的觀念，再加上海外旅居的經歷，令單士釐接觸到西方的思想，並在一定程度上受其影響。因此，錢恂對於單士釐走向世界的功勞不小，而單士釐筆下亦時見對丈夫的崇敬與順從。[註 249]對於女性在婚姻家庭的角色，單士釐謹守傳統的「婦德」規範，如她隨同夫婿遠渡海外，見識到外國女子自由穿梭於公共場所，有機會與男性平起平坐時，她一方面肯定西方的進步以及西方女子教育的好處，但另一方面，她並未有迷失於西學熱潮當中，反而在自省之餘更強調中國傳統的女性道德，如她在《癸卯旅行記》（1903 年）提到冒雨遊博覽會之事：

> 大雨竟日，予等冒雨遊博覽會。是日遊人少，予等得從容細觀。……中國婦女本罕出門，更無論冒大雨步行於稠人廣眾之場。予因告子婦曰：「今日之行專爲拓開知識起見。雖躑躅雨中，不爲越禮，況爾侍舅姑而行乎？但歸東京後，當恪守校規，無輕出。予謂論婦德究以中國爲勝，所恨無學耳。東國人能守婦德，又益以學，是以可貴。夙聞爾君舅言論，知西方婦女，固不乏德操，但逾閑者究多。在酬酢場中，談論風采，琴畫歌舞，亦何嘗不表出優美；然表面優美，而內部反是，何足取乎？近今論者，事事詆東而譽西，

〔註 248〕 單士釐二十六歲嫁予錢恂（另一說爲二十九歲，本書據陳鴻祥說法而取二十六歲之說）。〈己酉除夕步夫子原韻〉云：「結縭廿五載，今歲始營家。」此爲單士釐跟隨錢恂，自國外歸來，築室「歸潛」之初寫下之詩。時維 1910 年初，由此可見，單士釐大致於二十六歲（1884 年）與錢恂結婚。詳見陳鴻祥：《受茲室詩稿・前言》，單士釐著、陳鴻祥校點：《受茲室詩稿》，長沙：湖南文藝出版社，1986 年，第 3 頁。錢恂（1853～1927），字念劬，清末著名外交官。1890 年隨薛福成出使英、法、意、比等國，後爲清朝駐法國、意大利、日本史館參贊大臣，1914 年任參政院參政。著有《韻目表》、《史目表》、《唐韻考》、《帕米爾圖說》、《中俄界約斠注》、《二二五五疏》、《金蓋樵話》，譯有《日本政要十二種》、編有《天一閣見存書目》、《清駢體文錄》等。參見錢恂纂：《吳興錢氏家乘》，1921 年鉛印本，第一冊，載《清代民國名人家譜選刊》第 34 冊，臺北：國家圖書館地方志家譜文獻中心，2006 年，第 1 頁。

〔註 249〕 單士釐不時於著述中表達對丈夫的崇敬與仰慕，並對丈夫的成就、處世、先進思想引以爲傲，如《歸潛記》中〈義國佩章記〉、〈奧蘭琦——拿埽族章〉、〈寶星記〉等，皆記錄其夫錢恂獲頒的勳章，並對此表示讚美之意，可見單士釐以夫爲榮。

於婦道亦然，爾慎勿爲其所惑可也。」〔註250〕

　　單士釐認爲中國女性較少出門，但是次參觀博覽會乃爲了吸收知識，故毋需拘泥禮法規範。不過，她仍再三告誡媳婦，返回東京以後，應當秉守校規，不輕易外出。其後，她又再比較中國、日本及西方三地的女性，認爲日本女性德學兼備，最值得中國女性效法。對於西方女性的長袖善舞、善於交際，單士釐明褒實貶，她指出西方女性只是金玉其外，實則上缺乏內涵。從上文推論，此內涵當指「婦德」，也就是男女社交的道德規範及禮儀。由此可見，單士釐雖然在女性參與國家事務、女子教育、女性身體自主（反纏足）等議題上持有較開放的態度，但在男女交往的問題上，她仍堅守傳統的婦德規範，更遑論談及婚姻及家庭制度的改革。

　　事實上，單士釐《癸卯旅行記》雖是夫妻相偕而行，但單士釐的行動及考慮仍以丈夫爲中心，她只是以妻子的身份從旁輔助，如：「外子出名刺與優待券示守官，守官導入門，出簿請書姓名。日本用西例，得挈妻子游，故予及子婦均隨入」〔註251〕。此外，遇上重大決定，單士釐必須經過丈夫定奪，當中仍見傳統以夫爲尊的想法：「予家留東之男女學生四人皆獨立完全之自費生，一切選學校、籌學費，悉悉往來於外子一人腦中。」〔註252〕可見她一方面從女性角度進行省思，企盼開啓中國女智，倡議廢纏足、興女學、培養女性自主權等，似乎與當時維新派的社會改革遙相呼應，但另一面又在婚姻家庭上謹守傳統婦德，服膺夫權，聽命於丈夫，以丈夫爲中心。單士釐爲錢氏家族的長媳，兼具母教及女德，因爲丈夫錢恂忙於外交使節的事業，按男主外、女主內的傳統家庭分工，單士釐除輔助丈夫，與各國使節夫人交際外，更擔起教育家中後輩的責任，〔註253〕可以說是傳統典型相夫教子的賢妻良母。

〔註250〕單士釐：《癸卯旅行記》，第693頁。

〔註251〕單士釐：《癸卯旅行記》，第690～691頁。

〔註252〕單士釐：《癸卯旅行記》，第701頁。

〔註253〕錢家的晚輩錢秉雄、錢三強曾記述：「（單士釐）每天教我讀方塊字，還教我讀五言古詩……她對小輩非常愛護，並且善於引導。因爲她在十九世紀末就帶著她的兩個兒子東渡到日本去了，接受日本明治維新以後的新教育……很注意研究日本的兒童教育和女子教育。」見錢秉雄、錢三強：《受茲室詩稿·回憶伯母單士釐（代序）》，第1～2頁。又如錢恂父母身故後，單士釐盡心竭力地教養、呵護年紀比錢恂小三十三歲的小叔錢玄同，錢仲聯曾記述：「我叔祖父振常在給繆荃孫的信札中說：『長孫稻孫，九歲畢四子書，授毛詩。次孫樾孫，六歲誦《小學韻語》之類，皆母（指我伯母單士釐）授也。稚子師黃（玄同原名），畢《爾雅》、《易》、《書》、《詩》、刻誦《戴禮》小半。」見錢

　　而對於傳統一夫多妻的制度，單士釐也未有加以反抗。錢恂出使海外，除了妻子單士釐之外，尚有一妾陪侍：「晚乘月率朝日婢步行至東南湖母舅家。距予家不足三里。」〔註254〕錢恂弟錢玄同在 1905 年的日記中亦曾提到，家中六人從上海東渡日本，同行當中除了錢恂、單士釐之外，也包括錢恂之妾朝日：「余等均坐頭等……兄嫂、(如)嫂居一間、金君、莊康及恂暨予居」〔註255〕。據周作人憶述，錢玄同曾提及其嫂單士釐著有《家之宜》一書，當中有一章名《妾之宜》：「夫人蕭山單士釐……又有關於女學的一冊《家之宜》，據玄同說封建氣很重，有一章說《妾之宜》，我卻沒能夠見到」。〔註256〕對於單士釐的《妾之宜》，周作人批評謂：

> 清末民初新學已經大興，講婦學的還有如《家之宜》那樣特列一章論《妾之宜》的，……古已有之，根深柢固，……乾隆時徐葉昭女史有《職思齋學文稿》一卷，卷首文十篇，論女道、婦道以至妾道、婢道，正是同一論調。又在《瑤仙閒話記》一篇中述客瑤仙之言曰：「閨門之雅惟納妾爲最，」……本來在男性中心的社會，多妻是男子的天經地義。〔註257〕

　　由此可見，單士釐對於傳統婚姻制度的一夫多妻、男主女從，以及當中的男女分工等，皆未有絲毫反抗之意，此與她在女性教育、女性權利，以及女性的國家意識等方面所提倡的西化革新相比，其婚姻家庭觀無疑是保守而傳統的。

　　另一謹守賢妻良母角色的知識女性爲徐自華。徐自華自稱奉行「在閨爲淑女，出閣爲順婦，爲令妻，他日則爲賢母」〔註258〕的傳統教條，自覺遵循婦道規範，認爲女性自當服膺於婚姻制度，以結婚生子爲人生事業，以相夫

　　　　　仲聯：《夢苕盦論集》，北京：中華書局，1993 年，第 540 頁。

〔註254〕《癸卯旅行記》，第 697 頁。當中之「婢」實指錢恂之妾。誠如邱巍的考據：「錢恂後來曾納一日籍妾，名朝日。錢恂、單士釐周遊世界，朝日一直隨行。」丘巍：《吳興錢家：近代學術文化家族的斷裂與傳承》，杭州：浙江大學出版社，2009 年，第 117 頁。

〔註255〕北京魯迅博物館編：《錢玄同日記》(卷一：1905.12～1907.12)，福州：福建教育出版社，2002 年，第 1 頁。

〔註256〕周作人著、陳子善、鄢琨編：《周作人自選精品集——飯後隨筆》上冊，石家莊：河北人民出版社，1994 年，第 404 頁。

〔註257〕周作人著、陳子善、鄢琨編：《周作人自選精品集——飯後隨筆》，第 405 頁。

〔註258〕徐自華：《聽竹樓詩稿自序》，郭延禮注：《徐自華詩文集》，北京：中華書局，1990 年，第 1 頁。

教子為最重要的職務,其婚姻家庭觀可說是與傳統無異。徐自華二十一歲即由父母主婚,嫁與湖州梅韻生為妻,並展開了為人妻、為人母的生活。「梅於南潯為巨室,階籍門蔭,席豐履厚。」〔註259〕秋瑾弟秋宗章曾評述徐自華的婚姻謂:「梅君才不及女士,嫁後,不無天壤王郎之感。顧閨房靜好,琴瑟猶未異趣」〔註260〕。雖然在秋宗章的眼中,徐自華與丈夫的關係看似不錯,但秋宗章其後又謂:「女士天性純摯,猶服膺舊禮教,躬行實踐,不稍緬越。……嘗讀先大姊詩稿,有『如何謝道韞,不配鮑參軍』。姊太息不語,女士亦為撫然……緬懷身世,彌憐同病」〔註261〕。事實上,秋瑾對其夫的無能甚為不滿,更多次宣之於口,她以謝道韞自比,有「天壤王郎」之歎,實屬自然。然而徐自華竟也由此緬懷身世,有同病相憐之感,可見她亦有感與丈夫並不匹配。正如本節前文所述,以謝道韞自居,以「天壤王郎」暗示丈夫無才,表達彩鳳隨鴉的不滿,乃承襲自清代閨秀的書寫筆法。查徐自華的丈夫雖無大過,然而只屬平庸的富家子弟,欠缺文藝才華,與她亦難以作文化或心靈上的交流。從現存的徐自華詩詞文章來看,未見與其丈夫有關的題贈、唱酬或其他記述,可見她與丈夫的文化交流不多,兩人之間感情亦不太深厚。〔註262〕因此,對於秋瑾的「天壤王郎」之歎,徐自華亦「彌憐同病」。然而,徐自華卻未有對婚姻表示不滿或反抗,更未有於個人著述中檢討婚姻制度的問題。

徐自華雖未有就婚姻自由、自主擇偶等議題發表意見,然而,對於傳統婚姻中女性權益不受保障的問題,她卻曾表示意見,但其不滿卻只屬消極的反抗,未有從制度根本上反思傳統婚姻的問題。如徐自華有〈弔蔣蘊華女士〉詩,提及女學生蔣璿的慘劇,其序云:

> 女士名璿,字蘊華,浙之嘉善人。……長適同里裏許光烈。時滬上女學日盛,女豔羨之,商於夫,負笈啟明女校,習美術。光烈有兄曰嘉明,素無賴,尤仇視學界,因誣女不貞,以坐女之戚沈某。

〔註259〕 秋宗章:《記徐寄塵女士》,郭延禮注:《徐自華詩文集》,北京:中華書局,1990年,第225頁。

〔註260〕 秋宗章:《記徐寄塵女士》,《徐自華詩文集》,第225頁。

〔註261〕 秋宗章:《記徐寄塵女士》,《徐自華詩文集》,第225頁。

〔註262〕 從現存的徐自華詩詞文章來看,未見與其丈夫有關的記述,相反,徐自華不乏與秋瑾、吳芝瑛、陳去病等以詩詞題贈、唱酬。此外,1900年農曆正月,徐自華婚後七年,其丈夫梅韻生因病早逝,自此她寫下不少抒寫孤獨愁苦之情的作品,但作品內容多指向個人處境的孤獨,而未有如其他悼亡詩詞般,懷念與丈夫相處的時光,更未有追念丈夫的情事,可見二人感情未必太深。

> 光烈信之，以書促女歸。女不可，光烈憤，嘉明益得計。日詈於蔣
> 之門，而嗾弟控之官，且遍播謗書以實之。女聞狀，慮驚寡母，罷
> 學歸依。自更其字曰堅冰以明志。居恆鬱鬱，泣語人曰：「人生恃名
> 譽耳！名之被玷，何以生爲？」至是作遺書四通，別其母及兄妹，
> 遂吞金約指而死。年二十六，時宣統元年閏二月二十九日也。〔註263〕

　　詩中記述的蔣蘊華女士矢志求學，但卻被人誣衊不貞，因見疑於丈夫而被迫輟學返家，最後憤而自殺。對於蔣氏的以死明志，徐自華雖在詩中批評其丈夫「詎料狂夫心不諒，一朝竟聽流言謗」〔註264〕。但卻未有藉此帶出傳統婚姻制度對女性之不公，以及夫妻權利的不對等，甚而更以「吁嗟此女烈且貞，遇人不淑乃輕生。奈何鴛侶比鴆毒，玉碎香銷身殉名」〔註265〕等句，一方面慨歎其遇人不淑的可悲，另一方面又歌頌其貞烈行爲。她將蔣璿悲劇的成因歸咎於「遇人不淑」，可見她將之視爲個別的悲劇事件，而非因制度使然的普遍問題。徐自華其後又記述另一位女學生吳其德，其遭遇亦與蔣蘊華相似。吳其德入上海愛國女學校讀書，許字同鄉饒可權，其夫亦聽信讒言誤以爲其行爲有損貞潔，最後吳其德服毒而死〔註266〕。徐自華對吳其德的死深深慨歎：

> 與蔣蘊華女士之亡僅差半月耳，事復相同，均遭夫之惡謗，可
> 謂無獨有偶。嗟乎！專制之毒，相沿久矣。不圖於風氣開通、文明
> 進步之時，乃肆此野蠻手段，與女學爲仇，曷勝憤歎！〔註267〕

　　雖然徐自華對專制之毒深感不滿，更指向各方有意阻撓女學的封建勢力，但她對於這些以自殺明志的受害女性，卻是以歌頌貞烈的傳統角度大加表揚，如其〈弔吳其德女士〉詩有句云：「我欲劈棺重把臂，爲君點上守宮砂。」〔註268〕由此可見，她並未有檢討傳統婚姻對女性的不公與迫害，亦未有思考夫妻相處的不平等，只是強調蔣蘊華及吳其德二人的發奮力學及貞潔剛烈，爲其以身殉節（貞節）表示讚揚之意，這種想法無疑仍不脫傳統婚姻制度與婦德框架，更遑論如其他先進份子般力倡婚姻改革。

〔註263〕徐自華：〈弔蔣蘊華女士〉，《徐自華詩文集》，第137頁。
〔註264〕徐自華：〈弔蔣蘊華女士〉，《徐自華詩文集》，第137頁。
〔註265〕徐自華：〈弔蔣蘊華女士〉《徐自華詩文集》，第137頁。
〔註266〕徐自華：〈弔吳其德女士四章〉，《徐自華詩文集》，第138頁。
〔註267〕徐自華：〈弔吳其德女士四章〉，《徐自華詩文集》，第138頁。
〔註268〕徐自華：〈弔吳其德女士四章〉，《徐自華詩文集》，第138頁。

2. 拒絕以賢妻良母為人生歸宿的知識女性

單士釐及徐自華不論在言論思想，還是其人生實踐上，均擔任傳統賢妻良母的角色；至於其他知識女性，她們在個人的婚姻選擇上，則嘗試擺脫傳統的賢妻良母的框框，嘗試在家庭崗位以外，開拓其他女性生命道路的可能性。

（1）獨身的呂碧城與張竹君

如前節所論，呂碧城注意到男性知識分子所提倡的「國民之母」，始終不脫傳統以男性為中心的倫理角色，致女性未能建立獨立的人格，故她強調女性不應只將自身限定於家庭內的角色，更應面向社會，開展自己的人生，尋找自我的定位。〔註 269〕呂碧城雖然認為女性應立身社會，但值得注意的是，她並非排斥女性的家庭角色，只是以為妻母角色並非女性生命的全部。另一知識女性張竹君亦有相類看法，雖然她並未有否定女性「為人母」的角色，如她曾表示：「女子為人群之母，母教之不講，民品所由敗也；女學之不昌，人種所由弱也。」〔註 270〕「此時為病女，將來即為病婦；病體之遺傳，勢必更生病子孫。使僅為一人一家之事實，則所關尚細，無如千百年來，統二萬萬之婦女，已皆淪於此境界，迄未改革焉！則其人種之健全，必不可得。」〔註271〕以上兩者皆針對女性為人妻、為人母的角色立論，表面看來，張竹君似乎很重視女性的妻母角色，但事實上，她並不以為「賢妻良母」便是女性人生的全部。張竹君一再表示反對傳統女性「倚賴之根性」〔註 272〕，批判傳統女性依靠男性生活、以男性為中心的心態。因此她並不認為「人群之母」為女性唯一的選擇，反之，女性在經濟上及心態上均應「自立」，從而找到自己的身份及存在價值，如她曾在公開場合對女性聽眾演說，表示：

> 吾輩女子，夙昔潛處於男子肘腋之下，今欲脫出他人之肘，顧
> 乃群聚肘下，而謀求去之方，胡其戾於理之甚？余考其故，則知其

〔註 269〕如呂碧城在〈論某督剳幼稚園公文〉中謂：「今之興女學者，每以立母教、助夫訓子為義務。雖然，女子者，國民之母也，安敢辭教之責任？若謂除此之外，則女子之義務為已盡，則失之過甚矣。」呂碧城：〈論某督剳幼稚園公文〉，《女子世界》第 9 期，1904 年 9 月 10 日。前節已有分析，今姑且再錄以備參考。

〔註 270〕張竹君：〈女子興學保險會序〉，《中國新女界雜誌》，第 4 期（1907 年）。

〔註 271〕煉石：〈女界與國家之關係〉，《中國新女界雜誌》，第 2 期（1907 年）。

〔註 272〕〈記張竹君女士演說〉，《警鐘日報》，1904 年 5 月 2 日。

受病之原，在於學之不足。學不足，斯不能自立，不能自立，而求
出肘下，與男子立於同等之地位，是猶航斷港而求達於海，終於無
功而已矣。〔註273〕

張竹君的言論雖以倡導女學爲目的，但卻反映了她並非以爲女性只需充
當「相夫教子」、以男子爲中心的「人群之母」，而是應透過學習知識，得以
自立。在她看來，女性雖擁有當「人群之母」的特性，卻不應因此依賴男性，
而應做一個自立的人。換言之，她不只重視母性，更重視女性作爲個人的存
在價值。可以說，張竹君與呂碧城的看法相似，二人均未有否定女性在家庭
中的妻母角色，但卻不以爲妻母角色爲女性生命的必然及人生的全部，而二
人更在個人婚配選擇上實踐這種想法。

呂碧城終生未婚，不少論者以爲乃因曾遭汪氏退婚所致。呂碧城十歲時
曾在父母作主下，和同鄉的汪君訂親，但後來其父去世，族人見其家無男兒，
欲爭繼嗣，她在「喪父、產被侵、無以爲生」的孤苦情況下，遭到汪氏退婚。
〔註274〕有謂呂碧城「方以才貌噪於時，遽蒙奇恥」〔註275〕，因此而影響她日
後的感情生活。其後駐日公使胡惟德欲續弦再娶，嚴復、傅增湘等曾替呂碧
城議婚，但最終未有成事，〔註276〕其後又因呂碧城與袁克文詩文唱和，往來
頻繁，「費仲深曾以袁克文徵求碧城意見，碧城微笑不答，是日亦提及時，謂：
『袁屬公子哥兒，只許在歡場中偎紅依翠耳』」。〔註277〕呂碧城曾歷三次議婚，
最終未成，然而除第一次因年紀太幼，未能作主外，其餘兩次她都表現強烈
的主見，表示對方並非其伴侶的理想人選，可見她對婚姻自主、擇偶自由的
想法。她曾與南社文人談及自己的婚姻觀，據南社社員鄭逸梅記述：

葉遐祝邀楊千里、楊雲史、陸楓園等人於其家懿園作茗敘。無

〔註273〕〈記張竹君女士演說〉，《警鐘日報》1904 年 5 月 2 日。

〔註274〕本際：〈呂碧城居士〉，《曉珠詞》，第 5 頁。

〔註275〕劉紹唐：《民國人物小傳・呂碧城傳》，《傳記文學》，第 23 卷第 1 期。

〔註276〕《嚴復日記》11 月 12 日云：「胡仲巽（按：即胡惟德之弟）來，言其兄不要
碧城。」又嚴復在〈與夫人朱明麗書三十一〉中記胡仲巽曾來電提到胡惟德
與呂碧城婚姻：「此事早做罷論，據胡老二言，乃其兄已與一美國女學生定親，
不知信否？碧城雖經母姊相勸，然亦無意，但聞近在天津害病頗重。其二姊
眉生曾來寓告我，並求我爲碧城謀出洋，北洋現已換人，不知做得到否？」
見王栻編：《嚴復集》第三冊，第 589 頁。

〔註277〕鄭逸梅：《藝林散葉續編》，《鄭逸梅選集》卷三，哈爾濱：黑龍江人民出版社，
1991 年，524 頁。

> 意中談及碧城之婚姻問題，碧城云：生平可稱許之男子不多，梁任
> 公早有妻室，汪季新年歲較輕，汪榮寶尚不錯，亦已有偶。張賣公
> 曾為諸貞壯作伐，貞壯詩才固佳，奈年屆不惑，鬚髮皆白何。我之
> 目的，不在資產及門第，而在於文學上之地位。因此難得相當伴侶，
> 東不成，西不合，有失機緣。幸而手邊略有積蓄，不愁衣食，只有
> 以文學自娛耳。〔註278〕

　　幾位男士與碧城坦誠論及婚姻之事，她也直言自己的擇偶條件，從中帶
出她對婚姻和自由戀愛的看法。正如前文所言，呂碧城並非在理念上反對自
由戀愛、婚姻自主，而是她認為當時的年青男女見識淺陋，未足以為自己的
終身之事作打算，因此方會反對自由結婚。呂碧城一再強調女性不一定要結
婚生子，若然未能找到合心意的伴侶，又能像她一樣「手邊略有積蓄，不愁
衣食」，經濟自立，則選擇獨身、投入個人事業亦未嘗不可。因此，雖然其師
嚴復一再為其婚事費心，呂碧城卻多次表示不以為然，據嚴復記述：「吾常勸
其不必用功，早覓佳對。渠意深不謂然，大有立志不嫁以終其身之意，其可
歎也。」〔註279〕對於呂碧城的獨身選擇，嚴復抱持女性必須覓得歸宿的傳統
思想，因而表示憂慮：「此兒不嫁，恐不壽也」。〔註280〕然而，呂碧城卻未有
因獨身而自卑，她對婚姻持一開放態度，雖然她並非獨身主義者，但若未能
遇上愜意之人，她卻寧可不嫁。因此，她在晚年的著述《予之宗教觀》中表
示：「年光荏苒所遇迄無愜意者，獨立之志遂以堅決焉」。〔註281〕可見呂碧城
堅持女性應有獨立人格，選擇與自己志趣相投、匹配和諧的伴侶。若然不可，
結婚生子並非女性人生的必然選擇，女性亦可開展婚姻家庭以外的人生道
路。這種掙脫傳統妻母角色的想法，實與其時流行的「女國民」觀念關係密
切，亦與當時知識女性經濟開始獨立有一定關係。

　　除呂碧城外，另一選擇獨身的知識女性為張竹君。據馮自由《革命逸史》
載，張竹君曾「往還諸紳富中，有盧賓岐者，東莞人也。其子少岐少有大志，
與竹君相談時事，過從至密，因有定婚之議。少岐久擬東渡留學，以厄於家庭
不果，賴竹君慨然假以旅資二百元，乃得成行。少岐去後半載，竹君忽因事與

〔註278〕鄭逸梅：《藝林散葉續編》，《鄭逸梅選集》卷三，哈爾濱：黑龍江人民出版社，
　　　　1991年，第524頁。
〔註279〕王栻編：《嚴復集》，第五冊，第1493頁。
〔註280〕王栻編：《嚴復集》第三冊，第1493頁。
〔註281〕《呂碧城詩文箋注》，第481頁。

盧府中人發生嫌隙，遂與少岐日漸疏遠，婚約遂亦無形解散。」〔註282〕張竹君年少時曾與男性交往，甚而更達談婚論嫁的階段，只是其後因事解除婚約，由此可見她對個人的婚姻大事頗有主見。至1902年，馬君武在粵求學時曾與張竹君往來，「予（按：即馬君武）以辛丑秋羈廣州，聞竹君賢，往見之。竹君輒縱言中國男女隔絕之害，及自己辦事之方針及歷途。予大奇之，乃遍述之於收同志。」〔註283〕此後，馬君武常到福音堂聽其演說，從而「漸露愛慕之意」，並寫法文求婚書向她示愛，但因竹君「以素持獨身主義一語拒之」。〔註284〕

　　當時不少人曾談及張竹君的獨身主義，如《順天報》有〈張竹君女士歷史〉一文，提到「竹君持不嫁的主義，常說當捨此身，擔當國家的義務，若嫁了人，兒女牽累，必不能一切自由，這與東西偉男子，持不娶妻盡忠國家主義的，口吻相同，識見相同，志願相同，真是女界偉人」〔註285〕。可見時人將張竹君目為男性，並讚揚她的愛國精神。此外，張竹君好友陸丹林亦曾記述她對個人婚姻的看法：「張醫師為著獻身社會服務，終日忙碌在工作上，絕不留意到個人的『終身大事』。無論何人問到她結婚的時候，她必淡淡然的說，『待事業成功，才談到組織家庭，未為晚也』來答覆。但她又絕不是獨身主義的實行者，即在六七十歲，人家有問及她的婚姻，她還說『下月結婚，也說不定，但是目下還是找不著相當的配偶。』這些話，雖屬帶點幽默成分，事實上也是如此」。〔註286〕由以上看來，張竹君之選擇獨身，乃因她認為女性結婚生育後，由於兒女的牽累而未能專心投入事業，故她在實現理想與結婚生子兩者之間，選擇了個人理想而放棄了婚姻。此考慮固然反映當時的時代限制，致知識女性只可在婚姻家庭與事業理想之中兩選其一，而未能兼顧兩者。而另一值得注意的是，從陸丹林的記述看來，張竹君與呂碧城一樣，她之選擇獨身並非抱持獨身主義，而是未能覓得愜意的對象，則寧願不結婚，可見二人未有被傳統女性必須結婚生子的想法束縛，並強調女性在婚姻家庭以外，亦可開展個人的事業及理想，豐富一己的生命。而女性要抱持獨身，首要條件乃經濟及思想上的自立，故張竹君一再重申：「女子所宜先者，

〔註282〕馮自由：《革命逸史》（第二集），北京：中華書局1981年版，第38頁。

〔註283〕佚名：〈女士張竹君傳〉，《大公報》，1902年10月19日。

〔註284〕佚名：〈醫疫奇方〉，《大公報》，1902年7月18日。

〔註285〕《順天時報》，1905年11月16日，轉引自《近代中國女權運動史料》，第1381頁。

〔註286〕陸丹林：〈婦女運動先鋒張竹君〉，《茶話》1947年第9期。

則首自立自愛」〔註287〕，所謂「自立」，即是「役其力以自養」〔註288〕，因此她成立女工藝廠、女子手工傳習所等〔註289〕，以令其他女性能學習技能，謀求經濟自立，如此則無需依靠男性生活，從而可以自主婚姻及家庭的選擇。

張竹君與呂碧城二人均終身不嫁，此固然由於個人的擇偶條件及際遇使然，但亦反映她們不以婚姻為女性人生的必然選擇，認為女性可在家庭以外開展個人的事業、實踐個人的理想。不過，二人雖以自身實踐此種開放先進的婚姻觀，但卻未有在言論思想上向其他女界同胞宣揚此種看法。與她們針對女性教育、經濟、國家意識等言論相比，她們論及婚姻家庭的改善建議及主張，可說是零星、稀少，甚至絕無僅有。究其原因，或由於二人以為其時社會條件尚未成熟，當時大部分女性學識水平不足，經濟上亦難以自立，實在未能達致二人心目中女性能自主婚姻的條件，故她們方未有提倡此看法。值得注意的是，大部分的知識女性，與張呂二人一樣，均對自由結婚一事避而不談，未加肯定與鼓吹，背後亦是基於當時女性條件不足的考慮。她們擔心一旦勉強實行婚姻制度的解放，只會造成更大的問題，而這些憂慮與想法，在一眾知識女性身上確是殊途同歸的。不過，無論如何，張竹君及呂碧城之選擇獨身，實對當時及日後的知識女性在婚姻選擇上有一定的啟發與影響，為日後女性在婚姻家庭以外的人生道路上，提供更多的選擇及出路。

（2）出走的秋瑾

當前文所述的知識女性對傳統婚姻只限於保守的批評或乾脆的避而不談，部分人更服膺於傳統家庭制度，婚後只擔當順從丈夫的賢妻良母的角色時，秋瑾卻從自身經歷當中，深切瞭解到傳統婚姻及家庭角色對女性的限制，因而力倡女性從家庭中釋放出來，尋找其個人價值。

秋瑾二十歲（1896年）時奉父母之命，嫁予富家子王廷鈞。從此，她的生活展開了新的一頁，亦因此體驗到傳統社會中妻子從屬於丈夫的痛苦。她從娘家進入陌生的王家以後，成為大家庭權力結構的最底層角色：為人媳及為人妻。婚後數年（1903年），她寫信予家中長輩，其中提到「苦乏媚容，於時世而行古道，處冷地而舉熱腸，必知音之難遇，更同調而無人」，〔註290〕

〔註287〕〈記張竹君女士演說〉，《警鐘日報》1904年5月3日。

〔註288〕張竹君：〈女子興學保險會序〉，《警鐘日報》1904年4月23日。

〔註289〕《警鐘日報》，1904年5月27日。

〔註290〕秋瑾：〈致琴文書〉，郭延禮選注：《秋瑾詩文選注》，北京：人民文學出版社，2011年，第37頁。

可見她對大家庭的勾心鬥角並不適應。其後王廷鈞捐官北京，秋瑾越感與丈夫志趣迴異，更不時於詩詞作品中流露對丈夫的鄙夷：「可憐謝道韞，不嫁鮑參軍。」〔註291〕「閨中無解侶，誰伴數更籌？」〔註292〕秋瑾更曾於寫予兄長的信中批評丈夫：「無信義、無情誼、嫖賭、虛言、損人利己、凌辱親戚、夜郎自大、銅臭紈絝之惡習醜態」；〔註293〕「子芳之人，行爲禽獸之不若，人之無良，莫此爲甚！……況在彼家相待之情形，直奴僕不如！」〔註294〕「妹如得佳藕，互相切磋，此亦古今紅顏薄命之遺憾，至情所共歎。此七八年豈不能精進學業？名譽當不至如今日，必當出人頭地，以爲我宗父母兄弟光；奈何遇此比匪，無受益。」〔註295〕至於其家姑屈氏則「性情暴躁，御下極嚴，晨昏定省，不能有一點兒失禮，偶有過失，動遭面斥。」〔註296〕可見秋瑾成婚以後苦不堪言，既因丈夫的無行，又因爲家姑的暴虐，令她體會到爲人妻子的痛苦。雖然有謂秋瑾對其夫的評價未必公允，王廷鈞的爲人並非如此不堪，〔註297〕但二人在才性及思想上的差距卻是毫無疑問的，由此令秋瑾瞭解到父母之命的傳統婚姻，對女性造成的傷害。

　　秋瑾赴日後，加入革命團體，其生活已全然改變。在新生活與舊婚姻的對比下，她認定後者是前者的障礙，再加上與丈夫關係日趨惡劣，由此她已興起

〔註291〕秋瑾：〈謝道韞〉，《秋瑾集》，第 72 頁。謝道韞爲東晉才女，其夫平庸無才，因而有「天壤王郎」之說，後世閨秀文人多以謝道韞自比，隱含對丈夫的不滿，詳見前節。

〔註292〕秋瑾：〈思親兼柬大兄〉，《秋瑾集》，第 68 頁。

〔註293〕秋瑾：〈致秋譽章書（其五）〉，《秋瑾集》，第 38 頁。

〔註294〕秋瑾：〈致秋譽章書（其三）〉，《秋瑾集》，第 36 頁。

〔註295〕秋瑾：〈致秋譽章書（其五）〉，《秋瑾集》，第 38 頁。

〔註296〕王燦之：《秋瑾革命傳》，臺北：三民書店，1984 年，第 53 頁。

〔註297〕有謂秋瑾與親友往來的書信中，她多次將王廷鈞寫得惡劣不堪，但事實卻非如此。反之，秋瑾不少親友憶述其生平事蹟時，卻暗中透露了王廷鈞對秋瑾的關懷與支持。如秋瑾的日本朋友服部繁子曾憶述，秋瑾提出留學日本後，王廷鈞先表反對，後卻在無奈下妥協同意，顯示他對秋瑾一貫的遷就和順從。後來秋瑾決定隨服部繁子赴日留學，但服部繁子思想較保守，覺得秋瑾並不適合到仍重視傳統婦道的日本留學，故建議她改到美國學習，令秋瑾差點不能留學日本。其時女子留學多隨父兄或丈夫東渡，少有人隻身赴日，但王廷鈞卻爲了完成妻子心願，專誠懇求服部繁子帶秋瑾到日本。秋瑾終於在 1904 東渡日本，據同行的服部繁子憶述，王廷鈞帶同女兒送行，充滿依依不捨之情，多次叮嚀秋瑾路上小心，足見他對秋瑾的關懷。服部繁子：〈回憶秋瑾女士〉，《秋瑾研究會資料》，濟南：山東教育出版社，1987 年，第 176～180 頁。

與丈夫離異的念頭，〔註298〕並覺悟到「爲人奴隸，何不自立？後日妹當可自食其力，何必爲人之婦者？」〔註299〕可見她已將破除不合理的婚姻及家庭關係視爲革命的第一步。當「文明結婚」的思想在中國知識分子圈子中日漸興起後，秋瑾於1905年6月以後，甚而已開始思考經由法律程序的正式離婚：「妹得有寸進，則不使彼之姓加於我姓上；如無寸進，不能自食，則必一訟取此兒女家財，不成，則死之而已。」〔註300〕「如彼至京有無禮之舉動行爲，吾哥即可藉口彼從前之暴狀及對我父母之無禮種種荒謬之行爲，例之今日文明世界，與之開談判離婚。」〔註301〕自日本返國後，秋瑾雖未有與王廷鈞正式離婚，但卻離開王家，一去不返，不再充當傳統的「賢妻良母」，而是成爲國家、爲革命奔走的「女國民」，故後人將之視爲中國版本的「娜拉」。〔註302〕

秋瑾從自身所受舊式婚姻之苦，開始反思女性的家庭角色及權利，並提倡家庭革命爲社會革命的起點。對於傳統婚姻及爲人媳婦的苦況，她在彈詞《精衛石》中寫出女性婚姻不由自主之苦：「料因苟子人非類，不堪匹配貴千金。可憐父母行壓制，苦了親生兒女身。」〔註303〕在她看來，傳統家庭中的丈夫，只是「將女子看成玩物，牛馬之物，得新棄故，是其常情，生尚如此，死更可知，今日鼓盆初歌，明日便新人如玉，何曾有一點痛惜及夫婦之情？並且有三年不死老婆全是晦氣的話呢。」〔註304〕女性出嫁後在夫家更是男尊女卑、等級森嚴：「雖然名曰稱夫婦，內主何能任己行！般般須聽夫之命，一事自爲眾口騰。夫若責時惟婉應，事事卑微博順名。由夫游蕩由夫喜，吵鬧人譏妒婦人。」〔註305〕再加上家姑的壓制折磨，爲人妻子實形同奴隸：「若又

〔註298〕從秋瑾寄予兄長的信中可知，其赴日後，王子芳「一年之久，未通一函」，秋瑾又誤信「聞早娶婦矣」之說，對丈夫的仇怨自然加深，更兼以資財斷絕，最後一絲繫聯亦已無存。至此，秋瑾對王子芳便只剩下了仇恨。此時她已設想兩者分離之處境：「不能自食，則必一訟取此兒女家財；不成，則死之而已」，甚而她更在信中囑咐家人「如後有人問及妹之夫婿，但答之『死』可也」。夏曉虹：〈秋瑾與謝道韞〉，《北京大學學報》1999年第1期。
〔註299〕〈致秋譽章書（其三）〉，《秋瑾集》，第36頁。
〔註300〕〈致秋譽章書（其三）〉，《秋瑾集》，第36頁。
〔註301〕〈致秋譽章書（其五）〉，《秋瑾集》，第42頁。
〔註302〕如郭沫若〈「娜拉」的答案〉表示秋瑾乃「不折不扣的中國的娜拉」，見《郭沫若全集》，北京：人民文學出版社，1992年，第215～221頁。
〔註303〕秋瑾：《精衛石》，見《秋瑾集》，第145頁。
〔註304〕秋瑾：《精衛石》，見《秋瑾集》，第147頁。
〔註305〕秋瑾：《精衛石》，見《秋瑾集》，第156頁。

遇了惡的姑嫜，討了一房媳婦，好似牢頭增了一個罪囚。……兒子有了罪，都歸在媳婦身上；東西不見了，就說媳婦偷了，送娘家去了；兒子本不成材料的壞東西，反說我兒子本是好的，都是媳婦來了教壞了；家中或是生意拆了本，或是死了人，有不順遂之事，就是媳婦命不好的緣故。眞如眼中釘、肉中刺一般，欲置之死地而後已。」〔註306〕

秋瑾認爲造成夫妻不平等的重要原因，除了女性對男性的經濟依附外，女性自身依附男性、從屬男性的心態，方爲最根本的原因：「我們婦女不能自己掙錢，又沒有本事，一生榮辱皆要靠之夫子，任受諸般苦惱，也就無可奈何！安之日『命也』這句沒志氣的話了。」〔註307〕她認爲即使生活較安穩的富家太太仍只是男子的從屬：

> 足兒纏得小小的，頭兒梳得光光的；花兒、朵兒、紮的、鑲的，戴著；綢兒、緞兒、滾的、盤的，穿著；粉兒白白、脂兒紅紅的抹著。一生只曉得依傍男子，穿的吃的全靠男子。身兒是柔柔順順的媚著，氣虐兒是悶悶的受著，淚珠是常常的滴著，生活是巴巴結結的做著：一世的囚徒，半生的牛馬。……試問這些富貴的太太奶奶們，雖然安享，也是沒有一毫自主的權柄罷咧！總是男子佔了主人的地位，女子處了奴隸的地位，爲著要倚靠別人，自己沒有一毫獨立的性質，這個幽禁閨中的囚犯，也就自己都不覺得苦了。〔註308〕

秋瑾認爲這些傳統的「賢妻良母」，在安穩生活的背後，依然是受壓迫的奴隸，欠缺獨立的人格，因爲物質的豐盛並不能掩飾人身毫無自主的處境。有見傳統婚姻中女性依附男性之弊，秋瑾強調婚姻應該由女性自主，而且家庭中夫妻二人應當地位平等，妻子不再是丈夫的附屬：「此生若是結婚姻，自由自主不因親，男女無分堪作友，互相敬重不相輕，平日並無苟且事，學堂知己結婚姻。」〔註309〕「願我姊妹人人圖自立，勿再依靠男兒做靠山。」〔註310〕可見，秋瑾認爲舊式婚姻窒礙女性的獨立人格及個人發展，女性必需走出家庭，掙脫「賢妻良母」的身份約束，方可爭取男女平等的地位及權利。

秋瑾不單在言論上主張女性婚姻自主、走出傳統家庭的樊籬，她更身體

〔註306〕秋瑾：《精衛石》，《秋瑾集》，第150頁。
〔註307〕秋瑾：〈敬告姊妹們〉，《秋瑾集》，第15頁。
〔註308〕秋瑾：〈敬告姊妹們〉，《秋瑾集》，第15頁。
〔註309〕秋瑾：《精衛石》，《秋瑾集》，第153頁。
〔註310〕秋瑾：《精衛石》，《秋瑾集》，第151頁。

力行，離開父母主婚的夫家，毅然拋夫棄子，以革命烈士、「女國民」的身份示人，告別傳統妻子、母親的家庭女性形象。秋瑾曾向其兄表示「後日妹當可自食其力，何必為人之婦者？」〔註311〕可知她以為女性在經濟自立以後，已毋需受家庭婚姻的束縛，即使不嫁或與丈夫離異亦可。秋瑾力倡女性擺脫不合理的婚姻，走出家庭，自主自立，她不僅在自身的經歷上實踐，更鼓勵身邊的女性掙脫父權、夫權的束縛。如她曾大力反對陳擷芬奉父命嫁商人為妾，〔註312〕可見秋瑾從自身的婚姻經歷出發，擴及至對女性群體的婚姻處境的關注，其思想言行在當時來說，無疑是走在最前端的。

四、進步與保守之間的知識女性——以陳擷芬為例

陳擷芬（1883～1923）祖籍湖南衡山，生長於江蘇陽湖，其父陳範（字夢坡，1860～1913）本為江西鉛山知縣，因教案落職，移居上海，慨歎官場腐敗，思以清議救國，乃於 1898 年承辦《蘇報》，初時力主變法，其後則倡議保皇立憲之論。1899 年，年僅十六歲的陳擷芬在父親的影響下，在上海創辦《女報》（不久停刊，復刊後改名《女學報》），由於隨《蘇報》附送，人稱「女蘇報」。1902 年後，陳擷芬更擔任上海愛國女校校長，致力推動女學。其後，陳範因《蘇報》的言論趨於激進，引起清廷不滿，因而發生了 1903 年 6 月的「蘇報案」，陳擷芬因而隨父親流亡日本。1903 年 11 月，《女學報》第四期在東京復刊，陳擷芬在報上力倡女權，成為留日女生的領袖人物。她亦積極參與拒俄運動，1904 年 10 月又與秋瑾、林宗素等重組留日女學生組織的「共愛會」，在東京留日學生會館召開大會，將該會改名為「實行共愛會」，陳擷芬更被推為會長。1905 年秋，黃興等在日本橫濱設立製造炸彈的機關，為武裝起義作準備，由俄國虛無黨人教授有關技術，陳擷芬與秋瑾等一起參與學習，熱心投入革命事業。其後，陳擷芬就讀於橫濱基督教公立女子學校，畢業後（約 1907 年）與楊儁結婚，婚後兩人同赴美國留學，辛亥革命後返國，並隨丈夫返回四川，協助丈夫的事業，其後不再活躍於社會及政治運動，其活動寂然無聞。

陳擷芬擔任《女學報》主編期間，經常以主筆兼記者的身份，撰寫論說、演說及新聞報導，對女界有重大的影響力。而《女學報》經常刊登讀者來信，

〔註311〕〈致秋譽章書（其三）〉，《秋瑾集》，第 36 頁。
〔註312〕陳擷芬奉父命嫁人作妾一事，本書將於下節作詳細分析。

當中亦大多稱讚陳擷芬與《女學報》對推動女權的貢獻，可見她爲女界言論的領袖。作爲編輯，陳擷芬亦會在刊登讀者來信後，附加編者按語，發表個人看法，並與讀者互動。陳擷芬在知識女性群體中甚具名氣，如高旭曾讚揚她創辦報刊，領導女性解放運動：「裙釵先覺擷芬君，吐出豪端異彩雲。半教名詞太憔悴，女報振起大文明。」〔註313〕當時不少著名文士亦曾與她唱和贈答，〔註314〕表揚她對宣揚女權的貢獻，可說是其時知識女性的領導人物。她曾在〈獨立篇〉中鼓勵女性獨立：「所謂獨立者，脫壓力、抗阻撓猶淺也，其要在不受男子之維持與干預。」〔註315〕她又在〈女界之可危〉謂：「吾中國之人數也，共四萬萬，男女各居其半，國爲公共，土地爲公共，財產爲公共，患難爲公共，權利爲公共。」〔註316〕對鼓吹女性獨立及享有平等權利可謂不遺餘力。

陳擷芬在言論上力倡女性擺脫男性自立，建立獨立自由的人格，但另一方面，她卻往往未能坐言起行，尤其是在面對個人的婚姻及家庭問題時，卻未能擺脫父權的宰制，在擺脫傳統「父命」、「父權」、「夫權」時往往無能爲力，以致其取態流於保守，一再向傳統的「三從四德」屈服。以下將以陳擷芬生平的事蹟，結合其女權主張，帶出她的思想言論與個人抉擇的矛盾，並分析其保守婚姻家庭觀背後的問題。

（一）對妻妾制度的消極批判

對於當時男子除正妻以外，多納有妾侍之事，強調女性獨立、男女平等的陳擷芬自不表認同，如她在〈姑媳要平等〉云：

> 論理一夫一婦，是生人的正理。這娶妾一層，本來是男子極不應該極犯法律的事，女人不能禁男人不娶妾，卻把這妾來種種的凌虐。列位試想一想，嫡也是一個人，庶也是一個人，本來二萬萬同胞都是姊妹，何況同嫁了一個人，更是姊妹中格外親近的了，怎忍把他當奴隸當犬馬呢？譬如一個使女，還有出嫁的時候，嫁了便不是使女了。這妾卻已是嫁了，不能再做別人家的人的了，把他當奴

〔註313〕高旭：〈題〈女學報〉四絕〉，郭長海、金菊員編：《高旭集》，北京：社會科學文獻出版社，2003 年，第 342 頁。

〔註314〕如潘飛聲有〈陳擷芬女士來見率贈二首〉詩，丘逢甲亦有〈題陳擷芬女士女學報〉詩，歌頌她對鼓吹女權的貢獻。

〔註315〕陳擷芬：〈獨立篇〉，《女學報》，第 2 卷，第 1 期（1903 年）。

〔註316〕陳擷芬：〈女界之可危〉，《中國日報》，1904 年 3 月 11 及 12 日。

隸犬馬，就整整的叫他做一世的奴隸犬馬，世上酷毒的事，還有更
甚於此的麼？……爲什麼把妾叫作姨太太呢？爲是太太的姊妹叫姨
太太，是把妾當作姊妹的意思，所以也叫姨太太，無奈中國人專講
虛文，就稱呼上看去，似乎當他是姊妹，就實事上看去，卻連丫鬟
老媽子都比不上。〔註317〕

　　對於男子三妻四妾一事，陳擷芬雖然強調一夫一妻制方符合平等的理
想，但她卻並未有將矛頭指向男性，指責男性剝削與壓迫女性，而是將焦點
放在正室如何對待側室（其他妾侍）之事上。她在文中一再批評作爲正妻的
女性如何凌虐妾侍，卻未有檢討父權婚姻制度下，男性爲滿足個人私欲而對
女性（不論妻妾）所作的不公待遇。文中的結尾更向所有女性作出呼籲：「我
勸二萬萬同胞姊妹，如其有力量不許男子娶妾，是最好的，切不要外避妬名，
內行毒計，切不要拿男人無可如何，把手段都用在同類身上。」〔註318〕她只
是勸籲身爲女性的妻妾不要互相壓迫，卻未有如秋瑾般呼籲她們合力抵抗男
性三妻四妾的不合理制度，亦未有將矛頭指向父權體制及男性。

　　陳擷芬對妻妾制度的消極批評，或與其父陳範有關。陳擷芬深受父親影響，
如她主編的《女報》，即因父親刊行《蘇報》而起。誠如不少晚清文人的情況，
陳範除原配袁夫人（陳擷芬生母）及繼室莊夫人（二人均在陳氏父女逃亡日本
前先後過世）外，亦納有兩妾：「妾二人，隨先生東渡。」〔註319〕這兩位妾侍，
在陳範流亡日本時先後脫離他而獨立。不過，對於兩妾自立的經過，歷來說法
不一。如馮自由謂乃秋瑾協助陳範的兩位小妾自立：「陳範（夢坡）以蘇報案關
係，亡命橫濱，其攜來二妾湘芬、信芳均浙籍，係出故家，瑾以其有玷同鄉名
譽，乃使脫離陳氏範圍，並勸同鄉學生助以學費。湘芬、信芳因得離陳獨立，
瑾之力也。」〔註320〕不過馮自由的說法中亦有錯誤，如他所述兩位小妾的名字
爲「湘芬」及「信芳」，考查之下，陳湘芬確爲陳範之妾，但陳信芳應爲陳範的
次女、陳擷芬的妹妹，〔註321〕而非其妾。而陳範好友柳亞子則以爲其妾之獨立

〔註317〕陳擷芬：〈姑媳要平等〉，《女學報》第2卷第2期（1902年）。
〔註318〕陳擷芬：〈姑媳要平等〉，《女學報》第2卷第2期（1902年）。
〔註319〕柳棄疾：〈陳蛻庵先生傳〉，卞孝萱、唐文權編：《辛亥人物碑傳集》，北京：
　　　　團結出版社，1991年，第57頁。
〔註320〕馮自由：《革命逸史》，第177頁。
〔註321〕陳範之次女信芳，畢業於日本橫濱聖母院，爲虔誠天主教徒，陳範於1913
　　　　年病危之時，只有信芳陪伴在側，受女兒影響下，陳範在去世前入教受洗，
　　　　當時的天主教刊物亦有記載此事。見秉直：〈陳蛻盦先生事略〉，《聖教雜誌》，

爲陳範自己以「崇人道」而作的決定，並非他人使然：「妾二人⋯⋯初使入女校求學，繼並遣嫁之，謂還其自由，所以崇人道也」〔註322〕。以上兩說，未知何者屬實，不過事發之時（1903 年）馮自由與秋瑾等同處日本，而柳亞子與陳範此時並未相識（二人於辛亥革命後始首次見面）〔註323〕，陳範二妾之事當爲柳亞子聽陳範憶述而知，故馮自由之說或更可信。不過，筆者以爲以上兩種說法並非互相排斥，兩者均可成立，二妾或因秋瑾的鼓勵而自立，而陳範同時亦有解放二妾之意。而此事中最值得注意的是陳擷芬的角色，她既以〈獨立篇〉成名，一再強調女性的獨立自主，爲當時女界的領導人物，再加上她對妻妾制不表認同，理應在發生在她身邊的父親二妾一事上，擔當重要的推動角色。但就目前史料敘述所知，以及《女學報》及陳擷芬的一眾文章、演說所見，她卻未有如另一知識女性的領導人物秋瑾般，積極鼓吹兩位妾侍脫離丈夫，以推翻不平等的妻妾制度。陳擷芬對一夫多妻制的態度，正與其文〈姑媳要平等〉中的立場相若，皆未有將矛頭指向妻妾制度的始作俑者男性身上，尤其是這個男主角更是她現實中的父親。

（二）對父母主婚的無力反抗

誠如前文所述，當時不少先進論者均提出反對父母主婚，婚姻自主的論調，陳擷芬對此不但未加倡議，甚而刻意的避而不談。《女學報》第二期載有〈鮑蘊華女士由神戶來函〉一文，讀者鮑蘊華提及婚姻自主實爲女學之基礎，故應力倡自由結婚，女性方能眞正獨立：

> 往者海内志士欲興女學，乃創不纏足會以爲之先，束縛既除，精神斯振，二三君子，知所先務矣！今者女學興，不纏足之風亦漸盛。然足爲女學前途最大障礙，更有甚於裹足者，則妄配人，與早適人是也。比年以來，非無一二聰明有志之女子，當其求學伊始，

第二年第八期（1913 年）。此外，陳範好友柳亞子亦以陳信芳爲陳範次女：「次信芳，畢業於日本女學校，受基督教洗禮，今居上海。」柳棄疾：〈陳蛻盦先生傳〉，卞孝萱、唐文權編：《辛亥人物碑傳集》，北京：團結出版社，1991年，第 57 頁。

〔註322〕柳棄疾：〈陳蛻盦先生傳〉，卞孝萱、唐文權編：《辛亥人物碑傳集》，北京：團結出版社，1991 年，第 57 頁。

〔註323〕據柳亞子云：「民國紀元之歲，始得謁先生於滬上」，柳棄疾：〈陳蛻盦先生傳〉，卞孝萱、唐文權編：《辛亥人物碑傳集》，北京：團結出版社，1991 年，第 58頁。

　　勇猛堅銳，以開闢女子學界自期。無如不數年間，所學未成，而已
身爲人婦，房中巾櫛，廚下羹湯，種種拮据，更樸難數。當此之時，
俗務糾紛，遑論修學？遑論辦事？嗚呼，紅絲一系，生平志事，從
此付之東流矣！幸而槁砧解事，可以共語，尚有生機，萬一夫也不
良，配非其偶，文明公敵，即在閨房几席之間，遭際如斯，有不心
灰而氣短乎？妹以爲自由婚姻之風不倡，則女學永無興盛之日，雖
多設女學，僅能栽培稍識字、稍明理之女子耳！欲使其有獨立之資
格，則非此區區三五年所能成就也。……乞提倡此宗旨。他日風化
大開，二萬萬同胞出苦海而登樂土，無量功德，悉歸吾姊。〔註324〕

　　文中以爲傳統的包辦婚姻與早婚，使讀書明理的女性被家庭俗務纏身，
因而未能培養女性獨立的人格，實現其個人理想。因此，鮑蘊華以爲在興女
學之前，必先提倡自由結婚，她更希望陳擷芬可在《女學報》中「提倡此宗
旨」。陳擷芬在刊登此函後，特加數句按語：

　　按婚姻之自由，爲女學進步之初基。誠如吾姊蘊華言，此風不
倡，則女學永無興盛之日也。此函寥寥數百字，然言簡意賅，已足
極一篇婚嫁自由論矣！謹先附數語於後，欲副所屬而暢厥旨，當更
俟之異日。〔註325〕

　　對於鮑蘊華提倡「自由結婚」的言論，陳擷芬贊同此爲「女學進步之初
基」，但她卻未有就此發揮，表達個人對婚姻自由的看法，而是表示有關鼓吹
自由結婚的論述，當等待日後再撰文討論。表面看來，陳擷芬是贊同提倡「自
由結婚」的，只是因篇幅所限，需要另日撰文再議。但若與《女學報》的下
一期（第三期）結合分析，則可見陳擷芬對「自主婚姻」並非無暇詳談，而
是刻意的避而不談。《女學報》第三期刊有《婚姻自由論》一文，前附陳擷芬
的前言：

　　前得廣東鮑女士蘊華由東瀛來書，囑擷芬將此旨爲我同胞提
倡。自維寡陋淺識，闇於徵驗，不足以革命女界，負諾爽言，彌自
歉疚。某君知其故，慨然自任，以此論見贈，足以慰吾蘊華而伸吾
兩人之含意矣。某君意以代筆，故多假女子口吻，識者鑒之。〔註326〕

〔註324〕 〈鮑蘊華女士由神戶來函〉，《女學報》第2卷，第2期（1902年）。
〔註325〕 〈鮑蘊華女士由神戶來函〉，《女學報》第2卷，第2期（1902年）。
〔註326〕 〈婚姻自由論〉，《女學報》第2卷第3期（1902年）。

　　陳擷芬表示自己見識淺陋，未能就自由結婚撰文立說，故請另一人（某君）代筆。然而，代筆者未有署名，甚而未有筆名，陳擷芬亦未有介紹此人身份，只是從「某君意以代筆，故多假女子口吻，識者鑒之」一句推測，撰文者該爲男性，只是刻意以女性口吻表達。縱觀各期《女學報》的「論說」版，這種完全匿名的做法實在頗爲特殊。作者刻意隱藏身份，未知何故，未免耐人尋味。此外，雖然陳擷芬表示此篇「足以慰吾蘊華而伸吾兩人之含意矣」，但此句未免流於表面應酬之言，既欠缺再引申論述，更未有藉此發揮一己的看法。事實上，陳擷芬論及女權、女性解放的文章眾多，加上活躍於報界，可說是當時知識女性的領袖人物，若以「寡陋淺識，闇於徵驗」爲由，拒絕撰寫有關婚姻自主的文章，未免令人覺得只屬託辭，只是刻意迴避婚姻自主必須涉及的「父命」議題。而且，陳擷芬曾發表了不少與婚姻、男女相處有關的文章，如〈姑媳要平等〉便談及姑媳相處、嫡庶之不平等，再論及妾的待遇等，〔註327〕但可惜的是，她卻如燕斌一樣，她的討論只停留在婚俗現象的層面，未有觸及更深層、更普遍的父母主婚制度問題。

　　陳擷芬對於婚姻自主的無能爲力，不僅見於其著述及議論，亦形諸於其生平經歷及自身選擇。陳範一直努力栽培陳擷芬，亦對她的終身大事甚爲關注。在他接辦《蘇報》期間，大約1903年5月左右（陳擷芬約22歲），陳範曾有意爲其婚事作主。據吳稚暉的憶述，陳範聘章士釗爲《蘇報》主筆，除賞識章士釗的才華外，亦有招章氏爲婿之意。〔註328〕章士釗其後憶述招婿之事，曾謂「其事之有無，余故不知」〔註329〕，不過，陳擷芬卻與章士釗有私下交誼，並曾「以家中僅存的番銀二百版」，慷慨資助章士釗主辦的《國民日日報》。〔註330〕從兩人的才性看來，章陳二人尚算匹配，只是後來未知因何事致未能結成婚配。而陳範對陳擷芬的婚配選擇，卻在「蘇報案」後的短短數

〔註327〕陳擷芬：〈姑媳要平等〉，《女學報》第2卷第2期（1902年）。
〔註328〕吳稚暉〈上海蘇報案紀事〉云：「癸卯五月一日陳夢坡賞章行嚴之文才，圖將其女陳擷芬配之而未言，即招章入館司主筆」。吳稚暉：《上海蘇報案紀事》，《辛亥革命》（一），第401頁。
〔註329〕章行嚴（即章士釗）〈蘇報案始末記敍〉曾云：「時余以纔逾弱冠之青年，掉鞅文壇，略有聲譽，宜爲夢坡所賞接。夢坡有女曰陳擷芬，主女學報，爲一時女學生冠冕。據吳敬恒爲人言，夢坡欲以東床招余，其事之有無，余故不知，然夢坡當日求余適館，董理斯報，則肯款迫切，殆無其比。」章行嚴：〈蘇報案始末記敍〉，《辛亥革命》（一），第388頁。
〔註330〕章行嚴：〈蘇報案始末記敍〉，《辛亥革命》（一），第388頁。

月間，因東渡日本後生計困乏而出現重大轉變，其擇婿似乎不再重視其人品才幹，更甚者不惜要女兒屈從爲妾。陳範與女兒陳擷芬流亡日本期間，「益貧困，無以自給」〔註331〕，或因此而令他興起將擷芬嫁予粵籍商人廖翼朋爲妾之念。陳擷芬儘管曾強調「論理一夫一婦，是生人的正理。這娶妾一層，本來是男子極不應該極犯法律的事」（《姑媳要平等》，詳見前文），但在現實中她自己卻打算屈從父命，不加反抗，嫁人爲妾。此舉即時引起當時留日學界的輿論譁然。面對同學的質詢，陳擷芬曾表示「事出父命，不得不從」，秋瑾因而憤而在留日女學生的大會上指出：「逼女作妾，即是亂命，事關女同學全體名譽，非取消不可。」〔註332〕最後，陳擷芬聽從秋瑾意見，婚事乃告取消。陳擷芬回應的「父命難違」，正是服膺於傳統「未嫁從父」、「父母之命」的論調，此既與她反對妻妾制度的議論不符，更與其「不受男子之維持與干預」（《獨立篇》）的獨立宣言甚爲矛盾。前文提及陳擷芬刻意迴避結婚自由、女性婚姻自主的論題，或由於此論難免觸及父權建制，此與她在現實生活中面對父權父命時的無力正好一致。可以說，陳擷芬對女性婚姻自主的討論，與燕斌一樣，乃刻意迴避，甚而更在個人婚配上向傳統妥協和屈服，她始終未能擺脫傳統婚姻觀的牢籠。

（三）對「夫權」的無奈與屈從

陳擷芬〈獨立篇〉一再強調女性應獨立自主，不受男性操控，更應突破傳統家中婦的角色，以個人身份投身社會，建立獨立自由的人格。可惜的是，從她的生命軌跡看來，她始終未能坐言起行，其言行往往互相矛盾。誠如前文所言，她在婚姻大事上，面對父親之命卻無力反抗，差點嫁人作妾。至後來出嫁以後，面對父權體制的另一支柱「夫權」，她也顯得卑弱無力。

陳擷芬於橫濱畢業後不久（約1907年左右），即嫁予四川人楊儁（字希仲），並同赴美國留學，夫婦其後於辛亥革命後返國。〔註333〕她與楊儁成婚或亦是出於其父陳範之意，〔註334〕而成婚並到美國學成歸來以後，陳擷芬已完全放棄自

〔註331〕蘭皋：〈蛻盦事略〉，柳棄疾等輯：《陳蛻盦先生文集》民國三年鉛印本（1914年）。
〔註332〕馮自由：《革命逸史》第二集，第175頁。
〔註333〕據《申報》載：「迨蘇報案發，女士負笈走扶桑，丁未畢業於橫濱之英和學院，名冠其曹。未幾適西蜀楊希仲君，旋偕之美，先後肄業伊立諾爾及芝加哥大學。辛亥起義，乃偕歸，主持楊氏所辦依仁中學於渝中。」〈志陳彭二女士之喪〉，《申報》，1923年8月9日。
〔註334〕張默君：〈哀吾友陳擷芬君〉云：「丁未君畢業於橫濱之英和學院，名冠其曹，

己的女權事業，只一心輔助夫君。從現有史料看來，她婚後除了短暫地參與神州女界協濟社的工作外，鮮見其他參與女權運動或社會運動的紀錄。她的婚後活動似乎只有擔任「其夫創辦的廣收楊氏子弟、姻姬後生及鄰里童稚的依仁學校的校長，並親授外語」〔註335〕的記載，當中可見她的活動仍是以丈夫為中心的。她雖然仍從事教育工作，卻非她在成名作〈獨立篇〉所提倡的女子教育。更甚者，作為知名的女報人、政論家，陳擷芬似未有再參與女性報刊的工作，亦未有再發表其他著述或言論，致其好友張默君竟說她「非今日（按：即民國之後）時髦新鮮女團體中之領袖或中堅份子」〔註336〕。回顧她的人生，未嫁以前，她為女權運動的領導人物，為著名女性報刊《女學報》的編輯，一再宣揚「女學」、「女權」及「革命」，但在結婚後，她雖非完全的困於家庭，但其家庭以外的教育事業，亦只是擔任輔助丈夫事業的角色，可說是重回恪守「出嫁從夫」的傳統女性道路，擔當「賢內助」的傳統角色。

　　據其好友張默君所述，陳擷芬婚後縱使夫家富裕，仍「儉約一如苦學生」，並謂：「人類婚姻之締結，宜純以摯義真情為主旨，苟有纖介趨勢慕利之念雜其間，則已自玷其人格，且失其自主力。尚何顏濟人乎？吾非一機械，又非寄生蟲，奚賴人生活為？」〔註337〕可見她仍然強調女性出嫁以後，仍須保存獨立的人格，而非成為丈夫的附屬。然而，陳擷芬後來與丈夫的關係卻越趨惡劣，其夫更因擷芬未有子嗣而立妾：「初君與楊君伉儷之愛深且摯，既以落落寡交際，見窘於鄉曲，復以無出，不見諒於戚長。其夫為嗣續問題，竟賦小星，君固篤於情，復素不以蓄妾制度為然者，勸止未能，心滋傷矣，於是嬰腦疾。其處境乃益顯沛凄涼，神形亦大異往昔。見者不僅驚其英氣消沉，生趣且索然盡也。」〔註338〕對於丈夫的立妾，陳擷芬只是「勸止」，卻未能表

未幾適西蜀楊希仲氏，旋偕之美。先後肄業伊立諾爾及芝加哥大學。……楊固雄於財，所創實業幾徧海內外」。張默君：〈哀吾友陳擷芬君〉，《心聲：婦女文苑》，1923 年第 8 期，第 2 頁。從行文看來，陳擷芬與楊儁並非自由戀愛而結合。再加上楊氏家財雄厚，據筆者推想，陳範既曾因經濟問題而有意將陳擷芬嫁予富人（即使以女作妾亦在所不惜），此時陳擷芬年紀不輕（27歲），楊儁又未有正室，陳範若有意招其為婿，亦可理解。

〔註335〕 壽充一等：《近代中國工商人物志》，第 1 冊，北京：中國文史出版社，1996年，第 454 頁。
〔註336〕 張默君：〈哀吾友陳擷芬君〉，《心聲：婦女文苑》，1923 年第 8 期，第 4 頁。
〔註337〕 張默君：〈哀吾友陳擷芬君〉，《心聲：婦女文苑》，1923 年第 8 期，第 2 頁。
〔註338〕 張默君：〈哀吾友陳擷芬君〉，《心聲：婦女文苑》，1923 年第 8 期，第 2 頁。

示強烈的反抗，更因此而抑鬱成疾，最後更含恨而終。〔註339〕誠如其好友張默君的慨歎：「嗟呼吾友，不死於念五載前奔走國事，異域苦學之時，乃竟憂傷顦顇，齋志飲恨，殞於學成有家之後，誰謂家庭爲安樂窩哉？彼社會不良之環境，與萬惡之習俗，及遺產嗣續制度之流毒，經數千年，殺人已無算，被其害者，豈獨君？顧以君之志之學，友朋向以遠大相期許，不幸亦甘作是中之犧牲者，抑大有可惜可哀亦可異已。」〔註340〕陳擷芬本爲有志伸張女權之士，亦有學識能力，卻竟如傳統困守家庭的女性一樣，出嫁以後卻未能建立眞正獨立的人格，只是成爲丈夫的輔助角色，最後更因傳統「無後爲大」的子嗣問題見棄於夫，並因丈夫納妾之事抑鬱而終，她的悲劇無疑反映了清季知識女性的困境。陳擷芬在面對夫權時的無力，正如她面對父權一樣，一再與其女權主張相矛盾，而最後亦只有選擇屈從。

結合前文所述，陳擷芬對自由婚姻、改革家庭等議題，一直抱避而不談的態度，似乎在迴避與男權傳統正面抗衡。而從其生命軌跡看來，她的保守婚姻家庭觀與其人生的選擇，亦可謂一脈相承。陳擷芬雖在言論上強調「所謂獨立者，脫壓力、抗阻撓猶淺也，其要在不受男子之維持與干預。」（〈獨立篇〉）然而，在人生路途上，她卻終歸以「未嫁從父」、「出嫁從夫」的傳統女性道路爲歸宿。

總括來說，在婚姻家庭的選擇上，清季知識女性展現了不同的「女性觀」。單士釐與徐自華深受傳統的影響，一生以「賢妻良母」自居，其言行思想上均將女性視爲家庭中的妻子與母親，以「相夫教子」爲女性人生的歸宿。儘管在「女國民」論的盛行下，她們均認同女性亦爲國家之一員，應對國家盡義務，但並未有牴觸女性在家庭中的妻母角色。在她們心目中，「賢妻良母」的崗位實

〔註339〕 張默君〈哀吾友陳擷芬君〉謂陳擷芬：「今春遘心腫病，數瀕於危，幸來滬就醫愈。君之死，乃胃疾甫瘳，頸後忽生一小瘡，紅腫微痛，固非致命之症。人送之入廣慈醫院就治，君凰非荏弱，然以近數年來精神上摧殘過甚，體氣虛耗，至此遂不勝刀圭。」張默君：〈哀吾友陳擷芬君〉，《心聲：婦女文苑》，1923年第8期，第3頁。

〔註340〕 張默君：〈哀吾友陳擷芬君〉，《心聲：婦女文苑》，1923年第8期，第3頁。《申報》在報導陳擷芬的死訊時未有說明其夫納妾致其抑鬱而終之事：「（按：指陳擷芬）主持楊氏所辦依仁中學於渝中，嬰腦疾，今春遘心腫病，來滬醫愈，乃頸後忽生瘡而歿。時爲七月三十日，存年四十有一。」筆者以爲文中或有隱諱之意，而張默君既爲陳擷芬好友，對其生平細節知之甚詳，故其言論當更可信。《申報》報導見〈志陳彭二女士之喪〉，《申報》，1923年8月9日。

爲女性之必需，也是最重要的身份。至於燕斌與陳撷芬，她們儘管身爲其時女權運動的領袖，思想言論可謂先進，但在婚姻家庭的問題上卻未免流於保守，甚而有時更有意避談，此與她們在政治、社會、教育等女性議題上的主張相比，可謂甚爲特殊。燕斌今存資料不多，未能考究其婚姻狀況，但從陳撷芬的案例看來，其保守的婚姻家庭觀，著實反映她對反抗「父權」及「夫權」的無力，而她的自身經歷正是其保守婚姻觀的反映。至於保持獨身的呂碧城與張竹君，二人針對女性婚姻及家庭的言論不多，而即使她們在自身的生命軌跡上，擺脫傳統女性必須結婚生子的樊籬，但卻未有將眼光投向整個女性群體的命運上，未有帶出婚姻制度對女性群體的壓迫，更未有向女性群體提倡婚姻以外的多元選擇。以上知識女性在婚姻家庭觀上，始終帶著傳統的包袱，未有如男性先進份子般鼓勵婚姻自主。而唯一的例外是秋瑾。秋瑾不論在言論上，還是自身經歷上，均實踐其擺脫不合理婚姻、走出家庭、女性自主的主張。雖然清季知識女性的婚姻家庭觀畢竟以保守爲主，但秋瑾的出走，以及呂碧城與張竹君的獨身，正代表著女性掙脫妻母角色的嘗試，也意味著她們告別男權中心的宰制，嘗試以「個人」的身份，尋找家庭以外生命道路的試驗。

第五節　遊走於公共空間的獨立身份：女性教育與經濟自主

一、清代閨秀的「女才」與經濟自立

　　自漢代班昭明確定義女性「四德」以來，與「德」相較，「才」實較爲次要。班昭強調女性不必「才明絕異」、「辯口利辭」、才藝不須「工巧過人」〔註341〕，一切均在避免女性在學問、能力上勝過男性。由此，傳統女性只須依從男性，不講求個性才幹，更毋需獨立生活。然而，「才德難兼」的觀念到明末清初之時，逐漸被「才德兼重」的思想取代，女性文化教育的高低，逐漸成爲文人品評女性美德的一項標準，社會開始推崇能文擅藝的「才女」，導致閨秀文人大量湧現，形成清代特有的閨秀文化。清代閨秀比前代閨秀更爲重視「婦才」，一再強調「才

〔註341〕班昭謂：「女有四行，一曰婦德，二曰婦言，三曰婦容，四曰婦工。夫云婦德，不必才明絕異也；婦言，不必辯口利辭也；婦容，不必顏色美麗也；婦工，不必工巧過人也。」見班昭：《女誡》，范曄：《後漢書》，北京中華書局1973年版，第2789頁。

不妨德」，並駁斥前代「女子無才便是德」的說法。〔註342〕清代閨秀推重女性的文才，強調女性與男性一樣，應當掌握一定的學問知識及文藝才華，並透過文名外揚而留名後世。這些強調女性應當接受教育，建立獨立文藝事業的主張，使清代閨秀比前代建立了更強的自我意識及個人形象。

清代不少世家大族的閨秀，自小學習經史詩文、琴棋書畫等才藝，一方面使她們獲得了前代所未有的自信和才幹，另一方面，有部分閨秀更因其文藝才華而得到一定程度上的經濟獨立。明末清初的黃媛介，因其夫不善營生，只有靠黃氏買字畫、收弟子為生。「予產自清門，歸於素士。……乃自乙酉逢亂被劫，轉徙吳閶，羈遲白下，後入金沙，閉跡牆東。雖衣食取資於翰墨，而聲影未出於衡門。」〔註343〕她的拋頭露面之舉非但未受非議，當時不少名士更寄詩求畫，如「王阮亭尚書聞其名，寄詩乞畫。」〔註344〕除黃媛介外，清代不少閨秀因生活所迫而成為「閨塾師」。從施淑儀所編《清代閨閣詩人徵略》所見，不少閨秀由於家庭貧困而以充當閨塾師營生，如曹鑒冰、蘇碗蘭、朱衣珍等均因夫家貧困，被迫授徒自給；〔註345〕張學象、溫廉貞、周素貞、許淑慧、張友書則因丈夫早死，家庭困乏而授徒維生；〔註346〕亦有部分閨秀因才華出眾而獲延聘為女師，如郭望菰、王采蘋等。〔註347〕除《清代閨閣詩人徵略》外，清代文集亦多有記載閨秀出任塾師之事，如雍乾間閨秀胡慎儀：「早寡，撫幼子，未幾子卒，家益落，乃為閨塾師，歷四十年，受業女弟子前後二十餘人，多以詩名。」〔註348〕又同治年間閨秀程蕙英亦「家貧，為女塾師。」〔註349〕咸豐時閨秀孫佩蘭攜子避難，獨力撫孤，詩集中有〈逃災七次今在甬江課授女徒五人有感〉一詩，反映其在戰亂中以擔任閨塾師謀取生計，並透過從事教育事業，肯定自我的才華，建立獨立的個人形象。〔註350〕

〔註342〕詳情請參考本書第一章第一節。
〔註343〕詳見徐樹敏、錢岳編：《眾香詞》，誦芬室重校康熙錦樹堂刊本，上海大東書局影印本，1933年，第21頁。
〔註344〕渾珠：《國朝閨秀正始集》，道光十一年（1831年）紅香館刻本，卷一，第16頁。
〔註345〕施淑儀：《清代閨閣詩人徵略》，第164、237、239頁。
〔註346〕施淑儀：《清代閨閣詩人徵略》，第88、240、267、352、520頁。
〔註347〕施淑儀：《清代閨閣詩人徵略》，第512、608頁。
〔註348〕沈善寶：《名媛詩話》卷四，第15頁。
〔註349〕徐珂：《近詞叢話》，臺北：新文豐出版公司，1988年，第14頁。
〔註350〕詩云：「自愧無才訓女童，客窗聊以解憂衷。但期溫習知書理，不負殷勤課學功。略取隨緣諸子例，敢追曹氏大家風。漫嫌巾幗無文士，前輩名妹各自雄。」可見其透過從事教育事業，肯定一己的才華，並確立自我的價值。孫佩蘭：《吟

　　清代閨秀除擔任「閨塾師」外，不少人更會以個人的文藝才華謀生，如嘉慶、道光年間著名閨秀沈善寶，由於幼年失怙，加上兄弟不才，只有長年四方奔走，售賣書畫，奉母養家：「日勤翰墨，不數年，求詩畫者踵至」，「以潤筆所入奉母課弟，且葬本支三世及族屬數槥」〔註351〕，而此亦促使她走上獨立自主，自立自強的人生道路。由於沈善寶為家中的經濟支柱，使她成為「一家之主」，她外出售賣字畫時，其兄弟也只是作為助手陪同協助，可見她在家庭中掌握支配、決策的大權。她豐富與獨特的人生閱歷，自然與傳統困於閨閣的女性有雲泥之別，更使她形成一種獨立自主的人格氣度。沈善寶雖有兩兄三弟，可惜均不成器，其〈述哀·其三〉詩云：「大椿竟折早春時，燕山五桂空林立。」在「燕山」句後自注云：「謂兩兄三弟」〔註352〕，當中更明言她對家中男性未能負起經濟重擔的不滿。沈善寶身為女兒卻充當「兒子」的角色，使其母吳浣素亦表示「爾負奇男子，吾將孝子看」〔註353〕。對於這段迫不得已要負起家庭經濟重擔的生活經歷，沈善寶一方面是無奈怨憤的，另一方面她又因經濟獨立而建立自信自主的人格，促使她萌生了強烈的性別遺恨：「造物於儂數太奇，凌雲有志限蛾眉」〔註354〕，「欲坐春風難負笈，此生苦恨是蛾眉。」〔註355〕從以上詩句可見，沈善寶比一般閨秀更有自信，更強調個人才華及經濟能力並不弱於男性，因此即使面對經濟困境及生活的壓迫，她仍充滿自信地表示「不信紅顏都薄命，慣留棄臼舊文章。」〔註356〕可見她對女性自主個人命運的信心，並因出眾的文藝才華，肯定自己的價值。沈善寶在《名媛詩話》中讚揚了不少巾幗奇女子，除善用兵者如畢著、蔡琬等外，亦包括經濟獨立自主的明末閨秀顧若璞與其兒媳丁玉如等，可見她對女性經濟能力的重視。

　　沈善寶販賣書畫，維持一家開支的情況，在清代並非罕見，如《清代閨閣詩人徵略》提到王錳徽「承家學工書畫，夫貧不能歸，作畫賣作資斧」；揮懷英、馮彩珍、朱磷則等「賣畫葬親」、「一家數口賴以存活」；吳規臣「以孝

翠樓詩稿》，清光緒十四年刻本（1888年），第8頁。

〔註351〕事見《杭郡詩三輯》，轉引自施淑儀：《清代閨閣詩人徵略》，第460頁。

〔註352〕沈善寶：〈述哀〉，《鴻雪樓詩初集》卷二，道光十六年鴻雪樓刻本，第11頁。

〔註353〕吳浣素：〈寄長女善寶壽光〉，沈善寶：《名媛詩話》卷六，第14頁。

〔註354〕沈善寶：〈呈張理庵六伯〉，《鴻雪樓詩初集》卷二，第14頁。

〔註355〕沈善寶：〈譚柳原師庭錫寄書見憶感答〉，《鴻雪樓詩初集》卷三，第6頁。

〔註356〕沈善寶：〈讀紅樓夢戲作〉，《鴻雪樓詩初集》卷二，第7頁。

行著稱，嘗鬻畫供家計，夫家母家皆恃丹青以給。」〔註357〕甚而有閨秀因經濟上的自給自足，得以逃離出嫁、依附男性的命運，如汪琴雲：「工畫，守貞不字，賣畫自給」。〔註358〕就普遍而言，清代確是奉行「男外女內」的經濟分工，但當中亦有部分閨秀，因種種原因而須出外謀生，成為家庭的經濟支柱。因此，較之前代，她們已在一定程度上突破了「內外之別」的傳統格局。清代閨秀透過設館授徒、販賣書畫以維持生計，無疑增加了家庭的收入，有時甚至成為家庭的主要經濟來源。她們憑藉自己的一技之長來養家糊口，更因而建立了比前代更獨立自信的個人形象。

女性收入結構的變化，以及活動空間的擴展，實在影響女性的自我形象及性別意識，令她們擁有一定程度的獨立與自由，並逐步從私人領域的「閨閣」走向公共領域的國家社會。如嘉道時的女詩人孫佩蘭，曾書寫其在戰亂中作閨塾師的經歷：「自愧無才訓女童，客窗聊以解憂衷。但期溫習知書理，不負殷勤課學功。略取隨緣諸子例，敢追曹氏大家風。漫嫌巾幗無文士，前輩名姝各自雄。」〔註359〕她認為身為女性而富有文藝才華，實在值得自豪，故並不以自己踰越傳統內外的規範為恨，反之更從中得到強烈的滿足感及成就感。隨著不少清代閨秀須外出以才藝謀生，其他男性文人的看法也出現變化，尤其當閨秀因戰亂而生活困窘，被迫以才藝營生，更令其他男性大加讚頌表揚，如嘉道時的女詩人陳蘊蓮，以售賣詩畫揚名文壇，其兄長陳祖望為其詩集作序即謂：「慕青乃以詩畫易資，硯田之潤轉勝於折腰五斗矣，由是公卿延譽，遝邐傳聞，自臺省封圻以至僚友，徵詩求畫紛至沓來，口誦手揮，得瀟灑倜儻之概。」〔註360〕當中不無讚頌之辭。清代閨秀因迫於生活而出外營生養家，其時亦得到男性的理解及讚揚，並為其踰越「男外女內」的空間分工取得正當的理由，更促使男性對這些「職業婦女」的雛型肅然起敬，傳唱不已。這類「職業婦女」衝擊了傳統內與外的界線，也顛倒了夫妻角色與社會身份。傳統以為在家庭體系內的婦女為「良」，在外則為「賤」，但清代閨秀的外出營生，使此種分野越趨模糊，更因她們具備文藝才華與經濟能力，

〔註357〕施淑儀：《清代閨閣詩人徵略》，第 393、181、537、559、443 頁。

〔註358〕施淑儀：《清代閨閣詩人徵略》，第 444 頁。

〔註359〕孫佩蘭：〈逃災七次，今在甬江課授女徒五人有感〉，孫佩蘭：《吟翠樓詩稿‧附刻》，第 8 頁。

〔註360〕陳蘊蓮：《信芳閣詩草‧序》，陳蘊蓮：《信芳閣詩草》，咸豐九年（1859）刻本，第 2 頁。

被男性標示爲才德兼備的理想女性。不過，需要指出的是，雖然清代有部分閨秀的確比前代閨秀的經濟狀況更爲獨立，但她們仍是爲了解決家庭經濟問題而出外營生，其最終歸宿仍然是家庭，而非有意識地爲了個人的事業理想、經濟獨立及性別自主而努力，因此，她們從未有質疑傳統「男外女內」的經濟生產模式及分工狀況，在本質上與現代的「職業女性」截然不同。

二、清季知識女性對女性教育及經濟獨立的主張

清末康有爲、梁啓超提出維新變法，以「強國保種」爲目標，力倡開「民智」，而「女智」亦是其計劃的一部分。梁啓超認爲歷代女子無學爲中國落後的關鍵原因，因爲此令女子成爲「分利者」，「不能自養」。〔註 361〕因此，要令國家富強，女性必須學習知識及專門的職業技能，以期她們能「執業自養」〔註 362〕；嚴復亦強調女子必須自養，而女學則爲女性自立的基礎：「中國四百兆人，婦女居其半。婦女不識字者，又居其十之九。……婦人既無學問，致歷來婦人畢生之事，不過敷粉纏足，坐食待斃而已。一家數口，恃男子以爲養，女子無由分任。遷流既極，男子亦不能自養，而又仰給於他人。展轉無窮，相煦以沫，蓋皆分利之人也。」〔註 363〕可見維新派有見中國女性「分利」之弊，因而鼓吹興女學、開「女智」，以令女性能經濟獨立，減輕家庭及國家的負擔。而值得注意的是，維新派所主張的「女才」，並非傳統意義上的「閨秀之學」，因爲古代閨秀所從事的文藝創作對國家發展無益，既未能起「啓蒙」的作用，亦未能經世致用。如經元善認爲：「其有繡閣嬌娃略嫻翰墨，又不過傷春惜別，藉美人香草爲寄託，甚至因此而招浮言於閨外。」〔註 364〕梁啓超亦認爲「中國之婦女，深居閨閣」，女性文學不過是「從事於批風抹月，拈花弄草之學」。〔註 365〕梁啓超曾明確表示：「中國女學之久廢也」〔註 366〕，並指出清代著名的兩位閨秀才女梁端及王照圓：「夫彼二子之所能者，則烏得爲學問矣。」〔註 367〕梁王二人

〔註 361〕梁啓超：〈論女學〉，《飲冰室合集》第一集，第 38 頁。
〔註 362〕梁啓超：〈論女學〉，《飲冰室合集》第一集，第 38 頁。
〔註 363〕嚴復：〈論滬上創興女學堂事〉，《國聞報》，1898 年 1 月 10 日。
〔註 364〕經元善：〈勸金陵都人士創開女學堂啓〉，經元善：《經元善集》，武漢：華中師範大學出版社，1988 年，第 177 頁。
〔註 365〕梁啓超：〈論女學〉，《飲冰室合集》第一集，第 539 頁。
〔註 366〕梁啓超：〈記江西康女士〉，《飲冰室合集》第一集，第 119 頁。
〔註 367〕梁啓超：〈記江西康女士〉，《飲冰室合集》第一集，第 119 頁。

在清代文壇上頗有名氣，她們不僅有詩文留世，王照圓更有學術專著，其《列女傳》、《列仙傳》補注校正承接清代漢學訓詁的傳統，頗得同代文人讚賞，更有御筆批示。然而，梁啓超卻以爲她們的學問只是「能爲花草風月之言」，卻無助於國事，可見他對傳統閨秀之學的否定態度。不過，他對閨秀的批評和對廣義的「舊學」的批評實乃一脈相承的，他已將閨秀的「才」視作舊學的一部分。梁啓超既認爲女性的學問必須有益國事，故一再指出女性可透過學習各種專業技術，成爲國家有用之才：「農業也，工作也，醫學也，商理也，格致也，律例也，教授也，男子所共能，抑亦婦人所共能也。其學焉而可以成爲有用之才一也。」〔註368〕

維新以後，清季知識女性亦力倡女性受教育，以求獨立，強調女性應擺脫對男性的依附，並在傳統婚姻家庭以外，尋求自身的獨立人格與個人價值。與維新派不同，知識女性對女性獨立的主張，並非只從國家興亡、富國圖強的角度出發，而是從女性的處境及不平待遇作反思，並希望女性能掙脫男性的控制，當中正反映其女性身份及視角。如陳擷芬〈獨立篇〉力倡女性獨立，而當中最首要的是消除對男性依賴的心態：「所謂獨立者，脫壓力、抗阻撓猶淺也，其要在不受男子維持與干預。」〔註369〕此外，秋瑾亦號召其他「女同胞」獨立自主，不再當男性的奴隸：

> 天下事靠人是不行的，總要求己爲是。……諸位想想，天下有享現成福的麼？自然是有學問、有見識、出力作事的男人得了權利，我們作他的奴隸了。既作了他的奴隸，怎麼不壓制呢？自作自受，又怎麼怨得人呢？」〔註370〕

呂碧城〈舟過渤海口占〉亦云：「苦海超離漸有期，亞東風氣已潛移。待看廿紀爭存日，便是蛾眉獨立時。」〔註371〕當中強調「蛾眉獨立」，正是呼籲女性不應依賴男性，而要培養自尊自重的人格，開展自己的事業及人生道路。

知識女性認爲，女性經濟不獨立是失去人格獨立的根源與關鍵，是女子受壓迫的重要原因，正如陳擷芬所指出，女性「不能自食，必食於人；不能自衣，必衣於人。」〔註372〕因此女性必須取得經濟獨立權；秋瑾亦面向「全

〔註368〕梁啓超：〈倡設女學堂啓〉，《飲冰室合集》第一集，第20頁。
〔註369〕陳擷芬：〈獨立篇〉，《女學報》，第2卷，第1期（1903年）。
〔註370〕秋瑾：〈敬告中國二萬萬女同胞〉，《白話》第2期（1904年10月）。
〔註371〕呂碧城：〈舟過渤海口占〉，《女子世界》，第2年第4～5期（1906年）。
〔註372〕陳擷芬：〈獨立篇〉，《女學報》，第2卷，第1期（1903年）。

國姊妹」，勉勵她們努力學習，以求自立：「願奴隸根除，智識學問歷練就，責任上肩頭，國民女傑期無負。」〔註 373〕知識女性瞭解到女性要謀求自立，當中最重要的便是提升自身的質素及能力，因此她們均提倡女子教育，並以經濟自立爲長遠目標，如呂碧城強調女子教育是實踐女性獨立的先決條件：「自強之道須以開女智、興女權爲根本。」〔註 374〕知識女性在女子學校慷慨陳詞，鼓吹女性接受教育，以脫離男性自立，如蘇英在女子學校的演講，提到：「要撇脫賢妻良母的依賴性，靠自己一個人去做那驚天動地的事業。」〔註 375〕張竹君於 1904 年在愛國女學校的歡迎會上演講，亦鼓勵女性消除對男性的依賴：「欲言救國，必先教育；欲先教育，必先於女子。而女子所宜先者，則首自立自愛，次則肆力學問，厚結團體。」〔註 376〕其看法與蘇英相若，均指出女性自立必須從教育做起。女學生張肩任亦提出：「我中國數千年來之女子，柔弱不振，庸昧戇愚。何以故？謂無女學故。女學不興，則女權不振。」〔註 377〕她又表示：「稍有知識之女子，能謀生能自立者有幾人乎？雖男子亦未嘗人人有生活之能力，而女子莫不仰仗於男子。」〔註 378〕可見知識女性認爲女性因知識水平有限，使她們在經濟上未能自立，只有成爲男性的附庸。

　　知識女性既認識到教育爲女子自立的基礎，因此，她們在辛亥革命前後興起了辦女學的熱潮。她們努力籌款，甚而自己捐款興辦女學，並出任教職，其時著名的知識女性如秋瑾、陳擷芬、徐自華、張竹君、林宗素、呂碧城等均曾於女子學校任教。而知識女性對於女性教育的看法，除在教育目的上與維新派的「救國圖強」論有別外，對於女子教育的內容，她們的視角亦明顯與男性有異，反映她們對現實女性處境的思考與關懷。1903 年陳擷芬便在〈獨立篇〉中明確反對「便於男子之女學」〔註 379〕，呂碧城擔任天津北洋女子公學總教習時，並創辦以「聯絡同志，研究教育，期於女學發達爲宗旨」的「女子教育會」，並反駁當時不少人對於女學乃培養「乳媼」及「保姆」的看法：

　　　　興女學者，每以立母教助夫訓子爲義務，雖然，女子者，國民
　　之母也，安敢辭教子之責任；若謂除此之外，則女子之義務爲已盡，

〔註 373〕鑑湖女俠（秋瑾）：〈勉女權〉，《中國女報》第 2 期（1907 年）。
〔註 374〕呂碧城：〈論提倡女學之宗旨〉，《呂碧城詩文箋注》，第 125 頁。
〔註 375〕〈蘇英在蘇蘇女校開學典禮會上的演說詞〉，《女子世界》第 12 期（1905 年）。
〔註 376〕《警鐘日報》，1904 年 5 月 2 日。
〔註 377〕張肩任：〈欲倡平等先興女學論〉，《女子世界》第 2 期（1904 年）。
〔註 378〕張肩任：〈欲倡平等先興女學論〉，《女子世界》第 2 期（1904 年）。
〔註 379〕陳擷芬：〈獨立篇〉，《女學報》，第 2 卷，第 1 期（1903 年）。

則失之過甚矣。殊不知女子亦國家之一分子，即當盡國民義務，擔
國家之責任，具政治之思想，享公共之權利。〔註380〕

她又表示興辦這類絕不是培養「女國民」之學堂，只會製造奴隸，而非
具獨立思考的新時代女性。由此，她建議採用歐美教育，而非只包括「治理
家政」、「應用之技藝」的技能教育。〔註381〕此外，秋瑾〈大魂篇〉亦指出：

若猶漫然曰，興女學，興女學，而不謀所以鞏固自立之基礎，
吾恐其教育之結果，不過養成多數高等之奴隸耳！於吾振興夫何
有？吾亦嘗聞諸侈談女學之言矣，彼固曰，中國女學不興，故家庭
腐敗，嗟兒女之情長，使多少英雄氣短，吾今將提倡女學使能自立，
無爲大好男兒累。〔註382〕

可見秋瑾反對女子求學只爲成爲男性的「賢內助」，因爲這對於女性爭取權
利，成就獨立人格是絲毫無益的。呂碧城與秋瑾均認爲女性除了從思想上擺脫
對男子的依賴以外，更爲重要的是透過入學受教，提升知識水平，以求在經濟
上自立，如此方能實踐真正的女性獨立。秋瑾針對當時女性普遍在經濟上依附
男性的情況，反覆告誡女界「欲自立，非求學藝不可」，又指出「如今女學堂也
多了，女工藝也興了，但學得科學工藝，做教習，開工廠，何嘗不可自己養活
自己嗎？」〔註383〕反映知識女性對於女性教育及經濟自立的主張，背後實基於
爲女性爭取權益，提升女性地位的性別關懷，而非如維新派般的國族考慮。

爲了令女性能獨立謀生，部分知識女性更不只在言論上提倡女子自立，
而是坐言起行，開辦女子實業學堂、成立女子實業學會等，提升女性的技能
及經濟能力。在芸芸知識女性當中，尤以張竹君對女子實業教育最爲重視。
1904 年，愛國女校開設女子手工傳習所，聘請張竹君爲傳習師，以「爲同胞
女子謀自立之基礎」爲理念，教授女性包括手工編織、初級機械縫衣、機械
扣法等技能。〔註384〕其後因反應踴躍，參與人數眾多，傳習所校舍需要擴充，
便遷往滬北江灣，改名「廣東育賢女工廠分院」。〔註385〕對於女子實業教育，
張竹君曾在愛國女學歡迎會上提到：

〔註380〕呂碧城：〈論基督劏幼稚園公文〉，《女子世界》第 9 期（1904 年）。
〔註381〕呂碧城：〈興女學議〉，《大公報》1906 年 2 月 18、26 日。
〔註382〕秋瑾：〈大魂篇〉，《中國女報》，1907 年第 1 期。
〔註383〕秋瑾：〈敬告姊妹們〉，《中國女報》，1907 年第 1 期。
〔註384〕〈女子手工傳習所章程〉，《警鐘日報》，1904 年 5 月 27 日。
〔註385〕《警鐘日報》，1904 年 6 月 10 日。

欲言救國，必先教育；欲先教育，必先於女子。……故欲救空
論，必與實業。且女子茍能治實業，即為自立之首基。余在粵所辦
女子實業學堂，今已粗見成效。故甚望愛國女學校，亦能注意女子
之實業，則有禆於吾女子者大矣。〔註386〕

她又在〈女子興學保險會序〉中強調：「修智育以求自治，習工藝以求自養，
聯同志以求自鏡。」〔註387〕可見她認為提倡女子實業教育，令女性學得一技
之長，實為女性謀求經濟自立的基礎。

　　清季知識女性不僅鼓勵女性受教育，以謀求經濟上的自立，她們更身體
力行，在經濟上實踐獨立自主的人生，成為其他女性的榜樣。如呂碧城十二
歲時父親去世，其後一家遭族人壓迫，家產被佔，只有寄居於舅父家中，因
而體會到謀生自立的重要。後來她遠赴天津，得《大公報》經理英斂之賞識，
邀為助理編輯，又任京津各報主筆。其後，呂碧城撰〈敬告中國女同胞〉、〈教
育為立國之本〉等文，發表她創辦女學之志，並得到極大迴響。當時名士如
梁士詒、方藥雨、傅增湘、英斂之等紛紛為她籌款興辦女學。同年北洋女子
公學成立，呂碧城任總教習，1906 年更升任為北洋女子師範學校校長，並積
極從事女子教育。自從離開了塘沽舅家，呂碧城展開她獨立的生活，社交圈
子也大大地擴展，與嚴復、唐紹儀等著名學者和政治家亦有往來。民國以後，
呂碧城曾短暫受聘於袁世凱為公府諮議，袁氏稱帝後呂碧城南下寓居上海與
洋人貿易，獲利甚豐。她曾自言：「先君故後因析產而構家難，惟予錙銖未受，
曾憑眾署券。余習奢華，揮金甚巨，皆所自儲，蓋略諳陶朱之學也。」〔註388〕
可見呂碧城既能實現自身的經濟獨立，又能積極提倡女子教育，幫助其他女
性自立，成為其他謀求自立的知識女性的榜樣。

第六節　性別平等與階級消解的初步構思：何震無政府女權主義的特例

　　前文所分析知識女性的「女性觀」及女權主張，儘管在不同層面上略有
差異，但她們大抵皆受「救亡圖存」的國族話語影響，因此在討論女性的國
家身份、婚姻家庭、教育經濟等問題之時，她們始終都不脫國家富強的考慮。

〔註386〕《警鐘日報》，1904 年 5 月 2～3 日。
〔註387〕張竹君：〈女子興學保險會序〉，《警鐘日報》，1904 年 4 月 23～24 日。
〔註388〕呂碧城：《信芳集》，上海：中華書局，1925 年，第 3 頁。

雖然與當時的男性論者相比，她們已較著眼於女性處境及女性權益的角度，然而，她們的「女性觀」與女權話語，依然籠罩在國族主義的氛圍下。事實上，在各國現代化的過程中，各地的女權運動都有與國族主義聯結的情況，如美國、日本等都有類似的現象，只有無政府女權主義者可擺脫國族主義的局限，將為女性爭取平等自由視為一項獨立的目標。此正可套用於清季知識女性的身上。前文所述的知識女性，其「女性觀」雖然略有差異，卻大抵皆不脫國族主義的思想框架。而何震作為中國最早的無政府主義論者，她在《天義》所表達的「女性觀」及女權主張，與其他知識女性相比，卻大相徑庭。她的「女性觀」可說是走出了「富國強種」的框框，在討論性別、階級、種族、婚姻、家庭等問題時，都有不同於當時主流思想的見解。因此，本書將以獨立一節討論其「女性觀」，以分析她與其他知識女性的差異所在。

一、何震與《天義》

何震原名何班，字志劍，江蘇儀徵人。關於何震生平，目前只留下幾筆附屬於其夫劉師培或其師蘇曼殊的零星記載。何震生於書香世家，父何承霖以縣學生員中丁卯科舉人，補授八旗官學教習，其後再授知縣。〔註389〕據劉師培外甥梅拭所述，何震「幼年在家，秉承閨訓甚嚴，不見生人。」但自1903年嫁與劉師培為妻後，「忽然思想大為解放」〔註390〕。1904年她隨夫赴上海，入愛國女校，改名何震，並在此學習西方男女平等、自由革命、無政府主義等思想。在上海期間，何震與劉師培與文化界名流交往，〔註391〕成為文化界一對著名的夫婦。1907年初，何震隨劉師培到日本東京，廣泛接觸到西方思想，並與劉師培等創立「社會主義講習會」，經常與日本學者幸德秋水、堺利彥等談學論世。〔註392〕1907年6月10日，何震在東京成立「女子復權會」，同時又創辦《天義》，出任編輯兼發行人。〔註393〕在同時代文人的記述中，何

〔註389〕萬仕國：〈何震年表〉，馮明珠編：《盛清社會與揚州研究》，臺北：遠流出版社，2011年，第491頁。

〔註390〕梅鶴孫：《青溪舊屋儀徵劉氏五世小記》，上海：古籍出版社，2004年，第36頁。

〔註391〕趙慎修：《劉師培評傳》，北京：中國文史出版社，1998年，第18頁。

〔註392〕幸德秋水：〈幸德秋水來函〉，《天義》，1907年6月10日。

〔註393〕學界對於《天義》的創刊人是否何震，討論甚豐，本書已於第一章第三節作討論，此處不贅。

震品格不端，〔註394〕更成爲慫恿劉師培變節的元兇。〔註395〕不過，另一知識女性徐自華對此事卻不表認同。〔註396〕何震在革命圈子的聲名不佳，更甚而因此而使其女權主張受到批評與否定，如何震提出所有人皆應冠以父母兩者的姓氏（即「雙姓說」），並改名爲「何殷震」，對此，馮自由語帶諷刺，視之爲偏激、出格之論，〔註397〕卻未有針對其論點作批評，可見何震或因其品格行事而備受革命派批評，致有礙其言論在社會中的傳播及接受。〔註398〕

　　《天義》於 1907 年 6 月於日本創刊，共發行 19 卷，至 1908 年 3 月 15 日停刊後，劉師培與何震被迫歸國。不過，何震在《天義》報的角色在前後期有顯著的差別，其重要性在後來逐漸轉淡。在創刊的起始階段，《天義》的篇幅較集中討論女性問題，報中亦刊有大量署名「何殷震」的文章（正文則以「震述」或「震」自稱），但至後期，何震的文章減少，《天義》變得以劉師培的文章佔多數。而何震的論說亦趨向以其夫劉師培的無政府主義言論爲中心，何震只是從女性的角度回應其意見，較少以男女平權等性別議題爲中心，宣揚其女權主張。從《天義》各期的文章主題及作者作統計，可見《天義》後期署名「何殷震」或「震述」的何震文字越來越少，署名申叔的劉師培的文字則越來越多。〔註399〕可以說，1907～1908 年是何震的文化事業中最

〔註394〕如蔡元培〈劉君申叔事略〉云：「是年，君（按：即劉師培）忽與炳麟齟齬，有小人乘間運動何震，劫持君爲端方用。」《劉申叔先生遺書》（一），民國二十三年寧武南氏校印。

〔註395〕光復會之陶成章談及劉師培之叛變時謂：「其妻何震及汪公權日夜慫恿光漢入官場，光漢外恨黨人，內懼艷妻，漸動其心。」陶成章：《浙案紀略》，轉引自劉慧英：《女權、啓蒙與民族國家話語》，北京：人民文學出版社，2013 年，第 128 頁。對於何震慫恿劉師培變節之事，馮自由、柳亞子、蘇曼殊等均有相近說法。

〔註396〕徐自華〈劉師培傳〉云：「余識師培，在光緒戊申冬，時君方自東倭歸，變姓名爲金少甫，而余亦因秋墓案，避居滬瀆，以意氣相期許。其母夫人金，尤賢明，教子有義方。然未幾，而吾友張恭以被逮聞，陳其美過余，謂即君夫人何震，實媒孽之爲，寧不異哉！涅陽授首，恭獨與陳去病，馳電拯君。籌安一會，又張、陳所失料也。是知問奇載酒，別擅千秋，劇秦美新，終於投閣。」郭延禮注：《徐自華詩文集》，北京：中華書局，1990 年，第 35 頁。

〔註397〕馮自由云：「（按：即劉師培）其妻何震更提倡父母姓並重之說，自號其姓名曰何殷震。」馮自由：《革命逸史》，第 214 頁。

〔註398〕如馮自由曾以爲何震主張廢除家庭，只爲遂其出牆的私欲，並批評其行爲放蕩，與汪公權等有曖昧關係，故其思想行事亦不足觀。馮自由：《革命逸史》，第 228 頁。

〔註399〕據劉慧英的統計，《天義》第一卷何震發文五篇，另附圖一幅；第二卷何震、

活躍的時期，期間她在《天義》一共發表了七篇文章及演講辭，介紹及宣傳男女平等及無政府主義思想，對當時思想界帶來甚大衝擊。

《天義》確實以宣揚無政府主義爲宗旨，可謂中國首份無政府主義的刊物，何震更曾表明自己「惟迷信無政府主義」，但考察《天義》的宗旨及創辦目的，它首先是以《女子復權會》機關刊物的身份出現，刊載於 1907 年 7 月的《復報》的〈天義報啓〉，正指出兩者之關係。何震在《天義報啓》中，申明自己乃以破除世間一切階級的無政府主義爲宗旨，而要達致人類完全平等的理想社會，必須「男女革命與種族政治經濟諸革命並行。」〔註 400〕在所有階級之中，以男女的階級問題最爲嚴重，因此，「故欲破社會固有之階級，必自破男女階級始。」〔註 401〕何震更藉此明言，破除男女階級正是她創辦女子復權會及辦《天義》報的最初目的：「震等目擊心傷，故創爲女子復權會，討論斯旨，以冀實行其目的。又慮此理之不能共喻也，故刊『天義旬報』，以作本會之機關。」〔註 402〕從以上內容可知，何震創辦《天義》之初，乃爲宣揚男女平等的思想。《天義》第一卷卷首刊載了一篇《簡章》，說明辦報的宗旨及命名的由來，當中宣稱其理想爲：「破除國界種界實行世界主義，抵抗世界一切之強權，顛覆一切現近之人治，實行共產制度，實行男女絕對之平等。」〔註 403〕可見《天義》起首確以爭取男女平等爲重要宗旨。

劉師培二人各發文一篇；第三卷何震發文兩篇、劉師培一篇；第四卷何震一篇、劉師培兩篇；第二卷何震兩篇、劉師培兩篇；第六卷何震一篇、劉師培兩篇、何劉二人合著一篇；第七卷何震三篇、劉師培兩篇；第八、九、十卷合冊，何震三篇、劉師培七篇；第十一、十二卷合冊，何震一篇、劉師培四篇；第十三、十四卷合冊，何震一篇，劉師培五篇；第十五卷何震一篇，劉師培三篇；第十六至十九卷合冊，劉師培四篇，何震未有發文。劉慧英：《女權、啓蒙與民族國家話語》，北京：人民文學出版社，2013 年，第 122 頁。

〔註 400〕〈天義旬報啓〉，原載《復報》第十期，1907 年 6 月 15 日。轉引自張枬、王忍之編：《辛亥革命前十年間時論選集》（第二卷，下冊），北京：三聯書店，1963 年，第 818～819 頁。

〔註 401〕〈天義旬報啓〉，原載《復報》第十期，1907 年 6 月 15 日。轉引自張枬、王忍之編：《辛亥革命前十年間時論選集》（第二卷，下冊），北京：三聯書店，1963 年，第 818～819 頁。

〔註 402〕〈天義旬報啓〉，原載《復報》第十期，1907 年 6 月 15 日。轉引自張枬、王忍之編：《辛亥革命前十年間時論選集》（第二卷，下冊），北京：三聯書店，1963 年，第 818～819 頁。

〔註 403〕〈簡章〉，《天義》，1907 年 8 月 9 日。

二、何震的「女性觀」

對於男女地位的不平等，其時的知識女性每喜以西方的先進對比中國的落後，並帶出中國應仿傚西方，實踐男女平等的理想。然而，何震卻指出無論中西，男女兩者的待遇均不平等：「無論東洋有尊男輕女之風也，即西洋各國號為男女平等者，然服官議政之權，均為女子所無，則是女子所有之權，並賤民而不若。」〔註404〕雖然西方女性亦未能與男性一樣享有平等權利，但「今日中國一般之婦女所受慘毒，為五洲萬國所未聞。」〔註405〕所以何震亦認為西方男女平等雖仍未盡完善，但中國女性卻比之更為惡劣，男女更不平等，如中國男子可以三妻四妾，妻子死後可續弦再娶，但中國女子卻不能享有相同的待遇。她以為中國女性之所以飽受壓迫，歸根究底，乃因傳統儒家思想的「女性觀」所致：「吾女子之死於其中者，遂不知凡幾。故儒家之學術，均殺人之學術也。」〔註406〕因此，何震提出要實行「女界革命」，以男女平等為目標：「凡所謂男性女性者，均習慣使然，教育使然。若不於男女生異視之心，鞠養相同，教育相同，則男女所盡職務，亦必可以相同。而男性女性之名詞，直可廢滅，此誠所謂男女平等也。」〔註407〕正如前文所述，何震如燕斌等知識女性一樣，質疑儒家傳統性別定型的男女之別，以為現實生活所見之男女規範，全屬後天的教育、文化及制度等建構而成。而這些後天建構的儒家女性觀，卻窒礙了中國女性數千年的發展，使她們未能與男性一樣享有自由及平等權利，故此時必須全面檢討中國傳統文化的得失，方能達致平等的理想社會。

（一）質疑傳統「男尊女卑」「男主女從」的階級不平等，追求男女絕對平等

與其他知識女性一樣，何震批判了數千年來儒家「男尊女卑」、「男主女從」的思想，認為傳統文化「以女子為奴隸，強女子以服從。」〔註408〕對於古代男女的不平等，何震徵引古籍，分析傳統社會於男女嫁娶、女性名分、男女職務分配及禮制編定等四方面的不平等。〔註409〕對於維護封建傳統的前代閨秀，何

〔註404〕震述：〈女子宣佈書〉，《天義》，1907 年 6 月 10 日。
〔註405〕震述：〈論中國女子所受之慘毒〉，《天義》，1908 年 1 月 15 日。
〔註406〕震述：〈女子復仇論〉，《天義》，1907 年 7 月 10 日。
〔註407〕震述：〈女子宣佈書〉，《天義》，1907 年 6 月 10 日。
〔註408〕震述：〈女子解放問題〉，《天義》，1907 年 9 月 1 日。
〔註409〕震述：〈女子宣佈書〉，《天義》，1907 年 6 月 10 日。

震亦大加鞭撻，如她以「班賊」、「昭賊」等指責班昭，指出其《女誡》為女性卑弱之始，其〈夫婦〉、〈敬慎〉、〈婦行〉等章節所宣揚的「男剛女柔」「男主女從」，以及女性以「貞靜為德榮」「三從四德」等思想，正是後世女性地位低下，飽受抑壓迫害的肇始：「夫班賊身為女子，竟惑於儒家之邪說，自戕同類，以貽女界之羞，作男子之奴隸，為女子之大賊。」〔註410〕雖然，何震其後又嘗試對班昭表示理解，指出其身處古代封建社會，自有其時代思想上的局限，其自身亦受到儒家男權思想的壓迫與剝削：「而班賊之為此言，又由於篤守儒書，以先入之言為主，則班賊之罪，又儒家有以啓之也。」〔註411〕她表面看來似乎對班昭思想的局限表示理解，並將壓迫女性的矛頭指向儒家傳統，但她對班昭的態度，與傳統閨秀的態度確實是略有不同。郭延禮在分析清末女作家時，曾表示從對待班昭的不同態度，可區分「戊戌女性精英」與「第一代知識女性」的不同身份，以致其不同的思想傾向。〔註412〕他指戊戌出身的閨秀如康同薇、薛紹徽等，對班昭大多表示敬仰，但第一代知識女性則對班昭口誅筆伐，如張昭漢的〈班昭論〉把班昭視為女界的千古罪人，何震亦在〈女子復仇論〉中把班昭呼為「班賊」〔註413〕。然而，筆者對郭氏的看法卻略有保留。事實上，清季知識女性對班昭的態度甚為複雜，她們一方面頌揚班昭的才華能力，以此論證傳統女性在能力上亦不輸男性，但另一方面卻對班昭的傳統「女性觀」及封建思想大力討伐。以秋瑾為例，她一方面強烈批評班昭所倡議的「男尊女卑」、「男剛女柔」的「女性觀」，但另一方面又歌頌班昭的才學過人，讚揚她在舊社會中

〔註410〕 震述：〈女子復仇論〉，《天義》，1907 年 7 月 10 日。

〔註411〕 震述：〈女子復仇論〉，《天義》，1907 年 7 月 10 日。

〔註412〕 郭延禮以為，二十世紀之前的女性文學家，包括戊戌維新時期的女性作家如康同薇、裘毓芳、薛紹徽等，由於她們大多出身於名門或書香門第，可以籠統地稱之為「閨秀作家」。20 世紀初，隨著女性教育和女權運動的發展，女性文學創造主體發生了變化：由閨秀嬗變為第一代知識女性。而第一代知識女性則成為二十世紀初女性文學家的主體部分。這些知識女性不僅與明清閨秀作家有著顯著的區別，而且較之戊戌維新時期的閨秀作家也有不同。閨秀作家與第一代知識女性的區別並不在她們的家庭出身，因為她們均出身於名門或書香門第，兩者的主要區別是知識女性受教育的內容不同，其受西方思想影響較深，亦有更多接觸西方文化的機會，因此其思想傾向上與閨秀作家有別，如兩者對待班昭《女誡》抱持不同態度，即為顯例。郭延禮：〈20 世紀初葉中國女性文學的轉型及其文學史意義〉，《上海師範大學學報》2009 年 11 月。

〔註413〕 郭延禮：〈20 世紀初葉中國女性文學的轉型及其文學史意義〉，《上海師範大學學報》2009 年 11 月。

能與男性爭雄，成爲傑出女性的代表，流露她對班昭的仰慕：「史才人目漢班姬」〔註414〕。不過，無論如何，何震對班昭《女誡》的批評，卻充分展露了她對封建禮教的不滿，以及對傳統「男尊女卑」、「男主女從」、「男剛女柔」的「女性觀」的批判，其看法與其他知識女性可謂相類。

（二）理想中的女性：自由平權的女性而非「女國民」

前文曾提及清季知識女性嘗試重新定義女性氣質及女德，而何震亦與秋瑾、燕斌等的看法相似，她們均否定柔弱貞順的女性本質，認爲這種性別定型及偏見，是由社會文化、各種制度與教育等造成的。〔註415〕何震以爲：「所謂男性女性者，均習慣使然，教育使然。若不於男女生異視之心，鞠養相同，教育相同，則男女所盡職務，亦必可以相同。而男性女性之名詞，直可廢滅，此誠所謂男女平等也。」〔註416〕何震雖與其他知識女性一樣，否定傳統女性柔弱貞順的自然氣質，不承認傳統所謂的女性「天性」或「女性特質」，然而如本章第一、二節所述，其他知識女性在否定傳統女性柔弱氣質的同時，刻意建立一鐵血善戰的女英雄典範，其中除了男女平權的考慮外，更重要的是希望女性能成爲與男性一樣的「女國民」，肩負國民的責任，爲國家出力。知識女性所強調的這種剛強勇敢的新時代女性氣質，實與當時的「國族主義」緊密扣連，而何震作爲無政府主義論者，她在批判後天建構的「社會性別」（女性乃柔弱貞順）的偏頗不公時，根本未有從富國強種的角度考慮，她一再關注的只是社會制度及經濟階級上的不公。她所謂的「男女之間，其制度失平」〔註417〕，當中指向的只是普世社會上的男女性別階級，包括嫁娶、名分、職務、禮制等的不平等，此與國族主義沒有絲毫關係。她並非從國家富強的角度，鼓勵女性自強，以豐富國家的人力資源，而是從制度根本上考慮女性身處的不平處境，從「平等」的角度爲女性爭取權益，因爲在她看來，如此方合乎「天理」：「特以天賦之權，男女所同。男女同爲人類，若不能平等，是爲不公，是爲背天理，故子女之所爭，僅以至公爲止境。」〔註418〕尤有甚者，

〔註414〕秋瑾：〈贈女弟子徐小淑和韻〉，《秋瑾集》，第88頁。
〔註415〕詳參本章第三節。
〔註416〕震述：〈女子宣佈書〉，《天義》，1907年6月10日。
〔註417〕何殷震等：〈「天義報」廣告〉，《（續辦）女子世界》，第2年第6期，1907年7月，第1頁。轉引自夏曉虹：〈晚清女報中的國族論述與女性意識——1907年的多元呈現〉，《北京大學學報》2014年7月，第128頁。
〔註418〕震述：〈女子宣佈書〉，《天義》，1907年6月10日。

她在根本上否定國家及各式政權：

> 蓋政府既設，即有統治機關。而統治機關，必操於男子之手，
> 是與專制何異？即使男女同握政權，然不能人人均握政權也，必有
> 主治、被治之分。以女子受制於男，固屬非公；以女子而受制於女，
> 亦屬失平。故吾人之目的，必廢政府而後已。〔註419〕

相對於其他知識女性強調「女國民」的責任而少談女性的「權利」，何震可謂
重視權利而少談責任，而此正因其信奉的無政府主義而起。《天義》常引介的
德國社會主義者百北爾（August Bebel，今譯多作「倍倍爾」），其 1879 年出版
的《婦女與社會主義》一書即指出，現行的國家體制根本未能根除男女不平
等的狀況，只有根本地改造現在的國家制度與社會組織，方能撤除一切使人
從屬另一人的不平等狀況。〔註420〕何震深受無政府主義的影響，以為國家、
政府為一切不平等的根源，因此，若要實現男女平等，自然要廢除政府。

相對其他知識女性強調的從戎救國，何震則提出〈女子非軍備主義論〉：
「夫軍備為女子之害，非僅一端。」她指出「用兵之國，無論勝敗，其影響
之所及，均為婦女之不利。」〔註421〕她認為女性與工人、奴隸在戰爭中均付
出最大的代價，無論戰爭成敗，女性均處於不利的處境。加上「男性富於勇
健之精神，其強力足以制婦女，故為女子者屈服於男子之下。積時既久，遂
以服從為性質，而仰男子之指揮。此實男女不平等之原因也。」〔註422〕因此，
她提出「非軍備主義者，弱種平民女子之大利也。非軍備主義行，則弱種泯
強種之侵凌，平民脫國家之壓制，為女子者，亦可脫男子之羈絆，以博自由
之幸福：此實世界和平安樂之先聲也。」〔註423〕可見何震與其他知識女性的
看法相異，對當時興起的「女子從戎」的想法，大加駁斥。她從女性處境及
女性利益的角度出發，結合其無政府主義的主張，因而帶出女性與男性在體
格、品性特質上的先天差別，因此服兵役、參與戰鬥等皆不利女性，而軍備、
兵制等更是男女不平等的根源所在。

何震對國族主義的排斥，更見於她對理想女性教育的看法之上。何震以

〔註419〕震述：〈女子復仇論〉，《天義》，1907 年 7 月 10 日。
〔註420〕有關倍倍爾的主張，詳見倍倍爾著：《婦女與社會主義》，沈端先譯，北京：
　　　　三聯書店，1955 年，第 4～6 頁。
〔註421〕震述：〈女子非軍備主義論〉，《天義》，1907 年 11 月 30 日。
〔註422〕震述：〈女子非軍備主義論〉，《天義》，1907 年 11 月 30 日。
〔註423〕震述：〈女子非軍備主義論〉，《天義》，1907 年 11 月 30 日。

爲女性教育應推翻一切的舊道德、舊倫理：「今爲女子解放計，必屏斥一切之舊教育，而代以新教育。……倫理一科，亦宜屏除往昔思想，而代以新思想，即排斥昔日腐敗道德，而導以互助、博愛新道德是也。」〔註424〕她指出向女性「導以互助、博愛新道德」之說，與燕斌、陳擷芬等知識女性所提倡的女性新道德暗合，皆以爲女性不應只囿於家庭內的舊女德，而是應放眼社會，以慈愛、博愛爲新女德。不過，值得注意的是，作爲無政府主義者，她多次明言女性教育問題與國家主義無關，此與秋瑾、張竹君、呂碧城等以女子教育爲「強國保種」的重要目標截然不同。她一再強調女性教育乃爲爭取女性獨立及平等自由而設，並當摒棄任何國家主義的元素，故毋需加強女性的國家意識：

> 至於歷史各科，均爲啓發思想之用。惟關於國家主義者，宜在屏遺之列。理化、博物各科，尤其重要。若音樂、圖畫，本女子之特長，然以待役於人及娛悅男子爲目的，則與賣藝無異。此宜導以高尚之思想者也。又中國女子所唱樂歌，多含奴隸主義，亦今日所當改良者。女子肄習醫科，亦深合博愛之旨。惟歐美、日本各國，凡女子肄習此科者，多給役軍旅之中，以爲看護婦，此則深可嫉視者也。政治、陸軍、員警各學科，均專屬於男子者也。今爲消滅人治、排斥軍備計，則女子欲與男子平等，不在爭習此科，惟有實行無政府、非軍備之運動耳。惟農學一端，關於民生者甚巨，乃女子所當從事者也（若商業科，亦不必肄習）。近法國女子多爭習農科，此世界女子所宜效法者。依此而行，庶一般婦女，不爲奴隸教育所囿，而導其自覺之心。蓋昔日之教育，均造成奴隸者也，故女子奴隸教育，與女子奴隸制度相伴而生。嗣今而降，新社會之制，亦與新教育制度相伴而生，乃以造成自由人民爲目的者也。既以造成自由人民爲目的，以實行家庭、國家、社會大革命，則教育革命，實一切革命之權輿。凡在女界，可不從事於斯乎？」〔註425〕

何震提倡的教育內容中，排除所有國族主義、軍備主義的觀點，乃以「造成自由人民爲目的」，而非知識女性所強調的「盡國民之義務」的「女國民」，正貫徹其無政府主義的立場，此亦是她與其他知識女性的想法相異之處。

〔註424〕震述：〈女子教育問題〉，《天義》，1907 年 12 月 30 日。
〔註425〕震述：〈女子教育問題〉，《天義》，1907 年 12 月 30 日。

何震與其他知識女性的顯著差異，正在於對女性解放、理想女性所抱持的不同目標及定位。前文所述的知識女性，均將男女平等視爲與「強國保種」並行的目標，既爲強國的需要，亦爲女子爭取權利。何震卻以「顛覆一切現近之人治」爲宗旨，她心目中的理想世界是：「必盡廢人治，實行人類平等，使世界爲男女共有之世界。」〔註426〕可見她以爲女性毋需充當一國之民，而爭取女權亦非出於國族主義的考慮，反之卻是實現其理想的平等世界中的第一步：「欲達此目的，必自女子解放始。」〔註427〕女性解放可說是她的絕對平等、去除一切階級的理想世界的其中一環，正如她說明《天義》的宗旨時表示：「以破壞固有之社會，實行人類之平等爲宗旨，於提倡女界革命外，兼提倡種族、政治、經濟諸革命。」〔註428〕

（三）婚姻家庭制度的根本改革：釋除妻母角色的獨立個體

1. 去除一切不平等階級的理想婚姻關係

在對照西方社會的情況後，清季知識女性如燕斌、陳擷芬、秋瑾等，均對傳統婚姻禮俗提出不少質疑，如指出包辦婚姻、童養媳、蓄妾制等的不平等，將傳統婚姻問題視爲陳舊、不合理而極需改革的社會問題。當時有關改革婚姻的主張，均援引西方社會爲理想藍本，透過取法西方去革除中國傳統的流弊。在婚姻問題上，何震雖然與其他知識女性一樣，均大力批判傳統婚姻、儒家體制的不足，如她指出儒家聖人孔孟曾有出妻之舉，成爲後世丈夫欺壓妻子的起始，即是中國婚姻制度壓迫女性的禍首。〔註429〕然而，與其他知識女性相異的是，何震並不以爲西方的婚姻制度是中國改革效法的對象。她先指出中國社會的婚姻爲「金錢上之婚姻也，謂之財婚，亦非過論」，其後卻未有援引西方作爲學習對象，反之，她強調西方婚姻亦存在「財婚」的問題：「或男子以財富多權力大作爲炫耀的資本從而誘惑女子，或者女子以自己家庭資產富有從而吸引男子愛慕結婚的心情，或者富有的人仗著自己的財力去強行迎娶貧苦人家的女兒，這些都可以說是爲利益所束縛的。」〔註430〕由

〔註426〕震述：〈女子解放問題〉，《天義》，1907年9月1日。
〔註427〕震述：〈女子解放問題〉，《天義》，1907年9月1日。
〔註428〕〈天義旬報啓〉，原載《復報》第十期，1907年6月15日。轉引自張枬、王忍之編：《辛亥革命前十年間時論選集》（第二卷，下冊），北京：三聯書店，1963年，第818～819頁。
〔註429〕震述：〈女子復仇論〉，《天義》，1907年7月10日。
〔註430〕震述：〈女子解放問題〉，《天義》，1907年9月1日。

此可見，何震並不以爲西方的婚姻制度便是最理想的制度。而且，她在強調男女平等的同時，她的關注焦點已不限於女性，而是指出男女雙方均爲「財婚」的受害者。她以爲中國的婚姻是「女子賣身於男子」，而歐美各國的婚姻：「其習俗已與中國稍殊，乃男女互相賣淫者也。」〔註431〕何震既對傳統婚姻中女性因經濟考慮而賣身予男性表達不滿，但同時她又批評西方的婚姻爲男女互相賣淫。由此看來，何震與其他知識女性對婚姻的看法差異頗大，她雖然從女性在婚姻上的不平等處境出發，批判婚姻制度對女性的壓迫及剝削，但她並非如其他知識女性般以學習西方爲目標，而是以女性在婚姻上的不平等待遇爲起點，由關懷女性處境擴展至對所有人（男女雙方）的關注，從根本上批評婚姻制度中男女雙方背後的經濟考慮，背離了婚姻的本質：「無異於買賣婚姻，均掠奪婚姻之變相」。〔註432〕她指出不論在中國還是西方，婚姻制度中男女雙方經濟條件的差異，實造成夫婦雙方地位的不平等，故此不論男女雙方均不脫「買賣婚姻」的本質：「富者出禎資以買淫樂，貧者賣淫以博資財，謂之男女之關係，不若謂之貧富之關係也。」〔註433〕《天義》曾節譯〈共產黨宣言〉，並在其下提到：「家族制之廢止，雖持急進說者，亦以共產黨人，爲此不名譽之主張，因生憤激。雖然，現今之家族制，乃紳士之家族制也，乃以資本及私利爲根基者也。雖此等制度，發達至於完全，然亦僅行於紳士閥之間，若平民家族，則實際已歸消滅，或以娼妓橫行之事，爲其完成之要件。今欲娼妓消滅，則紳士之家族制亦當消滅，而此二者之消滅，又當與資本消滅同時。」〔註434〕她指出當時的婚姻制度，並不是建立在雙方的感情基礎之上，而是建基於資本與私利之上。由此可見，與其他知識女性相比，何震強調的是兩性平等，她並非只著眼於女性的不平等待遇，而是從女性的待遇擴及至男女雙方經濟條件不平等引致的「財婚」問題。因此，她提出「如欲實行女界革命，必自經濟革命始。」而所謂女界革命，「必與經濟革命相表裏。若經濟革命不克奏功，而徒欲昌言男女革命，可謂不揣其本矣。」〔註435〕可見何震以爲女性若要爭取婚姻上的平等，應與經濟革命同時並行，而要爭取經濟上的平等亦不只限於女性，而是男女兩性皆須達致絕對平等。

〔註431〕震述：〈女子解放問題〉，《天義》，1907 年 9 月 1 日。
〔註432〕震述：〈女子解放問題〉，《天義》，1907 年 9 月 1 日。
〔註433〕震述：〈經濟革命與女子革命〉，《天義》，1907 年 12 月 30 日。
〔註434〕震述：〈經濟革命與女子革命〉，《天義》，1907 年 12 月 30 日。
〔註435〕震述：〈經濟革命與女子革命〉，《天義》，1907 年 12 月 30 日。

　　與其他知識女性只著眼於婚俗禮制等形式相比，何震針對的是婚姻制度的根本問題。正如前文所言，燕斌只關注「婚俗」中的「媒妁之弊」「早聘早婚之弊」等問題，陳擷芬對婚姻自由的問題以「俟之異日」爲由不作討論，呂碧城對自由戀愛、自由結婚甚有保留，即使如秋瑾般以自身行動反抗不合理的婚姻，但她對婚姻制度卻欠缺具體系統的討論與建議。與前述幾位相比，何震既以達致人類的平等爲最終目標，她在批判兩性在婚姻制度上的不平等時，並非只著眼於婚俗等外在形式，而是從制度的根本作批判，直指婚姻制度中男女不平等、經濟不平等的核心問題。相比其他知識女性，何震更提出未來「婚姻自由」的理想想像：人與人之間純以感情相結合，以最高尚、最純潔的方式結婚，達致去除封建禮教、經濟階級等限制的平等關係。〔註436〕

2 .平等大於自由：強調雙方均絕對專一的婚姻制度

　　除了批評婚姻制度建基於經濟利益之上外，何震亦如其他知識女性一樣，對中國傳統婚姻制度中的一夫多妻制表達不滿：「夫可多妻，妻不可多夫。男可再娶。女不可再嫁，服喪則一斬一期，賓祭則此先彼後。」〔註437〕對於一夫多妻，何震既指出當中對男女兩者的要求並不平等，但卻不認爲女性應以「一妻多夫」反過來抗衡男性，因爲「男子多妻，男子之大失也，今女子亦舉而傚之，何以塞男子之口乎？況女子多夫，若莫娼妓，今倡多夫之說者，名爲抵制男子，實則便其私欲，以蹈娼妓之所爲，此則女界之賊也。」〔註438〕因此，女性要做的是要求男子不可多妻，以「實行一夫一妻之制」，更甚者可以採取必要的暴力，以達致婚姻平權：「必以暴力強制男子，使彼不得不與己平」〔註439〕，而此更是何震所強調女子應當力爭的七件事之首。爲了謹守一夫一妻制，對於離婚，何震又提出「如夫婦既昏而不諧，則告分離。惟未告分離之前，男不得再娶，女不得再嫁，否則犯第一條之禁。」〔註440〕所謂「第一條之禁」，正是捍衛一夫一妻制的規條。何震心目中的理想婚姻制度，是男女雙方同一時間下只可有一位丈夫或妻子。而爲了達致這種絕對平等的「一夫一妻」，何震更進一步主張再婚之男只可娶再婚之女：「如有

〔註436〕劉人鵬：〈晚清毀家廢婚論與親密關係政治〉，載丁乃非、劉人鵬編：《置疑婚姻家庭連續體》，新北市：蜃樓出版社2011年版，58頁。

〔註437〕震述：〈女子宣佈書〉，《天義》，1907年6月10日。

〔註438〕震述：〈女子宣佈書〉，《天義》，1907年6月10日。

〔註439〕震述：〈女子宣佈書〉，《天義》，1907年6月10日。

〔註440〕震述：《女子宣佈書》，《天義》，1907年6月10日。

以未昏之女嫁再昏之男者，女界共起而誅之。」〔註 441〕她這種針對再婚男女的規定，是爲了達致男女的絕對平等，甚至不惜限制男女雙方的擇偶自由，因此引起了當時日本無政府主義者幸德秋水的質疑，以爲這樣實在有損戀愛自由。《天義》曾刊載幸德秋水的來函，其下附有何震所下的按語，謂：「蓋幸德君與堺君之意，在於人類完全之自由，而震意則在實行人類完全之平等。」〔註 442〕由此可見，何震雖然與其他知識女性一樣，從女性在傳統婚姻制度中所遭受的不平待遇出發（如反對一夫多妻制），但她並非只以爭取女性權利爲唯一目標，她的最終理想，卻是擴及至男女皆然、講求絕對專一的一夫一妻，以達致「完全之平等」爲目標。因此，縱然西方婚姻制度已在表面上實行一夫一妻制，何震卻指出其婚姻制度並非如此理想，並非眞正的一夫一妻制。她以爲西方男女之平等，只是受責任、道德、法律等束縛的「形式」上的「僞平等」，而非男女雙方，本質上從一而終的眞正平等，因爲在西方的婚姻中，「女子限於一夫，然既嫁之後，女有外遇不知凡幾。男子限於一妻，然既娶之後，男有外遇亦不知凡幾。」〔註 443〕由此看來，對何謂一夫一妻制，何震與仰慕歐美婚制的知識女性的看法甚爲相異，她並非只著眼於外在形式上的一夫一妻，而是從感情本質上強調絕對平等、眞正從一而終的一夫一妻。她認爲西方女性亦未享有眞正的平等：「亞洲婦女，震於歐美之文明，以爲歐美女子，實行解放，實享平等自由之樂，一若克步歐美女子之後塵，爲願已足。嗚呼！處今日女子革命之時代，吾決不望女子僅獲僞自由、僞平等也，吾尤望女子取獲眞自由、眞平等也。」〔註 444〕結合前述何震對財婚的批評，以及對再婚男女之限制來看，她一再強調的婚姻觀，實在是以男女雙方的絕對專一爲基礎，以「眞平等」爲最終目標，甚至爲求達致絕對平等，不惜犧牲男女雙方的自由。她在幸德秋水來函所下按語，表明其他無政府主義者（如幸德秋水）著眼於「自由」，而她自己則著眼於「平等」，正點出當中關鍵。

　　何震這種重平等輕自由的看法，可說是她與其他無政府主義論者的分別

〔註 441〕震述：《女子宣佈書》，《天義》，1907 年 6 月 10 日。

〔註 442〕有關何震與幸德秋水的討論，詳見幸德秋水寄予《天義》的信函，以及何震在信函之下的答辭。見《幸德秋水來函》，《天義》，1907 年 6 月 10 日，以及夏曉虹及劉慧英的研究。

〔註 443〕震述：《女子解放問題》，1907 年 9 月 1 日。

〔註 444〕震述：《女子解放問題》，1907 年 9 月 1 日。

所在，反映其獨特的女性身份及視角。與當時另一本主張無政府主義的刊物《新世紀》〔註445〕的男性論者相比，何震對婚姻及性關係的看法更強調專一、自守，並力倡節制情慾，與其他主張放任情慾的無政府自由主義者明顯有別。部分《新世紀》的論者主張放縱男女情慾，如鞠普提出〈男女雜交說〉，吳稚暉更以爲公娼問題「毫無廉恥之問題，止有衛生之問題。男女交媾，本爲生理上之情慾，與饑食渴飲同一，絕不足奇之條件。」〔註446〕這些男性無政府論者皆鼓吹自由、開放的男女愛情及性關係，並不認爲男女必須建立一段穩固專一的愛情及婚姻關係。但何震所倡議的愛情與婚姻解放，則始終從保障女性權益的角度出發，因此對於戀愛婚姻自主，她是有所保留的。她以爲強調自由的愛情關係是不利於女性的，反之女性更因此而承受男性倡議的多元戀愛、婚姻自由的後果，亦即是「離合再三」的不穩定愛情關係。相對吳稚暉之肯定公娼，何震則對此大加反對，認爲應「廢盡天下之娼僚，去盡天下之娼女，以掃蕩淫風」〔註447〕，因爲她認爲「娼妓」的開放性關係乃對女性極爲不利的。針對當時不少人以解放、自由爲名，提出放縱個人情慾的主張，何震更加以批判、指斥，認爲這會令誤信他們的女性或因情不自禁或爲男子所誘惑而「辱身」，甚而有些女性爲金錢而失身，不惜向富人獻媚，而在何震看來，「天下最賤之事，莫大於辱身而求利。」〔註448〕對於放縱情慾的女子，何震更嚴辭指責：「彼等之女子，外託自由平等之名，陰爲縱慾肆情之計，蓋僅知解放之狹義，妄謂能實行縱淫，即係實行解放。」〔註449〕可見何震作爲女性的無政府主義者，其關懷雖能擴及男女兩性，但她始終是從女性處境出發，以女性爲本位，以保障女性爲依歸的，故其視角亦與當時的男性無政府主義者有別。更重要的是，她由始至終皆將兩性的絕對「平等」放在首位，而非其他論者所言的「自由」與「解放」。可以說，去除經濟階級的「眞平等」，以及絕對專一的男女關係，爲何震婚姻觀背後的一貫之道。由此，何震主張的解放，並非只是肉慾的解放，而是透過去除經濟階級及各位差異以後，實

〔註445〕《新世紀》於 1907 年 6 月 22 日由吳敬恒（稚暉）、張靜江、李石曾等人於巴黎創立，於 1910 年 5 月 2 日停刊，爲中國最早的無政府主義刊物之一。

〔註446〕初來歐洲者：〈觀娼感念〉吳稚暉案語，《新世紀》第 54 號，1908 年 7 月 4 日。

〔註447〕震述：〈女子宣佈書〉，《天義》，1907 年 6 月 10 日。

〔註448〕震述：〈女子解放問題〉，1907 年 9 月 1 日。

〔註449〕震述：〈女子解放問題〉，1907 年 9 月 1 日。

現的真正的平等和解放。她並不會像其他男性無政府論者一般，鼓勵女性與男性一樣放縱情慾，因為這只會使女性反而成為受害者。她認為要達致真正的解放，是要使女性能提升自我素質，以提升其經濟能力，如此方能進一步改造社會階級及風氣，因此女性必須接受教育，提升個人質素，如此則毋需再依附男性，達致真正的獨立與自由，這樣才算是真正「平等」「自由」的人，而這並不是單純的破除婚姻制度、妄言自由、放縱情慾便可達到的。在批判時人以自由戀愛為名，放縱情慾為實方面，何震可說是與其他知識女性殊途而同歸。

3. 直指父權制根源的家庭改革

（1）消除家庭中不同階級女性的不平等

對於家庭制度，何震的看法亦與其他知識女性有異。前文提到，何震的絕對平等思想，並不局限於性別的平等，更擴及至所有人的階級平等（包括種族、經濟等）。因此，她以為不僅男女兩性應當平等，更要求女性之間應當去除階級，達致平等，尤其是家庭中不同階級身份的女性。何震一方面提倡女性反抗男權的壓迫，以達致兩性平等，但同時也要去除女性群體中因階級而產生的女性特權。例如傳統家庭中，妻子與妾婢間的尊卑階級也是另一不平等的根源。「夫妻妾同受制於男，而妻之與妾又有尊卑之分，故後世妻妾之爭皆生於此，雖然妾固賤矣，然為妻者果反躬自思，其為人所賤，夫又何異於妾耶？」〔註450〕何震以為身為女性，不論妻妾，皆為受壓迫的對象，故不應再互相壓迫、斯凌，反而要團結起來對抗男權，故她主張的女性解放，還強調「女子不受制於女子」。〔註451〕何震曾分析家庭內部女人之間的階級秩序，當中「女主人」（即「太太」）、「主人之女」（即「小姐」），以及女僕（如「婆子」、「老媽」、「娘姨」）、婢女（如「丫頭」）等，均為「女子受制於女子」之例。何震認為：「蓋中國恃富挾尊之女子，受制於男，不敢稍萌抗志，壓制既極，憤無可伸，乃遷怒於在下之女子，以泄其憤，又逸居無教，閑暇之頃鮮可自遣，乃以橫暴殘忍之技遣其生涯。因此之故，而婦人遂以最毒者，即受制於彼之女子也」〔註452〕。除以上經濟地位及社會身份的階級外，再加上

〔註450〕 震述：〈女子復仇論〉，《天義》，1907 年 7 月 10 日。
〔註451〕 震述：〈女子解放問題〉，《天義》，1907 年 9 月 1 日。
〔註452〕 震述：〈論中國女子所受之慘毒〉，《天義》，1908 年 1 月 15 日。

婆媳等家庭身份的階級秩序，爲「婦人因夫婦一倫所受之慘」〔註453〕，婆婆往往以其倫理身份壓迫媳婦，令媳婦受盡剝削、殘害。因此她提倡的「平等」並不限於男女之間的平等：「不惟排斥男子對於女子所施之強權，並反抗女子對於女子所施之強權」〔註454〕。由此看來，何震對家庭制度改革的建議，並不止於父權、夫權對女性的壓迫，更兼及家庭內不同的女性階級秩序，以達致最終所有人的平等爲目標。

（2）廢姓說：從父權制的根源消除性別制度的不平等

此外，對於傳統的父系父權家庭，何震亦嘗試從男權制的根本著手，以推翻女性受制於男性的社會現狀。她指出，不論女性的社會階級如何，均無法脫離受制於男性的命運，因爲性別作爲一種階級，已透過家庭制度掣肘女性、壓迫女性。因此，她認爲女性必須擺脫這種比經濟階級更嚴重的性別階級，否則「貴爲王後，其身不可謂不尊，而受制於男自若也。」〔註455〕而父系父權家庭更是強化性別階級的核心所在。何震引用不少的古籍資料，論證遠古時代的中國實爲母系社會，可見父系父權家庭並非天經地義：

> 《亢倉子》云：『凡邃氏之有天下，天下之人唯知母而不知有父。』
> 《白虎通》亦曰：『太古之時，未有三綱六紀，民人但知有母，不知有父。』此即甄氏所謂『母重於父也』。唯母重於父，故所生之子從母得姓。觀中國姓字從女從生，而古姓之名，若姬、姜、姚、姒、妘、嬀、姞、嬴、嫣、妞之屬字均從女。又神農、黃帝同出少典，而有姓姬姓姜之分：黃帝之子二十五人，其得姓者十有二陸，終六子亦姓氏不同，足證同父異母，得姓則殊。又唐堯伯益，均從母得姓，商周先祖亦然。既得天下，乃詫爲無父而生之說，然古用女統，則固昭然可睹矣。〔註456〕

何震考查上古社會制度及姓氏用字，指出「母重於父」、「古用女統」，藉以論證男尊女卑的父權社會並非歷史的必然。因此，她對當時的父系父權制提出質疑：「既嫁之後，內夫家而外母家，所生子女，用父姓而遺母姓，又安得謂之公平乎？夫男女之間，其制度失平且若此。」〔註457〕何震指出，姓氏

〔註453〕震述：〈論中國女子所受之慘毒〉，《天義》，1908 年 1 月 15 日。
〔註454〕震述：〈論中國女子所受之慘毒〉，《天義》，1908 年 1 月 15 日。
〔註455〕震述：〈女子復仇論〉，《天義》，1907 年 7 月 10 日。
〔註456〕震述：〈女子復仇論〉，《天義》，1907 年 7 月 10 日。
〔註457〕震述：〈女子宣佈書〉，《天義》，1907 年 6 月 10 日。

象徵著男女兩性的從屬、所有權,女子從夫姓的背後,是基於傳統「女性觀」以爲女性爲男性的附屬,因此,中國長期以來均實行男女名分上的不平等制度。由此,她提出「雙姓制」:「如從父姓而遺母姓,仍屬不公,故生當今時者,當並從父母得姓,即雙姓並列是。」〔註458〕而她自己亦身體力行,在《天義》卷首的發起人署名,亦將父母兩姓並列,名爲「何殷震」,以達致公平的原則。不過,何震並不以雙姓制爲最終目的,她的最終理想,是破除家庭、姓氏的界限,建立一絕對平等的理想社會:「俟滿州革命以降,則男女均去其姓,以合至公之理。」〔註459〕《天義》內的文章,何震均以「震述」署名,當中既未有父姓,亦未有母姓,實爲此理念的具體實踐。從雙姓、廢姓的建議可見,何震認爲女性並不應從屬於父親及父系家族,而是應以個人身份立足社會,藉此擺脫父權的約束及壓迫。

(3)「盡廢人治」:擺脫父權家庭的賢妻良母角色

何震既強調女性應當經濟自立、人格自主,而傳統的家庭角色及倫理責任,往往成爲女性個人發展的束縛,因此要破除父權家庭制度,打破「男外女內」的既定角色及家庭分工,方可達致眞正的男女平等。何震以爲此須透過消除兩性根深柢固的社會角色及形象,即是推翻傳統教育及社會制度所建構的性別定型(何震稱之爲「人治」)。何震的理想爲「盡廢人治」、「破男女階級」:「即無論男女,均與以相當之教養,相當之權利,使女子不致下於男子,男子不能加於女,男對於女若何,即女對於男亦若何。」〔註460〕然而,傳統男外女內的家庭觀念,卻將女性限制於家庭之內,並以「賢妻良母」的角色楷模規限女性的教育及個人發展,故要推翻不平等的性別制度,必先解除家庭對女性的束縛。與其他知識女性一樣,何震檢視傳統的「男外女內」說,並指出當中的不合理之處,如她在〈女子復仇論〉中批評傳統典籍的想法:

> 説文云:「持事,妻職也。」鄭氏周禮注云:「婦職,絍組紃縫線之事。」……案此乃女子有義務無權利之證也。蓋家事之勤,非男子所能勝,乃以僕隸之職屬之婦人:又恐其干涉男子之事也,乃以婦人無外事之說,削女子天賦之權。由前之說是男子自處於佚而責女子以勞,由後之說是男子自處以智以陷女子以愚,豈非不公之尤者乎!且鄭玄既以治家爲婦職,又言婦人於家事無所專,何其壓

〔註458〕震述:〈女子宣佈書〉,《天義》,1907 年 6 月 10 日。
〔註459〕震述:〈女子宣佈書〉,《天義》,1907 年 6 月 10 日。
〔註460〕震述:〈女子宣佈書〉,《天義》,1907 年 6 月 10 日。

制之甚耶！〔註461〕

　　她認爲傳統將女性定位爲「家中婦」，實爲剝削女性權利，窒礙女性發展的不合理制度。何震以爲，女性要建立獨立於家庭以外的事業，必先提升個人素質，而教育問題至關重要。與其他知識女性相同的是，她們均著力批評當時「賢妻良母式」的女子教育，以爲此等教育模式未有脫離傳統「男外女內」的「女性觀」。她在〈女子教育問題〉中明言：

　　　　近日女子之教育，均奴隸之教育也。不惟東亞爲然，即歐美亦
　　　　然。故欲謀女子之解放，非惟形式之解放也，尤當求其思想上之解
　　　　放。所謂思想上之解放者，即排除一切奴隸教育是也。〔註462〕

何震稱當時以男性主導的女子教育爲「奴隸教育」，並批判其具體內容：

　　　　現今女子教育權，握於男子之手，即一切教科，亦男子制定。
　　　　故男子僅爲便利一己計，而不復計及女子之幸福。例如宗教、倫理
　　　　二科，所以阻礙女子之思想，而使之不敢抵抗男子者也。家政一科，
　　　　欲使其治理家庭，整然有序，而省男子之勞也。工藝一科，欲使之
　　　　俯就賃金制度，不倚男子之養贍，而男子得省其內顧之憂也。其目
　　　　的所在，夫固路人皆知矣。於此而猶曰助女子興教育，其誰信之？
　　　　〔註463〕

　　與其他知識女性的想法相近，她亦指出男性中心的女教觀，所設定家政倫理等科目，只是以新式教育培養新世代的賢妻良母，而非將女性教育成具有獨立思想、人格的個體。不過她的批評比呂碧城等更爲尖銳，認爲教育由男性主導，則其教育方針只會便利男性，而非爲女性謀幸福，可說是從根本上否定當時的女性教育內容及方針。相對當時知識女性以取法西方爲務，何震則指出受西方宗教教義的影響下，西方教育亦存在男女不平等的根本問題：「考現今東西各國之女校，其教科首崇倫理，而西洋或代以宗教。夫西教之宗旨，固以女子爲罪惡之原，謂生人犯罪，由於女子者也。固以女子爲服從己夫，如從天主者也。因以男子像神而造，女子則否，當永久服從男子者也。使女子而受宗教教育，勢必以卑賤自甘。」〔註464〕她認爲西方宗教教義以女子爲男子之從屬，使其教育只是強化男尊女卑、男主女從之傳統，因此

〔註461〕震述：〈女子復仇論〉，《天義》，1907 年 7 月 10 日。
〔註462〕震述：〈女子教育問題〉，《天義》，1907 年 12 月 30 日。
〔註463〕震述：〈女子教育問題〉，《天義》，1907 年 12 月 30 日。
〔註464〕震述：〈女子教育問題〉，《天義》，1907 年 12 月 30 日。

西方女子教育亦不足效法。與其他知識女性的推崇西方文化及教育不同，何震從意識形態上否定西方女性教育，並提出一己的理想教育模式。何震以為不應以傳統的性別定型論教育女性，更應推翻一切的舊道德、舊倫理：「今為女子解放計，必屏斥一切之舊教育，而代以新教育。蓋宗教、家政二科，必宜廢棄者也。倫理一科，亦宜屏除往昔思想，而代以新思想，即排斥昔日腐敗道德，而導以互助、博愛新道德是也。若工藝一科，宜更易其學習此科之目的。此則吾輩對於教育問題之宗旨也。」〔註465〕她所指之「舊道德」、「舊倫理」，正是以家庭為重心的「賢妻良母」女子道德規範。

　　對於傳統女性必須擔起育兒的責任，何震提出：「幼兒當為共有，非家族所得私，幼兒教育當屬之社會，不當屬之女子。興女學之目的，所以為女子解放計，非為學成以後，當幽閉家庭，而為男子盡教子之義務也。」〔註466〕她強調女性與男性在能力、本質上無別，然而傳統將女性規限於家庭崗位，以此訂立對女性的教育方針，實在局限女性的發展，當中「幽閉家庭」一語正道出她對「男外女內」傳統家庭觀念的不滿。由此，她提出廢除父系、父權家庭制度的主張，希望藉此使女性在家庭責任中得到釋放，使她們可與男性一樣，平等地以個人的身份，自由發揮所長，建立獨立的人格及事業。對於解放女性的家庭責任，何震實比其他知識女性來得更徹底、更激進。其他知識女性如呂碧城等，並未有否定「賢妻良母」的家庭角色，她們只是指出女性不應只被限制於擔任家庭中的妻子母親，亦可兼具社會中的個人角色而已。何震則從根本上否定家庭制度，以期將女性從家庭責任中釋放出來，甚而將育兒的責任歸之於社會。她心目中的「女子解放」，是與男性一樣，以平等、獨立的個人身份投入社會，發展自我的女性，而毋需再擔任家庭中的賢妻良母。

三、何震思想與傳統文化的淵源

（一）追溯女性歷史的源頭：以女媧為中國女權之首

　　何震的「女性觀」固然受無政府主義影響甚深，但不可忽視的是，她在思想上亦有一定的傳統文化淵源。一如其他知識女性，何震努力追溯中國的女性傳統，而非如其他男性論者般只以學習西方女性為女權的模範。她以「女媧」作為中國女性歷史、女性文化的始祖，並指出女媧的貢獻不比其他男性

〔註465〕震述：〈女子教育問題〉，《天義》，1907 年 12 月 30 日。
〔註466〕震述：〈女子教育問題〉，《天義》，1907 年 12 月 30 日。

先賢遜色。《天義》第一號的首頁便印有署有「震敬繪」的女媧像，像下附有何震親題之贊詞，其贊詞謂：「於穆媧皇，厥姓惟風，斷鼇足，殺黑龍，先禹有功，抑下鴻，辟除民害，逐共工，是宜報功崇德，與軒義並隆。」〔註467〕何震自身長年浸沉於傳統文化，加上其夫劉師培身為「國粹派」的重要代表，何震的推崇女媧，視之為中國女性文化、女子權力的起始，亦是可以理解的。因此，她不像其他論者般，於其時流行的西方「先進文化」中尋找女權主義的依據，而是試圖在傳統文化中吸取反抗傳統「女性觀」的元素。女媧作為傳統體制的受壓抑者和反抗者，其形象正是何震所心儀的。事實上，女媧作為中國女性的始祖及模範，並非由何震所創，何震或只是沿襲傳統的閨秀文化而已。在中國傳統上，女媧乃以人類始祖、征服自然的女英雄形象示人，〔註468〕又由於其獨特的女性身份，一直受到閨秀的注意及重視。傳統閨秀在追溯女性的歷史，肯定女性的才華能力時，每每引用女媧自比，如雍乾間的閨秀梁蘭漪有〈題補天圖〉：「共工怒觸天柱峰，駘蕩搖踏虧穹窿。女媧立極飛六龍，手扶日月撐洪濛。腕力心治運元功，磷磷五色補天空。……安得媧皇常住世，補盡人間不平事。」〔註469〕詩中對女媧的德才兼備，推崇備至。此外，乾嘉年間活躍文壇的隨園女弟子席佩蘭亦曾撰詩歌頌女媧：「倏如巨靈擘，復如女媧煉。綺殿結乍成，蜃樓高又變。五色若五味，調和成一片。……陰氣豁然開，萬象咸召喚」〔註470〕。以上兩例，均以整篇詩歌歌頌女媧煉石補天的功德，可見傳統閨秀對女媧的性別認同及仰慕之情。至咸豐年間，國家多難，閨秀詩人更多透過女媧煉石補天之事，抒發女性對國家的憂慮，表達為國出力的期望，如鄭蘭孫因太平軍戰事而作的自悼詩：「余死他年孰挽詩，生

〔註467〕《天義》，1907年6月10日。

〔註468〕古籍中有關女媧的記載，主要有以下數條：《說文解字》云：「媧，古之神聖女，化萬物者也。」王逸注《楚辭·天問》云：「傳言女媧人頭蛇身，一日七十化。」《淮南子·說林》云：「黃帝生陰陽，上駢生耳目，桑林生臂手，此女媧所以七十化也。」《山海經·大荒西經》云：「有神十人，名曰女媧之腸，化為神，處栗廣之野，橫道而處。」《太平御覽》引《風俗通》云：「俗說天地開闢，未有人民，女媧摶黃土作人，劇務力不暇供，乃引繩於泥中，舉以為人。故富貴者，黃土人也；貧賤者，引繩人也。」以上皆轉引自袁珂：《古神話選釋》，北京：人民民文學出版社，1982年，第16頁。

〔註469〕梁蘭漪：《畹香樓詩集》卷二，清光緒二十一年（1895）飛鴻閣書林石印本，第29頁。

〔註470〕席佩蘭：〈曉行觀日出〉，《隨園女弟子詩選》卷一，袁枚：《隨園三十六種》，上海：集成圖書公司，1908年，第4頁。

前身後感何之。……填海不銷精衛恨，補天空有女媧思。」〔註471〕

　　這種歌頌女媧、以女媧自喻，表達女性關懷國事的寫作傳統，至清季之時，亦爲其他知識女性所承襲。秋瑾遷居北京以後，寫予好友吳季芝之詩作〈季芝姐以詩相慰次韻答之・其二〉云：「連床夜雨思當日，回首誰憐異昔時，煉石空勞天不補，江南紅豆子離離。」〔註472〕此詩作於1903年，詩中感慨戊戌維新的失敗，並以煉石女媧補天帶出秋瑾對國家的憂慮與承擔。此外，秋瑾亦有〈感時・其二〉云：「煉石無方乞女媧，白駒過隙感韶華。瓜分慘禍依眉睫，呼告徒勞費齒牙。」〔註473〕此詩亦用女媧補天之事，表達對於國家前景的憂心及無力。秋瑾詩中一再引用女媧典故，如：「補天有術將誰倩？縮地無方使我歎。」（〈乍別憶家〉）、〔註474〕「銜泥有願誓填海，煉石無才是補天。」（〈見月〉）〔註475〕以上詩作均體現秋瑾對女媧作爲女英雄的性別認同。除秋瑾外，另一知識女性徐自華亦撰有〈滿江紅〉詞云：「蒿目蒼生揮熱淚，感懷時事噴心血。願吾儕、煉石效媧皇，補天闕。」其詞題謂：「用岳鄂王韻，作於秋瑾就義後」，〔註476〕可知徐自華既以女媧煉石比況國事，亦以此比喻女英雄秋瑾。而在清季知識女性當中，最喜引用女媧典故的是燕斌。燕斌既以「煉石」爲筆名，更將其室名爲「補天齋」，顯然以女媧補天之事自許。燕斌的舊體詩文亦時見女媧之跡，如：「玉蟾光耀海天東，回首河山入望窮。夜色鑄成新氣象，浪花淘盡古英雄。蜉蝣身世悲前路，煉石精神託化工。太息宗邦諸姊妹，良宵幾輩我心同。」〔註477〕從此詩可見，燕斌乃以女媧煉石自勉，並期望其他女性能與她一樣，肩承爭取女權的大業。

　　由此可見，清季知識女性承襲前代閨秀的寫作文化，努力在傳統文化中尋找女性歷史及文化的淵源。一如前節所述，她們喜以傳統女英雄如木蘭等作爲當時女性的模範，藉此突出女性不輸男性的才能及國家承擔。何震、燕

〔註471〕　鄭蘭孫：〈生朝自悼詩八首並生挽文・其三〉，《蓮因室詩詞集》卷二，清光緒元年（1875）刻本，第10頁。
〔註472〕　秋瑾：《秋瑾集》，第59頁。
〔註473〕　秋瑾：《秋瑾集》，第82頁。
〔註474〕　秋瑾：《秋瑾集》，第66頁。
〔註475〕　秋瑾：《秋瑾集》，第63頁。
〔註476〕　郭延禮注：《徐自華詩文集》，北京：中華書局，1990年，第102頁。
〔註477〕　燕斌：「乙巳秋八月東渡，中秋夜鼓輪黃海間，月色無邊，海天遼闊，徘徊艦面，竟夕忘寐。冷露浸衣，久而始覺。噫，何思之深乎？信口成吟，歌以誌感。」《豫報》，1907年第2期。

斌、秋瑾、徐自華等筆下的女媧亦有類似情況。女媧作爲傳統救世女英雄的象徵，當中體現的包括女性的能力、權力與創造力，反映清季知識女性一脈相承的女性文化傳統。不過，相比前代閨秀筆下的女媧，清季知識女性已將之聯繫成爭取女權的文化象徵，故秋瑾、燕斌等皆以女媧喚起「諸姊妹」的平權之心，而此寫法更於民初以後更趨普遍，如施淑儀寫於民初的〈寄瞿誦芬〉詩云：「重男輕女三千調，調脂傅粉取人憐。欲試媧皇補天手，破除積習爭回權。」〔註478〕即爲一例。然而，相比其他知識女性筆下時見的多位傳統女英雄，何震卻只挑選女媧，奉其爲中國女權主義的源頭及象徵，而未有提及其他民族女英雄如木蘭、梁紅玉等，此或由於其無政府主義思想而致。何震所題女媧像之贊詞謂：「於穆媧皇，厥姓惟風，斷鼇足，殺黑龍，先禹有功，抑下鴻，辟除民害，逐共工，是宜報功崇德，與軒羲並隆。」〔註479〕文中所歌頌的是女媧征服自然、造福萬民之功，當中更突出女媧作爲人類祖先的恩德。何震選擇女媧作爲《天義》的理想典範，或與其他無政府主義者奉老子爲宗一樣，將女媧視爲中國女權主義的源頭。不過，若與其他知識女性相比，可知何震選擇女媧乃刻意爲之，因爲女媧爲神話傳說之人物，並不涉及任何國族觀念，此正與其無政府主義思想相符。此外，何震之以女媧爲中國女權的始源，亦配合其〈女子復仇論〉中強調中國「古用女統」的論述。〔註480〕

　　除以女媧爲中國女權之始外，何震亦一再於中國傳統文化中找尋女權思想的淵源，如其文章一再讚揚明末思想家如李贄、唐甄等的「女性觀」，以強調傳統文化亦有開放的一面。當其時社會普遍的女權論述，均以西方文化、西方理論爲依據，何震則追溯中國的歷史傳統，在古代主流儒家道統以外，尋找男女平等思想的線索，以此作爲其理論的基礎。筆者以爲，這種對傳統文化，尤其是女性文化的繼承與溯源，正是在傳統女性文化中孕育成長的清季知識女性的相通之處。

（二）忠貞的戀愛婚姻觀：傳統道德對清季知識女性的影響

　　何震對於男女戀愛、婚姻的看法，較同時代的其他無政府主義者保守得多，其友幸德秋水亦以爲因其受傳統文化影響所致。如前文提到的「以初昏之男，配初昏之女。男子於妻死後，亦可再娶，惟必娶再昏之婦。女子於夫

〔註478〕施淑儀：《冰魂閣詩存》，民國（年份不詳）鉛印本，卷上，第10頁。
〔註479〕《天義》，1907年6月10日。
〔註480〕震述：〈女子復仇論〉，《天義》，1907年7月10日。

死之後，亦可再嫁，惟必嫁再昏之夫。」其時已受到幸德秋水的質疑：「而貴娘必欲使初婚之男女，再婚之男女，互相配合，能無仍爲古來『貞女不見二夫』之陋道德所染乎？僕竊疑之。」〔註481〕幸德秋水認爲何震強調戀愛婚姻的從一而終，實與傳統的「忠貞」觀念並無二致，而此正與其他無政府主義者所倡議的「自由戀愛」相違背，反映其思想實不脫封建道德的窠臼。

　　對於何震對傳統道德，尤其是忠貞觀念的堅持，幸德秋水的質疑不無道理，因爲何震確有不少文章批評放縱情慾者，可見她對忠貞愛情的堅持與重視。如〈震致留日女學生書〉開首即批評：「近歲以來，女界同胞，以婚姻自由、男女平等爲恆語，竊以爲過矣。」對於留學生中「以婚姻自專，不告於父母，不宣於賓朋，甚至於數載之間，離合之事，已遭再三矣」的現象，何震也斥之爲「取野蠻自由」〔註482〕。而《帝王與娼妓》一文，亦體現出何震對放縱性欲的極度鄙薄：「以一女配無量之男，莫若娼妓。以一男配無量之女，莫若帝王。娼妓無定夫，帝王無定妻。……蓋女界中之最賤者，以娼妓爲最；男界中之最賤者，以帝王爲最。欲殺女子，必先殺天下之娼妓；欲誅男子，必先誅亞洲之帝王。況滿洲之那拉氏，擁帝王之權，行帝王之實，帝王、娼妓畢集於彼一身，此更人人得而誅之者也。」〔註483〕不過，在強調忠貞觀念的同時，何震又對舊道德作尖銳的批判，如〈道德與權力〉：「自古及今，安有所謂『道德』哉？道德者，權力之變相也，專制之朝，爲君者慮臣之背己，又欲臣之爲己效死，則以忠君爲美德，以叛君爲大惡。爲夫者慮婦之背己，又欲婦之爲己守節，則以從夫爲美德，以背夫爲大惡。蓋道德者，定於強者之手者也，又強者護身之具也。……天下惟『忠』『貞』二字，最便於專制之人。乃腐儒俗子，復從而爲之詞，合理與勢爲一談，即以權力爲合於道德。由是權力之外無道德，捨理論勢，以勢爲理。」〔註484〕何震於上文中對傳統道德「忠」「貞」觀念作出強烈的批判，似乎與〈震致留日女學生書〉及〈帝王與娼妓〉中強調愛情婚姻的專一觀念相矛盾。她的矛盾，或受傳統婦德「從一而終」觀念的影響，但她的忠貞觀念不只限於女性，亦針對男性，因爲她將「男子多妻」與「妻轉有外遇」兩者並列，均視之爲對對方的不公平。因

〔註481〕〈德秋水來函〉，《天義》，1907 年 6 月 10 日。
〔註482〕〈震致留日女學生書〉，《天義》，1907 年 6 月。
〔註483〕震述：〈帝王與娼妓〉，《天義》，1907 年 6 月 10 日。
〔註484〕震述：〈道德與權力〉，《天義》，1907 年 6 月 10 日。

此,何震反對女子的任情縱性,並非只停留在要求女子「從一而終」的傳統「貞節」教條,而是從男女絕對平等的理念出發,對男女雙方均抱持節制情慾、從一而終的要求,反對任何縱情任性的戀愛觀、婚姻觀。然而,即使何震所論乃針對男女兩者,但重視「忠貞」「從一而終」的價值,在當時自由開放的社會思潮中,仍是對傳統道德規範的堅持。

尤其值得注意的是,何震對各種社會體制、傳統思想均有大膽革新、徹底解放之論,但相對而言,她對戀愛婚姻的觀念卻趨於保守。雖然她亦以婚姻自由為最終理想,而自由戀愛實為婚姻自由的前提,但她卻指斥留日女學生自由戀愛為「取野蠻自由」:「以婚姻自專,不告於父母,不宣於賓朋,甚至於數載之間,離合之事,已遭再三矣」。何震這種對自由戀愛的保守看法,一方面是她對於節制情慾、感情專一的傳統道德價值的體現,另一方面亦反映她從女性處境出發,以為離合無數的男女關係,只會有損女性權益、有礙女性發展的憂慮。而這種看法正是知識女性與男性論者的分別之處,反映知識女性殊途同歸的女性關懷。正如前節所述,燕斌曾針對男女學生的交往,提出女性自守的重要:「道德者,女子立身之要素,提倡女學者,所尤當注重也。」〔註485〕她於「杜成淑拒屈疆函」一事中,對自由戀愛表示否定與質疑。正如前節所述,燕斌的保守婚姻觀或為了保護剛開始的新式女子教育,以免引起閒言及非議。而另一知識女性呂碧城亦曾對當時流行的女性婚姻自主思想表示質疑及保留,〔註486〕均緣於她對戀愛關係並不長久,男女雙方離合頻繁的憂慮。

何震對留日女生「以婚姻自專,不告於父母,不宣於賓朋,甚至於數載之間,離合之事,已遭再三矣」的批評,實與其他知識女性的想法暗合,似乎亦緣於保護女學、保障女性權益。事實上,從整篇〈震致留日女學生書〉看來,她的批評焦點並不只在於女學生的男女關係,而在於女學生只重男女關係,卻不學無術,沉溺戀愛關係而未有投入爭取女權:

〔註485〕《中國新女界雜誌》第 2 期(1907 年 3 月)。

〔註486〕如據嚴復記述,她曾謂:「至今日自由結婚之人,往往皆少年無學問、無知識之男女。當其相親相愛,切訂婚嫁之時,雖旁人冷眼明明見其不對,然如此之事何人敢相參預,於是苟合,謂之只有結婚。轉眼不出三年,情景畢現,此時無可委過,連命字亦不許言。至於此時,其悔恨煩惱,比之父兄主婚者尤深,並且無人為之憐憫,此時除自殺之外,幾無路可走。」王栻編:《嚴復集》第 3 冊,上海:中華書局,1986 年,第 838~9 頁。

予則以爲過者，則以日言教育，而無所著之書；日論自強，而
不能效身軍旅；日議國事，而不聞效力國家。所倡之言論，不過博
空譚之名而已。及考其才，亦不過僅留學日本數年而已。此亦何足
恃哉？其所恃者，不過以婚姻自專，不告於父母，不宣於賓朋，甚
至於數載之間，離合之事，已遭再三矣。此得謂之自由乎？……今
女子受制於男，歷有年所。生當斯時，不能大有所作爲，以泄女子
之恥，以爲女界同胞謀幸福，已屬可羞之甚矣。顧乃棄立身之術，
而取野蠻自由，去實學以空言平等，使聞者生畏，言者掩耳。名譽
既失，則男子之壓力愈深，非所謂藉寇兵而齎盜糧乎？損身以益仇，
內自虛而好空言，雖日求自由平等，弗可得也。〔註487〕

何震批評留日學生男女關係「離合再三」的言論，是緣於學生不求實學，
濫用自由平等而放縱個人情慾，而此實令女學生名譽有損，令女權運動染上
污名，不利爭取女性自由及權益的大業。由此看來，何震對於戀愛婚姻的保
守之見，實與燕斌及呂碧城的看法同出一轍。燕斌從正面指出「道德者，女
子立身之要素，提倡女學者，所尤當注重也。」〔註488〕何震則從反面批評女
學生：「顧乃棄立身之術，而取野蠻自由，去實學以空言平等」。呂碧城批評
當時的年青男女感情關係脆弱，離合無數，何震也指責女學生：「數載之間，
離合之事，已遭再三矣。」。三人皆非在本質上反對自由戀愛，而是有見自由
戀愛下的男女關係，既未能保障女性權益，亦會令女學與女權運動背上污名，
故她們一再提出對自由戀愛的限制與憂慮。不過，值得注意的是，何震批評
女學生的愛情關係「以婚姻自專，不告於父母，不宣於賓朋」，以及她指責女
學生「數載之間，離合之事，已遭再三」的問題，最終亦是指向「名譽既失」
的女性名聲問題之上。她強調留日女生應愛惜女性「名譽」，以爲離合太多的
感情關係有損女性名譽，當中正蘊含傳統重視「名節」及「從一而終」的道
德價值，反映她與其他知識女性保守的婚戀思想中，未能擺脫的傳統規範與
影響。

〔註487〕　〈震致留日女學生書〉，《天義》，1907 年 6 月。
〔註488〕　《中國新女界雜誌》第 2 期（1907 年 3 月）。

第三章　比較視野下的清季知識女性「女性觀」分析

第一節　與同代男性女權先驅的比較

　　本節所述的男性女權先驅，將以維新派代表梁啓超，以及曾發表《女界鐘》、對後來女權發展影響深遠的革命派金天翮二人爲重心，再夾雜其他同期的男性論者的主張。本節將比較其與清季知識女性「女性觀」的異同，以見知識女性獨特的女性視角及女性關懷。

　　男性論者之爭取女權，大多出於「強國保種」的國族考慮，而清季知識女性則在國族考慮以外，亦會從女性處境及待遇出發，以第一身的女性角度，呼喚其他「女界同胞」、「姊妹」站起來，當中雖然亦包含富國強兵的論述，但更重要的是對女性處境的反抗及反思，對天賦人權、「天道」「公理」的追求，當中反映女性自發帶領女權運動，爭取女性獨立、不再以男性爲中心的女性自強論述。

一、從女性自身價值出發的女性自強論述

　　正如本書第一章所述，維新派站在救國的立場，指出女性的身體、教育，以及經濟能力皆會影響國運，因而倡導不纏足與興女學運動，成爲近代解放女性的先聲。1896 年梁啓超在《時務報》上發表〈論女學〉一文，詳細分析女子教育的意義。然而，梁啓超等維新派提倡的「興女學」，只因「婦學實爲

天下存亡強弱之大原也」〔註1〕。他以西方國家以及日本女性的狀況，對照國內女性知識水平低落的問題，強調中國的衰弱不振，正與女學不振有關，在他看來，「女學」實為「興國智民」與「強國保種」的重要手段。梁啟超稱中國二萬萬女子為「不官不士、不農不工、不商不兵」，完全靠男子供養，成為男性的沉重負擔：「未嫁累其父，既嫁累其夫，夫死累其子」，「全屬分利，而無一生利者」〔註2〕。梁啟超將中國女性問題視為國家落後和民族衰亡的象徵，因此強調女子必須接受教育，如此方可經濟獨立，成為可相夫教子、有益於國計民生的「新女性」。維新派是從富國強兵的角度討論女性解放問題，他們的出發點既非為女性恢復其天賦人權，亦非有意從制度上改善女性的生活狀況，他只是將女性視為國家重要的勞動力，以及生育國民後代的母親。至1898年，國人第一所自辦女子學校經正女學創辦，林紓亦曾以〈興女學〉詩，指出女子教育對國家發展的重要性：「學成即勿語外事，相夫教子得以多」、「母明大義念國仇，朝暮語兒懷心頭」〔註3〕，當中均突出了女學與母教及國家發展的關係。除興女學以外，維新派反對女子纏足的主張，亦是從國家興亡的角度切入。如康有為以為纏足不僅殘害女性，更最要的是不利於「強國保種」：「今當舉國徵兵之際，留此弱種，尤可憂危」，因此，「欲救國，先救種，欲救種，先去害種者」〔註4〕。可以說，維新派有關女學、女子經濟獨立、解放女性的主張，只是達致「強國保種」目標的一種手段。

中國近代女性解放運動，萌芽於戊戌維新時期。甲午戰敗後，民族危機深重，「救亡圖存」、「強國保種」的呼聲迫切，維新派反思中國傳統文化的問題，並以「女性問題」為改革國家的重要議題。由此，中國女性解放運動的起始，乃以富國族意識的「強國保種」為核心命題，此更籠罩著日後女性運動的發展。由於「救亡圖存」的現實壓力，以及受西方進化論等思潮影響，維新論者發現了女性資源對富國強兵的重大價值，因而以「禁纏足」及「興女學」兩項對國家發展影響最深的項目，開啟中國女性解放之路，使女性解放成為「國族主義」下的一個附庸。「戒纏足」旨在改善女性體質，使之成為

〔註1〕 梁啟超：〈論女學〉，《飲冰室文集》第二集，第33頁。
〔註2〕 梁啟超：〈論女學〉，《飲冰室文集》第二集，第33頁。
〔註3〕 林紓：〈興女學〉，朱義胄：《林琴南先生學行譜記四種》，臺北：世界書局，1965年，第20頁。
〔註4〕 康有為：〈請禁婦裹足摺〉，中國史學會編：《戊戌變法》第二冊，上海：神州國光社，1953年，第244頁。

能誕育健全國民後代的「母親」；而「興女學」則可賦予國民之母一定的學識水平，以期藉著母教，改良國民後代的素質。

　　從女性解放運動的發端上看，中國與西方的女權運動相異，戊戌的女權思潮由康有爲、梁啓超等男性論者所發動，並非萌發於女性群體的自我解放及覺醒，而是始於國難當前的「救亡圖強」語境。女性問題如纏足及失學等，並非被界定爲「女性問題」，而是作爲國家民族的問題來看待，女性既被看成國家衰弱的原因，又被視爲民族落後的象徵，因此解決女性問題乃成爲振興國家的當前急務。這種將女性解放依附於民族自強和國家革命之下的論述，正體現以男性視角主導的國家民族「宏大敘事」。相對之下，針對女性當下最眞切的生活狀況，以及與國家民族議題無迫切關係的其他女性權益，則備受忽略或被淡化，反映男性中心的解放視覺有其局限與不足。

　　至於另一位對女權發展影響深遠的革命派男性知識分子金天翮，其 1903 年出版的著作《女界鐘》，受學界推舉爲中國第一本討論女權的重要著作，對推動近代女權運動貢獻良多〔註 5〕。金天翮活躍的年代雖然較康梁等稍晚數年，在政治理念上亦傾向革命而非維新。不過，金天翮的女權主義，亦如維新派一樣，只是在國族主義的框架下進行，其女權論述只是實現國家富強的工具，當中亦暗藏男性中心的父權意識。金天翮在《女界鐘》的緒論中，交代了創作《女界鐘》的動機，他申述自己作爲男性知識菁英的理想，就是如約翰彌勒、斯賓塞等人般重建新的文明國家，所以他移植西方的現代價值觀念到中國，也是爲了建立文明的「新中國」：「欲接引歐洲文明新鮮之天空氣，以補益吾身。……於是人人有自由權，人人歸於平等，此今日歐洲莊嚴璀爛荼火錦繡之新世界出也。」〔註 6〕

〔註 5〕 學界普遍以《女界鐘》爲中國第一本討論女權的重要著作，如：李又寧：《「女界鐘」與中華女性的現代化》，臺灣「中央研究院」近代史研究所編：《近世家族與政治比較歷史論文集》，臺北：中央研究院近代史研究所，1992 年，第 1055～1066 頁；鮑家麟：《辛亥革命時期的婦女思想》，鮑家麟編：《中國婦女史論集》第一集，臺北：稻鄉出版社，1992 年，第 276 頁；閔家胤主編：《陽剛與陰柔的變奏——兩性關係和社會模式》，北京：中國社會科學出版社，1995 年，第 347～348 頁；李小江：《女人讀書——女性/性別研究代表作導讀》，南京：江蘇人民出版社，2005 年，第 57～65 頁；劉巨才：《中國近代婦女運動史》，第 153 頁；王緋：《空前之跡 1851～1930：中國婦女思想與文學發展史論》，第 206 頁等。

〔註 6〕 金天翮：《女界鐘》，第 3 頁。

　　金天翮一再指出「二十世紀之世界，為女權革命之時代。」〔註7〕當時中國的革命風潮湧現，不少知識分子將西方的文明視為救國良方，金天翮亦如梁啓超等維新派一樣，將中國的女性問題視為國家落後的表徵，因此必須移植西方的女權思想，使中國女同胞得聞「文明國自由民之男女平權，女子參與政治之說。」〔註8〕金天翮指出三千年來的中國女性，皆只知家庭層面的「私德」，卻無視國家社會層面的「公德」〔註9〕：「公德者，愛國與救世是也。……愛國與救世，乃女子的本分也。」〔註10〕金天翮認為，女子應該主動爭取讀書入學、「出入自由」等「女權」，以增進她們的道德和知識，成為國家生產的勞動力；同時亦提高女子作為「國民」的意識，使她們成為愛自由、尊平權、以生育新國民為起點、以組織新政府為終點的「國民之母」〔註11〕。金天翮以「國民之母」為女性的身份定位，此語後來更多次出現於《女子世界》等刊物中。所謂的「國民之母」，正是強調女性為國家一份子的同時，也要分擔「愛國」和「救國」的責任和義務；〔註12〕否則，只重「私德」，妄顧「公德」，甘心放棄「天賦人權」，只會淪為「奴之奴」〔註13〕。值得注意的是，

〔註7〕　金天翮：《女界鐘》，第 56 頁。

〔註8〕　金天翮：《女界鐘》，第 11 頁。

〔註9〕　金天翮所謂的「公德」，其中的「公」字，其意涵在晚清歷史脈絡下主要指涉追求公平、正義與正道，以及國民對現代國家的認同。此外，金天翮對「公德」一詞之使用，或參考梁啓超〈論公德〉的說法。梁啓超指出：「我國民所最缺者，公德其一端也。公德者何？人群之所以為群，國家之所以為國，賴此德焉以成立者也。……人人獨善其身者，謂之私德；人人相善其群者，謂之公德，二者皆人生所不可缺之具也。……人群之所以為群，國家之所以為國，賴此德以成立者也。以為群，國家之所以為國，賴此德以成立者也。……是故公德者，諸德之源也，有益於群者為善，無益於群者為惡。」梁啓超：〈論公德〉，《飲冰室全集》第一集，第 10～14 頁。

〔註10〕　金天翮：《女界鐘》，第 39 頁。

〔註11〕　金天翮：《女界鐘》，第 82 頁。

〔註12〕　自金天翮提出「國民之母」後，該概念就經常出現在《女子世界》一類女子刊物之中。例如，初我在〈女子世界頌詞〉就指出：「嗚呼！國民者，國家之分子；女子者，國民之公母」；自立在〈女魂篇〉也指出：「女子者，國民之母，亦文明之母也」；亞特在〈論鑄造國民之母〉中亦指出：「國無國民母，則國民安生？國無國民母所生之國民，別國將不國。故欲鑄造國民，必先鑄造國民母始。」見初我：〈女子世界頌詞〉，《女子世界》，第 1 期（1904 年 1 月），夏曉虹主編：《〈女子世界〉之選》，貴陽：貴州教育出版社，2003 年，第 57 頁；自立：〈女魂篇〉，《女子世界》，第 2～4 期（1904 年 2～4 月），《〈女子世界〉之選》，第 64 頁；亞特：〈論鑄造國民之母〉，《女子世界》，第 7 期（1904 年 7 月），《〈女子世界〉文選》第 88 頁。

〔註13〕　金天翮：《女界鐘》，第 34 頁。

金天翮強調的「公德」，並非從女性的權利與個人發展出發，而是以國家發展
為目標，強調女性必須為國出力，為國家盡義務。如金天翮在〈女子世界發
刊詞〉中指出：

> 女子者，國民之母也。欲新中國，必新女子；欲強中國，必強
> 女子；欲文明中國，必先文明我女子；欲普救中國，必先普救我女
> 子，無可疑也。〔註14〕

　　金天翮以為女性的命運決定了國家的前途，由此可見，他的女權主張始
終與富國強兵的論述關係密切。與梁啟超等維新派相比，金天翮的女權論述
實較完整，亦更有系統。他一再重申女性具有與男性一樣的天賦之權，並指
出女性應恢復入學、交友、營業、擁有財產、出入自由及婚姻自由權等六項
權利。不過，儘管金天翮一再強調恢復女性「天賦之權」，他的最重要考慮卻
與康梁等維新論者同出一轍。他一再強調為女性爭權的目的，並非在於關注
女性的不平處境，而是指向更重要的「民族國家」的目標，只是他的革命派
政治主張，自然與維新派的政治取向有別。

　　金天翮於 1903 發表《女界鐘》，其時他正身在上海，與章太炎、蔡元培
等革命派過從甚密，其後他加入愛國學社，不斷以文章為民主革命進行宣傳，
《女界鐘》正是由蔡元培的愛國女學總發行。而從《女界鐘》的發行背景，
以及其與蔡元培愛國女學之間的淵源看來，正可看出金天翮女權主張的背後
考慮及動機所在。蔡元培曾憶述 1902 年愛國女學剛創辦時，第一、二屆的學
生並不多，其時多數女性囿於傳統的性別桎梏，大多對國家大事及革命漠然，
致入讀愛國女校者寥寥無幾。其後不少女學生更因年紀漸長，嫁人成家後由
於家務分心而退學，致學生人數不斷減少。金天翮《女界鐘》出版之時，正
值愛國女校始創的艱難時期，據柳亞子於此書的「後敘」所述，《女界鐘》正
是金天翮 1903 年加入愛國學社以後，「傷政黨之憔悴，痛女界之淪胥」〔註15〕
而寫成的，書中的內容實包含重要的革命思想：「此書內容，實含有 Revolution
之思想。」「金君之書，其女界黑暗獄之光線乎！其女界革命軍之前驅乎！其
女界爆裂丸之引電乎！」〔註16〕可以說，1903 年出版的《女界鐘》，其目標主
要為啟蒙女界的革命意識，亦藉此為艱苦經營的愛國女學招生宣傳。

〔註14〕 金天翮：〈女子世界發刊詞〉，《女子世界》第 1 期，1904 年 1 月。
〔註15〕 金天翮：《女界鐘》，第 34 頁。
〔註16〕 金天翮：《女界鐘》，第 95 頁。

　　因此，金天翮最關注的是女子教育問題，並非因為教育有助女性建立獨立人格，而是由於可培育女性的國民責任，從而達致國家富強的目標：「教育者，造國民之器械也。女子與男子，各居國民之半部分，是教育當普及。吾未聞有偏枯之教育，而國不受其病者也。」〔註17〕金天翮提倡女子教育的目的，並非出於女性自強的考慮，而是希望通過教育，將佔全國人口一半的女性，培育成為國家的人才，為革命事業提供更多的生力軍，可見他始終不脫國家民族「宏大敘述」的男性視角。而在《女界鐘》出版的 1903 年，國內正興起辦女學的熱潮。受維新派倡議的「取法日本」論所影響，不少女子學校均參考日本的「賢妻良母」式教育，以培育「相夫教子」的女性為辦學宗旨。其時的報紙雜誌，亦對女學的宗旨及目的討論甚熾。從金天翮的革命主張與愛國女校的定位看來，他並不會同意維新派的「賢妻良母」女性定位，而是認為女性應該如男性一樣，成為具殉道精神的女性革命家。因此，他倡導的女性平權，並非著眼於女性權益，而是一再強調女性須為國家付出，肩負國民責任及義務；而他的女子教育主張，亦是以啟蒙女性的革命思想為最重要目的，另一方面亦可為革命派及愛國女校招徠更多女革命家。不過，他將女性視為「國民之母」，亦暗中透現了他與維新派一樣，在天演論「強種」的論述影響下，女性除了成為革命家以外，她們作為誕育國民後代的母親角色，仍是十分重要的。

　　總括來說，不論康梁等維新派，還是金天翮等革命派，他們畢竟是從男性視角出發，以民族、國家等「宏大敘事」作為女權論述。儘管他們的政治主張不一，但一致的是，他們均以女性解放為救亡圖存、社會改革的重要工具，使啟蒙女性及爭取女權的議題，被國家民族的話語壓倒。他們口中的女性問題及其解決方法，並非基於解放女性、男女平權、女性自強等考慮，而是將之視為政治改革及革命運動的附庸，而一切與國家發展無關的女性處境及女性議題，則被不經意的淡化與遺忘。這種對「女性問題」的狹隘定義及視野，以及未有從真切的女性處境出發的女權主張，既反映男性論者無視女性處境的男性視角，亦顯示他們的「女性觀」的限制所在。

　　對於男性論者積極為女權運動發聲，知識女性雖然亦有表示欣賞之意，但她們卻一再強調，女性解放運動應由女性主導，否則只會成為以男性視角為本位的「便於男子之女權」。例如林宗素雖然稱頌金天翮為「中國女界之盧騷」，讚揚他為女性爭取權利的貢獻，但她亦注意到金天翮以男性身份，為女

─────────────

〔註17〕金天翮：《女界鐘》，第 61 頁。

性代言的男權思想限制所在。林宗素在《女界鐘》的序言中明確表示女權當由女性自己爭取，而非由男性代勞，因爲由男性「讓與」之權利，只會令女性失去自主獨立的主體性，而缺乏學問及獨立人格的女性群體，實在不能將女性的權益「保護享受於永久」〔註18〕。林宗素對自己的女性身份甚爲自覺，她表示爲《女界鐘》作序的目的：「特欲以自鞭策我二萬萬之女子，使之由學問競爭，進而爲權利競爭，先具其資格，而後奮起奪得之，乃能保護享受於永久。」〔註19〕她強調自己特意執筆作序，正在於自己身爲女性的一員，必須以身作則地告誡其他女性，不可對女性解放的事業坐視不理，以爲可以坐享其成。她這種強調女性解放事業必須由女性領導、女性參與的看法，一方面反映她的女性身份自覺及性別群體意識，另一方面亦指出男性所領導的平權運動的限制所在。

　　對於男性視角的限制及其不利女權解放之處，另一知識女性陳擷芬有更清楚的論述，她在〈獨立篇〉中提到興女學、復女權運動不應由男性帶領，否則，所謂「女權」只是從男性自身的利益出發，「便於男子之女權」，而非爲女性的設身處境著想，因此，「吾再思之，吾三思之，殆非獨立不可！」〔註20〕從分析以上男性論者的言論所見，他們的女權主張，便是出於國族主義的考慮，僅將女性解放視爲「強國保種」「救亡圖強」的工具，而非從女性的不平處境出發，爲女性爭取作爲一個獨立自由的「人」的應有權利。因此，陳擷芬主張女性必須「獨立」，這個「獨立」並非只指女權運動所爭取的女性獨立，亦包含女權運動不以男性視角爲中心，不以男性爲主導的女性獨立。何震〈女子解放問題〉亦對男性帶領女性爭權持否定態度，她先指出女性解放有「出於主動」與「出於被動」兩者，前者由女性自覺帶領，後者則由男性主導，可惜的是，當時社會以後者爲主流。何震批評出於男性主動的女子解放，將令女性的得益少於男性：「若所擔責務，由男子強迫，是爲失己身之自由；所得之權，由男子付與，是爲仰男子之鼻息。名爲解放，實則解放之權屬於他人，不過爲男子所利用，而終爲其附屬物而已。」〔註21〕因此她提倡

〔註18〕　林宗素：〈侯官林女士序〉，《女界鐘》，第 2 頁。同文以《林女士宗素「女界鐘」敍》爲題，刊載於《江蘇》1903 年第 5 期。

〔註19〕　林宗素：〈侯官林女士序〉，《女界鐘》，第 2 頁。同文以《林女士宗素「女界鐘」敍》爲題，刊載於《江蘇》1903 年第 5 期。

〔註20〕　陳擷芬：〈獨立篇〉，《女學報》，第 2 卷第 1 期（1902 年）。

〔註21〕　震述：〈女子解放問題〉，《天義》1907 年 9 月 1 日。

女權運動當由女性帶頭抗爭：「女子欲獲解放之幸福，必由女子之自求，決不以解放望之男子。」〔註22〕

由此可見，無論林宗素、陳擷芬，還是何震，均指出男性主導的女權運動，只會令女性失去自主及自由，而這種非從女性處境出發，出自男性角度（國族主義等男性的「宏大敘述」）、只為男性利益（女性只是相夫教子的妻母，又或為國家獻身的女英雄）的女權，並非真正的女性聲音，實無助於為女性爭取真正的權益。事實上，男性女權先驅與知識女性的「女性觀」及女權視角，由於身份處境的不同，實存在一定的分歧與差異。

男性論者局限於富國強種的考慮，因而其女權主張除國族論述以外，卻欠缺詳細的分析及論述。以女子教育為例，梁啟超與金天翮皆以女學為國家富強的重要舉措，但知識女性如呂碧城等，卻能從真切的女性處境及女性視角出發，看出女學不應僅為「國家之公益」，當中亦應涉及「個人之權利」：

> 女學之倡，其宗旨總不外普助國家之公益，激發個人之權利二端。國家之公益者，合群也；個人之權利者，獨立也。然非具獨立之氣，無以收合群之效；非借合群之力，無以保獨立之權。其意似離而實合也。〔註23〕

在爭取女權的議題上，呂碧城以為「合群（國家之公益）」與「獨立（個人之權利）」兩者密切相關：「故獨立者，猶根核也；合群者，猶枝葉也。有根核方能發其枝葉，借枝葉以庇其根核。二者固有密接之關係，而其間復有標、本之判別，竊冀覽者毋河漢焉。」〔註24〕可見呂碧城雖然以為國家權益比個人權利重要，但卻一再強調傳統父權制對女性的壓迫，並提倡女性爭取天賦的權益（包括教育權），而無論男女，個人的獨立自主實為天理的所在：

> 此吾率土同胞所當打破迷團，力圖自立，撥出黑暗而登於光明。上以雪既往眾女子之奇冤，下以造未來眾女子之幸福，使之男女平等，無偏無頗，解其幽囚束縛之苦，御其凌虐蹂躪之殘，復個人自主之權，遂造物仁愛之旨，以協力自強，立於人群競爭間。〔註25〕

從上文可見，呂碧城對於傳統父權體制壓迫女性的不義不公，深感不平，

〔註22〕 震述：〈女子解放問題〉，《天義》1907年9月1日。
〔註23〕 呂蘭清：〈論提倡女學之宗旨〉，《大公報》，1904年5月20日。呂碧城一名蘭清，此文發表於《大公報》乃以呂蘭清為署名。
〔註24〕 呂蘭清：〈論提倡女學之宗旨〉，《大公報》，1904年5月21日。
〔註25〕 碧城：〈敬告中國女同胞〉，《大公報》，1904年5月24日。

而她認爲男女平等的理想，方合乎天理人情的「造物仁愛之旨」，可見她將女性問題視爲保障個人權利、體現天理公道之所在。由於對女性黑暗的處境有切膚之痛，對知識女性來說，女性教育並非只是「強國保種」的國策，而是更切實的個人權利之體現，亦是改善一衆女性同胞生活狀況的良方。因此，在爭取女權當中，知識女性有更多現實方面的考慮，例如呂碧城鼓勵女性經濟獨立、人格獨立，此當然需要透過女子教育方可達致。因此，與男性論者不同的是，她提倡的女性教育爲知識啓蒙與實業教育並重，以培養女子自立：「吾謂女子自立之道，以實業爲基；實業之學，以普通教育爲始」〔註26〕。她以爲女性教育不可只重職業培訓的實業教育，亦應以「普通學」啓導女性，以成就「完全之人格」：「欲造人格，必擴充其本性，而發達其全體，固不限於一方面而已也，故普通學尙爲。必具普通之知識，而後成爲完全之人格。無論其後治何職業，皆有根柢。」〔註27〕由此可見，呂碧城對女子教育的看法，乃從現實的女性處境著眼，既會著實考慮女性的個人待遇及日後發展，亦包含爲女性群體爭取其天賦權益的理想，而不是如男性論者般，只將此視爲國家富強的手段，充分反映其女性視角及女性關懷。

　　像呂碧城般著眼於現實女性的處境，控訴傳統的性別不公，以男女平權爲合乎天道天理的想法，在其他知識女性的筆下亦屢見不鮮。如秋瑾〈敬告中國二萬萬女同胞〉：

> 上天生人，男女原沒有分別。試問天下沒有女人，就生出這些人來麼？爲什麼這樣不公道呢？〔註28〕

又如何震〈女子宣佈書〉：

> 特以天賦之權，男女所同。男女同爲人類，若不能平等，是爲不公，是爲背天理，故子女之所爭，僅以至公爲止境。〔註29〕

又如燕斌〈女權平義〉：

> 造物生人之本意，其視男女，皆人類而已，無所偏於男，無所重於女，其所以分爲男女者，不過以爲滋生之妙用，非有所尊卑強弱之別於其間。後世不查壓制女子之風，日以加甚，積之既久，成

〔註26〕 碧城：〈興女學議〉，《大公報》，1906年2月26日。
〔註27〕 碧城：〈興女學議〉，《大公報》，1906年2月27日。
〔註28〕 秋瑾：〈敬告中國二萬萬女同胞〉，《白話》第2期，1904年10月。
〔註29〕 震述：〈女子宣佈書〉，《天義》，1907年6月10日。

為習慣，又無探本窮源之論以闢之。蚩蚩然日囿其中，不能自覺，
反視此等賊害人權，背棄公理之謬俗，以為天經地義，牢不可破，
此豈造物生人之本旨哉？〔註30〕

　　從以上可見，清季知識女性多從天理、公道的角度，指出爭取女性權益
方合乎「造物生人之旨」，故傳統社會女性的不平待遇，實有違天理人權。這
種對性別不公的不滿，既反映知識女性繼承自前代閨秀的「閨閣遺恨」，亦揭
示與男性論者不同的女性視角與身份思考，在清季的女學宗旨討論中，實有
別於男性宏大敘述的國族話語。

　　總括來說，男性女權先驅多從男性中心出發，將女權解放視為「救亡圖
存」的工具，而非從女性當下之處境、所遭受的不平待遇出發，以為女性爭
取人權自由為目的，此與知識女性所關注的性別壓迫及強調的女性自強論述
終究不同，反映知識女性立根於現實女性處境的真切關懷及深切思考。

二、「女國民」楷模：追尋女性歷史上的女英雄

　　男性論者如梁啟超等鄙棄傳統女性文化，強調應引入西方女傑為現代「新
女性」的楷模，此亦與知識女性刻意追尋女性傳統及女性歷史的想法相異。
在清季知識女性的筆下，傳統女傑如神話人物女媧、花木蘭、黃崇嘏、謝道
韞、梁紅玉等，皆可作為清季「女國民」的模範。她們又多以傳統女傑的事
蹟，論證女性不輸於男性的才情及能力，以此確立女性於歷史中的地位及影
響力。如此種種，均反映男性論者與知識女性兩者性別視角的差異。

　　清末的男性知識分子，不論是維新派還是革命派，均喜援引外國女性的
傑出表現，鼓舞國內的女性與之看齊。如梁啟超曾作〈羅蘭夫人傳〉，刊登於
1902 年的《新民叢報》。他以「近世第一女傑」推許羅蘭夫人，指出：「羅蘭
夫人何人也？自由由彼而生，彼由自由而死。……質而言之，則十九世紀歐
洲大陸一切之人物，不可不母羅蘭夫人；十九世紀歐洲大陸一切之文明，不
可不母羅蘭夫人。何以故？法國大革命，為歐洲十九世紀之母故；羅蘭夫人，
為法國大革命之母故。」〔註31〕梁啟超向國內的女同胞推介法國的羅蘭夫人，
作為新時代的女性模範，而非追溯中國歷史上的女英雄，以論證中國女性本
身的能力。更甚者，梁啟超更一再以西方女性與中國女性的情況對比，以見

〔註30〕 煉石：〈女權平義〉，《中國新女界雜誌》第 1 號（1906 年 12 月）。
〔註31〕 梁啟超：〈近世第一女傑羅蘭夫人傳〉，《飲冰室全集》第四集，第 24～36 頁。

西方的先進、中國的落後。其時的男性論者更喜為西方女傑立傳，以建構新時代的女性形象，如金天翮曾仿照《列女傳》的書寫形式，建立西方女英雌的譜系，當中包括羅蘭夫人、貞德、蘇菲亞、批茶等，他更指出中國傳統的女英雄與之相比，未免失色：

> 我同胞，二千年來，鬚眉女鄉……而紅粉蛾眉，無論不足比貞德（Jeanne d'Are）、瑪利儂、書露（Vera Sassouhitsch）、蘇菲亞（Sophia Perovskaia）、批茶（Pethisa）、娜丁格爾（Florence Nightingale）之徒，即班昭、龐娥、緹縈、木蘭、馮嫽等，亦不許望肩背也。我彤管其無光，我青史其無色，我神州終不發達，我黃種其永不名譽。
>
> 耗矣哀哉，國無人，國無人！〔註32〕

文中提到的貞德〔註33〕、蘇菲亞〔註34〕和批茶〔註35〕等，在晚清詩文中多被提及，並且往往被時人演繹成捨身成仁、救國愛民等體現「公德」的女性典範。在芸芸西方女英雌中，金氏特別讚揚「瑪利儂」（Jeanne-Marie Roland）在獄中仍志在革命救國的熱情〔註36〕，而「瑪利儂」（或譯作瑪利），亦即是梁啟超讚頌的「羅蘭夫人」。值得注意的是，儘管金天翮在《女界鐘‧女子之能力》一章中，曾列舉中國古代傑出的女性學者、作家、畫家和武士，肯定中國女性的才智與能力〔註37〕，然而，在比較中國與西方女英雌之後，他卻

〔註32〕 金天翮：《女界鐘》，第 5 頁。

〔註33〕 貞德又譯作若安，金天翮的原文書寫有誤，應是 Joan of Arc（1412～1430）。在英法百年戰爭中，貞德率領法軍擊敗英軍，成為傳奇女英雄，但後來被陷害而被英軍燒死。《女學報》上曾登載〈法國女子貞德演說〉一文，強調她躍馬疆場，為國抗敵，挽救國運，英勇獻身的英勇行為，並譽之為「愛國女子」、「救亡女傑」。

〔註34〕 蘇菲亞（Sophia Perovskaya 1853～1881）是著名的俄國虛無黨（按：即無政府主義）代表。當時革命風潮盛，與中國同處專制統治之下的俄國，虛無黨暗殺行動捷報頻傳，當時不但革命派刊物《民報》登載過《蘇菲亞》，金天翮也翻譯過《自由血》，記述虛無黨歷史和蘇菲亞的事蹟。因此，女虛無黨人蘇菲亞刺殺俄皇的故事，成為革命派知識分子塑造新女性典範的坎本。

〔註35〕 金天翮對批茶的姓名亦書寫有誤，應是 Harriet Beecher Stowe（1811～1896）。對於批茶的記載，早於 1902 年 6 月由蔣智由發表的《批茶女士傳》已有介紹，蔣氏把批茶演繹成「以一枝纖弱之筆力，拔無數沉淪苦海之黑奴，使復返於人類」的「女英人」和「女英雄」，成為時人革命「俠女」形象的範本。

〔註36〕 金天翮：《女界鐘》，第 5 頁。

〔註37〕 金天翮在此章中提到：「然吾觀舊史氏之所掌，婦人集之所收，經史則有伏女、大家之倫，文章則有班好、左嬪、謝女、鮑妹之亞，書法則有衛恒、衛鑠、吳彩鸞之儔，繪事則有薛媛、管夫人之輩，音樂則有韓娥、霍里妻、蔡琰、

強調「班昭、龐娥、緹縈、木蘭、馮嫽等，亦不許望（按：指西方女英雌）
肩背也。我彤管其無光，我青史其無色，我神州終不發達，我黃種其永不名
譽。耗矣哀哉，國無人，國無人！」〔註38〕儘管金天翮對蘇州歷史悠久的女
性文化傳統有一定認識〔註39〕，使他不如其他男性論者般否定傳統的閨秀文
化，對古代女性的能力亦有所肯定，但在他心中，中國歷史上的傑出女性，
卻無一人可與西方女傑媲美。因此他利用這些西方女英雌的事蹟，作爲建構
理想中的中國「新女性」的參照。

　　清季之時，男性論者歌頌西方女傑，以塑造新時代的女性模範，實與其時
取法西方以自強的思潮密切相關。他們不滿中國現狀，轉而審視傳統文化的弊
端，並倚恃進化論觀念，向強者學習以求存，故西方的制度與人事，便成爲批
判中國舊制的主要依據。他們借助外力（西方文化），貶抑傳統以配合其時的西
化改革思潮，因而將傳統中國的女性簡化爲「落後」的象徵，強調她們是急需
被拯救、被改革的對象，當中暗藏著男權中心的優於女性、指導女性的姿態。
爲配合其以西學救國的理想，他們需要運用外國女性的形象，將其轉化爲中國
「新女性」的典範。梁啟超筆下爲國家犧牲，爭取自由的羅蘭夫人，正好對比
他口中「全屬分利，而無一生利者」〔註40〕的中國女性，從而配合他以改革女
性問題，振興國家的政治論述。至於金天翮的女權論述，誠如前文所言，乃爲
鼓吹女性投身革命，並爲愛國女學的招生作宣傳，故其筆下的西方女性模範，
多屬參與國事及革命的女性，而他特別讚揚的「瑪利儂」（Jeanne-Marie Roland）
〔註41〕，更是革命女子的典範，正可充當革命派女權論述的「代言人」。如此看
來，在男性論者心中，中國傳統的女英雄，既未能配合其改革女子問題的論述，
又被視爲囿於家庭的「分利者」，自當被否定、被摒棄。

盧女之儔，美術則有若蘭、靈芸之族。芝草無根，醴泉無源，英英表異，自
成聲逸，固已奇矣，而更有進者：救世既有緹縈，愛國亦有木蘭。以言乎俠
義，則聶嫈、龐娥，以言乎劍術，則越女、紅線；以言乎勇力，則童八娜、
李波妹；以言乎韜略，則虞母、荀瓘、梁夫人、沙里質、秦良玉其人也。而
馮嫽持節，乃通國際之情：趙后問使，暢宣民權之義。」金天翮：《女界鐘》，
第 17 頁。

〔註38〕　金天翮：《女界鐘》，第 5 頁。
〔註39〕　孫康宜（Kang-I Sun Chang）著：〈金天翮與蘇州的詩史傳統〉，黃紅宇譯，《中
　　　　　山大學學報（社會科學版）》2007 年第 5 期，第 5 頁。
〔註40〕　梁啟超：〈論女學〉，《飲冰室文集》第二集，第 33 頁。
〔註41〕　金天翮：《女界鐘》，第 5 頁。

對於新時代女性的模範，清季知識女性雖亦有歌頌西方女傑，但更重要的是，她們因承傳女性文化的傳統，對歷史中的才女、女英雄亦深表仰慕。正如前代閨秀一樣，她們刻意追尋歷史中的偉大女性，以這些女性先賢爲模範，一方面以其功業自期，另一方面則以此論證中國女性不輸男性的才情能力。正如前節所論，清代閨秀筆下每喜引用木蘭事蹟自許，以表達女性突破閨閣、走向國家、建功立業的寄望。而清季知識女性如陳擷芬、秋瑾、呂碧城、徐自華、燕斌等，均一再引用木蘭的事蹟，以論證女性對國家的承擔、不輸男性的能力。而其他古代女性如緹縈、梁紅玉、秦良玉等，亦時見於知識女性的著述中。透過追溯傳統女性的歷史事蹟，知識女性表達了對中國女性發展的期許，以及有朝一日可與西方女性匹敵的理想，如陳擷芬敘述木蘭事蹟後，鼓勵其時的女性仿傚木蘭，以展現個人的才志：「木蘭者，可謂十九世紀以前吾女界之英傑矣！可謂十九世紀以後吾女界之高抬貴手矣！我同胞能則傚之否？我同胞能更越過之否？」〔註42〕其後，她又藉此分析中國女性的才能，並斷言中國女性「苟能人人讀書，知大體，愛國愛種，辦事之手段，必勝於彼男子也，必優於彼歐美女子」〔註43〕。她更自信地表示：「吾中國二十世紀後之女界，爲超越歐美，龍飛鳳舞一絕大異彩之時代。」〔註44〕可見知識女性與男性論者的視角有異，她們在推崇新時代的女性典範時，並非只抱持純然的「揚西抑中」的立場，反之更不忘以傳統女傑的英勇事蹟自期，以示女性可超越男性、突破傳統限制、展現才能的自信與期望。知識女性對中國女性能力的肯定，以及有朝一日可超越外國女性，甚而趕過中國男性的期許，其自信正來自於女性先賢的偉大事蹟，而此正是男性論者未有想過，亦不曾提及的。知識女性對於女性身份的自覺與自信，以及對前代女性歷史文化有意識的承襲，使她們與男性論者所建構的女性典範有異，正反映其獨特的女性視角與關懷。

三、「賢妻良母」以外的女性獨立人格

清末如康梁等男性的維新派，均以新「賢妻良母」爲女性的行爲典範與女教綱領。有關賢妻良母概念的發展，眾說紛云。有學者指出其源出日本〔註45〕，

〔註42〕 楚南女子：〈中國女子之前途〉，《女學報》第 4 期（1903 年 11 月）。
〔註43〕 楚南女子：〈中國女子之前途〉，《女學報》第 4 期（1903 年 11 月）。
〔註44〕 楚南女子：〈中國女子之前途〉，《女學報》第 4 期（1903 年 11 月）。
〔註45〕 姚毅：〈中國賢妻良母言説女性觀形成〉，《中國女性史論集》，東京：吉川弘文館，1998 年，第 114～131 頁。此外，李輝群亦表示：「以賢妻良母爲金科

有的則表示乃源自西方的理想女性形象〔註46〕。不過，無論其起源爲何，清末的「賢妻良母」，既包含傳統的婦德規範，亦滲雜著前文所述帶有「強國保種」目的的「國民之母」元素。這種「賢妻良母」的理想形象，仍然未有脫離傳統女性「家中婦」的性別定型，他們將女性視爲男性的妻子、男性的母親，而不是獨立自主的個人，實不脫男性中心、男性主導的思維模式。

梁啓超認爲女性出於天性與本能，相當適合於從事「育兒女、治家計」等室內生利事業，以造福國家社會〔註47〕。他在〈倡設女學堂啓〉中亦提到理想的女性應爲「上可相夫，下可教子，近可宜家，遠可善種」〔註48〕的女性。雖然，梁啓超一再強調這些新時代的「賢妻良母」，與傳統「三從四德」的女性有別，她們不纏足、有基本知識，不作丈夫和國家的負累。然而，儘管維新派看似鼓勵女性學習及自立，但他們並不鼓勵，甚至是不容許女性走出家庭，開創獨立自主的人生道路。他們的性別分工與「女性觀」，在思想本質上卻與傳統無異。這些新式的賢妻良母，始終未能脫離男性而獨立生活，只是男權家庭的依附者，爲父權或夫權的附庸，並在男性的「國家民族」的「宏大敘述」中，成爲有益於國家的人力資源。其時興辦女學的志士，大部分均以培養「賢妻良母」爲目的，從當時女子學校多設有女德、家政及女紅等學科即可見，甚至連以培養女革命家爲目的的愛國女學亦如此。這些男性知識分子所重視的，是女性如何以妻子、母親的身份幫助男子成就事業，從而貢獻國家，而非著眼於女性的自我成就，更遑論會爲女性爭取婚姻家庭中的權利及地位，此實爲男性維新派提倡女學者的局限所在。。

維新派「賢妻良母」觀的背後，實反映日本女學的影響。1894 年甲午之戰，中國爲後起的小國日本所敗，既讓國人重新認識日本，亦令康梁等維新派以西化改革後崛起的日本爲取法對象。事實上，日本與中國近代的社會情

玉律的婦女觀念，那是德川幕府統一全國，從戰國到泰安時代的事。……那時賢妻良母的道德，一直到明治中期，從大體說來，仍然沒有什麼大變動。」李輝群：〈日本的女性：上篇從古代至德川時代的日本婦人〉，《婦女共鳴》第17 期（1929 年 12 月 1 日），第 20～21 頁。

〔註46〕 王政表示「賢妻良母」的形象實源自西方（尤其是 19 世紀的美國社會），因爲主張「賢妻良母」的人士往往引用西方模式來說明女子教育的好處，在於培育有知識的母親。Wang Zheng, *Women in the Chinese Enlightenment：Oral and Textual Histories,* Berkeley: University of California Press, 1999, pp. 68～73.

〔註47〕 梁啓超：〈新民說〉，《飲冰室合集》第一集，第 156 頁。

〔註48〕 梁啓超：〈倡設女學堂啓〉，《飲冰室合集》第一集，第 37 頁。

況及女性啓蒙道路甚爲相似，日本思想家如中村正直、福澤渝吉等每將「女性問題」與外交、政治及憲法等重大問題並列，其出發點正是透過改良作爲「國民母親」的女性，使國家可以誕育人種優良的下一代，亦可藉著改良「母教」，使國民後代的國家使命感能得以培育及鞏固，因此，日本的女子教育乃以「賢妻良母」觀爲主導，而非以解放女性，爭取平等爲目的。維新派的論者受日本的影響，其言論中充斥著賢妻良母的女性形象，自然是可以理解的。

至於革命派如金天翮等，他們對「賢妻良母」論持較開放的態度，如《女界鐘》中建議的女性教育課程，實與男性的課程甚爲相類，特別是他對女學「家政課」的理解。金天翮曾謂：「世俗所謂『家政』，繁賾委重，其實則狹義者也。吾所謂『家政』，清通簡要，其實則廣義者也。……世俗所謂『家政』，米鹽瑣屑，鉅細必親……吾之所謂『家政』，自育兒、衛生至於經濟、法律、用人、行政，犖犖數大端，隱然如國之雛形。」〔註49〕此說雖反映金天翮並非只著眼於狹隘的家政教育，但他以爲女性應與男性學習相同的科目，而所有學問均可納入所謂「廣義」的家政學，卻反映他對女性教育的具體內容只是泛泛而論，既未有想過如何實踐，亦欠缺仔細的思考與現實的考慮。而金氏由於期望女性能充當「國民之母」，故他特別推重「母儀」：「彼聖賢、帝王、英雄、俠義之成，非異人任，其成於賢母之手矣。」〔註50〕他在分析「女子之能力」時，雖亦提及不少女性的優勢，但卻一再強調女子的「母性」、「母教」最爲重要：「有天造地設於中國今日之社會，曰教育」，因爲女性「性格與小兒爲近」、加上其「善誘」、「其心沉細」的品性，以及女性「程度不高，初級之形學、物理等學科，指授恰合」，故特別適合教育幼兒〔註51〕。他更規定十歲以下的兒童，「不得付男子之手」。〔註52〕由此可見，他對於女性教育的目的及女性身份的定型，始終不脫以母教爲主導，正合乎傳統「男外女內」的分工定位。

正如本書第二章所述，男性論者的賢妻良母論，受到部分知識女性如呂碧城、秋瑾等質疑，並指出女性應與男性一樣，成爲家庭以外的獨立「女國民」。正如呂碧城在〈論某督箚幼稚園公文〉中說：

〔註49〕金天翮：《女界鐘》，第 19 頁。
〔註50〕金天翮：《女界鐘》，第 18 頁。
〔註51〕金天翮：《女界鐘》，第 39 頁。
〔註52〕金天翮：《女界鐘》，第 39 頁。

今之興女學者，每以立母教、助夫訓子為義務。雖然，女子者，
國民之母也，安敢辭教子之責任？若謂除此之外，則女子之義務為
已盡，則失之過甚矣。……殊不知女子亦國家之一分子，即當盡國
民義務，擔國家之責任，具政治之思想，享公共之權利。〔註53〕

　　她認為女性雖然應擔當母親教子的角色，但在助夫訓子以外，亦應如男
性一樣，成為國家社會的一份子，開展其獨立於男性、家庭以外的個人的事
業，其女學主張中，以成就女性「完全之人格」，擺脫男性獨立為宗旨，正反
映她在「賢妻良母」以外，對女性角色有更豐富多元的設想。比呂碧城更激
進的何震，更進一步主張女性應擺脫傳統教子育兒的責任：

幼兒當為共有，非家族所得私，幼稚教育當屬之社會，不當屬
之女子。興女學之目的，所以為女子解放計，非為學成以後，當幽
閉家庭，而為男子盡教子之義務也。〔註54〕

　　何震以為傳統的賢妻良母角色，只會令女性「幽閉家庭」，阻礙女性的個
人發展，因此，她建議改革社會制度，將育兒責任由社會各界分擔。此外，
張竹君亦不以「賢妻良母」為女性人生的全部，她一再表示反對傳統女性「倚
賴之根性」〔註55〕，指出女性不應依靠男性生活、以男性為中心。因此她並
不認為「國民之母」為女性唯一的選擇，反之，女性在經濟上及心態上均應
「自立」，所謂「自立」，即是「役其力以自養」〔註56〕，因此她成立女子工
藝廠及手工傳習所等〔註57〕，讓女性可開展個人事業，謀求家庭以外的發展。

　　清季知識女性與男性論者之不同，正在於她們心目中的理想女性，雖未
有排除賢妻良母的角色（何震除外），但卻非以賢妻良母為生命唯一的依歸。
她們理想中的女性生命，是擁有獨立人格、超越家庭角色、自由遊走於社會
及家庭的自立女性。她們心中的女性角色多樣，可以是女革命家，亦可以是
能自立謀生的女教員、女報人、女醫護等。以知識女性的生命軌跡看來，秋
瑾離家出走，張竹君、呂碧城終身未婚，其他如何震、徐自華、單士釐等，
亦在家庭角色以外，發展個人的事業，成就個人的理想。這些豐富多元的女
性角色，實為知識女性與男性視角下單一的「賢妻良母」的差異所在。

〔註53〕　《女子世界》第9期，1904年9月10日。
〔註54〕　震述：〈女子教育問題〉，《天義》，1907年12月30日。
〔註55〕　〈記張竹君女士演說〉，《警鐘日報》，1904年5月2日。
〔註56〕　張竹君：〈女子興學保險會序〉，《警鐘日報》1904年4月23日。
〔註57〕　《警鐘日報》，1904年5月27日。

第二節　與維新女性的比較

　　清季知識女性大部分曾留學日本，或有豐富的外遊經驗，受到外來文化
的衝擊，加上她們成長於光緒年間，活躍於中國輸入西學最盛的二十世紀初，
因此，她們能反思傳統文化「女性觀」的不足，並以較開放的態度接受西方
的思想文化，挑戰傳統的性別分工，推動國內的女性改革。相較之下，同樣
出身於傳統書香門第，但生活年代較之稍早的閨秀（維新女性），則採取較保
守的看法，她們傾向維護儒家的傳統，雖然亦有不少革新的主張，但骨子裏
卻排拒西方文化對中國「男外女內」體制的衝擊。戊戌時期參與女學運動的
女性，每以「賢媛」作自我表述及稱呼對方，以謝道韞「林下風氣」互爲激
揚。〔註 58〕本節所述之維新女性，包括戊戌前後的女學主導者薛紹徽（1866
～1911），以及維新期間成立的中國女學會及《女學報》的成員（如康同薇、
裘毓芳）等，均爲「戊戌賢媛」的代表。她們主要活躍於戊戌維新前後，大
多未有出國留學的經驗，與本書的研究對象，即活躍於清季以後的知識女性
所處的時代背景亦有異。此外，她們的女性改革主張，由於深受維新男性的
影響，因而多集中於「興女學」與「戒纏足」兩項。本節將對照清季知識女
性與維新女性兩者思想的異同，以分析清季知識女性「女性觀」的獨特之處。

　　薛紹徽，字秀玉，號男姒，福建侯官人，爲晚清著名詩人、翻譯家及教
育家，曾任《女學報》〔註 59〕編輯，自幼接受傳統閨秀的文化教育。〔註 60〕

〔註 58〕　錢南秀表示：「女學運動中，婦女參與者互稱『賢媛』，或類似稱呼如『賢婦』、
　　　　　『賢母』、『賢淑夫人』、『賢淑名媛』等，並以『林下風氣』互爲激揚。風
　　　　　氣所及，即連美國傳教士林樂知（Young J Allen）與英國傳教士李提摩太
　　　　　（Timothy Richard）等西方贊助者，亦屢以此類詞語指稱參與上海女學運動
　　　　　的中西婦女。……『林下風氣』的內涵，由《世說·賢媛》所載魏晉婦女事
　　　　　蹟來看，當指婦女效法『七賢』，依自然之道而行，任情性而動，故『賢媛』
　　　　　中人意志堅強、見識超人、臨危不亂、直言敢諫，並具高度文學藝術才能和
　　　　　應付世難、保護家庭的能力。」錢南秀：〈重塑「賢媛」：戊戌婦女的自我建
　　　　　構〉，《書屋》2007 年 12 月，第 49 頁。
〔註 59〕　此《女學報》創刊於 1898 年 7 月 24 日，並非由陳擷芬所辦之同名報刊《女
　　　　　學報》。其前名爲《女報》，後於 1903 年於東京復刊並改名《女學報》。此《女
　　　　　學報》由當時的中國女學會主辦，並爲上海中國女學會刊和中國女學堂的
　　　　　校刊。《女學報》的主筆由康同薇、裘毓芳、李蕙仙、薛紹徽、潘璿等擔任。
〔註 60〕　薛紹徽五歲即習《女論語》、《女孝經》、《女誡》等，六歲時由母親教授書畫、
　　　　　音樂、刺繡，並讀《四書》、《毛詩》、《大戴禮記》等，八歲始讀《左傳》與
　　　　　《綱鑑》，兼習五七言絕句及駢文等，其所學皆爲傳統儒家著作和女學規範。
　　　　　薛紹徽著、林怡點校：《薛紹徽集》，北京：方志出版社，2003 年。

她在晚清閨秀中聲名顯赫，具有一定的影響力〔註61〕。薛紹徽逝世後，家人爲其出版《黛韻樓遺集》，更得到學界名流如嚴復、陳寶琛、陳衍、林紓等題簽〔註62〕，可見她在當時文壇的地位。薛紹徽成長於閩地，中西文化的碰撞較其他地方爲早，受地域文化環境影響，她對西方文化亦有一定涉獵。薛紹徽受其父陳彭壽與彭壽之兄陳季同的影響，對西學亦有一定認識〔註63〕。陳氏兄弟歸國後，在上海、南京等地辦報，致力介紹西方文化，興辦女學，薛紹徽皆參與其事，更在1900年與夫陳壽彭合譯《八十日環遊記》、《外國列女傳》等，對其時的文壇及女界均有一定的影響力，可說是「戊戌賢媛」的代表。此外，此時對中國女界影響甚深的尚有不少成長於維新家庭的女性。如康有爲長女康同薇、梁啓超夫人李蕙仙、譚嗣同夫人李閏，以及裘廷梁的侄女裘毓芳等，她們創辦了《女學報》，提倡女學，亦可被歸類爲「戊戌賢媛」。薛紹徽由於著作最多，又爲女學堂的主事人物，故可說是當中的代表。「戊戌賢媛」比清季知識女性的年代稍早，如薛紹徽比同樣辦女學的呂碧城年長十七歲，亦比創辦另一份女報《女學報》的陳擷芬年長十七歲。這些戊戌賢媛，多活躍於戊戌前後，其生活年代比清季知識女性較早，故她們的「女性觀」較爲保守，亦是可以理解的。她們雖然亦主張興女教、賦予女性基本的權利，但同時卻受限於傳統的儒家禮教和性別規範。此外，由於她們多爲維新派的親屬，因而深受維新派男性的影響，致令其思想並未有脫離男性主導的男權視角，對傳統性別觀的批判與挑戰亦顯得無力。

一、對傳統女德的態度：質疑而非維護

　　清季知識女性一再質疑傳統女德，批評儒家貞順柔弱的「女性觀」，更試圖建立剛強勇武的女性形象，以示對傳統女德的反抗。相對之下，薛紹徽等

〔註61〕清末福州詩風濃厚，常舉辦「詩鐘」比賽。光緒五年（1879年），年僅十四歲的薛紹徽冒其兄名字投稿，作品被列爲上選，領得賞金，名震榕城，故當時在福州詩壇頗負聲名。陳壽彭從福建船政學堂畢業後，更因此慕名向她求婚。林怡：〈簡論晚清著名女作家薛紹徽〉，《東南學術》2004年增刊，第282頁。
〔註62〕薛紹徽著、林怡點校：《薛紹徽集》，北京：方志出版社，2003年。
〔註63〕薛紹徽丈夫陳壽彭與壽彭之兄陳季同，皆爲福建馬尾船政學堂早期畢業生，接受新式教育，旅居日本、英法等地，精通中西學。陳季同爲清季資深外交家，派駐歐洲二十餘年，曾出版英、法文著作共六、七種，向西方介紹中國文化。陳壽彭本人亦曾遊學日本和英法。

戊戌賢媛則繼承傳統文化對女德的看法，如康同薇高舉古代的「婦德」傳統：「故古者內政修明，爲之宮公保傅，以正其趨，爲之典禮訓言，以迪其志，是以教成於內，而順成於外，所以佐婦德，善風俗，而上古風化之厚，亦由於此也」〔註64〕。薛紹徽亦一再強調傳統「貞順」的女德典範，如她在 1904 年所寫的〈訓女詩〉十首，一方面訓勉女兒，另一方面亦表達了她對戊戌變法中維新派「興女學」的反思，當中反映她對女子教育的看法，以及對女性典範的建構。其〈訓女詩〉十首的序云：

> 前既作〈課兒詩〉，芸菦二女亦以爲請。余思吾國女教，以貞順
> 爲主，五千年來鮮有流弊。晚近士大夫倡興女學，如陳相之見許行，
> 所誤恐不止毫釐千里已也。二女從余既熟《女誡》、《女訓》諸書，
> 因更勖以理義。用張景陽雜詩韻作訓女詩十首。〔註65〕

薛紹徽所指「晚近士大夫倡興女學」，乃指梁啓超等於 1898 年所辦的中國女學堂。她曾撰有〈創設女學堂條議並序〉一文，批評梁啓超以西學爲主的女學內容〔註66〕。薛紹徽強調女德女教應以傳統的「貞順」爲主，自古以來亦未見其弊。然而，其時辦女學的男性卻摒棄傳統而盲目追逐西學，就如《孟子》中「陳相之見許行」般捨本逐末，實非女學之正途。她勉勵女兒謹遵其所授之《女誡》、《女訓》，反映她對傳統「貞順」女德觀的堅持。薛紹徽秉持傳統「乾坤陰陽」之說，其〈訓女詩〉亦一再以「堅貞」「柔順」爲女德典範：「坤道履堅貞，夜行秉明燭，如玉嚴守身」，〔註67〕「閫教貴治內，柔順和家庭。」〔註68〕她在創設女學堂時將班昭視爲女性典範，並建議將班昭《女誡》列爲必修教

〔註64〕 康同薇：〈女學利弊說〉，《知新報》第 52 冊，1898 年 5 月 11 日。

〔註65〕 薛紹徽：〈訓女詩・序〉，陳壽彭編：《黛韻樓遺集》，陳氏家刻本，1911 年（哈佛燕京圖書館館藏），第 19 頁。

〔註66〕 1897 年 11 月，在梁啓超、經元善等維新派的鼓吹下，中國仕紳在上海創辦第一所國人自辦女子學校「中國女學堂」。1898 年 5 月女學堂正式開學，其實際的教學、管理工作皆由女性擔任。梁啓超代表董事會起草〈創設女學堂啓〉，由於薛紹徽在女界素有文名，陳季同因而就此徵求其意見，薛紹徽乃撰寫〈創設女學堂條議並序〉一文，發表於陳季同、陳壽彭兄弟發行的維新刊物《求是報》，當中反映薛紹徽對梁啓超等擬定之女學內容的批評及意見。薛紹徽：〈創設女學堂條議並序〉，《求是報》第 9 冊，1897 年 12 月 18 日。

〔註67〕 薛紹徽：〈訓女詩・其一〉，陳壽彭編：《黛韻樓遺集》，陳氏家刻本，1911 年（哈佛燕京圖書館館藏），第 19 頁。

〔註68〕 薛紹徽：〈訓女詩・其十〉，陳壽彭編：《黛韻樓遺集》，陳氏家刻本，1911 年（哈佛燕京圖書館館藏），第 25 頁。

材〔註69〕，詩中一再提到「堅貞」、「柔順」等女德，正與班昭《女誡》所言相同。雖然有謂薛紹徽的〈訓女詩〉已對班昭的女德內涵作出轉化，由「卑弱」轉換成「堅貞」〔註70〕，但她一再強調的「堅貞」、「柔順」，實未有脫離傳統「女性觀」的性別定型，仍是重申女性從屬男性、順從男性的尊卑之分。

對於傳統「女德」，戊戌賢媛一再強調貞順的重要，她們更從自身操守到言論著述，均謹守禮教之防。〔註71〕薛紹徽〈創設女學堂條議並序〉肯定中國傳統禮教的意義，強調女子必須嚴守禮法，據其夫所述：「戊戌余入甬主講中西學，滬上諸君意欲聘恭人（按：即薛紹徽）入主《女學報》。恭人曰：『女學與男學異，若寬禮法，專尚新學，則中國女教從此而隳。』為作德、言、工、容四頌，辭勿就。」〔註72〕她在〈訓女詩〉中亦以「禮法」為「婦容」的具體內涵：「婦容在禮法，不在貌傾城。善心以為窈，德車稱結旌。」〔註73〕可見她以為女性必須嚴守禮法，其女德觀正繼承傳統儒家強調男女有別、「男女之防」的禮法思想。

與戊戌賢媛相比，清季知識女性對傳統女德卻一再質疑與批判，如呂碧城認為以「卑弱柔順」為要義的傳統婦德，使「我女子之生於中國，不克與男子平等且卑屈凌辱，置於人類之外者」，導致「男子得享人類權利，女子則否，只為男子之附庸」〔註74〕。張竹君謂數千年來中國女性：「捨順從之外無思想，捨中饋之外無義務，不學無術，以淺陋相誇尚。」〔註75〕燕斌批評了傳統重視「柔順」「服從」的女德：「從前我們中國所說的女子的道德，只算

〔註69〕 薛紹徽：〈創設女學堂條議並序〉謂：「惟為中國婦女計，所學良非一端。四子六經，乃相夫課子張本，已屬不得不學。此外若班氏之《女誡》、《女訓》，劉更生之《列女傳》，藍鹿洲之《女學》，皆為婦女啟蒙入門，數可畢生率循婦道，無忝婦功也。」薛紹徽：〈創設女學堂條議並序〉，《求是報》第9冊，1897年12月18日。

〔註70〕 王雪卿：〈薛紹徽的女學觀與婦女自我建構——以「訓女詩」十首為中心〉，《高雄師大國文學報》第20期（2014年7月），第130頁。

〔註71〕 如薛紹徽早已在福州詩壇享負盛名，並令陳壽彭慕名求婚，但她以不合禮制為由，婉拒陳壽彭的求婚，其後來在叔父「主其事」後方答允婚事，已見她對傳統禮教的堅持。

〔註72〕 陳壽彭：〈亡妻薛恭人傳略〉，陳壽彭編：《黛韻樓遺集》，陳氏家刻本，1911年（哈佛燕京圖書館館藏），第2頁。

〔註73〕 薛紹徽：〈訓女詩‧其七〉，陳壽彭編：《黛韻樓遺集》，陳氏家刻本，1911年（哈佛燕京圖書館館藏），第23頁。

〔註74〕 呂碧城：〈敬告中國女同胞〉，《大公報》，1904年5月21日。

〔註75〕 張竹君：〈女子興學保險會序〉，《中國新女界雜誌》1907年第4期。

得是個服從主義，務必要把女子的人格抑制到盡頭，強迫著許多女國民，去矯揉造作、戕性賊情，作那極不堪的奴隸生活，反說道：這方是淑女，這方算是良妻呢。」〔註76〕何震〈女子復仇論（其一）〉更引用眾多儒家典籍，批判其對傳統女德、女性特質之界定：「既以屈服爲女德，故古教女子僅教以事人之道，豈非以僕隸視女子乎？柔順者，屈服之異名也。」〔註77〕清季知識女性大力批評父權建構的「貞順柔弱」女德觀，以此爲壓迫女性的工具，其看法與薛紹徽等戊戌賢媛截然不同。

值得注意的是，部分知識女性更從本質上否定男女兩性天生稟賦有別，指出男女兩性的相異全爲後天建構，如何震〈女子宣佈書〉云：「凡所謂男性女性者，均習慣使然，教育使然。若不於男女生異視之心，鞠養相同，教育相同，則男女所盡職務亦必可以相同。而男性女性之名詞，直可廢滅，此誠所謂男女平等也。」〔註78〕又如燕斌〈女權評議〉亦謂：「況男女兩字者，非天生的徽號，乃人定之代名詞也。……夫男女之名既能更易，復可推行，則凡夫婦之名，嫁娶之制，男剛女柔，男尊女卑，男外女內，一切不公平、不道德人爲之習慣，使於最初制定之時，皆反是而行之。」〔註79〕知識女性否定傳統強調的男女稟性有別，以此帶出男女無別、男女平等的想法，此正是她們與謹守傳統男女有別、男女角色分工的戊戌賢媛的相異之處。

作爲生活時代稍早，成長於維新家庭，深受維新男性影響的女性，戊戌賢媛的「女性觀」比呂碧城、燕斌、陳擷芬、何震等保守，更有「內化父權」的成分。她們畢竟不同於致力爭取女權的知識女性，未有對「父權」思想抱持警覺與批判，而只是服膺於儒家傳統，甚而致力維繫傳統的父權體制。清季知識女性則對傳統強調柔順卑弱的女德大力鞭撻，更嘗試重新定義女德，建立新時代的女性典範，以對抗父權體制對女性的壓迫。

二、對性別分工的思考：家庭角色以外的獨立人格

戊戌賢媛既以維護傳統女德、禮教爲務，對於當時討論甚熾的男女性別分工及角色定位，她們雖然亦對傳統看法略作修定，但總體來說卻是站在傳

〔註76〕煉石：〈本報五大主義演說〉，載《中國新女界雜誌》，第 4 期（1907 年）。
〔註77〕震述：〈女子復仇論（其一）〉，載《天義》，1907 年 7 月 10 日。
〔註78〕震述：〈女子宣佈書〉，《天義》，1907 年 6 月 10 日。
〔註79〕煉石：〈女權平議〉，《中國新女界雜誌》，第 1 期（1907 年）。

統倫理綱常的一方。戊戌賢媛堅守「男外女內」的傳統，並承襲班昭的「四德」說，但她們卻刻意將其中的「婦德」、「婦言」轉化，不以班昭「婦德，不必才明絕異也」為標準，打破「內言不出於閫」的傳統教條，因而鼓勵女性以詩文創作傳世，表示女性著述亦可合乎女德規範。如裘毓芳否定「女子無才便是德」的說法，並引班昭續《漢書》、撰《女誡》，因而令後人崇敬、景仰為例，強調「可見得做了女子，學問不可沒有的。」〔註80〕戊戌賢媛這種女性可以著述行世的想法，雖有打破傳統婦德規範之處，但事實上亦只是承襲明清以來閨秀文人的說法而已，此正體現她們對清代閨秀文化承傳的自覺。〔註81〕不過，誠如本書第一章所述，清代閨秀在現實所超越的「男外女內」限制，實則上僅限於文學創作及出版而已，除此以外，卻未有參與國事或其他的社會活動。戊戌賢媛繼承前代閨秀的想法，未有挑戰文學創作以外的「男外女內」角色分工。當晚清學界不斷質疑傳統的「男外女內」的「女性觀」時，她們不但未有藉此為女性爭取更多踏足社會空間的權利，反之更努力堅持儒家傳統的「男女之別」，反對女性逾越家庭的角色定位。例如對於晚清流行的男女平權之說，薛紹徽一再提出質疑，如她在《外國列女傳序》云：「邇來吾國士大夫，慨念時艱，振興新學。本夫婦敵體之競，演男女平權之文。紹徽問而疑焉。」〔註82〕她雖然未有詳細反駁西方的男女平權之說，但「問而疑」三字，確實表現了她對平權思想的懷疑與否定。而薛紹徽〈創設女學堂條議並序〉一文，更表達了她對女性角色的看法：

> 方今世異，有識者咸言興女學。夫女學所尚，蠶績針黹、井臼烹飪諸藝，是為婦功，皆婦女應有之事。若婦德、婦言，捨詩、文、詞外未由見。不由此是求，而求之幽渺誇誕之說，殆將並婦女柔順之質，皆付諸荒煙蔓草而淹沒。微特隳女學、壞女教，其弊誠有不堪設想者矣！〔註83〕

薛紹徽所指「蠶績針黹、井臼烹飪諸藝」的「婦功」，正是傳統將女性定

〔註80〕 裘毓芳：《女誡注釋》，載《進德叢書》，上海醫學書局排印本，1916年（民國五年）。轉引自黃麗玲：《「女四書」研究》，臺灣南華大學2003年碩士論文，第102頁。

〔註81〕 正如本書第一章所述，清代大盛的閨秀文學，令閨秀建立起女性文化圈，並結社吟詠、出版著作、編輯女性書籍，已突破「內言不出於閫」的傳統規範。

〔註82〕 薛紹徽、陳壽彭：《外國列女傳》，金陵：江楚編譯官書總局，1996年，第1頁。

〔註83〕 薛紹徽：〈創設女學堂條議並序〉，《求是報》第9冊，1897年12月18日。

位於家庭之內的「賢內助」所需，她又曾表示「夫夫婦婦，咸能臻此家道和，而國家自然亦進行富強矣。」〔註 84〕可見她肯定傳統夫妻的內外分工，並以此爲國家富強的基礎。

　　戊戌賢媛一再強調女性應以「相夫教子」爲人生定位，如劉紉蘭強調相夫之重要：「人非聖賢，孰能無過，爲之妻者，當婉以勸之，切以爭之。自女學失傳，而相夫之賢，遂無聞於世。」〔註 85〕康同薇的言論，更與其父康有爲強調的「母性」如出一轍：「西人蒙塾，多用女師，蓋以其專精靜細也。然尚不若賢母之益，何則？初生之赤子，天性純一，其性情嗜好，惟婦人能因其勢而利導之。」〔註 86〕又謂「女學不講……日望天下之賢母教其子，淑妻相其夫，孝女事其父，使家庭雍睦，閭里頤攘，仁義之風播於國，敦厚之化遍於都，人人皆修其身，齊其家，以致平治，不亦難乎？」〔註 87〕而其他戊戌賢媛在《女學報》上發表的文章，皆只是一再詮釋維新派的「賢妻良母」、「強國保種」論，如番禺女士許孚謂：「女學既興，遠可保教，近可保種，強神州者寧有過耶！」〔註 88〕此外，另一戊戌賢媛潘道芳亦強調興女學可爲國家培養相夫教子的賢妻良母：「夫國家之興衰，繫乎人才……吾謂欲救中國之衰弱，必自廣大中國之人才始，欲廣中國之人才，必自蒙養始。蒙養之本，必自母教始，母教之本，必自女學始。」〔註 89〕薛紹徽亦曾囑咐女兒好好履行「爲人妻」、「爲人母」的職責：「相夫與課子，即此見深心。聰明必涵養，學理潛以沉。詩文餘緒耳，而父原儒林。」〔註 90〕「閫教貴治內，柔順和家庭。試觀古列女，賢明圖圍屏。不必恃才藻，遐思入滄溟。」〔註 91〕從以上可見，戊戌賢媛認爲女性應以家庭爲本位，相夫教子，協調家庭成員的關係，

〔註 84〕　薛紹徽、陳壽彭譯：《雙線記》，上海中外日報館，卷六，頁 17 下，1903 年。轉引自錢南秀：〈中典與西典：薛紹徽之駢文用事〉，南京大學古文獻所、中文系編：《中國古代文學文獻學國際學術研論會論文匯編》，上冊，2004 年。
〔註 85〕　劉紉蘭：〈勸興女學啓〉，《女學報》，1898 年 8 月 20 日。
〔註 86〕　康同薇：〈女學利弊說〉，《知新報》第 52 冊，1898 年 5 月 11 日。
〔註 87〕　康同薇：〈女學利弊說〉，《知新報》第 52 冊，1898 年 5 月 11 日。
〔註 88〕　許孚：〈潮州饒平縣隆都前溪鄉女學堂記〉，《女學報》第 2 期，1898 年 8 月 3 日。
〔註 89〕　〈女士潘道芳論中國宜創設女義學〉，《循環日報》1897 年 10 月 24 日。
〔註 90〕　薛紹徽：〈訓女詩·其九〉，陳壽彭編：《黛韻樓遺集》，陳氏家刻本，1911 年（哈佛燕京圖書館館藏），第 24 頁。
〔註 91〕　薛紹徽：〈訓女詩·其十〉，陳壽彭編：《黛韻樓遺集》，陳氏家刻本，1911 年（哈佛燕京圖書館館藏），第 25 頁。

並妥善處理家內的大小事務。而薛紹徽更將「賢妻良母」置於「能文才女」的身份之上,她認為即使女性德學兼修,仍應以女性「妻」「母」的角色為首,協調家庭關係。從「不必恃才藻」一句,可知她認為文學才能並非女性的最高成就,女性的價值應以持家的「女德」為根本。由此可見,她們的「女性觀」,仍以回歸家庭為依歸,而非透過女學、女才,突破傳統性別的界限。

至於女性典範的建構,戊戌賢媛亦與清季知識女性相異。清季知識女性標舉為國效力的古代女英雄,戊戌賢媛則以「賢妻良母」與「能文才女」兩者的混合體為理想的女性模範。戊戌賢媛與知識女性一樣,甚為在意女性的文化傳統,如薛紹徽不同意梁啟超在中國女學堂祀孔的建議,指出應以班昭為女性楷模,可見她亦會追溯中國歷史上的女性先賢,並自覺傳統的女性文化是與男性有別的。〔註92〕薛紹徽曾表示,文王后妃、孟母等,皆有「輔聖誕賢」之德,她們雖能履行傳統的妻母角色,但可惜未有著書教導後學,故其成就並不如班昭之「德學兼修」。在比較一眾女性先賢後,薛紹徽讚揚班昭:「古今賢媛,無出其右」〔註93〕。由此看來,戊戌賢媛心目中的理想女性形象,應是既有相夫教子之「德」,亦具文化才學之「學」的能文閨秀。吳芙亦謂:「曹大家是女人當中的孔夫子,《女誡》是女人最要緊念的書,真是一字值千金。」〔註94〕潘道芳在談及中國傳統「女師之設」後,亦是以班昭的「博學高才」,以及其夫死後「守節,行法度」為女性的理想模範;〔註95〕劉紉蘭建議的女學內容,亦以班昭《女誡》為主要教學內容;〔註96〕此外,蔣畹芳亦以班昭《女誡》與劉向《列女傳》及鄭氏《女孝經》等為「女學之準繩」〔註97〕。這種德學兼備的理想閨秀,始終未有逾越傳統「男外女內」的角色分工,仍是以「賢妻良母」的形象示人,而非知識女性心中如木蘭般走出家庭的「女國民」。

〔註92〕薛紹徽〈創設女學堂條議並序〉云:「原堂中崇祀孔聖,是為道統計……孔子之道,譬如日星在上,雖愚夫愚婦,莫不瞻敬。祀與不祀,孔道之尊嚴自在。……溯女教之始,實由於文王后妃,次即孟母。然有輔聖誕賢之德,實無專書以貽後學。惟漢之曹大家續成《漢書》、教授六宮,其德其學是為千古表率;又有《女誡》、《女訓》,上繼《內則》,古今賢媛,無出其右。祀於堂中,以為婦女楷模,猶之書院但祀程朱,隱寓尊孔之義。」薛紹徽:〈創設女學堂條議並序〉,《求是報》第9冊,1897年12月18日。

〔註93〕薛紹徽:〈創設女學堂條議並序〉,《求是報》第9冊,1897年12月18日。

〔註94〕吳芙:〈班昭「女誡」注釋序〉,《無錫白話報》第3期,1898年5月。

〔註95〕〈女士潘道芳論中國宜創設女義學〉,《循環日報》1897年10月24日。

〔註96〕劉紉蘭:〈勸興女學啟〉,《女學報》,1898年8月。

〔註97〕蔣畹芳:〈論中國創興女學實有裨於大局〉,《女學報》,1898年10月。

　　至於清季知識女性的女性典範，單士釐、徐自華等雖然亦以賢妻良母爲其中一個重要的女性定位，但她們不甘於只做賢妻良母，而是應兼及突破家庭角色的「女國民」身份。她們自身更積極參與各種社會事務，關心國事，實踐女性在家庭以外的社會角色。如身爲賢妻良母的徐自華，她的〈贈秋璿卿女士二章〉詩云：「崇嘏奇才原易服，木蘭壯志可從軍。光明女界開生面，組織平權好合群。」〔註98〕力倡「女國民」走出家庭，與男性共同分擔國家義務，而她自己亦以此自期，在行動上實踐，以爭取女權爲己任。最值得注意者爲單士釐，不少論者將單士釐歸類爲賢妻良母式的「戊戌女性」〔註99〕，但筆者以爲，單士釐表面看來是與戊戌賢媛思想相近，但她對女性性別分工的想法，尤其是「女國民」的角色定位，卻與戊戌賢媛的本質有別。在思考女性的內、外角色定位時，單士釐確爲清季知識女性當中最保守的一員，但她已初步突破「家中婦」的女性定位，故其「女性觀」已非戊戌賢媛可比。細考單士釐的詩文及遊記，可見她雖強調「賢妻良母」的女性天職，但卻未有將女性活動只拘限於家庭之內。一如其他清季知識女性，單士釐以爲女性尙要履行國家責任，透過關懷國事，參與公共事務，以「女國民」身份示人。再加上她自己亦頻繁涉足公共空間，可說是身兼「賢妻良母」與「女國民」兩者的身份。單士釐在《癸卯旅行記》（1903年）中，曾介紹日本女性的國民意識，並以此對比中國女性，指出其問題所在：「中國婦女閉籠一室，本不知有國。予從日本來，習聞彼婦女每以國民自任，且以爲國本鞏固，尤關婦女。予亦不禁勃然發愛國心，故於經越國界，不勝慨乎言之。」〔註100〕她批評中

〔註98〕郭延禮注：《徐自華詩文集》，北京：中華書局，1990年，第108頁。

〔註99〕如邱巍〈吳興錢家：近代學術文化家族的斷裂與傳承〉：「如果要在戊戌與辛亥的女性運動中劃出一個分界線的話，單士釐應當屬於戊戌一側的，她的女性解放意識更具有賢妻良母式的特徵。」邱巍：〈吳興錢家：近代學術文化家族的斷裂與傳承〉，杭州：浙江大學出版社，2009年，第146頁。此外，陳室如〈閨閣與世界的碰撞──單士釐旅行書寫的性別意識與帝國凝視〉亦以爲：「單士釐所強調的女子教育，一方面強調了女子受教權之重要，一方面卻也顯示出她的傳統局限──女子受教育之最終目標仍在於爲子孫、爲國家的奉獻犧牲，而非僅爲了自我成長或提升等私人因素。看似進步開明的思想，實際上仍建構於傳統賢妻良母的自我要求上。……單士釐強調女學的功能性目的，與梁啓超的立場頗爲相似。」陳室如：〈閨閣與世界的碰撞──單士釐旅行書寫的性別意識與帝國凝視〉，《彰化師大國文學志》2006年12月，第268頁。

〔註100〕單士釐：《癸卯旅行記》，鍾叔河：《走向世界叢書》，長沙：嶽麓書社，1985年，第733頁。

國女性「不知有國」，背後正是對傳統「男外女內」觀的挑戰，而此實爲戊戌賢媛所缺。而她強調的「以女國民自任」，正反映她與其他知識女性「女國民」論的一脈之處，她之屬於清季知識女性的一員，而不屬於戊戌賢媛，自是顯然。

　　清季知識女性的「女國民」論，正是突破女性的家庭角色，打破「內」「外」規限，透過「國民」的身份，爲女性確立妻母角色以外，獨立於男性的個人身份及獨立人格。正如西方女性主義者西蒙波娃（Simone de Beauvoir）所指出男女兩性的不同角色身份：「他首先是一個公民，一個生產者，其次才是一個丈夫；她則首先是一個妻子，而且往往只是一個妻子。」〔註101〕知識女性一再強調，女性不應只當家庭的賢妻良母，而應發展獨立的人格，擁有個人自主的社會身份。不少知識女性更勇敢走出家庭，以獨立的個人身份遊走於公共空間，尋找個人的價值，如秋瑾離開夫家、張竹君與呂碧城終身不嫁等，她們對婚姻的取態各異，但均是致力擺脫傳統「賢妻良母」的框框，嘗試在家庭崗位以外，開拓其他女性生命道路的可能性。〔註102〕如秋瑾赴日後，加入革命團體，並覺悟到「爲人奴隸，何不自立？後日妹當可自食其力，何必爲人之婦者？」〔註103〕女性要眞正的自主自立，必須在家庭以外尋找個人的身份與價值，不應將自身的發展限制於家庭之內。

　　薛紹徽等戊戌賢媛，與清季知識女性一樣，均承襲自中國的閨秀文化傳統，並肯定閨秀文化及其思想價值。她們均曾指責梁啓超等男性論者，無視於傳統的閨秀文化，如薛紹徽謂：「詞章之學，可以陶寫性情；宮闈文選，固是婦女軌範。」〔註104〕秋瑾、徐自華、呂碧城、單士釐、陳擷芬、燕斌等人，亦曾在文章中提及前代閨秀的典範，對謝道韞、班昭等的才華大加讚揚。她們均認爲閨秀詩詞表現的女性個性與才華，不能以梁啓超「批風抹月，拈花弄草」的批評而抹殺其價值。然而，戊戌賢媛的時代仍是以儒家傳統爲本位的維新時期，而清季知識女性則身處西學傳入最盛的二十世紀初，再加上清季知識女性有留學外國、出遊外國的經驗，其見識已非單憑接收家中男性思想言論的戊戌賢媛可比。儘管戊戌賢媛亦有一定的文化知識水平，但她們畢

〔註101〕 西蒙・波娃著：《第二性》，桑竹影譯，長沙：湖南文藝出版社，1986年，第229頁。
〔註102〕 有關知識女性反對賢妻良母的女性定位，本章第一節已有詳細討論，此處不贅。
〔註103〕 〈致秋譽章書（其三）〉，《秋瑾集》，第36頁。
〔註104〕 薛紹徽：〈創設女學堂條議並序〉，《求是報》第9冊，1897年12月18日。

竟以家庭中的「賢妻良母」爲女性唯一的身份定位，卻未有鼓吹女性突破家庭角色，因而未有發揮知識分子作爲社會事務批評者、社會改革者、社會理想提供者的角色與功能，故她們最終亦只是「賢媛」，而非「知識女性」。

戊戌賢媛作爲維新時期的女性論者，不少是受到維新派的男性親屬影響而參與女性解放運動，她們雖然成立女學會、辦《女學報》，似乎意味著女性性別意識的覺醒。然而，由於深受維新派男性的影響，她們的言論雖然以女性身份發出，卻只是維新派男性言論的詮釋與發揮，她們對女性的角色定位更與維新男性如出一轍，表現出服膺於儒家倫理傳統的男性中心傾向。因此，在她們筆下的女性，雖然要透過接受教育，自強向上，卻只是爲了救亡圖強的目的，成爲男性興邦治國的工具。而她們討論的女性問題，亦只是圍繞「興女學」此一維新派的焦點。而且，由於康梁等維新派在引進西學的同時，亦強調「復前代之遺規，採泰西之美制，儀先聖之明訓，急保種之遠謀」〔註105〕，因此她們心目中的女性形象，仍是合於「先聖明訓」，不脫儒家綱常的家庭女性。戊戌賢媛筆下這種欠缺獨立人格，以相夫教子爲務的賢妻良母形象，正反映維新女性對男性視角的全盤接受。

第三節　與五四一代的比較

清季知識女性的女性解放思想，因受到時代社會的局限，其「女性觀」雖有突破傳統的一面，但與後來的五四一代相比，仍是比較保守，亦有所不足的。她們的女權主張，思想理論的深度略見不足，對父權體制欠缺根本上的顛覆，當中更因時代環境的影響，滲雜國族主義的話語，致使女性解放並非只以恢復女性作爲「人」的權利爲目標，性別革命無可避免地成爲政治革命的附庸。再加上她們背負沉重的傳統包袱，對傳統父權體制，尤其是對婚姻家庭規範的反抗，更是流於表面而力度不足的。這些都是知識女性的時代限制及思想盲點，故下文將以五四一代的「女性觀」與知識女性作比較。

五四時期〔註106〕是個人覺醒的時代，中國婦女運動亦隨著新的時代使

〔註105〕 梁啓超：〈倡設女學堂啓〉，《時務報》第 45 冊，1897 年 11 月。

〔註106〕 參考周策縱《五四運動：現代中國的思想革命》（*The May Fourth Movement: Intellectual Revolution in Modern China*, Stanford: Stanford University Press, 1960）及王政：《中國啓蒙時期的女性——口述與文本的歷史》（*Women in the Chinese Enlightenment: Oral and Textual History*, University of California Press,

命，進入另一個階段。婦女問題為此時的討論重點，如《新青年》各期皆有一定篇幅的文章討論女性問題，當中廣泛涉及女性人格、戀愛、婚姻、教育、經濟等。〔註107〕下文將對五四時期論者的「女性觀」作詳細分析。

一、傳統包袱與時代限制：儒家女德與父權體制的陰霾

（一）婚姻自主與戀愛自由：未能掙脫父權禮教的包袱

承本書第二章第四節所述，清季知識女性在婚姻自主的問題上，大多偏向保守。相比起其他方面的女權主張，如女性國民責任問題、教育問題、經濟問題等，她們對女性婚姻問題的看法，多趨於婚俗層面而欠缺制度上的建議，更有部分知識女性採取迴避的態度。如燕斌（以煉石為筆名）的〈中國婚俗五大弊說〉，列舉了傳統婚制的五大弊病〔註108〕，但她只從婚俗角度切入，而論及其中一項「早聘早婚之弊」時，燕斌只略略帶出父母主婚、子女不能作主之弊，卻未有深入批判父權制對女性婚姻的控制，更欠缺具體的改革建議。另一知識女性陳擷芬亦對婚姻制度的問題多番迴避，以刊登他人著述代替個人論述，更以「寡陋淺識，闇於徵驗」〔註109〕為由，，對婚姻自主的議題避而不談，以迴避婚姻自主必須涉及的「父命」議題。加上她所刊登論及婚姻自主的文章，作者亦以匿名方式刊登〔註110〕，可見她對「婚姻自由」

1999）對五四時期的定義，本書的「五四時期」或「五四」乃指涉 1915 至
1925 年這整個十年。「五四運動」一詞僅僅指的是 1919 年五四事件引發的學
生運動高潮，而「新文化運動」一詞指的是發生在五四事件之前的新文學和
新思想運動。

〔註107〕 《新青年》第二卷第六號開始刊登「女子問題」相關的文章，並以「女子問
題」為專欄名目，其刊登的文章包括：〈哀青年〉、〈賢母氏與中國前途之關係〉
（第二卷第六號）；〈女子教育〉（第三卷第一號），〈女子問題之大解決〉、〈論
中國女子婚姻與育兒問題〉（第三卷第三號）；〈女權平議〉、〈改良家庭典國家
有密切之關係〉（第三卷第四號）。其後，至第三卷第五號後，亦出現其他專
門探討女性問題的文章，如：〈結婚與戀愛〉（第三卷第五號）、〈婚制之過去
現在未來〉（第三卷第六號）、〈女子問題〉（第四卷第一號）、〈貞操論〉（第四
卷第五號）、〈娜拉〉（第四卷第六號）、〈貞操問題〉（第五卷第一號）；〈我之
節烈觀〉、〈社會與婦女解放問題〉（第五卷第二號）；〈結婚論〉、〈美國的婦人〉
（第五卷第三號）；〈戰後之婦女問題〉（第六卷第二號）；〈終身大事〉、〈男女
問題〉（第六卷第四號），〈兒童公育〉（第六卷第六號）等。

〔註108〕 煉石：〈中國婚俗五大弊說〉，《中國新女界雜誌》，第 3 期（1907 年）。

〔註109〕 〈婚姻自由論〉，《女學報》第 2 卷第 3 期（1902 年）。

〔註110〕 承如本書第二章第四節所述，陳擷芬表示自己見識淺陋，未能就自由結婚撰

此一敏感議題的刻意迴避。除燕斌、陳擷芬二人外，即使曾勇敢出走家庭，掙脫舊式婚姻束縛的秋瑾，其筆下雖不乏批評傳統家庭夫尊妻卑、女性備受丈夫家姑等剝削的問題，但她的言論卻始終未有觸及父母主婚的問題根本，未有針對改革婚姻制度的建議，亦未有提出婚姻自由等理念。

　　清季知識女性對婚姻自主的保留，更見於她們對自由戀愛的質疑，如呂碧城強調父母主婚比自主結婚更佳：「父母主婚雖有錯時，然畢竟尚少；即使錯配子女，到此尚有一命可以推委。」〔註111〕她更批評當時年青男女，以自由戀愛的形式結合，但可惜他們「往往皆少年無學問、無知識之男女。當其相親相愛，切訂婚嫁之時，雖旁人冷眼明明見其不對，然如此之事何人敢相參預，於是苟合，謂之只有結婚。轉眼不出三年，情景畢現，此時無可委過，連命字亦不許言。至於此時，其悔恨煩惱，比之父兄主婚者尤深，並且無人為之憐憫，此時除自殺之外，幾無路可走。」〔註112〕甚至連提倡無政府主義「解放家庭」論的何震，也曾在〈震致留日女學生書〉上表示：「近歲以來，女界同胞，以婚姻自由、男女平等為恆語，竊以為過矣。……（按：指留日女學生）不過以婚姻自專，不告於父母，不宣於賓朋，甚至於數載之間，離合之事，已遭再三矣。」〔註113〕再加上陳擷芬在個人婚配上曾屈從父命，差點嫁予商人為妾，只是後來在其他留日女生的反對下才作罷；燕斌在「杜成淑拒屈彊函」一事中，對追求自由戀愛的屈彊批評嚴厲，〔註114〕更藉此針對男女學生的交往，提出女性在男女交往中謹守自重的重要：「道德者，女子立身之要素，提倡女學者，所尤當注重者也」〔註115〕。以上皆反映清季知識女性對自由戀愛、婚姻自主的保守看法，她們雖然一再強調女性要獨立自主，「不受男子之維持與干預」（陳擷芬語），而她們在國家責任、女性教育、經濟獨

文立說，故請另一人（某君）代筆。然而，代筆者未有署名，甚而未有筆名，陳擷芬亦未有介紹此人身份，只是從「某君意以代筆，故多假女子口吻，識者鑒之」一句推測，撰文者該為男性，只是刻意以女性口吻表達。縱觀各期《女學報》的「論說」版，這種完全匿名的做法實在頗為特殊。作者刻意隱藏身份，未知何故，未免耐人尋味。此外，雖然陳擷芬表示此篇「足以慰吾蘊華而伸吾兩人之含意矣」，但此句未免流於表面應酬之言，亦欠缺再引申論述，更未有發揮一己的看法。

〔註111〕王栻編：《嚴復集》，第 3 冊，上海：中華書局，1986 年，第 838～9 頁。
〔註112〕王栻編：《嚴復集》，第 3 冊，上海：中華書局，1986 年，第 838～9 頁。
〔註113〕〈震致留日女學生書〉，《天義》，1907 年 6 月。
〔註114〕詳見本書第二章第四節。
〔註115〕《中國新女界雜誌》第 2 期（1907 年 3 月）。

立等層面的主張，亦的確能體現這種女性「獨立人格」。可惜的是，面對對女性束縛最大的「終身大事」，她們在父權建制面前，卻是如此的刻意迴避、無能為力。雖然她們均知道女性婚姻自主的重要，但由於婚姻自主會牽涉自由戀愛、男女社交等議題，亦須面對抗衡父命及父權的巨大壓力，在受到傳統孝德貞節、謹守自重等道德規範的影響下，知識女性對婚姻自主選擇避而不談，似乎可以理解。

相比之下，婚戀問題成為五四一代關注的焦點，更有謂「婦女問題就是婚戀問題」〔註116〕。他們致力抨擊舊式的婚姻制度，提倡自由戀愛。如周建人批評婚姻是封建遺毒，傳統將兒女自訂的婚姻稱為「私訂」，視之為無視父母威權的不孝之舉，家長便猶如封建君主般掌控兒女的婚姻權。〔註117〕高素素亦指出婚姻應以愛情為基礎，強調自由戀愛、自主婚姻的重要，她認為當時父母主婚的婚姻，卻是「女子僅為男子之犧牲，甚焉者，男女同為家族主義之犧牲。故所組之家庭，無生氣無精神，傀儡之扮演場，交謫交誶，相詐相虞，惡魔之黑暗獄耳。幸福兩字，非所夢見，故無愛之結婚，不如其已。」〔註118〕五四一代將戀愛與婚姻自主視作女性自由意志和獨立人格的表現，亦是社會文明自由的標誌：「結婚問題，自然與女子能否自立，關係相連，我們只要一看文化愈高，女子能否自立的國民，離婚愈多，便可知道」〔註119〕。與清季知識女性相異的是，五四時期知識分子認為解放女性的根本途徑，並不在於教育、經濟或政治，而在於戀愛與婚姻的自由。作為一個自由、獨立的「人」，擁有「戀愛自由」與「婚姻自主」實為其中的關鍵所在。

清季的女性解放問題，在國家內憂外患的威脅下，一直被視為救亡圖強的重要工具，因此「興女學」一直是女性問題的中心議題。至五四以後，救亡圖存的呼聲稍減，女性問題亦不再被視為種族問題和政治革命的附屬物，女性解放議題亦開始尋回失落的主體。女性作為「人」，其自由、權利、人格、身份等成為討論的焦點，知識分子開始將挑戰舊社會與儒家禮教的矛頭，指向儒家傳統與父權家族體制，因此有謂「婦女有獨立人格的生活，實在是在《新青年》倡導之後，而『五四』是一個重大的關鍵。」〔註120〕五四新文化

〔註116〕瑟廬：〈羅素與婦女問題〉，《婦女雜誌》第六卷第十一期（1920年）。
〔註117〕周建人：〈家庭生活的進化〉，《婦女雜誌》第七卷第五期（1921年）。
〔註118〕高素素：〈女子問題之大解決〉，《新青年》第三卷第三號（1917年5月1日）。
〔註119〕周建人：〈家庭生活的進化〉《婦女雜誌》第七卷第五期（1921年）。
〔註120〕陳東原：《中國婦女生活史》，第366頁。

運動的重心爲反對封建禮教，在強調「人的解放」的話語中，女性作爲封建禮教下「父權」及「夫權」的受害者，成爲社會上所有受壓迫者的普遍象徵，亦是人權、民權受剝削的具體符號，因此，伸張女權乃成爲伸張人權的重要標誌。在普遍反封建禮教的呼聲下，「父權」、「夫權」與「三從四德」等倫理規範，以至傳統婚姻制度、女性的傳統家庭角色及倫理責任等，均受到知識分子的質疑。此時的女性解放思想，反映女性作爲獨立的「人」的意識已開始覺醒，與清季籠罩於國族話語之下的女性解放論述自是判然有別。

　　五四時期，儘管其時社會普遍上並未全然支持自由結婚，如謝冰瑩曾提及其家鄉的人對女性婚戀自由所抱持輕視嘲諷的態度；〔註121〕蘇雪林亦曾描述其鄉人批評女學堂「專講自由」，對女學生「自己找姑爺」表示鄙夷。〔註122〕當時的女性要爭取婚戀自由，亦要承受極大的家庭壓力，如謝冰瑩、蘇雪林、陳衡哲等均曾因爲拒絕父母指婚而陷入痛苦的掙扎之中，〔註123〕更有知識女性張嗣婧因父母主婚，被剝奪婚姻自主，最終含恨而終的例子。〔註124〕不過，五四時期仍有不少知識女性以退婚、逃婚等方式，努力掙脫指婚的宿命，反抗父權制對女性婚姻的操控，力求主宰自己的人生，如楊步偉的主動退婚；謝冰瑩、張若名及向警予的逃婚等。楊步偉退婚後曾表示：「我有生以來到現在第一次我

〔註121〕謝冰瑩：《女兵日記》，臺北：東大出版社，1985 年，第 114 頁。

〔註122〕蘇雪林：《棘心》，臺中：光啓出版社，1977 年，第 32 頁。

〔註123〕謝冰瑩的母親曾指責她：「敗父母的名譽，羞辱祖宗」，以爲反對婚約「就等於反對父母」，「變成了畜生」。蘇雪林拒婚後又想解除婚約，蘇父卻認爲：「我們蘇家人是講究信用的，對於兒女婚姻的大事，更要照傳統規矩辦理」，表示「你即自殺而死，我也要把你的一副殘骨送往張家祖塋埋葬」。至於陳衡哲，縱然拒絕指婚和自我堅持成爲她日後留學的轉捩點，她卻曾説：「我因爲違反了父親給我定婚的命令，陷入了一個很黑暗的境地。」謝冰瑩決定去從軍，蘇雪林選擇宗教，同樣説明女性的痛苦與掙扎。李曉蓉：〈五四前後女性知識分子婚戀的獨立自主〉，《人文與社會研究學報》2014 年，第 52 頁。

〔註124〕鄧穎超曾敍述其同學張嗣婧，雖然亦是受過西式教育的知識女性，但因自幼家中訂下婚約，即使受過西方文化的啓蒙，她仍無法擺脫傳統包辦婚姻的宿命，結果爲了孝道，張嗣婧「消滅了伊的個性，失掉了反抗的能力」，終究使得她自己陷入「精神萎靡，萬分悲痛，幾欲自殺，一方又不敢起而反抗，總怕提出退婚時，伊家受鄉人的譏評，又恐伊母傷心爲難，有違『孝道』。於是送終屈服於『父母之命』，爲舊禮教所束縛，竟飲恨而嫁，而陷入黑暗的家庭。」鄧穎超：《張嗣婧傳》，中共天津市委黨史資料徵集委員會、天津市婦女聯合會編：《鄧穎超與天津早期婦女運動》，北京：中國婦女出版社，1987，第 269～270 頁。

才是自己的人。」〔註125〕反映知識女性在戀愛婚姻上重奪自主權，因而得以建立個人自信及獨立人格。除抗拒指婚之外，五四時期更有部分知識女性能選擇自己的婚姻伴侶，展現婚戀自主對女性不只是理想或口號，更是現實的行動，如楊步偉在北京辦醫院時，與趙元任相戀成婚；陳衡哲與任鴻雋訂婚，翌年結爲夫妻；張若名在法國完成博士學位後，與民族學學者楊坤結婚；鄧穎超和周恩來在廣州結婚，向警予則在法期間與蔡和森相戀結婚等。從以上可見，五四時期知識女性的婚戀觀，不論在理論層面，還是在現實層面，均開始逐步邁向戀愛自由、婚姻自主的理想。1927 年潘光旦透過《時事新報》副刊《學燈》，曾三次向讀者作問卷調查，當中「本人作主，但須徵求父母同意」的婚姻，爲當時大部分讀者所認同（80.6%），而贊成「父母作主，但須徵求本人同意」的則只佔41.8%〔註126〕，反映婚姻自主的概念已開始在社會普及。

婚戀自由的前提爲男女社交自由，五四時期的知識分子的態度亦比清季知識女性開放得多。他們要求大學開放女禁，男女亦可公開社交。陳獨秀認爲「今日文明社會，男女交際，率以爲常。」〔註127〕楊潮聲亦發表《男女社交公開》一文，提出「破除男女界限，增進男女人格」的主張，表示「禮防是人爲的」，「是要限制男女的自由，其結果反而養成男女不規則的自由，而比較的高尙人格的自由幸福，被他摧殘盡了！」〔註128〕此外，報刊上亦時見男女社交公開的呼籲：「欲婚姻自由，非有男女公開交際不可，而男女交際以男女同校爲最好入手辦法。」〔註129〕對於男女社交，五四時期的知識分子並非只從個人自由、交際自由的層面立論，他們更認爲此實肯定女性作爲「人」的基本權利問題，當中強調的是女性的獨立人格與價值。正如沈雁冰所說：「男女既然同是人，便該同做人類的事，男人可到的地方，女人當然也可以到。」〔註130〕正如陳東原所言，在五四時期，男女社交自由、自由戀愛、婚姻自主等理念，已逐漸成爲開放知識分子思想的主流，他們大多強調婚姻必須以愛情爲基礎，傳統的父母主婚已不再是理想的婚姻模式。〔註131〕

〔註125〕楊步偉：《一個女人的自傳》。臺北：傳記文學，1983 年，第 74 頁。

〔註126〕潘光旦：《中國之家庭問》，上海：上海新月書店，1929 年，第 73～76 頁。

〔註127〕陳獨秀：〈孔子之道與現代生活〉，《新青年》，第二卷第四號（1916 年）。

〔註128〕楊潮聲：〈男女社交公開〉，《新青年》第六卷第四號（1919 年）。

〔註129〕〈男女交際問題雜感〉，《晨報》，1919 年 5 月 4 日。

〔註130〕雁冰：〈男女社交公開問題管見〉，《婦女雜誌》第六卷第二期（1920 年）。

〔註131〕陳東原：《中國婦女生活史》，第 400 頁。

　　清季知識女性對父母主婚、婚姻自主、戀愛自由的質疑與保留，一方面反映傳統父權思想的遺留，對反抗父母之命的無力，如本書第二章第四節中陳擷芬之案例；另一方面亦反映她們對女性脫離父母指婚後，對自主婚配、選擇伴侶的猶豫與疑慮，此實與當時女性的經濟能力不足，以及女性學識見解有限，令女性生活欠缺保障等密切相關，從前節所引呂碧城及何震等的憂慮可知。反之，五四一代則從女性獨立人格的角度，力倡婚姻自主，推翻父權對女性婚姻的操控；不少知識女性更以自己的生命實踐，在現實中掙脫父權的控制，以退婚、逃婚等形式，實踐婚姻自由，做自己人生的主人。不過，清季知識女性身處的時代，畢竟只屬知識分子剛開始質疑儒家文化之時，由於時代思想的限制，她們對於男女社交、禮教大防等看法較為保守，擔心會因此令女性名聲受損，不利其他層面的解放事業（如女教、女子就業等），其想法是可以理解的。至於面對父母主婚、父權體制的操控，她們的無力反抗，亦是情有可原的。清季知識女性一直批判的父權體制，多指向儒家文化歷史及傳統的性別觀（這些皆在討論國民責任、女子教育等得到充分反映），這些思想觀念雖然根深蒂固，但她們心目中的這個「父權」，畢竟只是文化體制上遠距離的抽象想像，而非現實中切身可見的「父親」。當面對現實中的「父母主婚」時，知識女性要挑戰的便是自己「真實」的父親，她們的無奈屈從與迴避猶豫，自可想見，陳擷芬的個案即為顯例。總括來說，清季知識女性對婚姻的議題，只能著眼於婚俗等表面現象的批判，而非如五四一代般從制度根本上顛覆父權體制，爭取女性作為「人」的獨立自主權，其對戀愛婚姻的保守主張，結合其時代背景與思想限制來看，亦是可以理解的。

（二）對傳統女德與貞節觀的裹足不前

　　清季知識女性雖一再批評傳統重視貞節、柔順的女德規範，但對於掙脫傳統道德規範，重視愛情本質，追求絕對的戀愛自由，而不再講求從一而終、專一忠貞的戀愛關係，她們卻一再反對，甚或表示鄙夷。承如前文所述，燕斌、呂碧城、何震等對於「數載之間，離合之事，已遭再三」（何震語）的男女關係，均表示憂慮及否定，可見傳統重視忠貞、從一而終的男女關係，始終是她們揮之不去的道德陰影與枷鎖，甚而何震更進一步主張再婚之男只可娶再婚之女：「如有以未昏之女嫁再昏之男者，女界共起而誅之。」〔註 132〕

〔註 132〕震述：〈女子宣佈書〉，《天義》，1907 年 6 月 10 日。

文中所指的再婚男女，並非同時出現的兩段關係，故此並不牽涉愛情的「忠誠」問題，只涉及「從一而終」的問題，然而，何震卻以婚配對象的規限「懲罰」未能從一而終的一方，可見她對婚戀關係「從一而終」的堅持。雖然，何震曾表示此主張「在實行人類完全之平等」〔註133〕，而此規限又不只限於女性，而是擴及男女兩性。不過，誠如上一章第六節所論，相比其時的無政府主義者，何震對戀愛自由的看法更為保守，而幸德秋水亦曾明確指出其思想不脫傳統貞節女德的規範。〔註134〕這種對婚戀關係從一而終的強調，時見於清季知識女性的筆下，反映她們對傳統貞節道德觀的堅持（雖然不只限於約束女性），實高於對個性自主、自由解放的重視。這些看法，既未有正視女性情感與欲望的需要，亦忽略對個人自由的追求。

相比之下，五四一代重新審視傳統的貞節觀，並從個體解放的角度，批判貞節觀念對個性、自由的壓抑，全盤否定儒家「忠貞」的道德規範。周作人在1918年發表譯作〈貞操論〉〔註135〕，探討女性的靈肉關係，引起文化界極大的迴響。〔註136〕在此以前，清季知識女性所有發表於《女學報》、《中國女報》、《神州女報》或《中國新女界雜誌》，翻譯關於女子問題的文章，多集中討論男女平權、女子教育等問題，又或是介紹革命女英雄的文章，卻從未有從女性主義角度，探討女性身體情慾與道德關係的文章。周作人在〈貞操論〉中引申謝野晶子的觀點謂：「『貞操』沒有『強迫他人的性質』，而是一種自發的修養，也是一種趣味、信仰和潔癖」〔註137〕，其後周作人又在另一篇文章指出，「維持風教」實際上是強迫人自殺，是一種「非人的」、「畸形的貞順之德」，扼殺女性的「自由意志」。〔註138〕自周作人發表〈貞操論〉後，其他論者對中國新性道德問題開始作出關注和討論，〔註139〕對傳統父權體制對

〔註133〕〈幸德秋水來函〉，《天義》，1907年6月10日。
〔註134〕〈幸德秋水來函〉，《天義》，1907年6月10日。
〔註135〕周作人譯：〈貞操論〉，《新青年》第四卷第五號（1915年11月）。
〔註136〕清末自康有為以來，不少人從「男女平等」的角度，批評傳統節烈觀對女性的精神壓迫，但卻未有進一步站在女性的立場，剖析貞操節烈觀對女性主體精神和情慾的抑壓。凌子威：《「國族」統攝「性別」？——近代中國知識分子的性別與國族論述》，香港中文大學2012年博士論文，第97頁。
〔註137〕周作人譯：〈貞操論〉，《新青年》第四卷第五號（1915年11月）。
〔註138〕周作人：〈人的文學〉，《新青年》第五卷第六號（1918年12月）。
〔註139〕如胡適的〈貞操問題〉（1918年），針對「寡婦再嫁」、「烈婦殉夫」、「貞女烈女」等傳統道德問題，批評北洋政府褒揚貞操的法律條例。魯迅也發表了〈我之節烈觀〉，對儒家傳統要求妻子為去世丈夫守貞的節烈觀作出批評。胡適：

女性的專制道德和行為規範，作出尖銳的批評，更開始關注到女性如何破除規範情慾的傳統禮教，以及實現女性主體自覺等問題。可以說，他們對貞節觀的質疑，以及主張女性解放情慾的主張，比清季知識女性更為進取，亦更能正視女性的處境及情感需要。

　　對於女性婚戀應否堅持從一而終的問題，從五四一代對離婚議題的看法可反映一二。五四時期對於離婚問題，有支持亦有反對的意見。〔註 140〕然而，五四的知識女性面對欠缺愛情的不諧婚姻，以及其對離婚的抉擇及思考，反映她們已逐步擺脫女性必須從一而終的貞節觀。知識女性張幼儀與徐志摩於1922 年離異，面對徐志摩要求離婚時，張幼儀也曾因舊道德的包袱而憂慮：「我覺得如果我離婚的話，大部分的人都會怪罪於我，他們會以為是我犯了錯」〔註141〕，因此她認為「女人離婚是件不名譽的事」，而且「娘家會不讓她回去，所以她只有三個選擇：賣娼、出家和自盡」〔註 142〕。然而，張幼儀最終同意離婚，表示自己「不再只憑過去的價值行事」〔註 143〕，可見她最後拋棄了封建禮教對女性的無理約束，從婚戀現實中思考個人的處境，作出自主的選擇。離婚後她思想上有重大轉變，反映她走出傳統婚姻的樊籬，由從不懷疑習俗和傳統，不敢辜負公婆期望，變成「比過去堅強很多、天不怕地不怕的人」〔註144〕。反思自身後，她更表示：「如果不是因為我在德國變成一個獨立自主的

　　　　〈貞操問題〉，《新青年》第五卷第一號（1918 年 7 月）。

〔註 140〕贊同離婚者如李宗武表示此為自由者的疾呼，離婚可以免掉「假面具的一夫一妻制，私通納妾的惡行為」，李宗武：〈結婚革命之提案〉，《婦女雜誌》第七卷第二期（1921 年）；易家鉞亦指自由離婚是女子解放的決鬥，易家鉞：〈中國的離婚問題〉，《中國婦女問題討論集》第五冊，新文化書社 1929 年版，第25 頁。至於反對離婚者，如瑟盧支持福斯德「舊道德」的論點，指出為求終生相守，婚姻要有形式與誓約的約束，以排除婚姻以外的性關係。瑟盧：〈福斯德博士的離婚反對論〉，《婦女雜誌》第八卷第四期（1922 年）；沈雁冰亦指出離婚是歐化的青年從西方引進國內，但並不符合國情。婚姻不能自由解除，否則將使道德墮落、風化敗壞、男女關係混亂。沈雁冰：〈離婚與道德問題〉，《婦女雜誌》第八卷第四期（1922 年）。

〔註 141〕張邦梅：《小腳與西服：張幼儀與徐志摩的家變》，臺北：智庫文化，1996 年，第 148 頁。

〔註 142〕張邦梅：《小腳與西服：張幼儀與徐志摩的家變》，臺北：智庫文化，1996 年，第 105 頁。

〔註 143〕張邦梅：《小腳與西服：張幼儀與徐志摩的家變》，臺北：智庫文化，1996 年，第 161 頁。

〔註 144〕張邦梅：《小腳與西服：張幼儀與徐志摩的家變》，臺北：智庫文化，1996 年，第 168 頁。

人，我恐怕沒有法子忍受大家對我的注意，我會覺得自己好像是離婚的罪魁禍首，抬不起頭來，而不會爲自己熬了過來覺得自豪；更會爲了別人對我議論紛紛而懊惱，而沒有辦法不把他們說的話當一回事。」〔註145〕由以上可見，張幼儀已掙脫「從一而終」的傳統枷鎖，尋回自主的人生道路。張幼儀面對離婚時畢竟只是被動的一方，另一位女性董竹君則主動提出離婚，其意義實在更大。1914 年董竹君與丈夫舉行新式婚禮，婚後卻無法改變丈夫男尊女卑的思想和奢靡習性，感情日漸疏遠。1929 年董竹君主動提出離婚要求，分居五年後正式離婚。董竹君離婚後沒有贍養費，帶著女兒，奉養父母，更曾數度生計斷絕，因飽受打擊而生輕生的念頭。然而，對於離開夫家而面對窮困的生活，董竹君卻表示自己從未後悔離婚的決定。雖然離婚的女性要和社會道德、經濟生活抗爭，但更重要的是，女性找到自我與獨立自主的價值。〔註146〕據 1927 年《學燈》編輯部的調查，大部分讀者均反對「婚姻一經成約，即不宜解散」(83.6%)；反對「婚姻一經成禮，即不宜解散」者亦佔大多數(71.5%)；而贊成「雙方同意，即可解除婚約」者更多達 94%，〔註147〕正反映五四時期面對離婚問題時，年青知識分子的開放態度。

結合前文所述五四知識女性的想法及她們的現實實踐，可見她們比清季知識女性走前一大步，已逐步掙脫「從一而終」的貞節觀。清季知識女性對「從一而終」的堅持，固然緣於她們沉重的傳統文化及禮教包袱，另一方面亦是基於對現實中男性三妻四妾，未能從一而終的反感，以及對女性經濟狀況、能否自立生活等的憂慮。不過，從她們對女性「聲名」的看重，可以看到「從一而終」論的背後，最爲重要的始終是傳統貞節女德的殘留，與五四時期的自由解放論相比，她們的婚姻戀愛觀念未免流於保守。

（三）賢妻良母的桎梏：未能成爲走出家庭的「娜拉」

在相對保守的婚姻觀念下，清季知識女性對於女性的家庭角色，仍是傾向以傳統的「賢妻良母」爲重要依歸。縱然她們並非如戊戌賢媛般以「賢妻良母」爲人生的唯一歸宿，已經嘗試走出家庭，賦予女性國民的身份，但是

〔註145〕張邦梅：《小腳與西服：張幼儀與徐志摩的家變》，臺北：智庫文化，1996 年，第 169 頁。
〔註146〕李曉蓉：〈五四前後女性知識分子婚戀的獨立自主〉，《人文與社會研究學報》，2014 年，第 13 頁。
〔註147〕潘光旦：《中國之家庭問題》，上海：新月書店，1928 年，第 82～85 頁。

不少清季知識女性始終以妻母角色為女性的重要責任與歸屬，如單士釐、陳擷芬、徐自華等。徐自華自覺奉行「在閨為淑女，出閣為順婦，為令妻，他日則為賢母」〔註148〕的傳統教條，以相夫教子為人生事業；陳擷芬雖在言論上強調「所謂獨立者，脫壓力、抗阻撓猶淺也，其要在不受男子之維持與干預。」（〈獨立篇〉）然而，在現實人生的實踐上，她卻終歸以丈夫為中心，放棄個人的女權事業，以輔助丈夫事業為最後歸宿。即使如終身不嫁的呂碧城及張竹君，亦表示「女子者，國民之母也，安敢辭教子之責任？」〔註149〕「女子為人群之母，母教之不講，民品所由敗也。」〔註150〕「此時為病女，將來即為病婦；病體之遺傳，勢必更生病子孫。」〔註151〕呂張二人雖然曾一再強調女性在妻母以外，亦當具有獨立的人格與發展，但她們仍是非常重視女性作為妻子、母親的角色與責任；林宗素也曾指出：「女子者，誕育國民之母。……故今亡國不必怨異種，而惟責我四萬萬黃帝之子孫。黃帝之子孫不足恃，吾責夫不能誕育國民之女子。」〔註152〕可見她亦以母親身份作為女性重要的身份與責任。在一眾知識女性中，情況較特別的是秋瑾。秋瑾毅然與丈夫決裂，從夫家出走，拒絕被傳統的家庭責任束縛，以個人身份投身革命事業，體現「女國民」的獨立人格，可說是掙脫「賢妻良母」身份的先行者。正如她對女性家庭角色的批判：「總是男子佔了主人的地位，女子處了奴隸的地位，為著要倚靠別人，自己沒有一毫獨立的性質，這個幽禁閨中的囚犯，也就自己都不覺得苦了。」〔註153〕對於傳統家庭囚禁女性，限制女性的發展，秋瑾一再加以批判。然而，在言論上，她雖然要求女性承擔國家責任，而且更身體力行地擺脫「家中婦」的身份，但卻始終未有具體論述，鼓吹女性掙脫妻母的角色。總括來說，清季知識女性在提出「女國民論」的同時，卻也一再強調女性「賢妻良母」的天職，可以說，在她們心目中，家庭中的妻子、母親仍是女性的天職與重要身份。

對於「賢妻良母」論，五四一代的思考與批判則比清季知識女性更進一

〔註148〕徐自華：〈聽竹樓詩稿自序〉，郭延禮注：《徐自華詩文集》，北京：中華書局，1990年，第1頁。

〔註149〕呂碧城：〈論基督劏幼稚園公文〉，《女子世界》第9期（1904年9月10日）。

〔註150〕張竹君：〈女子興學保險會序〉，《中國新女界雜誌》，第4期（1907年）。

〔註151〕煉石：〈女界與國家之關係〉，《中國新女界雜誌》，第2期（1907年）。

〔註152〕林宗素：〈侯官林女士序〉，《女界鐘》，第2頁。

〔註153〕秋瑾：〈敬告姊妹們〉，《秋瑾集》，第15頁。

步，他們重新審視傳統女性的家庭崗位及責任，指出女性毋需以妻母爲天職及人生的歸屬。1918 年，胡適以美國女性韋蓮司爲典範，寫成〈美國的婦人〉一文，在北京女子師範學堂演講，倡導「超於良妻賢母的人生觀」：「做一個賢妻良母，何嘗不好？但我是堂堂地一個人，有許多該盡的責任，有許多可做的事業。何必定須做人家的良妻賢母，纔算盡我的天職，纔算做我的事業呢？」〔註 154〕他呼籲中國女性以美國女性的「自立」爲榜樣，貢獻社會。所謂「自立」，即是女性能夠發展個人的才性，不依賴別人，自己獨立生活，能替社會作事等。胡適更主張獨身不婚的女性不必受限於妻母的工作，選定了某項「終身事業」，貢獻心力，同樣也是自立與超於賢妻良母的展現。胡適的「超於賢妻良母」論，徹底否定數千年來女性必須立足家庭，以相夫教子爲事業的傳統規範，使女性得以以獨立的個人身份，自由開展其人生道路。其後不少論者均鼓勵女性掙脫妻母的身份束縛，如男性一樣做獨立的「人」，如四珍（沈雁冰）謂：「各種道德凡是和婦女相關的，大都是和婚姻有些關係的。從前詩文中講到女子，便是『妻與母』罷了，再沒有想到女人尚可以做別的『人』。」〔註 155〕靜觀亦在〈婦女的思想革命〉中，提出女性的思想應該「廢棄從前一切腐敗的道德，尊重自己的人格，發展個人的個性，獨立自主，以適應人生生活。」〔註 156〕可見他們均強調女性在妻母角色以外的獨立人格。

　　五四一代對女性走出家庭、掙脫妻母角色的期盼，更見於他們對《娜拉》一劇的看法。娜拉（Nora）是挪威劇作家易卜生（Henrik Ibsen，1828～1906）作品《娜拉》（Et Dukkehjem，A Doll's House）中的女主角，〔註 157〕她是一位中產階級的家庭主婦，曾爲拯救丈夫而僞造文書，然而數年後被揭發後，其夫卻只顧自身名譽，更痛罵她不足爲人妻母。此時她領悟到八年的婚姻不過是場兒戲，自己只是丈夫的玩偶，沒有獨立的意志與自主權，因而向其夫宣稱要「做一個人」，尋回眞正的自己，最後更捨棄孩子與丈夫，離家出走。此

〔註 154〕　胡適：〈美國的婦女：在北京女子師範學校講演〉，《胡適文存》第一集，臺北：遠東圖書公司，1979 年，第 29～45 頁。

〔註 155〕　四珍：〈愛情與結婚〉，《婦女雜誌》第六卷第三期（1920 年 3 月）。

〔註 156〕　靜觀：〈婦女的思想革命〉，《新婦女》第一卷第一號（1920 年 1 月 1 日）。

〔註 157〕　此劇原名爲 Et Dukkehjem，譯爲英文後，多以 A Doll's House 或 Nora 爲劇名，而傳入中國後，其中文譯名眾多，包括《玩物之家》、《傀儡家庭》與《娜拉》等。本書參考胡適在《易卜生主義》中的稱呼，故將此劇統稱爲《娜拉》。1918 年，《新青年》首次出版專刊「易卜生號」，將娜拉介紹給國人。

劇引入中國後，引起極大迴響，五四期間更到處均上演《娜拉》，〔註158〕甚而有人在現實中效法「娜拉」，毅然掙脫妻母角色，離家出走。〔註159〕

娜拉有關「做人」的呼喚，正與五四一代鼓吹女性擁有獨立人格的思想相爲表裏，如：「女子知道自己是『人』，纔能自己去解放」〔註160〕；「人格完全的人，他總不把『做某人的某人』爲究竟，他總要做社會上一個獨立健全的分子。女子被人把『母』、『妻』兩字籠罩住，就輕輕地把人格取消了。」〔註161〕這些女性要「做人」，不當某人妻子、某人母親的呼聲，動搖了中國數千年以來的父權家庭體制，可說是女性解放的重要里程碑。誠如李大釗所言：「社會上種種解放的運動是打破大家族制度的運動，是打破父權（家長）專制的運動，是打破夫權（家長）專制的運動，是打破男子專制社會的運動。」〔註162〕因此，相對五四一代對父權體制的徹底顛覆，清季知識女性的「女性觀」，仍是以家庭爲本位的，她們對於傳統妻母角色的反抗，仍是較初步、較表層的。她們只是要求女性可在妻母角色以外，成爲與男性一樣的「國民」，承擔國家義務，並發展個人才性。但對於徹底走出父權家族體制，拒絕充當家庭中的賢妻良母，只是以個人獨立的身份遊走於社會，不從屬於父權家庭的顛覆性主張，對清季知識女性來說卻是難以想像的。儘管作爲女性解放的先行者，秋瑾的離家出走，以及張竹君及呂碧城以自身的獨身選擇，已初步實踐了走出父權及夫權家庭的理想，然而，從她們的言論思想所見，她們仍是以妻母角色爲一般女性的天職及人生的歸宿。

清季知識女性對女性脫離家庭妻母角色的猶豫，固然是受到傳統父權體制的影響，另一方面亦與當時的社會經濟及女性就業情況相關。誠如五四論者對婚姻自由、女性走出家庭的看法：「女子若有了獨立性的職業，便有了獨立的經濟。經濟既能獨立，雖不說社交公開，自然會社交公開。雖不說婚姻自由，自然會婚姻自由。」〔註163〕女性要擺脫父權及夫權的操控，首要條件

〔註158〕陳素：〈五四與婦女解放運動〉，中國社會科學院近代史研究所編：《五四運動回憶錄（下）》，湖南：中國社會科學出版社，1979年，第1020頁。

〔註159〕碧遙：〈廿四年來中國婦女運動走過的路程〉，《婦女生活》第1卷第4期（1935年10月1日）。

〔註160〕羅家倫：〈婦女解放〉，《新潮》第1卷第1號（1919年10月）。

〔註161〕葉紹鈞：〈女子人格問題〉，《新潮》第一卷第2號（1919年2月）。

〔註162〕李大釗：〈由經濟上解釋中國近代思想變動的原因〉，《新青年》第7卷第2號（1920年1月1日）。

〔註163〕陳問濤：〈提倡獨立性的女子職業〉，《婦女雜誌》1921年第7期。

便是要經濟獨立,而在清季社會狀況看來,除少數的知識女性精英以外,大部分的女性仍須依賴丈夫及家庭過活。而至五四時期,由於女子教育已累積一定的成果,女性教育水平的提高,使社會上出現了一批經濟獨立的職業女性,為她們脫離家庭提供了有利條件。她們從事的職業有教師、圖書管理員、醫生、護士、編輯、翻譯、會計師、律師、黨政機關辦事員、商界打字員、速記員、管理員、電話員、電報員、郵務員等,比清季的女性就業人口更為豐富,種類也更廣泛,如 1929 年廣州市的在職婦女人數便高達八萬多人,〔註164〕二十年代初,在廣東省的各級教員中,「婦女約佔半數,職員則幾全以婦女充任」〔註165〕。除女教師外,女工也成為重要的職業女性群體,如 1920 年全國女工的人數便多達十六萬七千多人,占全國工人總數的四成。〔註166〕1920 年以後,為爭取女性的經濟獨立,不少女性團體更紛紛成立,以爭取男女就業機會均等和待遇平等,如 1920 年的廣東女界聯合會、〔註167〕1921 年的上海中華女界聯合會〔註168〕等。就職女性的湧現與部分女性開始經濟獨立,為女性出走家庭創造了可行的條件,並掃除了清季知識女性對脫離妻母角色的疑慮。

二、滲雜國族論述的女性解放:只重義務、少談權利

　　誠如前一章所言,清季知識女性致力打破「男外女內」的傳統界限,努力宣揚「女國民」的新理念。儘管她們亦會從天道、天理、男女平等的角度出發,帶出男女兩性皆為國家一份子的看法,但是她們的「女國民」論,卻是多談女性的國民義務,而忽略女性的政治權利。雖然,與其他男性論者相比,她們的筆下亦偶見對女性自由及權益的討論,但她們提倡的「女國民」論(除無政府主義者何震以外),只一再強調女性要為國家貢獻及付出,卻未有論及女性在國家社會中享有的權利。而五四一代則能著眼於女性的政治參與及各種平等的權利,將女性視為具有獨立人格、天賦權利的「人」,他們對女性身份權利,以至女性解放意義的思考,無疑是較深入豐富的。

　　清季知識女性的「女國民論」,多集中於義務層面的論述,而少有論及女性的權利,此實由時代環境使然。晚清士子在面對西方帝國主義的壓力下,

---

〔註164〕 郭箴一:《中國婦女問題》,上海:商務印書館,1937 年,第 90 頁。
〔註165〕 中濟:〈廣東婦女在政治教育及專門藝術方面的職業〉,《生活週刊》第 42 期。
〔註166〕 王清彬等:《第一次中國勞動年鑒》,北平:北平社會調查部,1928 年。
〔註167〕 談社英:《中國婦女運動通史》,上海:婦女共鳴社,1936 年,第 91 頁。
〔註168〕 〈上海中華女界聯合會改造宣言及章程〉,《新青年》第 9 卷第 5 號(1921 年)。

產生了「亡國滅種」的危機意識，因此，清季彌漫著「國家興亡、匹夫（婦）有責」的思想。知識女性受此影響，其「女國民」論亦滲雜著與救亡圖強相關的國族論述，而未能將焦點放在爭取女性的天賦權利之上。她們以解決女性問題為愛國運動、國家改革的一部分，卻非如西方的女權運動及五四一代般，在爭取女權的背後，只單純的基於天賦男女平權的理念。此外，清季論者相信國家的富強建基於國民體質的強弱，女性因具有生育及養育後代的能力，因而被時人賦予「救國強種」的重要職責，如清季「女學」即以培養「母性」，以達致「強種」為目標。受此思想氛圍的影響下，知識女性在討論女性的國民責任時，亦多強調女性對於培養國民後代的國家責任，此使她們的女性論述，未能完全撤除家庭中的妻母角色，承如前節所言，她們仍未能完全掙脫女性「賢妻良母」的既定角色。

至於五四一代，他們開始以「做一個人」去尋找女性個人的價值，這種價值可以是超越國家責任，單純的以體現獨立人格、實踐個人理想的人生價值。五四一代一再強調女性要建立獨立人格，爭取其天賦的各項權利，當中包括「如智性的涵養，女子教育的普及，經濟的獨立，選舉權的獲得」〔註 169〕。值得注意的是，五四一代在談及女性與國家的關係時，並非停留在清季知識女性「盡與男子一樣的義務」的責任論上，而是指出女性在政治參與上的權利，以「實現對等的人格」〔註 170〕。1921 年湖南的女界聯合會鼓吹在制定省憲法時，應加入六項女性選舉權及被選舉權的要求，可見五四一代對女性參政權、議政權的提倡。1922 年 7 月，北京數所高等院校的學生，組成女子參政協進會，其宗旨為：「推翻專為男子而設的憲法，以求女權的保障；打破專以男嗣為限的襲產權，以求經濟的獨立；打破專治家政的教育制度，以求智識的平等。」〔註 171〕當中正是強調女性在憲法及各種制度中的權利。五四一代所鼓吹的女性解放，乃以建立女性獨立人格為本，強調女性問題在各個社會層面的改革，因此她們致力爭取女性在社會與政治方面，作為一個與男性對等的「人」的各項權利。可以說，五四時期的女權運動，已逐漸脫離救亡圖強、國族話語的依附地位，其最終目的，已由「強國保種」轉而為純粹的爭取天賦的女權，以體現「人的解放」此一五四的中心論述。相比之下，清

〔註 169〕紹先：〈人格上男女平等的我見〉，《婦女雜誌》第七卷第十一號（1921 年 11 月）。
〔註 170〕紹先：〈人格上男女平等的我見〉，《婦女雜誌》第七卷第十一號（1921 年 11 月）。
〔註 171〕楊袁昌英：〈中國婦女參政運動之前途〉，《婦女雜誌》第九卷第一號（1923 年 1 月）。

季知識女性的「女性觀」及女性解放主張，由於滲雜著國族主義、國家義務的論述，其爭取女性權利的主張，仍是較表面及欠全面的。

清季知識女性的「女國民」論，只談義務而少論權利，除了受到時代思想氛圍的影響外，更重要的是其思想中的傳統閨秀文化的淵源。承如前一章所述，清季知識女性的「女國民」論，實肇始於清代閨秀「女子報國」的期許。這些期望突破「男外女內」性別分工的傳統閨秀，雖然透過書寫傳統女英雄的事蹟，肯定女性的能力及理想，然而，她們始終並非從天賦權利的角度著眼，指出女性在國家政治上應有的參與之權，致使其筆下的女性與國家的關係，只是偏重女性不輸男性的能力、衛國殺敵的豪情壯志，以及對國家責任的承擔，而非女性在國家體制中的政治地位，以及如何享有社會的權利。清季知識女性限於時代背景及思想淵源的限制，其「女性觀」未有觸及女性的政治權利，亦是可以理解的。至於清季知識女性思想上的另一重要影響，即西方的男女平權思想，一則其時對平權思想的輸入始終有限，二則其在翻譯到中國的過程中，往往被解讀成提升國力、救亡圖強的工具，而非純然的女權讀物，如馬君武所譯的斯賓塞《女權篇》，其翻譯文字的重點正在於透過提升女權，以改良國家、改變國運，〔註172〕致使書中對於女性各種權利的討論，受到一定程度的忽略。反之，五四的知識分子則不斷翻譯外國女權思想，並於報章雜誌上刊載各種討論女權的文章，因而對女權有較廣泛深入的討論。例如《婦女雜誌》時見翻譯自 Ellen Key 與謝野晶子的女權論述，而 1917 年俄國大革命後，社會主義女權思想也被引介到中國，形成女權思想不同流派爭鳴的局面。〔註173〕這些西方女權思想的

〔註172〕劉人鵬曾仔細對照斯賓塞的女權說與馬君武的譯本，發現馬君武的譯文，多以有助「富國強兵」為考慮角度，將斯賓塞的原文作出或多或少的調節，可見其受國族論述的影響。劉人鵬：〈「中國的」女權、翻譯的欲望與馬君武女權說譯介〉，《近代中國婦女史研究》第 7 期，1999 年 8 月。

〔註173〕五四時期的女權翻譯，尚有陳獨秀翻譯 Max Orell 的《Thoughts on Women》，孟明翻譯日本醫學士小酒井光次的《女性與科學》，震瀛翻譯美國女權主義者高曼的《結婚與戀愛》，哲父轉譯英國 Edward Capenter 的《自由社會的男女關係》等。在當時東方雜誌社編纂的《婦女運動》一書中，收錄的十篇論文幾乎全是介紹西方女性主義的，有羅羅翻譯英國愛理斯的〈婦女地位之將來〉，君實譯述〈一九一八年與世界之婦女〉，陳霆銳譯述〈世界女子參政之動機〉，佩韋著〈世界兩大系的婦人運動和中國的婦人運動〉，心暝著〈一九一九年婦女運動之進步〉，以及健孟著〈女權運動的根本要素〉等。通過這些宣傳和介紹，令中國女性主義者更瞭解西方各種流派的女性主義。尹旦萍：〈西方思想的傳入與中國女性主義的興起〉，《武漢大學學報》2004 年第 4 期。

衝擊及理論的傳播，實為清季知識女性所欠缺的。

　　清季知識女性與五四一代對理想女性模範的建構，正反映兩者在女性權利與義務方面各有不同的側重。清季知識女性的女性模範，包括中西女英雄，如木蘭、羅蘭夫人等，皆以為國效力、犧牲自我、堅強勇敢的形象示人，當中強調的是女性對國家的義務。而五四一代的女性典範娜拉，則非國族的英雄，而是在父權家庭中覺醒的出走女性，她追求自主獨立的人格，毅然擺脫「賢妻良母」的傳統牢籠，找尋自我的價值，當中強調的是女性作為「人」的權利與自由。影響所及，「娜拉」成為五四時期獨立自主「新女性」的代名詞。娜拉的勇敢堅強，並不在於為國家盡義務，而在於勇於打破傳統，爭取女性應有的權利，可見五四一代對女性權利的重視，以及建立女性獨立人格的期望。

　　清季知識女性由於重義務而輕權利，以致對女性的政治參與及各種社會權利的討論不足。辛亥革命成功後，知識女性曾竭力爭取女性的參政權，卻以失敗告終，歸根究底，正由於她們思想理論有所偏蔽，忽略女性權益所致。民國成立後，南京臨時參議院立法時未有理會女性代表的意見，抹去了男女平權的條約，1912 年 3 月 11 日正式公佈的〈中華民國臨時約法〉只規定：「中華民國人民一律平等，無種族、宗教、階級之區別。」此外，議院更未有片言隻字提到女性參政權的問題，因而引起知識女性的不滿，林宗素、唐群英等更大鬧參議院，使參議院無法正常運作。〔註174〕最後在孫中山的斡旋下，參議院只是通過了女性可到參議院旁聽的決議，至 1912 年 4 月，南京臨時政府公佈〈參議院法〉，其中只是表示：「中華民國之男子，年齡滿二十五歲以上者，得為參議員。」可見女性始終未能得到參政的權利，民國元年的女子參政運動最終只以失敗收場。回顧陳擷芬曾在〈女界之可危〉（1904 年）表示，女性要向男性爭取平權，因此「須先爭盡我輩之義務，則權利自平矣！」〔註175〕諷刺的是，「權利自平」始終只屬知識女性的一廂情願，只重國家義務的女權論述，實無助女性爭取政治權利，以致這些「女國民」徒有國民之名，卻無法如男國民一樣，得享國民之實（權利）。

〔註174〕唐群英等六十餘名女性，於 1912 年 3 月 21 日帶備武器意圖闖進參議院，為其時的守衛軍所拒，唐群英等在盛怒之下，打碎議院的玻璃窗，踢倒警衛人員，造成轟動一時的大鬧參議院事件。劉巨才：《中國近代婦女運動史》，北京：中國婦女出版社，1989 年，第 362 頁。
〔註175〕陳擷芬：〈女界之可危〉，《中國日報》，1904 年 3 月 11 及 12 日。

三、性別與階級：局限於知識階層的女性關懷

　　清季知識女性由於出身於士紳家庭，其關注的女性處境及問題，亦以中上層女性的視角爲主，對於下層女性的生活問題，自然涉足不多。她們甚而會在討論下層女性的無知時，往往不經意地將矛頭指向下層女性，將這些女性愚昧無能的問題，視爲下層女性自身所造成，以爲她們是咎由自取的，卻無視父權建制對女性教育、女性個人發展的壓迫與剝削。她們未能從本質上批判父權制度對所有女性階層的剝削，以致清季知識女性的女性關懷與女性團體意識，只局限於知識階層而未能廣泛指向下層的女性。對於下層女性因教育水平低下，未受啓蒙而自甘成爲男性的奴隸，不少知識女性皆曾批評其不思進取，甚而認爲男尊女卑的不公平正由女性自招。她們未能從男權建構的不平等社會體制的根本作思考，未有將低下層女性視爲受害者、被剝削者，反之更將責任歸咎於女性身上。如張竹君強調下層女性所遭受的困苦：「半由於男子之壓制，半由於女子之放棄」〔註176〕；秋瑾亦謂：「總是我們女子自己放棄責任，樣樣事體一見男子做了，自己就樂得偷懶，圖安樂……既做了他的奴隸，怎麼不受壓制呢？自作自受，又怎麼怨得人呢？」〔註177〕可見知識女性對於未受女權啓蒙，對男權體制逆來順受的女性，甚爲不滿。對於低下層女性的愚昧無知，知識女性的態度甚爲複雜，她們一方面指責低下層女性的不思進取，自甘人下，另一方面卻也嘗試從教育著手，努力啓蒙這些女性同胞，提升其個人能力與教育水平，務使其能獨立自主。如張竹君曾任教於女子手工傳習所，向女學員傳授編織、初級機械縫衣、機械扣法等技能〔註178〕，爲女工謀取生計，可見她已初步考慮到知識階層以外的下層女性的生活問題。然而，縱觀清季知識女性的一眾論述，此等針對下層女性的討論及舉措仍是較爲罕見的。她們的言論多從思想、觀念著眼，如著力批判傳統的男尊女卑思想，鼓吹女性走出家庭、爲國效力，以及鼓勵女性透過入學受教育，提升個人能力，以從事知識階層的工作和事業。然而，這些主張均只針對知識階層或出身書香門第的女性，而未有顧及其他不同階層，尤其是低下層的勞動女性的需要。對於低下層女性的實際生活困境，知識女性由於個人經驗及視野所限，實在未能瞭解其所面對的基本生活及經濟問題，以致她們的女

〔註176〕張竹君：〈女子興學保險會序〉，《警鐘日報》，1904年4月23日。
〔註177〕秋瑾：〈敬告中國二萬萬女同胞〉，《白話》第2期（1904年10月）。
〔註178〕〈女子手工傳習所章程〉，《警鐘日報》，1904年5月27日。

性關懷實有一定的階級局限性。

至於五四一代,不少知識分子如李大釗、陳獨秀等,開始發現女性問題並非單一、有如鐵板一塊的,而是涉及不同階層、不同身份的女性。而不同女性所面對的困境,以及她們需要爭取的女性權益可以是截然不同的。如李大釗〈戰後之婦人問題〉一文,以英國的女性解放為例,指出不同階層的女性,她們的訴求可以甚為相異:「中產階級的婦人最有直接緊要關係的問題,與那些靡有財產沒受教育的勞動階級的婦人全不相干。那中產階級的婦人們是想在紳士閥的社會內部有和男子同等的權力,無產階級的婦人們天高地闊,只有一身,他們除要求改善生活以外,別無希望。」〔註179〕李大釗以唯物史觀考察女性受壓迫的根源,認為女性問題乃根源自社會及經濟制度中的不平等,因此女性解放的焦點不能只放在第三階級(即中上層女性)身上,而應多關注第四階級(即勞動階層女性)的處境。而且,他認為要從根本上解決女性問題,除了要結合所有女性的力量推翻父權專制外,更重要的是,要「合世界無產階級婦人的力量,去打破那有產階級(包括男女)專斷的社會制度」。〔註180〕可見李大釗將女性壓迫和階級壓迫兩者聯繫起來。對於女性解放與階級壓迫及經濟剝削之關係,李漢俊亦有相類的看法。他先指出女權低落,正由經濟上的私有制而起,長期以來,女性在經濟上只有依賴男性,未能獨立,故只有屈從於人。因此,女性「經濟要得到獨立,非打破社會私有的經濟制度不可。」〔註181〕他一再強調:「女子解放的根本問題,是在私有制度的打破。私有制度不打破,女子是絕對不能解放的。」〔註182〕可見他將打破私有制視作女性解放的根本。而陳獨秀亦明確指出「女子問題,實離不開社會主義」〔註183〕。

蘇俄革命以後,在社會主義及馬克思思想的流佈下,關注低下層女性權益的論述更見普遍。1920年,《新青年》新增「俄羅斯研究」專欄,其他報刊如《東方雜誌》、《民國日報》等,亦相繼刊載了眾多有關蘇俄革命及俄羅斯

〔註179〕李大釗:〈戰後之婦人問題〉,《民國叢書·守常文集》,上海:上海書店(據北新書局一九四九年影印本),第112頁。

〔註180〕李大釗:〈戰後之婦人問題〉,《民國叢書·守常文集》,上海:上海書店(據北新書局一九四九年影印本),第112頁。

〔註181〕李漢俊:〈女子怎樣才能得到經濟獨立〉,《民國日報》,1921年8月17日。

〔註182〕李漢俊:〈男女解放〉,《星期評論》,1920年新年號。

〔註183〕陳獨秀:〈婦女問題與社會主義〉,《民國叢書·獨秀文存》,上海:上海書店(據亞東圖書館一九二八年影印本),第412頁。

女性解放的翻譯文章，介紹了俄羅斯女性的狀況，特別是農村及勞工階層等女性，指出他們在蘇維埃議會中佔有重要的位置，對國家貢獻良多，亦「很能盡社會的責任」。〔註184〕五四一代因而開始以馬克思的階級理論分析女性問題，他們將女性解放運動劃分爲第三階級（資產階級）及第四階級（無產階級）女權運動，並一再強調兩者的分別。受社會主義思想影響，五四時期的知識女性亦逐漸意識到之前的女權解放運動有遠離群衆的傾向，未能考慮到廣泛勞動階層女性的問題，如向警予就曾批評其時的知識女性「不知道女權或參政運動要大多數婦女群衆進行才有意義有作用」，「嫌勞苦婦女知識淺薄，衣服破爛，玷辱他們美麗修整的行伍，所以始終是個幾十人飄飄灑灑好看無用不足輕重的團體。」〔註185〕向警予嚴厲地批判這些自詡有知識的女性：「劃了界線專門代表知識婦女的利益似的」，致使女權運動「把大多數的勞工婦女除外了」〔註186〕。她十分關心勞動階層女性的權益：「勞工婦女界的大部分，又爲婦女界最受痛苦的部分」〔註187〕。雖然亦有論者表示向警予所批評的知識女性如女權運動同盟會的成員，並非完全對勞動女性的權利視而不見〔註188〕，然而，向警予對其時知識女性的批評，正反映她們局限於知識階層的女權主張及性別關懷，此亦是清季知識女性「女性觀」的局限所在。

正如著名黑人女性主義者貝爾・胡克斯（bell hooks）對十八世紀歐美自由女性主義者（Liberal Feminist）的批評：她們所抱持的白人中心、中產階級的女性視覺，基於文化上的誤解，以及階級上的限制，並未能概括不同階層中複雜多變、豐富多元的女性經驗。西方女權理論並非起源於最受壓迫剝削的黑人無產階級女性，只屬白人中產女性在餘閒時的無病呻吟而已。〔註189〕而清季知識

〔註184〕震瀛：〈俄國與女子〉，《.新青年》，第八卷第五號（1921 年）。

〔註185〕向警予：〈中國最近婦女運動〉，《前鋒》1923 年第 1 期。

〔註186〕向警予：〈中國最近婦女運動〉，《前鋒》1923 年第 1 期。

〔註187〕向警予：〈中國最近婦女運動〉，《前鋒》1923 年第 1 期。

〔註188〕宋少鵬謂以林宗素等知識女性爲代表的女權運動同盟會，亦曾按「同工同酬」及「保護母性」等原則，制定「保護女工法」，並將之寫入〈女權運動同盟會宣言〉，可說是一定程度上顧及勞動女性的權益。然而，在保護女工權益問題上，知識女性女權主義者與向警予等社會主義者的區別，在於前者關注權利的形式規定，後者則關注女性的具體需要。宋少鵬：〈社會主義女權和自由主義女權：二十世紀二十年代中國婦女運動內部的共識與分歧〉，《中共黨史研究》2013 年第 5 期。

〔註189〕bell hooks, *Feminist Theory, from Margin to Center,* London: Pluto, 2000. bell hooks 堅持以小寫字母署名，以示對白人文化的反抗，故本書亦依循其寫法。

女性領導的女性解放亦有相似的情況。不過，值得注意的是，作爲無政府主義者的何震，則能超越其他知識女性的視野困局，很早便已從根本的經濟制度、階級剝削等角度，帶出女權革命與經濟革命、階級革命的不可分割，她的見解可謂獨具慧眼、卓有遠見。可惜的是，她的言論及思想，在當時知識女性的界別中卻不受重視，當時的知識女性始終是以知識階層的視角爲主流。

四、以男性爲標準：失去女性身份的「擬男」

　　清季知識女性著力批判傳統男尊女卑、男剛女柔的性別觀，她們認爲傳統強調柔弱順從的女性特質，使女性自甘於男性之下，因此，女性應培養出巾幗不讓鬚眉的志氣，以堅強、鐵血、勇敢等形象示人，以示爭取男女平權的決心。張竹君、秋瑾的「易裝」、「擬男」；林宗素、燕斌、陳擷芬等皆曾於筆下表現其心目中的理想女性形象，正是鐵血、剛毅、具男子氣慨的巾幗英雄。而辛亥革命期間，不少女性更投身軍隊，參與革命，她們抱持的正是「擬男」主義，以模倣男性、趨近男性，以達致男女平權的理想。然而，這種以男性爲標準，否定女性特質，模倣男性的想法，雖然是出於對傳統二元對立、性別定型的反抗，卻又令女性陷入另一個男性霸權的陷阱。正如法國女權主義者西蒙・波娃對幼兒心理的分析：「在小女孩眼中，樣樣事情都作爲男性權威的肯定。她所屬的歷史與文學背景、她被催眠時聽到的歌曲民謠，都是一連串的對男人的頌讚。是男人建立希臘、羅馬帝國、法國和其他所有國家，男人遊歷世界、發明工具、統治世界，創造出雕刻、繪畫與文學作品。兒童書籍、神話、故事、小說都反映出源於男人驕傲與欲望的各種傳說神話。」〔註190〕女性要模倣男性，正緣於傳統、文化、歷史均是以男權中心建構而成的，使她們只可從仰望男性、模擬男性，建立其理想與典範。然而，這種爲求得到男性肯定的「擬男」特色，只會令女性否定自己獨特的性別身份，致使女性解放仍不脫男權中心的思想脈絡。

　　以秋瑾爲代表的清季知識女性，她們心目中嚮往自由、平等、獨立的生活，然而在現實世界中，她們卻因女性身份而未能達致這種理想的生活，在理想與現實的強大落差下，她們的表現一如前代的閨秀一樣，希望透過易裝爲男，又或在思想言行上的模倣男性，打破傳統對女性的限制，推翻傳統文

〔註190〕西蒙・波娃著、桑竹影譯：《第二性》，長沙：湖南文藝出版社，1986年，第289頁。

化中女性的負面形象。她們身處中國女性運動的萌芽階段，既缺乏過去的經驗作為借鏡，對於西方女權思想亦欠缺深入理解。因此，她們的「女性觀」及女權主張，只是停留於摸索的階段，一方面認同男性主導的文化和價值，以模倣男性、摒棄傳統的女性特質為理想；另一方面，則對傳統文化的部分缺陷提出批判。可惜的是，她們只能觸趾到現實女性問題的冰山一角，尚未及於深究男女不平等的結構性因素。因此，她們對社會權力層級的分配、父權意識型態對女性人格的潛移默化作用，以及以男性觀點為標準，批判女性特質的男性霸權論述，清季知識女性的認識與思考都是有限的、流於表層的，致使其「擬男」的作風，表面看來是對男權體制的反抗，實則上卻是對男權論述的服膺與靠攏。

　　五四以後，這種以擺脫傳統女性形象、學習模倣男性為尚的風氣，仍時見於五四時期的知識女性身上。不少知識女性在作品中刻畫女子從軍的形象，以剛強、勇敢、肖似男性的面貌示人，並藉此表現獨立自信的個人形象。如謝冰瑩曾描寫自己參與革命軍北伐的經歷，〔註191〕她在《女兵自傳》裏曾說：「我完全像個男孩，一點也沒有女孩的習氣，我喜歡混在男孩子裏面玩，排著隊伍手拿著棍子操練時，我總要叫口令，指揮別人，於是他們都叫我魏司令。我常常想著將來長大了帶兵，騎在高大的馬上，我佩著發亮的指揮刀，帶著手槍，很英勇地馳騁於沙場。」〔註192〕謝冰瑩強調自己「像個男孩」、「一點也沒有女孩的習氣」，而她筆下的男孩與女孩習氣，卻是明顯的存在高下之別。她認為男孩就是領導者，指揮別人，勇敢殺敵的，而女孩則相反，只是依從者，受男孩指揮，柔弱而需要受保護的。這種對男女性別角色定型的評價，正是父權中心思維常見的，謝冰瑩不但未有批判此種父權意識，甚而更服膺這種意識，貶低女性特質的價值。

〔註191〕謝冰瑩（1906～2000），湖南新化縣人，父親為前清舉人。謝冰瑩自幼曾先後就讀縣立高等女子小學、長沙省立第一女子師範學校，一九二六年北伐戰爭爆發，她考取武漢中央軍事政治學校女生隊，成為革命軍中的女兵。次年隨革命軍北伐。在軍旅生涯中，謝冰瑩寫下許多戰地隨筆、散文在報章上發表。文章一經刊登，立刻轟動文壇，並且很快就被譯成英、法、俄、日等國文字。一九二八年，這些文章結集成《從軍日記》由上海春潮書局出版。

〔註192〕《女兵自傳》為《一個女兵的自傳》（一九三六年，上海良友圖書出版）和《女兵十年》（一九四六年於漢口自費刊行）的改正合訂本，於一九四八年由上海晨光出版社出版。本書引文部分請參閱中國現代才女經典文叢，謝冰瑩著、李家平選編：《解除婚約》，北京：燕山出版社，1998年，第13頁。

　　五四時期，不少女性剪短頭髮或穿著男性服飾，以表達反抗傳統規範、超越男女性別界限的決心。這些「新女性」借著剪髮，宣示女性不會再成為男性的玩物，並透過「擬男」的打扮及生活方式，表達對原有社會規範的反抗。張愛玲曾勾畫民國「新女性」的裝扮風尚，她指出民初女性喜穿旗袍，並非由於留戀清室統治，而是「因為女子蓄意要模倣男子」，乃刻意以「兩截穿衣」反抗傳統女性「三綹梳頭，兩截穿衣」的習慣。〔註193〕對於她們的打扮，張愛玲曾分析其背後的心態：「她們初受西方文化的薰陶，醉心於男女平權之說，可是四周的實際情形與理想相差太遠，羞憤之下，她們排斥女性化的一切，恨不得將女人的根性斬盡殺絕。」〔註194〕由此可見，五四時期的新女性，仍然是以女性化為低劣卑弱的象徵，因而要徹底揚棄女性化的東西，以求透過模倣男性，做到與男性一樣，爭取男女平等。可以說，自清季以迄五四時期，知識女性皆不約而同地「擬男」，摒棄女性的特質，以此為趕過男性、爭取女權的象徵。這種做法表面看來是對傳統性別角色的顛覆，但實則上卻未有動搖中國社會的男性主導力量與男權意識形態。「擬男」反映的是中國「男尊女卑」的深層社會情結，女性即使模擬男性的外在打扮及言行舉止，仍脫離不了對男性價值觀的認同，此對女性個性的發展實際上卻是另一種形式的囿限。此外，社會上鼓勵女性仿傚男性，看似在讚揚、彰顯女性的成就，實則上卻是無法擺脫以男性價值來衡量女性成就的況味，顯示無論女性如何努力或出人頭地，她們不過是「假男子」罷了。最後，知識女性在建立新時代的女性特質時，在無從入手的情況下，只有以「擬男」的方式否定傳統價值觀，反映知識女性在女權運動中的困境，既找不到屬於女性主體意識的定位，更不自覺地走上認同父權價值規範的回頭路，最終只會造成女性主體的失落。正如周作人對五四時期部分「擬男」女性的批評：「現在的大謬誤是在一切以男子為標準，即婦女運動也逃不出這個圈子，故有女子以男性化為解放之現象。」〔註195〕五四時期的女性模範娜拉有一句名言：「我是與你（男子）一樣的人」，當中強調的正是男女之「同」，而非男女之「異」，而這種「同」，更是以男權為中心、靠向男性標準的「同」。這種「擬男」現象，可說是女權

〔註193〕張愛玲：〈更衣記〉，《流言》，臺北：皇冠出版社，1968年，第67頁。
〔註194〕張愛玲：〈更衣記〉，《流言》，臺北：皇冠出版社，1968年，第67頁。
〔註195〕豈明（周作人）：〈北溝沿通信〉，《薔薇》週年增刊（1927年12月1日），載鍾叔河編：《周作人文類編：上下身：性學，兒童，婦女》，長沙：湖南文藝出版社，1998年，第103～104頁。

發展過渡時期不成熟的摸索及妥協,其先在清代閨秀的筆下萌芽,由清季知識女性開其端,至五四時期雖有個別論者(如周作人)指出其弊端,然而整體來說仍是五四時期女性論者的思想主流。

結　語

　　十九世紀末至二十世紀初的中國，確實是中國歷史上風起雲湧的轉折時代。中國傳統文化與西方文化的衝撞交接，應時而起。傳統儒家的權威體系逐漸受到質疑及挑戰，有志之士在對照西方社會的情況後，將傳統中國女性失學、困於家中、「坐食」國家資源等問題，視爲國家落後的表徵。十九世紀末的中國，在外憂內患的威脅及社會轉型的需要下，出現了推翻傳統儒家體制的契機，更令女性的個體意識及女性解放運動得到萌芽的機會。再加上自清代以來大盛的閨秀文化，使閨秀產生強烈的女性群體及性別不平的意識，這些思想積累至清季之時，與其時社會改革的呼聲結合，使處身於傳統與現代的夾縫之中的清季知識女性，成爲被歷史選中、肩負起女性解放大業的領軍人物。她們出身於傳統的書香門第，傳統閨秀家庭的文化教育，使她們具有高於一般女性的識見及文化地位，結合後來留學及海外的經驗，更令她們受到西方思想文化的衝擊，使她們得以反思傳統文化。這些身兼中西之學的知識女性，繼承前代閨秀的「閨閣遺恨」，並以質疑的角度批判傳統「男尊女卑」「男外女內」的男權體系，以期建立獨立自主的「新女性」模範。可惜的是，傳統文化既是她們得以擠身精英階層的憑藉，另一方面亦是她們前進改革的包袱。她們一方面強調女性改革，以期建立有別於傳統的「女性觀」，另一方面卻又在傳統思想的桎梏下，對婚姻、家庭等問題取態保守，對挑戰深層的父權制度顯得無力。這些知識女性在社會轉型的過渡期間，在「新思想」的表層之下，卻暗藏「舊規範」、「舊道德」的影子。民初時期《婦女雜誌》的主編章錫琛（1889～1969）對其時「新女子」的評價，亦可作爲清季知識女性的寫照：「我們平常所看到的新女子，少有不是新思想舊道德的；這樣的

新女子,正是現代一般女子的唯一的模範！新是在思想上的,她們會剪髮,會穿旗袍,會著長統絲襪和高跟皮鞋,她們也會談婦女解放,男女平權,乃至最時髦的國民革命。然而你如果一考察她們的道德觀念,她們卻依舊崇拜孝親敬長之風,勤儉貞淑之德,夫唱婦隨之樂。」〔註1〕雖然他似乎將孝親敬長、勤儉貞德等傳統的正面價值視爲與男女平權思想對立,以致其言論略有偏差,但他卻著實描繪出「新思想舊道德」的女子,處身於新舊文化轉折、掙扎於傳統與現代之間的困境,而此正與清季知識女性的情況相若。

本書的研究對象,正表現這種「新思想」與「舊道德」的結合。單士釐提倡女學,開啓女智,以培養女性的獨立自主,但她又在婚姻家庭的層面上謹遵傳統婦德,事事以丈夫爲中心,甘心屈居丈夫之下,順從丈夫;徐自華對專制之毒害女性深感不滿,批評各方有意阻撓女學的封建勢力,但她對於因入女學而被誣衊不貞,最後以自殺明志的女學生,卻是以歌頌貞烈的傳統角度大加表揚,而未有檢討傳統婚姻對女性的不公與迫害,其想法無疑仍不脫傳統婦德的框架;陳擷芬曾發表〈獨立篇〉,鼓吹女性獨立:「其要在不受男子之維持與干預」〔註2〕,她卻在父權的威迫之下,屈從父命,差點嫁人爲妾,而且後來嫁予楊儁爲妻後,亦恪守賢妻良母的本份,放棄自己的女權事業,一心輔助夫君,最後更因無子嗣,見棄於夫而抑鬱早逝;燕斌儘管曾發表多篇具有前瞻性、尖銳地批判男權的文章,更著有〈中國婚俗五大弊說〉,列舉了傳統婚制的五大弊病,她卻在「杜成淑拒屈彊函」一事中,對抱持自由戀愛態度,追求女學生的屈彊冷嘲熱諷,並針對男女學生的交往,提出女性貞節自守的重要:「道德者,女子立身之要素,提倡女學者,所尤當注重也。」〔註3〕呂碧城即使終身不嫁,以個人生命實踐女性在妻母角色以外的生命,她卻曾對當時流行的女性婚姻自主思想表示質疑及保留;〔註4〕何震更是從制度上批判父權體系,對女性改革有多種全面大膽的建議,然而她卻在婚姻戀愛問題上表現保守,批評留日女學生的愛情關係「以婚姻自專,不告於父母,不宣於賓朋」,以至出現「數載之間,離合之事,已遭再三」的問題,而她最

〔註1〕 章錫琛:〈新思想舊道德的新女子〉,《新女性》第3卷第6號(1928年)。章錫琛所言的「崇拜孝親敬長之風,勤儉貞淑之德,夫唱婦隨之樂」,只以此借代傳統中國文化,並非否定孝親敬長、勤儉貞淑等道德價值。

〔註2〕 陳擷芬:〈獨立篇〉,《女學報》,第2卷,第1期(1903年)。

〔註3〕 煉石:〈中國婚俗五大弊說〉,《中國新女界雜誌》第2期(1907年3月)。

〔註4〕 王栻編:《嚴復集》第3冊,上海:中華書局,1986年,第838～9頁。

終亦是將問題焦點指向「名譽既失」的女性名聲問題之上。以上皆反映知識
女性一方面提出推翻傳統的新思想，另一方面卻受制於傳統文化及現實的考
慮，以致她們的「新思想」往往不夠「新」，尤其是對戀愛婚姻的看法更是如
此，始終未能擺脫的傳統的枷鎖。清季知識女性企圖走出傳統，爲女性尋找
家庭以外的定位，結果卻是困於傳統與現代的夾縫中，此正反映作爲新舊轉
折之間的「過渡人」實不容易。

　　清季知識女性身處國家內憂外患之際，在救亡圖強的思潮影響下，她們
提出的「女國民」論，自不免滲雜強烈的國族意識，重義務而輕權利；而她
們建構的理想女性形象，亦以剛強鐵血的「擬男」英雌爲模範，強調女性能
力不輸男性，以圖打破傳統的「內外之別」。這些對性別不平的反抗，清代閨
秀已啓其端，至清季之時蘊釀成熟，更乘時而起，開啓女性解放運動的大門。
不過，儘管她們一再強調女性不應困於家庭，而應如男性一樣接受教育、肩
承國家責任、在經濟上獨立自主，但她們對於女性的妻母角色，以及戀愛婚
姻的看法，卻仍掙不脫傳統的樊籬。因此，她們領導下的女性解放，確實造
就了大量爲國爲民、投入革命、外表行爲上肖似男性的「女國民」，可惜的是，
對於這些「女國民」的個人權利，包括政治、戀愛、婚姻、家庭等各種權利，
卻在解放的過程中不經意的遭受忽略，尤其是在傳統倫理的陰影及父權建制
的籠罩之下，她們面對女性的妻母身份及戀愛婚姻自主的議題時，「賢妻良母」
的影子總是揮之不去。可以說，知識女性要擺脫父權操控的婚姻家庭，只覺
舉步維艱，甚至是力不從心的。

　　清季知識女性雖然已初步撼動傳統「男外女內」的性別分工，挑戰「男
主女從」、「男剛女柔」的性別定型，卻囿於時代氛圍及傳統思想的桎梏，其
「女性觀」及女權主張，始終是流於保守的，只是一再擺動於傳統與現代之
間；更因爲她們對女性權利的討論不足，對父權制度欠缺系統、根本的批判，
至民國成立以後，在當時社會風氣的影響下，女性解放思想竟出現「復古」
思潮，〔註5〕重回傳統「女性觀」的道路。辛亥革命後，清季所宣揚的剛強革
命女傑典範，已完成她們的歷史任務而暫時下場。以「女國民」身份自居，

〔註5〕　值得注意的是，這種「女性觀」的復古思潮，亦是在民初「尊孔復古」思潮
　　　　大勢的影響之下出現的。如1912年9月，袁世凱頒佈的《整飭倫常令》便以
　　　　「尊崇倫常」之爲宗旨，提倡儒家禮教；而康有爲等人有意擁護宣統帝復辟，
　　　　因而透過「尊孔「，發起「立孔教爲國教」的運動，強調中國帝制的傳統。

走出家庭爲革命奮鬥的知識女性，雖然有意將女性解放運動的重心，轉爲爭取女性的政治權利，卻因爲她們之前輕權利而重義務的主張，致使女性未能與男性分享革命的成果，在爭取參政權、議政權的行動中節節敗退，其後更沉寂銷聲。其時，普遍的輿論似乎認爲革命既成，肩負養兒育女天職的女性便應回到家庭，恪盡賢妻良母之職。此使民國以後，社會上普遍興起「女國民」回歸家庭的主張，中國社會似乎又重回傳統性別分工的道路。清季以來開始萌芽的女性解放運動，一方面受到政權的打壓，〔註6〕另一方面亦在社會輿論中飽受攻擊、質疑，因而有逐漸倒退的跡象。尤其是婚姻自主與經濟獨立等議題，被視爲與傳統綱常名教不符而屢遭批判。如丁逢甲曾批評清季以來新興的女學生階層：「自男女平權婚姻自由之學說，騰播國中，而婦女界之藩籬，幾潰決而無復存。彼蕩婦淫娃，眉挑目引，色授魂與，一面之緣即同寢處，忽拼忽拆，廉恥盡捐，足以污我之筆墨者無論矣。尊貴之淑媛，高尚之女學生，風會所趨，漸形脫略」〔註7〕；慧生亦在《婦女時報》上發表〈婦女道德之維持論〉，表示：「今日社會道德之墮落，男女兩界皆然。……今僅就女子一面言之。自由平等之說西來，吾國舊有道德之藩籬始破，潰防決堤勢若洪水之洶湧，一發不可禦。考其原因，蓋由一二神經過敏之女子，持西說之形式而號召之，……於是不惜舉舊有之禮教一一摧敗之，舊道德之精神一一蹂躪之。」〔註8〕不論是丁逢甲還是慧生，他們對婚姻自由、家庭婦德的保守主張，正與本書所述的清季知識女性不謀而合，正反映處身於傳統與現代之間「過渡人」的思想特色。可以說，知識女性對女性權利探討的不足，以及囿於傳統、反抗力度不足的「女性觀」，對女性解放運動的發展實產生一定的阻礙，而女性在婚姻家庭與個人自主之間的掙扎，更是直到五四時期仍是難以解決的死結。五四時期出走家庭的一眾「娜拉」，在二十年代以後又一再被趕回家中，邇後也再次興起婦女回家的討論，可見女性要走出家庭，爭取賢妻良母以外的獨立人格身份，實在不易。

〔註6〕 民初政府陸續頒佈命令，以恢復傳統婦德爲名，打壓女權運動，如 1914 年 3 月 2 日頒佈〈治安警察條例〉，規定女子「不得加入政治結社」，「不得加入政談集會」。〈政府公報〉第 653 號，《中國近代婦女運動歷史資料，1840～1918》，第 710～711 頁。此外，1914 年 3 月 11 日，北京政府頒佈〈褒揚條例〉，明示「婦女節烈貞操，可以風世者」，得受此一條例的褒揚，可見其向傳統婦德的回歸。〈褒揚條例〉，上海《申報》，1914 年 3 月 16 日。

〔註7〕 丁逢甲：〈女界箴言（續）〉，《婦女雜誌》第 4 卷第 3 號（1918 年 3 月 5 日）。

〔註8〕 慧生：〈婦女道德之維持論〉，《婦女時報》第 18 號（1916 年 6 月）。

　　清季知識女性在時代環境及傳統文化的籠罩下，能對傳統性別觀提出不少反思及反抗，部分人更以個人生命實踐其女性解放的主張，她們對中國女權運動的發展，雖有不足之處，然而，公允地說，仍是功大於過。她們對於女性初步走出家庭、涉足社會，擺脫傳統柔弱順從的女性形象，以及鼓吹女性教育，女子經濟獨立等主張，均為後來的女權發展奠下重要的基礎。對於處身於傳統與現代之間的「過渡人」，與其著眼於其保守觀點，批判其思想的桎梏、不足，不如從同情、理解的角度，肯定她們對傳統的反思及對新思想的開拓。1922 年，龔冠英於〈爭婚姻自由的一個方法〉一文中，分析「新女性」遭逢的困境，亦可作為對清季知識女性的評價：「到了現在，受著世界新潮流的激蕩；我們青年男女，已漸漸能較覺悟了。但是舊社會的勢力很大，黑暗婚姻的羅網還存在！我們雖是覺悟向舊社會抵抗，也是抵抗不過，終被征服；要想和家庭脫離，又可惜沒有自謀生活的能力，只得委屈上臺，做著傀儡，仍舊捲入那漩渦！激烈些的，就出自殺的一途。——這種事女子為尤多。」〔註9〕面對龐大的父權體制，尤其是現實中最切身的「父親」與「家族」，知識女性的委屈、無奈與無力，實在是可以理解的。在舊思想、封建文化仍然當道的社會，清季知識女性的貢獻仍是值得肯定的，尤其是作為女性，首次為女性群體在公共空間中發聲，當中體現的獨特女性視角及聲音，在數千年來男權主導的社會中更別具歷史意義，對後世女權解放運動的發展及影響，亦彌足珍貴。

〔註 9〕 龔冠英：〈爭婚姻自由的一個方法〉，《婦女雜誌》第 8 卷第 1 號（1922 年 1
　　　　月 1 日）。

參考文獻

一、史料

（一）典籍、文獻資料彙編、文集、方志等（按作者或編者拼音先後排序）

1. 文淵閣四庫全書電子版，香港：迪志文化出版有限公司。
2. 北京魯迅博物館編，（2002），錢玄同日記，福州：福建教育出版社。
3. 范曄，（1965），後漢書，北京：中華書局。
4. 卞孝萱，唐文權編，（1991），辛亥人物碑傳集，北京：團結出版社。
5. 莫世祥編，（1991），馬君武集：1900～1919，武漢：華中師範大學出版社。
6. 莫世祥編，（1991），馬君武集，武漢：華中師範大學出版社。
7. 梅鶴孫，（2004），青溪舊屋儀徵劉氏五世小記，上海：上海古籍出版社。
8. 美國哈佛燕京圖書館，明清婦女著作網 http://digital.library.mcgill.ca/ming qing/chinese/index.htm。
9. 繆之弼等，（1993），中國地方志集成：浙江府縣志輯，上海：上海書店出版社。
10. 民國叢書編輯委員會編，（1996），民國叢書，上海：上海書店（據亞東圖書館 1928 年影印本）。
11. 房玄齡等，（1980），晉書，臺北：鼎文書局。
12. 房兆楹輯，（1962），清末民初洋學學生題名錄初輯，臺北：中央研究院近代史研究所。
13. 福建省婦女聯合會編，（1996），福建女名人，北京：方志出版社。
14. 單士釐著，楊堅校點，（1983），癸卯旅行記・歸潛記，長沙：湖南人民

出版社。

15. 單士釐著，陳鴻祥校點，（1986），受茲室詩稿，長沙：湖南文藝出版社。

16. 鄧之誠，（1976），清詩紀事初編，香港：中華書局。

17. 脫脫等，（1975），新校本宋史，臺北：鼎文書局。

18. 南社，（1996），南社叢刻，揚州：江蘇廣陵古籍刻印社。

19. 李汝珍，（1982），鏡花緣，北京：人民文學出版社。

20. 李又寧，張玉法主編，（1975），近代中國女權運動史料1842～1911，臺北：傳記文學社。

21. 李又寧編，（1997），近代中華婦女自敘詩文選，臺北：聯經出版社。

22. 李贄，（1998），焚書，西安：青海人民出版社。

23. 劉師培，（1934），劉申叔先生遺書，寧武南氏校印。

24. 劉義慶，（1982），世說新語，上海：上海古籍出版社。

25. 劉納編，（1998），呂碧城評傳·作品選，北京：中國文史出版社。

26. 林逸，（1985），清鑒湖女俠秋瑾年譜，臺北：臺灣商務出版社。

27. 梁啟超，（2006），梁啟超選集，北京：中國文聯出版社。

28. 梁啟超，（1941），飲冰室合集，上海：中華書局。

29. 梁啟超，（1964），飲冰室文集，香港：天行出版社。

30. 梁蘭漪，（1895），畹香樓詩集，卷二，飛鴻閣書林石印本。

31. 梁紹壬，（1982），兩般秋雨盦隨筆，上海：上海古籍出版社。

32. 龍楡生，（1979），近三百年名家詞選，上海：上海古籍出版社。

33. 呂碧城，（1929），呂碧城集，上海：中華書局。

34. 呂碧城，（1925），信芳集，上海：中華書局。

35. 呂碧城，（1986），觀無量壽佛經釋論，臺北：天華出版事業。

36. 呂碧城著，李保民箋注，（2001），呂碧城詞箋注，上海：上海古籍出版社。

37. 呂碧城編譯，（1964），歐美之光，新竹：獅頭山無量壽長期放生會。

38. 高鳳謙，蔡元培，張元濟，（1906），最新修身教科書，上海：商務印書館。

39. 郭汝誠等，（1856），（咸豐）順德縣志，咸豐六年刻本。

40. 郭延禮注，（1982），秋瑾詩文選，北京：人民文學出版社。

41. 郭延禮編，（1987），秋瑾研究資料，濟南：山東教育出版社。

42. 郭延禮編，（1987），秋瑾文學論稿，西安：陝西人民出版社。

43. 郭延禮編，（1990），徐自華詩文集，北京：中華書局。

44. 郭長海，李業彬編，（1987），秋瑾事蹟研究，長春：東北師範大學出版社。

45. 康有爲，（1998），大同書，鄭州：中州古籍出版社。

46. 漢語大辭典編輯委員會編，（1994），漢語大辭典，上海：漢語大辭典出版社。

47. 胡適，（1979），胡適文存，第一集，臺北：遠東圖書公司。

48. 胡文楷編著，（1985），歷代婦女著作考，上海：上海古籍出版社。

49. 花之安，（2002），自西徂東，上海：上海書店出版社。

50. 華瑋，（2003），明清婦女戲曲集，臺北：中央研究院文哲研究所。

51. 齊文穎，（1995），中華婦女文獻總覽，北京：北京大學出版社。

52. 夏曉虹編，（2003），《女子世界》文選，貴陽：貴州教育出版社。

53. 焦循，（1971），里堂家訓，傳硯齋叢書，臺北：文史哲出版社。

54. 焦竑，（2013），焦氏筆乘，北京：中華書局。

55. 金天翮，（2003），女界鐘，上海：上海古籍出版社。

56. 咀雪廬主人編，（1906），祖國女界偉人傳，橫濱：新民社。

57. 咀雪子，（1909），祖國女界文豪譜，北京：京華印書局。

58. 秋瑾著，（1979），秋瑾集，上海：上海古籍出版社。

59. 璩鑫圭，唐良炎編，（2007），中國近代教育史資料彙編，上海：上海教育出版社。

60. 葉紹袁編，（1998），午夢堂集，北京：中華書局。

61. 徐乃昌編，（1896），小檀欒室匯刻百家閨秀詞，十集一百種一百卷，清光緒二十二年南陵徐氏刻本。

62. 徐珂，（1988），近詞叢話，臺北：新文豐出版公司。

63. 徐珂，（2010），清稗類鈔，北京：中華書局。

64. 徐世昌編，（1982），清詩匯，臺北：世界書局。

65. 徐樹敏，錢岳編（1933），眾香詞，癸酉昆陵董氏誦芬室重校康熙錦樹堂刊本，上海大東書局刻本。

66. 徐渭，（1984），四聲猿，上海：上海古籍出版社。

67. 薛紹徽著，陳壽彭譯，（1903），雙線記，上海：中外日報館。

68. 薛紹徽著，林怡點校，（2003），薛紹徽集，北京：方志出版社。

69. 薛紹徽編，陳彭壽譯（1906），外國列女傳，南京：江楚編譯官書總局。

70. 浙江人物志編纂委員會編，（2005），浙江省志叢書：浙江省人物志，杭州：浙江人民出版社。

71. 章學誠，（1985），章學誠遺書，北京：文物出版社。

72. 朱壽朋編，（1958），光緒朝東華錄，北京：中華書局。

73. 朱彝尊，（1990），靜志居詩話，卷二十，北京：人民文學出版社。

74. 朱耀庭，（1957），秋瑾集，杭州：浙江人民出版社。

75. 朱有瓛編，（1989），中國近代學制史料，上海：華東師範大學出版社。

76. 中國史學會編，（1957），辛亥革命，上海人民出版社。

77. 中國史學會編，（1953），戊戌變法，上海：神洲國光社。

78. 中華全國婦女聯合會婦女運動歷史研究室編，（1981），五四時期婦女問題文選，北京：三聯書店。

79. 中華全國婦女聯合會編，（1991），中國婦女運動歷史資料，1840～1918，北京：中國婦女出版社。

80. 中華全國婦女聯合會編，（2003），中國婦女運動百年大事記，1901～2000，北京：中國婦女出版社。

81. 中華書局編，（1959），秋瑾史蹟，上海：中華書局。

82. 中華書局編，（1960），秋瑾詩文全集，上海：中華書局。

83. 中華書局編，（1932），新遊記彙刊，中華書局。

84. 沈善寶，（2002），名媛詩話，清光緒鴻雪樓刻本，續修四庫全書，上海：上海古籍出版社。

85. 沈善寶，（2012），鴻雪樓詩詞集校注，北京：中國社會科學出版社。

86. 施淑儀，（年份不詳），冰魂閣詩存，民國鉛印本。

87. 施淑儀，（1972），清代閨閣詩人徵略，臺北：鼎文書局。

88. 史和，姚福申，葉翠娣，（1991），中國近代報刊名錄，福州：福建人民出版社。

89. 史和，姚福申，葉翠娣編，（1984），中國近代報刊名錄，福州：福建人民出版社。

90. 壽充一等，（1996），近代中國工商人物志，第 1 冊，北京：中國文史出版社。

91. 上海師範大學圖書館編，（1987），上海方志資料考錄，上海：上海書店出版社。

92. 冼玉清，（1941），廣東女子藝文考，長沙：商務印書館。

93. 俞樾，（1986），右臺仙館筆記，濟南：齊魯書社。

94. 蔡殿齊編，（1844），國朝閨閣詩鈔，道光二十四年刻本。

95. 蔡尚思，方行編，（1981），譚嗣同全集，北京：中華書局。

96. 宋恕，（1993），宋恕集，北京：中華書局。

97. 阿英編,（1962），晚清文學叢鈔,北京：中華書局。

98. 廣東省地方史志辦公室輯,（2009），廣東歷代方志集成,廣州：嶺南美術出版社。

99. 魏息園,（1998），繡像古今賢女傳,據光緒三十四年（1908 年）刊本重印,北京：中國書店。

100. 汪康年,（1986），汪康年師友書札,上海古籍出版社。

101. 王植倫,潘群編,（1997），福州新聞志・報業志,福州：福建人民出版社。

102. 王栻編,（1986），嚴復集,上海：中華書局。

103. 王燦之,（1984），秋瑾革命傳,臺北：三民書店。

104. 王英志編,（1997），袁枚全集,江蘇：江蘇古籍出版社。

105. 王韜,（年份不詳），弢園文錄外編,續修四庫全書,上海：上海古籍出版社,第 1558 冊。

106. 袁枚,（1988），小倉山房詩文集,上海：上海古籍出版社。

107. 袁枚,（1908），隨園三十六種,上海：集成圖書公司。

108. 袁枚,（1960），隨園詩話,北京：人民文學出版社。

109. 袁枚,（1808），袁家三妹合稿,清嘉慶戊辰刻本。

110. 阮元審定,盧宣旬校,（1965），重刊宋本十三經注疏附校勘記,臺北：藝文印書館。

111. 永瑢等撰,（1981），四庫全書總目,北京：中華書局。

112. 馮夢龍,（1981），智囊全集,北京：民主與建設出版社。

113. 馮自由,（1981），革命逸史,北京：中華書局。

114. 孫佩蘭,（1888），吟翠樓詩稿,清光緒十四年刻本。

115. 孫毓棠編,（1962），中國近代工業史資料,北京：中華書局。

116. 張廷玉等撰,（1975），明史,臺北：鼎文書局。

117. 張敬注,（1996），列女傳今注今釋,臺北：臺灣商務印書館。

118. 張顯成等編注,（1999），李清照朱淑眞詩詞合注,成都：巴蜀書社。

119. 張枬,王忍之編,（1963），辛亥革命前十年間時論選集,北京：三聯書店。

120. 張愛玲,（1968），流言,臺北：皇冠出版社。

121. 惲珠,（1831），閨秀正始集,道光辛卯紅香館刊本。

122. 楊步偉,（1983），一個女人的自傳,臺北：傳記文學。

123. 經元善,（1988），經元善集,武漢：華中師範大學出版社。

124. 蘇雪林，（1977），棘心，臺中：光啓出版社。

125. 謝冰瑩，（1985），女兵日記，臺北：東大出版社。

126. 謝冰瑩著，李家平選編，（1998），解除婚約，北京：燕山出版社。

127. 謝秋萍編，（1947），吳藻詞，上海：教育書店。

128. 趙爾巽等，（1975），新校本清史稿，臺北：鼎文書局。

129. 鄭逸梅，（2005），藝林散葉，北京：中華書局。

130. 鄭逸梅，（1991），鄭逸梅選集，哈爾濱：黑龍江人民出版社。

131. 鄭蘭孫，（1875），蓮因室詩詞集，清光緒元年刻本。

132. 鄭觀應，（1982），鄭觀應集，上海：上海人民出版社。

133. 鍾惺，（1997），名媛詩歸，四庫書存目叢書集部・總集，臺南：莊嚴文化出版社。

134. 鍾叔河，（1985），走向世界叢書，長沙：嶽麓書社。

135. 鍾叔河編，（1988），周作人文類編：上下身：性學，兒童，婦女，長沙：湖南文藝出版社。

136. 錢恂纂，（2006），吳興錢氏家乘，1921 年鉛印本，《清代民國名人家譜選刊》第 34 冊，臺北：國家圖書館地方志家譜文獻中心。

137. 錢仲聯，（1993），夢苕盦論集，北京：中華書局。

138. 錢仲聯編，（1989），清詩紀事，卷二十二，南京：江蘇古籍出版社。

139. 錢守璞，（1869），繡佛樓詩稿，清同治八年刻本。

140. 錢謙益，（1961），列朝詩集小傳，上海：中華書局。

141. 陳學恂主編，（1993），中國近代教育史教學參考資料，北京：人民教育出版社。

142. 陳象恭編，（1983），秋瑾年譜及傳記資料，北京：中華書局。

143. 陳壽彭編，（1911），黛韻樓遺集，陳氏家刻本。

144. 陳子善，鄢琨編，（1994），周作人自選精品集——飯後隨筆，石家莊：河北人民出版社。

145. 陳文述，（1985），畫林新詠，臺北：明文書局。

146. 陳文述，（1887），西泠閨詠，清光緒十三年西泠翠螺閣重刊本。

147. 陳蘊蓮，（1859），信芳閣詩草，清咸豐九年刻本。

148. 馬建石，楊育棠，（1992），大清律例通考校注，北京：中國政法大學出版社。

（二）報紙、期刊

1. 白話。

2. 茶話。

3. 晨報。

4. 大公報。

5. 點石齋畫報。

6. 東方雜誌。

7. 婦女共鳴。

8. 婦女時報。

9. 婦女雜誌。

10. 國聞報。

11. 湖北學生界。

12. 江蘇。

13. 解放與改造。

14. 警鐘日報。

15. 民國日報。

16. 民立報。

17. 女報。

18. 女學報。

19. 女學界。

20. 女子世界。

21. 前鋒。

22. 求是報。

23. 社會世界。

24. 申報。

25. 神州女報。

26. 聖教雜誌。

27. 時務報。

28. 順天時報。

29. 蘇報。

30. 天義。

31. 圖畫日報。

32. 萬國公報。

33. 香豔雜誌。

34. 心聲：婦女文苑。

35. 新潮。

36. 新民叢報。

37. 新女性。

38. 新青年。

39. 新世紀。

40. 豫報。

41. 浙江潮。

42. 中國白話報。

43. 中國婦女報。

44. 中國女報。

45. 中國日報。

46. 中國新女界雜誌。

47. 中外日報。

二、今人論著（按作者或編者的拼音先後排序）

1. 鮑家麟編，（1988），中國婦女史論集，臺北：稻鄉出版社。

2. 鮑家麟編，（1991），中國婦女史論集續集，臺北：稻鄉出版社。

3. 鮑家麟編，（1993），中國婦女史論集三集，臺北：稻鄉出版社。

4. 鮑家麟編，（1995），中國婦女史論集四集，臺北：稻鄉出版社。

5. 鮑家麟編，（2001），中國婦女史論集五集，臺北：稻鄉出版社。

6. 鮑培震，（2002），清代女作家彈詞小說論稿，天津：天津社會科學院出版社。

7. 北京婦女聯合會，（1990），北京婦女報刊考：1905～1949，北京：光明日報出版社。

8. 倍倍爾（August Bebel）著，沈端先譯，（1995），婦女與社會主義，北京：三聯書店。

9. 陳東原，（1998），中國婦女生活史，北京：商務印書館。

10. 陳衡哲，（1934），新生活與婦女解放，南京：正中書局。

11. 陳平原，王德威，商偉編，（2001），晚明與晚清：歷史傳承與文化創新，武漢：湖北教育出版社。

12. 陳瓊，王瑩，（1989），清季留學政策初探，臺北：文史哲出版社。

13. 陳三井編，（2000），近代中國婦女運動史，臺北：近代中國出版社。

14. 陳學勇，(2009)，民國才女風景，上海：上海遠東出版社。

15. 陳玉玲，(1998)，尋找歷史中缺席的女人，嘉義：南華管理學院。

16. 程謫凡，(1936)，中國現代女子教育史，上海：中華書局。

17. 杜芳琴，(1988)，女性觀念的演變，開封：河南人民出版社。

18. 杜芳琴，(1996)，發現婦女的歷史：中國婦女史論集，天津：天津社會科學院。

19. 杜君慧，(1945)，婦女問題講話，重慶：新知書店。

20. 杜學元，(1996)，中國女子教育通史，貴陽：貴州教育出版社。

21. 段繼紅，(2007)，清代閨閣文學研究，天津：南開大學出版社。

22. 方漢奇，(1981)，中國近代報刊史，太原：山西人民出版社。

23. 馮明珠編，(2011)，盛清社會與揚州研究，臺北：遠流出版社。

24. 高大倫，范勇，(1987)，中國女性史（1851～1958），成都：四川大學出版社。

25. 高洪興，(2004)，纏足史，臺北：華成圖書出版社。

26. 高彥頤著，李志生譯，(2004)，閨塾師——明末清初江南的才女文化，南京：江蘇人民出版社。

27. 戈公振，(2003)，中國報學史，上海：上海古籍出版社。

28. 谷忠玉，(2006)，中國近代女性觀的演變與女子學校教育，合肥：安徽教育出版社。

29. 顧燕翎主編，(1997)，女性主義理論與流派，臺北：女書文化事業有限公司。

30. 郭立誠，(1983)，中國婦女生活史話，臺北：漢光文化事業公司。

31. 郭松義，(2000)，倫理與生活——清代的婚姻關係，北京：商務印書館。

32. 黃福慶，林明德譯，(1985)，晚清政治思想研究，臺北：時報文化。

33. 黃金麟，(2001)，歷史、身體、國家：近代中國的身體形成（1895～1937），臺北：聯經出版公司。

34. 黃錦珠，(2005)，晚清小說中的新女性研究，臺北：文津出版社。

35. 黃嫣梨，(1994)，中國文化與婦女，香港：香港教育圖書公司。

36. 黃嫣梨，(2002)，清代四大女詞人——轉型中的清代知識女性，上海：漢語大辭典出版。

37. 黃福慶，(1975)，清末留日學生，臺北：中研院近史所。

38. 李家珍（JoanJudge）著，楊可譯，(2011)，歷史寶筏：過去、西方與中國婦女問題，南京：江蘇人民出版社。

39. 江民繁，王瑞芳編著，（1984），中國歷代才女小傳，杭州：浙江文藝出版社。

40. 顧秀蓮主編（2008），20世紀中國婦女運動史（上卷），北京：中國婦女出版社。

41. 雷良波，陳陽風，熊賢君，（1993），中國女子教育史，武漢：武漢出版社。

42. 李歐梵，（1996），現代性的追求，臺北：麥田出版社。

43. 李仁淵，（2005），晚清的新式傳播媒體與知識分子——以報刊出版為中心的討論，臺北：史學叢書。

44. 李小江主編，（1990），華夏女性之謎：中國婦女研究論集，北京：三聯書店。

45. 李小江，朱虹，董秀玉主編，（1994），性別與中國，北京：三聯書店。

46. 李小江等，（2002），歷史、史學與性別，南京：江蘇人民出版社。

47. 李小江主編，（2003），讓女人自己說話——獨立的歷程，北京：三聯書店。

48. 李小江，（2005），女人讀書——女性／性別研究代表作導讀，南京：江蘇人民出版社。

49. 李銀河，（2003），女性權力的崛起，北京：文藝出版社。

50. 李又寧，張玉法編，（1981），中國婦女史論文集，臺北：臺灣商務印書館。

51. 李長莉，（2002），晚清上海社會的變遷，天津：天津人民出版社。

52. 梁乙真，（1958），清代婦女文學史，臺北：臺灣中華書局。

53. 林惠祥，（1991），文化人類學，北京：商務印書館。

54. 林吉玲，（2001），二十世紀中國女性發展史論，濟南：山東人民出版社。

55. 林賢治，（1999），娜拉：出走或歸來，天津：百花文藝出版社。

56. 林毓生等，（1989），五四：多元的反思，香港：三聯書店。

57. 林毓生著，穆善培譯，（1988），中國意識的危機：五四時期激烈的反傳統主義，貴陽：貴州人民出版社。

58. 劉紅，劉光永，（2000），婦女運動史話，北京：社會科學文獻出版社。

59. 劉慧英，（2005），遭遇解放——1890～1930年代的中國女性，中央編譯出版社。

60. 劉慧英，（2013），女權、啓蒙與民族國家話語，北京：人民文學出版社。

61. 劉巨才，（1989），中國近代婦女運動史，北京：新華書店。

62. 劉寧元主編，（1999），中國女性史類編，北京：北京師範大學出版社。

63. 劉人鵬，(2000)，近代中國女權論述——國族、翻譯與性別政治，臺北：臺灣學生書局。

64. 劉詠聰，(1993)，女性與歷史：中國傳統觀念新探，香港：香港教育圖書公司。

65. 劉詠聰，(1998)，德、才、色、權：論中國古代女性，臺北：麥田出版社。

66. 盧燕貞，(1989)，中國近代女子教育史（1895～1945），臺北：文史哲出版社。

67. 羅蘇文，(1996)，女性與近代中國社會，上海：上海人民出版社。

68. 羅秀美，(2010)，從秋瑾到蔡珠兒——近現代知識女性的文學表現，臺北：臺灣學生書局有限公司。

69. 呂芳上主編，(2003)，無聲之聲 I：近代中國的婦女與國家（1600～1950），臺北：中央研究院近代史研究所。

70. 呂芳上主編，(2003)，無聲之聲 II：近代中國的婦女與國家（1600～1950），臺北：中央研究院近代史研究所。

71. 呂芳上主編，(2003)，無聲之聲 III：近代中國的婦女與國家（1600～1950），臺北：中央研究院近代史研究所。

72. 呂美頤，鄭永福，(1990)，中國婦女運動（1840～1921），鄭州：河南人民出版社。

73. 呂美頤，鄭永福，(1993)，近代中國婦女生活，鄭州：河南人民出版社。

74. 呂美頤，鄭永福，(2013)，近代中國婦女與社會，鄭州：大象出版社。

75. 馬庚存，(1995)，近代中國婦女史，青島：青島出版社。

76. 曼素恩（SusanMann）著，羅曉翔譯，(2015)，張門才女，北京：北京大學出版社。

77. 曼素恩（SusanMann）著，楊雅婷譯，(2015)，蘭閨寶錄：晚明至盛清時的中國婦女，臺北：左岸文化出版。

78. 孟悅，戴錦華，(1993)，浮出歷史地表：中國現代女性文學研究，臺北：時報文化。

79. 閔家胤主編，(1995)，陽剛與陰柔的變奏——兩性關係和社會模式，北京：中國社會科學出版社。

80. 潘光旦，(1934)，中國之家庭問題，上海：商務印書館。

81. 彭明主編，(1999)，近代中國的思想歷程（1840～1949），北京：中國人民大學出版社。

82. 皮以書，(1973)，中國婦女運動，臺北：婦聯畫刊社。

83. 丘巍，(2009)，吳興錢家：近代學術文化家族的斷裂與傳承，杭州：浙

江大學出版社。

84. 邱仁宗，金一虹，王延光編，（1998），中國婦女和女性主義思想，上海：中國社會科學出版社。

85. 任一鳴，（1997），中國女性文學的現代衍進，香港：青文書屋。

86. 桑兵，（1995），晚清學堂學生與社會變遷，上海：學林出版社。

87. 實藤惠秀著，譚汝謙，林啓彥譯，（1982），中國人留學日本史，香港：中文大學出版社。

88. 史全生主編，（1990），中華民國文化史，長春：吉林文史出版社。

89. 孫桂燕，（2013），清末民初女權思想研究，北京：中國社會科學出版社。

90. 孫石月，（1995），中國近代女子留學史，北京：中國和平出版社。

91. 譚雙泉，（1995），教會大學在近現代中國，長沙：湖南教育出版社。

92. 譚正璧，（2001），中國女性文學史，天津：百花文藝出版社。

93. 托莉·莫（TorilMoi）著，臺灣國立編譯館主譯，（2005），性／文本政治：女性主義文學理論，臺北：巨流圖書公司。

94. 王緋，（2004），空前之跡──1851～1930：中國婦女思想與文學發展史論，北京：商務印書館。

95. 王力堅，（2006），清代才媛文學之文化考察，臺北：文津出版社。

96. 王林，（2004），西學與變法：〈萬國公報〉研究，濟南：齊魯書社。

97. 王奇生，（1992），中國留學生的歷史軌跡（1872～1949），武漢：湖北教育出版社。

98. 王政，陳雁主編，（2005），百年中國女權思潮研究，上海：復旦大學出版社。

99. 韋鈺主編，（1995），中國婦女教育，杭州：浙江教育出版社。

100. 魏國英，（2000），女性學概論，北京，北京大學出版社。

101. 吳雁南，馮祖貽，蘇中立，郭漢民編，（1998），中國近代社會思潮：1840～1949，湖南：湖南教育出版社。

102. 西蒙·波娃著，桑竹影譯，（1986），第二性，長沙：湖南文藝出版社。

103. 夏曉虹，（1995），晚清文人的婦女觀，北京：作家出版社。

104. 夏曉虹，（2001），晚清女子國民常識的建構，北京：北京大學出版社。

105. 夏曉虹，（2004），晚清女性與近代中國，北京：北京大學出版社。

106. 夏曉虹，（2015），中國近代思想家文庫，金天翮、呂碧城、秋瑾、何震卷，北京：中國人民大學出版社。

107. 小野和子著，高大倫譯，91987），中國女性史（1851～1958），成都：四川大學出版社。

108. 謝无量，（1926），中國婦女文學史，上海：中華書局。

109. 熊賢君，（2006），中國女子教育史，太原：山西教育出版社。

110. 熊月之，（1994），西學東漸與晚清社會，上海：上海人民出版社。

111. 須藤瑞代，（2010），中國「女權」概念的變遷：清末民初的人權和社會性別，北京：社會科學文獻出版社。

112. 薛海燕，（2004），近代女性文學研究，北京：中國社會科學出版社。

113. 閻廣芬，（1992），中國女子與女子教育，石家莊：河北大學出版社。

114. 楊績蓀，（1965），中國婦女活動紀，臺北：正中書局。

115. 葉漢明，（1999），主體的追尋——中國婦女史研究析論，香港：香港教育圖書公司。

116. 游鑒明，羅梅君，史明主編，（2007），共和時代的中國婦女，臺北：左岸文化。

117. 俞慶堂，（1931）最近三十五年之中國教育，商務印書館。

118. 袁珂，（1982），古神話選釋，北京：人民民文學出版社。

119. 張邦梅（Pang-MeiNatashaChang）著，譚家瑜譯，（1996），小腳與西服：張幼儀與徐志摩的家變，臺北：智庫股份有限公司。

120. 張靜廬輯，（2011），中國近代出版史料，上海：上海書店。

121. 張蓮波，（1996），中國近代婦女解放思想歷程（1840～1921），鄭州：河南大學出版社。

122. 張樹棟，李秀領，（1996），中國婚姻家庭的嬗變，臺北：南天書局。

123. 張玉法，（1975），清季的革命團體，臺北：中央研究院近代史研究所。

124. 趙慎修，（1998），劉師培評傳，北京：中國文史出版社。

125. 中國社會科學院近代史研究所編，（1979），五四運動回憶錄，湖南：中國社會科學出版社。

126. 中華全國婦女聯合會編，（1992），馬克思主義婦女觀簡要讀本，北京：中國婦女出版社。

127. 鍾慧玲，（2000），清代女詩人研究，臺北：里仁書局。

128. 周穀城，（1989），中國社會之變化，上海：上海書店

129. 周蕾，（1995），婦女與中國現代性——西方與東方之間的政治閱讀，臺北：麥田出版有限公司。

130. 周敘琪，（1996），一九一〇～一九二〇年代都會新婦女生活風貌——以《婦女雜誌》爲分析實例，臺北：國立臺灣大學出版委員會。

131. 周一川，（2007），近代中國女性日本留學史（1872～1945），北京：社會科學出版社。

三、今人論文（按作者的拼音先後排序）

1. 安麗敏，（2011），單士釐的世界之旅及其思想認識研究（1898～1912）——以撰主的兩部遊記爲中心的考察，東北師範大學碩士論文。

2. 白正梅，（2002），呂碧城與戒殺護生，佛學研究，2。

3. 鮑家麟，（1992），辛亥革命時期的婦女思想，中國婦女史論集第一集，臺北：稻鄉出版社。

4. 貝淑瓊，（2006），單士釐的旅外紀遊創作析論，北京師範大學比較文學及世界文學系碩士論文。

5. 蔡玫姿，（1998），發現女學生——五四時期流通文本女學生角色之呈現，臺灣清華大學中國文學所碩士論文。

6. 常彬，（2006），從婉約閨閣到鑒俠革命：秋瑾詩文與早期女性自覺，河北學刊，6。

7. 陳璦婷，（2003），呂碧城之自我放逐與歐美遊蹤——以《曉珠詞》爲中心考察，《東海中文學報》，7。

8. 陳靜，（2009），論辛亥革命前期的陳擷芬，揚州大學碩士論文。

9. 陳室如，（2006），閨閣與世界的碰撞——單士釐旅行書寫的性別意識與帝國凝視，臺灣彰化師大國文學志，12。

10. 陳素貞，（2002），性別、易裝與英雄夢——從明清女詩人的寫作傳統看秋瑾詩詞中的自我表述，東海中文學報，7。

11. 陳文聯，（2006），從依附走向自立——論世紀初年先進女性的自立觀，湖南涉外經濟學院學報，1。

12. 陳文聯，（2005），從依附走向自主：近代中國女性主體意識覺醒的歷史軌跡，中南大學學報，4。

13. 陳文聯，（2001），世紀初知識女性的女權思想，船山學刊，2。

14. 陳寅恪，（1978），論再生緣，中華文史論叢第八輯。

15. 陳友琴，（1924），婦女經濟獨立的基礎，婦女雜誌，1。

16. 成令方，（1993），女性主義歷史的挑戰：概念和理論——二十年來英美女性歷史學者關注的議題，近代中國婦女史研究，6。

17. 程君，（2007），清代閨秀詩人的「才」「德」之辯，江南大學學報，6。

18. 程妍，（2008），單士釐與近代中外文化交流，北京師範大學專門史碩士論文。

19. 戴東陽，（1996），驚醒女子魂、鑒彼媸與妍——論啓蒙女學者單士釐，史學月刊，3。

20. 戴慶鈺，（1996），明清蘇州名門才女群的崛起，蘇州大學學報，1。

21. 丁寧，（2000），女性先覺者──呂碧城，觀察與思考，11。

22. 杜芳琴，（2008），三十年回眸：婦女／性別史研究和學科建設在中國大陸的發展，山西師大學報，6。

23. 杜學元，（1997），維新時期梁啓超的女子教育思想，西南師範大學學報，5。

24. 段煒，（2007），晚清至五四時期女性身體觀念考，華中師範大學博士論文。

25. 房琴，（2006），實「新」還「舊」話女權，書屋，6。

26. 馮客（Frank Dikotter），周遜譯，（2000），個人身體與群命運──近代中國之人種繁衍和社會紀律，黃克武，張哲嘉編，公與私：近代中國個體與群體之重建，臺北：中央研究院近代史研究所。

27. 傅瑛，（2004），呂碧城及其研究，淮北煤炭師範學院學報，4。

28. 高彥頤，（2005），把「傳統」翻譯成「現代」：女界鐘與中國現代性，王政，陳雁主編，百年中國女權思潮研究，上海：復旦大學出版社。

29. 谷曼，（2001），呂碧城與近代中國婦女解放，呼倫貝爾學院學報，12。

30. 谷忠玉，（2001），中國近代女性觀的演變與女子學校教育，北京師範大學教育學博士論文。

31. 郭輝，（2008），思想史視野中的秋瑾，蘭州大學學報（社會科學版），3。

32. 郭夏雲，蘇澤龍，（2003），近代知識女性對婦女解放運動的推動，山西高等學校社會科學學報，5。

33. 郭延禮，（2009），20 世紀初葉中國女性文學的轉型及其文學史意義，上海師範大學學報，11。

34. 郭蓁，（2001），清代女詩人研究，北京大學中文系博士論文。

35. 韓黎範，（1984），借男女之真情，發名教之僞藥──略論「三言」關於愛情婚姻題材的作品，明代小說論叢（一），瀋陽：春風文藝出版社。

36. 郝麗媛，（2012），晚清新型知識女性的產生和發展研究，內蒙古農業大學學報，5。

37. 何黎萍，（1997），論中國近代女權思想的形成，中國人民大學學報，3。

38. 何楊鳴，（2010），林白水與「杭州白話報」，杭州師範大學學報，55。

39. 洪曉慧，（1997），晚清女性政治文本的性別與家園，臺灣清華大學中國文學所碩士論文。

40. 侯傑，秦方，（2003），近代社會性別關係的變動──以呂碧城與近代女子教育思想和實踐爲例，天津師範大學學報，6。

41. 侯傑，秦方，（2003），男女性別的雙重變奏──以陳攖寧和呂碧城爲例，山西師大學報，7。

42. 胡景華，(1999)，單士釐：近代走向世界的女性先驅，遼寧師專學報（社會科學版），4。

43. 胡偉，劉萍，(2013)，清季興辦女學動因探析，忻州師範學院學報，3。

44. 胡衛清，(2002)，上海中西女塾簡論，韓山師範學院學報，3。

45. 胡曉眞，(2004)，文苑、多羅與華鬘——王蘊章主編時期（1915～1920）《婦女雜誌》中「女性文學」的觀念與實踐，近代中國婦女史研究，12。

46. 胡纓，(2001)，歷史書寫與新女性形象的初立：從梁啓超「記江西康女士」一文談起，近代中國婦女史研究，8。

47. 黃嫣梨，(1999)，呂碧城的思想革新與女權運動，中國社會評論，2。

48. 姜樂軍，(2004)，從女權到護生——呂碧城思想研究，華中師範大學近代史所碩士論文。

49. 蔣仁法，(1983)，「蘇報」館主陳範，近代史資料，3。

50. 焦霓，郭院林，(2010)，「天義報」宗旨與劉師培、何震的婦女解放論，雲夢學刊，4。

51. 康正果，(1993)，重新認識明清才女，中外文學，11。

52. 柯惠鈴，(2003)，性別與政治：近代中國革命運動中的婦女（1900s～1920s），臺灣政治大學歷史研究所博士論文。

53. 柯繼銘，(2007)，理想與現實：清季十年思想中的「民」意識，中國社會科學，1。

54. 李保民，(2004)，李清照後第一人——呂碧城誕辰120週年紀念（上），食品與生活，1。

55. 李保民，(2004)，李清照後第一人——呂碧城誕辰120週年紀念（下），食品與生活，2。

56. 李翠芳，(2007)，二十世紀閨秀創作論，山東大學碩士論文。

57. 李帆，(2000)，清季學術新潮流述論，遼寧師範大學學報，6。

58. 李國彤，(1995)，明清之際的婦女解放思想綜述，近代中國婦女史研究，8。

59. 李海英，(2008)，試論秋瑾被廣泛接受之原因，德州學院學報，2。

60. 李可亭，(1999)，單士釐和她的「癸卯旅行記，商丘師範學院學報，2。

61. 李奇志，(2006)，論清末民初女性生存空間的新開拓——以女性作家呂碧城爲例，海南師範學院學報社會科學版，5。

62. 李奇志，(2007)，秋瑾其人其文的「英雌」意識追求，漢武理工大學學，4。

63. 李曉蓉，(2014)，五四前後女性知識分子婚戀的獨立自主，人文與社會研究學報。

64. 李又寧，（1992），「女界鐘」與中華女性的現代化，中央研究院近代史研究所編：《近世家族與政治比較歷史論文集，臺北：中央研究院近代史研究所。

65. 李又寧，（1981），傳統對於近代中國婦女的影響，中華民國建國史討論集，第二冊，臺北：中華民國建國史討論集編輯委員會。

66. 林冠瑩，（2006），晚清公共空間中的上海婦女——以晚清上海婦女報刊爲研究中心，臺灣東海大學碩士論文。

67. 林吉玲，（2001），近代女子教育觀念的更新及其實踐，學術論壇，3。

68. 林俊宏，（2006），晚清革命思潮與民間文學傳播之研究——以陳天華、秋瑾爲探討中心，臺灣花蓮教育大學民間文學研究所碩士論文。

69. 林啓彥，（1998），戊戌時期維新派的大同思想，思與言，3。

70. 林清涼，（1996），女性教育的重要性，婦女與兩性研究通訊，1。

71. 林秋敏，（1999），從不纏足運動談女性自覺的萌芽，歷史月刊，4。

72. 林秋敏，（1989），近代中國的不纏足運動（1895～1937），臺灣政治大學歷史研究所碩士論文。

73. 林香伶，（2002），清末民初文學轉型期的標誌——南社文學研究，臺灣師範大學國文研究所博士論文。

74. 林怡，（2004），簡論晚清著名女作家薛紹徽，東南學術，增刊。

75. 凌子威，（2012），「國族」統攝「性別」？——近代中國知識分子的性別與國族論述，香港中文大學博士論文。

76. 劉慧英，（2002），20 世紀初中國女權啓蒙中的救國女子形象，中國現代文學研究叢刊，2。

77. 劉慧英，（2006），從女權主義到無政府主義——何震的隱現與《天義》的變遷，中國現代文學研究叢刊，2。

78. 劉慧英，（2011），消失在歷史迷霧中的「女界革命」——何震和「天義」報，文史知識，3。

79. 劉潔，（2005），徘徊在現代與傳統之間——呂碧城文學創作的矛盾性之解析，中國現代文學研究叢刊，2。

80. 劉靜貞，（1999），劉向「列女傳」的性別意識，東吳歷史學報，3。

81. 劉巨才，（1994），對中國婦女運動的幾點看法，婦女研究論叢，3。

82. 劉人鵬，（1999），「中國的」女權、翻譯的欲望與馬君武女權說譯介，近代中國婦女史研究，7。

83. 劉人鵬，（2011），晚清毀家廢婚論與親密關係政治，丁乃非，劉人鵬編，置疑婚姻家庭連續體，新北市：蜃樓出版社出版。

84. 劉詠聰，(2008)，清代女性課子書舉要，東海中文學報，7。

85. 柳素平，(2011)，晚明非家庭知識女性的生存空間探析，井岡山大學學報，5。

86. 陸草，(1993)，論清代婦女詩人的群體性特徵，中州學刊，3。

87. 鹿憶鹿，(2010)，單士釐與拉奧孔——兼論晚清學者的神話觀，民間文化論壇，2。

88. 鹿憶鹿，(1998)，走看九零年代的女性旅行文學，文訊雜誌，3。

89. 羅萍，(1994)，中國女性觀念文化變革趨勢，武漢大學學報，5。

90. 羅秀美，(2007)，從閨閣女詩人到公共啟蒙者——以近代女性報刊中的論說文為主要視域，興大中文學報，12。

91. 羅秀美，(2006)，流動的風景與凝視的文本——談單士釐（1856～1943）的旅行散文以及她對女性文學的傳播與接受，淡江中文學報，12。

92. 羅志田，(2012)，革命的形成：清季十年的轉折（上），近代史研究，3。

93. 呂芳上，(2007)，兒女情短、英雄氣長：辛亥革命時期的性別與革命，漢學研究中心編，欲掩彌彰：中國歷史文化中的「私」與「情」——公義篇，臺北：漢學研究中心。

94. 呂美頤，(1995)，評中國近代關於賢妻良母主義的論爭，天津社會科學，5。

95. 馬昌儀，(1984)，我國第一個講述拉孔奧的女性——論單士釐的美學見解，文藝研究，4。

96. 馬東玉，(2001)，傑出女子單士釐其人其事，人物，7。

97. 馬斗全，(2004)，悲學術文化世家的消逝，博覽群書，4。

98. 馬方方，(2008)，傳統與現代之間：近代知識女性獨身原因的再探討，長白學刊，3。

99. 馬勇，(2011)，從革命到反革命：劉師培的心路歷程，淮北師範大學學報，5。

100. 苗延威，(2007)，從視覺科技看清末纏足，中央研究院近代史研究所集刊，3。

101. 苗延威，(2006)，未知的誘惑：纏足史研究的典範轉移，近代中國婦女史研究，12。

102. 牟彩雲，(1998)，女性主義地理學的地理觀，地理教育，25。

103. 齊國華，(1994)，巾幗放眼著先鞭——論單士釐出洋的歷史意義，史林，1。

104. 錢南秀，(2004)，中典與西典：薛紹徽之駢文用事，南京大學古文獻所，中文系編，中國古代文學文獻學國際學術研論會論文匯編。

105. 錢南秀,（2007），重塑「賢媛」：戊戌婦女的自我建構，書屋，12。

106. 喬素玲,（2000），近代中國女子教育與知識女性的覺醒（1840～1919），中山大學博士論文。

107. 喬素玲，劉正剛。（2001），清末留日女生的女性觀，淮南師範學院學報，1。

108. 喬以鋼，劉堃,（2008），「女國民」的興起：近代中國女性主體身份與文學實踐，南開大學學報（哲學社會科學版），4。

109. 秦方,（2005），呂碧城：擅舊詞華，具新理想——清末民初男權社會中女性新形象的構建，南開大學歷史學院碩士論文。

110. 秦亞男,（2012），林宗素與民國元年婦女參政運動，商品與質量：理論研究，10。

111. 邵宗海，劉明香,（2008），孫中山革命運動中的女性參與之探討，中西文化研究，6。

112. 沈弘,（2010），辛亥革命前後的浙江社會思潮和變革：英國女作家羅安逸眼中的杭州和蘭溪，文化藝術研究，5。

113. 沈松僑,（2002），國權與民權：晚清的「國民」論述，1895～1911，臺灣中研院史語所集刊，73.4。

114. 史莉琴,（2007），梁啟超女學思想研究，陝西師範大學中國近代史碩士論文。

115. 宋少鵬,（2013），社會主義女權和自由主義女權：二十世紀二十年代中國婦女運動內部的共識與分歧，中共黨史研究，5。

116. 孫康宜（Kang-ISunChang）著，黃紅宇譯,（2007），金天翮與蘇州的詩史傳統，中山大學學報（社會科學版），5。

117. 孫康宜著，李奭學譯,（1993），明清詩媛與女子才德觀，中外文學，4。

118. 孫蘭英,（1996），論中國近代婦女運動的「男性特色」，史學月刊，3。

119. 孫玉榮，胡輝,（2012），唐代女性觀念探析，黑龍江史志，15。

120. 湯培亮，虞文俊,（2010），清季新女性蛻變之軌跡——以陳擷芬爲個案，學理論，15。

121. 唐旭,（2005），文白之爭的較量兼及對新文學發展的影響，嘉應學院學報，4。

122. 唐昱,（2004），明清女作家的「木蘭」情節，中國戲曲學院學報，5。

123. 汪年,（2010），單士釐域外遊記研究，河南大學碩士論文。

124. 汪青雲,（2007），清代女性詞人自我形象的重塑，安徽廣播電視大學學報，1。

125. 王德威,（1995），女性主義與西方漢學研究：從明清到當代的一些例證，

近代中國婦女研究，8。

126. 王慧敏，（2006），一枝彤管挾風霜，獨立裙釵百兆中——試論南社作家呂碧城，南京理工大學學報，4。

127. 王麗麗，（1997），試析呂碧城曉珠詞的夢，文藻學報，3。

128. 王時澤，（1981），回憶秋瑾，辛亥革命回憶錄（4），北京：文史資料出版社。

129. 王煒，（2006），論秋瑾性別角色轉換的三個層面，人文社會科學，2。

130. 王曉夢，（2011），論 20 世紀二三十年代閨秀派作家，東北師大學報，5。

131. 王雪卿，（2014），薛紹徽的女學觀與婦女自我建構——以「訓女詩」十首爲中心，高雄師大國文學報，20。

132. 王彥，（2007），愛自由復女權：張竹君的故事，神州，3。

133. 王政，（2001），淺議社會性別學在中國的發展，社會學研究，5。

134. 王忠祿，（2006），論呂碧城的海外詞，甘肅高師學報，1。

135. 王忠祿，（2007），呂碧城抒懷詞簡論，青海師專學報教育科學，1。

136. 王梓良，（1982），南社詩人多奇才，中外雜誌，6。

137. 吳宓，（1923），論今日文學創造之正法，學衡，3。

138. 吳宇娟，（2007），走出傳統的典範——晚清女作家小說女性蛻變的歷程，東海中文學報，7。

139. 夏曉虹，（1995），從男女平等到女權意識——晚清的婦女思潮，北京大學學報，4。

140. 夏曉虹，（1995），晚清女子的團體，杭州師範學院學報，1。

141. 夏曉虹，（1998），戊戌前後新興的婦女教育，文史知識，6。

142. 夏曉虹，（1999），秋瑾與謝道韞，北京大學學報，1。

143. 夏曉虹，（2000），秋瑾北京時期思想研究，浙江社會科學，4。

144. 夏曉虹，（2006），何震的無政府主義「女界革命論」，中華文史論叢，3。

145. 夏曉虹，（2006），晚清女性典範的多元景觀——從中外女傑傳到女報傳記欄，中國現代文學研究叢刊，3。

146. 夏曉虹，（2007），吳孟班：過早謝世的女權先驅，文史哲，2。

147. 夏曉虹，（2014），晚清女報中的國族論述與女性意識——1907 年的多元呈現，北京大學學報，7。

148. 謝長法，（1995），清末的留日女學生，近代史研究，2.86。

149. 謝長法，（1996），清末留日女學生及其活動與影響，近代中國婦女史研究，4。

150. 熊賢關，（1998），儒家傳統中的婦女觀，哲學雜誌，5。

151. 胥明義，（2004），晚清歐美遊紀研究，蘇州大學古代文學所碩士論文。

152. 徐輝琪，（1994），辛亥革命時期婦女的覺醒與對封建禮教的衝擊，近代史研究，4。

153. 徐新韻，（2006），信芳詞侶的孤獨情結，樂山師範學院學報，6。

154. 許慧琦，（1997），梁啓超與胡適的女性論述及其比較初探，清華學報，12。

155. 許麗芳，（1999），女子弄文誠可罪——試析女性書寫意識中之自覺與矛盾，淡江大學中文系主編，中國女性書寫——國際學術研討會論文集，臺北：學生書店。

156. 薛海燕，（1998），試論呂碧城的歷劫思想，齊魯學刊，6。

157. 顏麗珠，（2003），單士釐及其旅遊文學，臺灣中央大學中國文學所碩士論文。

158. 楊桂傑，（1991），中國女子教育觀的變遷，立法院院聞，8。

159. 楊國樞（1986），知識分子的過去、現在與未來，中國論壇，265。

160. 姚毅，（1998），中國賢妻良母言說女性觀形成，中國女性史論集，東京：吉川弘文館。

161. 姚振黎，（2002），單士釐教育思想析論，浙江月刊，12。

162. 姚振黎，（2003），單士釐走向世界之經歷——兼論女性創作考察，范銘如主編，挑撥新趨勢——第二屆中國女性書寫國際學術研討會論文集，臺北：臺灣學生書局。

163. 尹旦萍，（2004），西方思想的傳入與中國女性主義的興起，武漢大學學報，4。

164. 俞慶棠，（1969），三十五年來中國之女子教育，蔡元培等，晚清三十五年來（1897~1931）之中國教育，香港：龍門書店。

165. 俞彥娟，（2001），從婦女史和性別史的爭議談美國婦女史研究之發展，近代中國婦女史研究，8。

166. 虞文俊，（2008），從宣傳女權到鼓吹革命——淺議陳擷芬之「女學報」，皖西學院學報，6。

167. 月滿天心，（2010），康同璧，在父親的影子裏跳舞，現代婦女，4。

168. 張滄江，（2008），憶康同璧母女，各界，6。

169. 張宏生，（1995），清代婦女詞的繁榮及其成就，江蘇社會科學，6。

170. 張娜娜，（2013），何震婦女解放思想研究，中南民族大學碩士論文。

171. 張朋，（2011），近代女傑張竹君的媒介形象考察，溫州大學學報，3。

172. 張朋，（2009），近代女性社會主體身份的自我建構——以康同璧爲個案研究，淮北煤炭師範學院學報，6。

173. 張瑞芬,（2001）,秋韆外的天空——學院閨秀散文的特質與演變,逢甲人文社會學報,5。

174. 張三郎,（1985）,五四時期的女權運動（1915～1923）,國立臺灣師範大學歷史系研究所碩士論文。

175. 張玉法,（2000）,近代中國婦女史研究的回顧,陳三井主編,近代中國婦女運動史,臺北:近代中國出版社。

176. 張媛,（1997）,思想啓蒙與近代中國婦女的觀念更新,河南大學學報,5。

177. 趙文靜,（1996）,近代知識婦女與文學革命,煙台師範學院學報,4。

178. 趙霞,（2011）,辛亥革命前後陳去病、徐自華的政治活動與交遊唱和,南京理工大學學報,6。

179. 趙曉華,（2008）,清末民初女性的賑災實踐及角色變遷,婦女研究論叢,3。

180. 鄭春奎,（2013）,辛亥革命時期知識女性自主意識的覺醒及評析,寧夏社會科學,2。

181. 鄭培凱,（1987）,天地正義僅見婦女——明清的情色意識與貞淫問題,當代,9。

182. 鄭永福,呂美頤,（2005）,關於近代中國「女國民」觀念的歷史考察,山西師大學報,7。

183. 鍾慧玲,（1999）,女子有行,遠父母兄弟——清代女作家思歸詩的探討,淡江大學中文系主編,中國女性書寫——國際學術研討會論文集,臺北:學生書局。

184. 鍾慧玲,（2003）,期待、家族傳承與自我呈現——清代女作家課訓詩的探討,東海中文學報,7。

185. 鍾明奇,（1995）,李漁:一個有作爲的書坊主與編輯家,復旦學報（社會科學版）,4.94。

186. 周邦道,（1977）,當代教育先進傳略稿——婦女之4:呂碧城傳略（1883～1940,東方雜誌,5。

187. 周海波,（1997）,文白之爭與五四的文學批評策略,東方論壇。

188. 周海波,（2004）,憑欄唱晚:閨秀派作家的文學世界,山東師範大學,111。

189. 周樂詩,（2011）,秋瑾和晚清文學新女性形象的塑造,杭州師範大學學報（社會科學版）,1。

190. 周一川,（1989）,清末留日學生中的女性,歷史研究,6.102。

191. 朱崇儀,（1997）,女性自傳:透過性別來重讀／形塑文類,中外文學,9。

192. 朱嘉雯,（2000）,挑戰「男遊女怨」的文學傳統,東海大學中文系編,

旅遊文學論文集,臺北:文津出版社。

193. 莊愛玲,(2005),戲劇舞臺的看客:論魯迅的婦女觀,王政,陳雁編,百年中國女權思潮研究,上海:復旦大學出版社。

194. 祖保泉,(2006),「讀呂碧城詞箋注」拾零(一),巢湖學院學報,5。

195. 祖保泉,(2007),「讀呂碧城詞箋注」拾零(二),巢湖學院學報,1。

四、外文資料

1. Gilmartin, Christina Kelly,(1994),*Engendering China:Women, Culture, and the State*. Cambridge, Massachusetts: Harvard University Press.

2. Joan Judge(季家珍),(2001),"Talent, Virtue and the Nation:Chinese Nationalisms and Female Subjectivities in the early Twentieth Century", *The American Historical Review*, V106, No3, June, pp. 765~803.

3. Kazuko, Ono,(1989),*Chinese Women in a Century of Revolution, 1850~1950.* Stanford, CA:Stanford University Press.

4. Maureen Robertson,(1992), "Voicing the Feminine:Constructions Of the Gendered Subject In Lyric Poetry By Women Of Medieval And Late Imperial China", *Late Imperial China*, Vol 13, pp.74~80.

5. Morris Pam,(1993),*Literature and Feminism:An Introduction*, Cambridge: Blackwell.

6. Peter Zarrow(沙培德),(1988), "He Zhen and Anarcho-Feminism in China," *The Journal of Asian Studies*, 1988(4), pp. 796~813.

7. Sandra M. Gilbert and Susan Gubar,(1997). "Infection in the Sentence:The Woman Writer and the Anxiety of Authorship", in *Feminisms:an anthology of literary theory and criticism*, edited by Robyn R. Warhol and Diane Price Herndl, New Brunswick, New Jersey: Rutgers University Press.

8. Simone de Beauvoir,(1972),The Second Sex, translated and edited by H. M Parshley, Penguin: Harmondsworth.

9. Susan Mann(曼素恩),(2007),The Talented Woman of the Zhang Family. Berkeley:University of California Press.

10. Wang Zheng(王政),(1999),*Women in the Chinese Enlightenment:Oral and Textual Histories*, Berkeley: University of California Press.

11. Chow Tse-Tsung(周策縱),(1960),*The May Fourth Movement:Intellectual Revolution in Modern China*, Stanford: Stanford University Press.

12. Wang Zheng(王政),(1999),*Women in the Chinese Enlightenment:Oral and Textual History*, University of California Press.

13. Ellen Widmer(魏愛蓮),(1999), "*Shan Shili`s Guimao Luxing Ji of 1903*

in Local and Global Perspective"，世變與維新——晚明與晚清的文學藝術，臺北：中央研究院中國文哲研究所。

附錄：清季知識女性生平資料列表

	單士釐	燕斌	徐自華	秋瑾	林宗素	張竹君	呂碧城	陳擷芬	何震
生卒	1858~1945	1869~?	1873~1935	1877~1907	1877~1944	1879~1964	1883~1943	1883~1923	1887~?
字號、筆名	字受茲	筆名煉石、煉	字寄塵，號懺慧	原名閨瑾，字璿卿，又字競雄，自號鑒湖女俠，筆名有漢俠女兒、秋韆等	原名易	未見	原名賢錫，別名蘭清、信芳詞侶，字遁天、明因，後改爲聖因	筆名楚南女子	原名班，文章多以「震述」署名
籍貫	浙江蕭山	河南	浙江石門	浙江山陰	福建閩侯	廣東番禺	生於山西太原，祖籍安徽旌德	原籍湖南衡山，生長於江蘇陽湖	江蘇儀徵
家庭背景	父：單思溥（官宦人家） 母系遠祖：許汝霖 舅：許壬伯 夫：錢恂	不詳	祖父徐寶謙，父徐多鏐，均有文名 夫：梅韻笙	父：秋壽南（官宦人家） 夫：王廷鈞（其後離異）	父林劍泉，有文名 兄：林萬里 夫：湯忠、張客公	不詳，只知其父親曾任顯宦	父呂鳳岐（官宦人家） 母：嚴士瑜（安徽省來安太守次妹）	父陳範，曾任山西鉛山知縣 夫：楊儁	父何承霖（官宦人家） 夫：劉師培

	單士釐	燕斌	徐自華	秋瑾	林宗素	張竹君	呂碧城	陳擷芬	何震
早年教育情況	幼年失母，隨舅父讀書，於閨中學習傳統經史及詩詞文學等	不詳	髫齡即喜吟詠，十歲已能寫作五言八韻詩，構思新巧，人稱有道韞才	十歲即能吟詠，於家塾讀書，塾師有「過目成誦」的美譽	母親擅作詩詞，受良好閨中教育，後到大舅家，跟從家館老師高嘯桐學習西學	入讀博濟醫院附設的南華醫學堂，得醫學卒業文憑	年幼時受父母教育，七歲能繪巨幅山水，十二歲詩文成篇。父歿後，十五歲時隨舅父嚴朗軒居住、學習	年幼時受父親教育，對傳統文學文化有一定瞭解，並結識不少著名文士。1902年左右入讀教會學校中西女塾	年幼時在家受教育，「秉承閨訓甚嚴」。\n\n1904年左右入讀愛國女學
外遊或留學經歷	1899年赴日、1903年赴俄、1908年到意大利	1905年留學日本，於早稻田同仁醫院習醫	未見	1904年留學日本，入讀青山實踐女學校	1903年東渡日本，1905年入讀東京女子高等師範學校	未見	1920年留學美國 1926～1933年漫遊歐美	1903年赴日，其後入讀橫濱基督教共立女學校	1907年隨夫東渡日本
曾參與之女子團體	女界協贊會	留日中國女學生會	未有	中國留日女生組織「共愛會」	中國留日女生組織「共愛會」	女子興學保險會	未有	中國留日女生組織「共愛會」	女子復興會
曾參與之報刊	未有	《中國新女界雜誌》(創辦人及主編)	秋瑾《中國女報》捐助人	《中國女報》(創辦人及主編)	上海《中國白話報》(編輯主任)《俄事警聞》、《警鐘日報》(編務)	未有	《大公報》(編輯)	《女報》(1903年改名《女學報》，任主編)	《天義》(創辦人及主編)

	單士釐	燕斌	徐自華	秋瑾	林宗素	張竹君	呂碧城	陳擷芬	何震
清季之時曾參與之政治及社會活動	辛亥期間發起「女界協贊會」，為民軍北伐募捐籌集軍餉	曾為河南女同盟會成員	1906年曾捐助浙江起義之革命軍 1908年後加入同盟會，並與陳去病組織「秋社」紀念秋瑾 1909年加入「南社」	曾參與拒俄運動 1904年參加橫濱的反清三合會 1905年加入中國同盟會 1907年在浙江起義被殺	曾參與拒俄運動 為早期同盟會成員	1901年在廣州創立褆福醫院、南福醫院。 1904年後在上海興辦南市醫院及衛生講習會。 曾為上海「紅十字會」負責人，辛亥期間護送革命黨人並參與營救傷者的工作	1909年加入南社 清季之時未有參與任何政治團體及活動，至1912年為袁世凱聘為總統府秘書	曾參與拒俄運動 1903年加入橫濱反清三合會	1907年召開紀念徐錫麟、秋瑾等義士的追悼會 1907年參與日本無政府主義討論的「社會主義講習會」
重要出版物及著述	《癸卯旅行記》、《歸潛記》、《受茲室詩稿》、《清閨秀藝文略》、《清閨秀正始再續集初編》等	政論文及詩詞作品散見於《中國新女界雜誌》	《懺慧詞》、《聽竹樓詩稿》	後人將其著作輯為《秋瑾集》，其文章、詩詞作品散見於《中國女報》及不同報刊	政論文散見於其時的報刊，如《國民日日報》、《江蘇》等	政論文及演講稿散見於其時的報刊，如《警鐘日報》、《順天時報》等	《呂氏三姊妹集》、《信芳集》、《曉珠詞》、《歐美漫遊錄》、《觀無量壽佛經釋論》等其他文章散見於其時的報刊，如《中國女報》、《中國新女界雜誌》	政論文及詩詞作品散見於《女學報》	其政論文散見於《天義》

.